Die materielle Polizeipflicht im Sinne einer Gefahrenabwehrpflicht
als verfassungsrechtliche Grundpflicht

Verfassungs- und Verwaltungsrecht unter dem Grundgesetz

Herausgegeben von
Paul Kirchhof und Utz Schliesky

Band 40

PL ACADEMIC RESEARCH

Andreas Nitschke

Die materielle Polizeipflicht im Sinne einer Gefahrenabwehrpflicht als verfassungsrechtliche Grundpflicht

Zum Inhalt dieser Pflicht auf Primär- und Sekundärebene sowie zum Einfluss ihrer rechtlichen Einordnung auf ihren Umfang und die Frage nach einem möglichen Innenausgleich bei einer Störermehrheit

PL ACADEMIC RESEARCH

Bibliografische Information der Deutschen Nationalbibliothek
Die Deutsche Nationalbibliothek verzeichnet diese Publikation in der Deutschen Nationalbibliografie; detaillierte bibliografische Daten sind im Internet über http://dnb.d-nb.de abrufbar.

Zugl.: Hamburg, Univ., Diss., 2013

Umschlaggestaltung:
© Atelier Platen, Friedberg

D 18
ISSN 0175-1425
ISBN 978-3-631-64279-5

PL Academic Research ist ein Imprint der Peter Lang GmbH.

Peter Lang – Frankfurt am Main · Bern · Bruxelles · New York · Oxford · Wien · Warszawa

www.peterlang.de

Meinen Eltern

Vorwort

Die vorliegende Arbeit wurde im Wintersemester 2012/2013 vom Promotionsausschuss der Universität Hamburg als Dissertation angenommen. Die mündliche Prüfung erfolgte am 30. Januar 2013. Das Manuskript wurde im Oktober 2012 abgeschlossen. Literatur und Rechtsprechung wurden bis zum Stand Oktober 2012 berücksichtigt.

Mein herzlicher Dank gilt meiner Doktormutter Frau Professor Dr. Dagmar Felix, die die vorliegende Arbeit in jedem Stadium mit Rat und Tat begleitet und mir dabei zugleich alle wissenschaftlichen Freiheiten gelassen hat. Ohne ihre Unterstützung wäre die Arbeit in dieser Form wohl nicht entstanden.

Außerdem danke ich Frau Professor Dr. Marion Albers für die sehr zügige Erstellung des Zweitgutachtens.

Herrn Professor Dr. Utz Schliesky und Herrn Professor Dr. Dres. h.c. Paul Kirchhof möchte ich für die Aufnahme in die Reihe „Verfassungs- und Verwaltungsrecht unter dem Grundgesetz" danken.

Darüber hinaus danke ich einem Weggefährten seit Sextanertagen, Herrn Dr. Jörg Gawlick, der stets als wichtiger Diskussionspartner und Ratgeber zur Verfügung stand. Auch Herrn Thorsten Ihler, der mir gerade in Bezug auf formale Aspekte hilfreich zur Seite stand, sei an dieser Stelle ausdrücklich gedankt. Die Herren Robert Allen Deal, Frank Carlton Ferrana, Vincent Neil Wharton und Thomas Lee Bass waren in den vergangenen Jahren ein steter Quell der Inspiration, weshalb ich auch ihnen meinen Dank aussprechen möchte.

Schließlich schulde ich meiner Familie – in allererster Linie meinen Eltern – ganz besonderen Dank. Sie haben mich mit Geduld und Verständnis auf meinem bisherigen Lebensweg unterstützt und damit auch die Erstellung der vorliegenden Arbeit überhaupt erst möglich gemacht. Ihnen sei diese Arbeit daher gewidmet.

Kaltenkirchen, im März 2013 *Andreas Nitschke*

Inhaltsverzeichnis

Abkürzungsverzeichnis

a.A.	andere Ansicht
a.F.	alte Fassung
AbfallR	Zeitschrift für das Recht der Abfallwirtschaft (Zeitschrift)
Abs.	Absatz
AcP	Archiv für die civilistische Praxis (Zeitschrift)
ALR	Allgemeines Landrecht für die Preußischen Staaten
AO	Abgabenordnung
AöR	Archiv des öffentlichen Rechts (Zeitschrift)
Art.	Artikel
AS	Amtliche Sammlung
BayPAG	Gesetz über die Aufgaben und Befugnisse der Bayerischen Staatlichen Polizei
BayVBl.	Bayerische Verwaltungsblätter (Zeitschrift)
BBodSchG	Bundesbodenschutzgesetz
Bd.	Band
BerlASOG	Allgemeines Sicherheits- und Ordnungsgesetz Berlin
BGB	Bürgerliches Gesetzbuch
BGH	Bundesgerichtshof
BGHZ	Entscheidungen des Bundesfinanzhofes in Zivilsachen
BImSchG	Bundesimmissionsschutzgesetz
BR	Bundesrat
BremPolG	Bremisches Polizeigesetz
BT	Bundestag
BVerfG	Bundesverfassungsbericht
BVerfGE	Entscheidungen des Bundesverfassungsgerichts
BVerwG	Bundesverwaltungsgericht
BVerwGE	Entscheidungen des Bundesverwaltungsgerichts
BWPolG	Polizeigesetz des Landes Baden-Württemberg
bzw.	beziehungsweise
DÖV	Die Öffentliche Verwaltung (Zeitschrift)
Drucks.	Drucksache
DV	Die Verwaltung (Zeitschrift)
DVBl.	Deutsches Verwaltungsblatt (Zeitschrift)

EinlPrALR	Einleitung zum Allgemeinen Landrecht für die Preußischen Staaten von 1794
EStG	Einkommensteuergesetz
f.	folgende
ff.	folgende
GewArch	Gewerbearchiv (Zeitschrift)
GG	Grundgesetz
ggf.	gegebenenfalls
GoA	Geschäftsführung ohne Auftrag
GS	Gedächtnisschrift
HbdStR	Handbuch des Staatsrechts
HessSOG	Hessisches Gesetz über die öffentliche Sicherheit und Ordnung
HmbSOG	Gesetz zum Schutz der öffentlichen Sicherheit und Ordnung des Landes Hamburg
HmbVwVG	Verwaltungsvollstreckungsgesetz des Landes Hamburg
i.V.m.	in Verbindung mit
JA	Juristische Arbeitsblätter (Zeitschrift)
Jura	Juristische Ausbildung (Zeitschrift)
JuS	Juristische Schulung (Zeitschrift)
JZ	Juristen Zeitung (Zeitschrift)
LKV	Landes- und Kommunalverwaltung (Zeitschrift)
m.w.N.	mit weiteren Nachweisen
MDR	Monatszeitschrift für Deutsches Recht (Zeitschrift)
MEPolG	Musterentwurf eines einheitlichen Polizeigesetzes des Bundes und der Länder in der Fassung des Vorentwurfes zur Änderung des Musterentwurfes eines einheitlichen Polizeigesetzes des Bundes und der Länder
NdsVBl.	Niedersächsische Verwaltungsblätter
NJ	Neue Justiz (Zeitschrift)
NJW	Neue Juristische Wochenschrift (Zeitschrift)
NordÖR	Zeitschrift für Öffentliches Recht in Norddeutschland (Zeitschrift)
NuR	Natur und Recht (Zeitschrift)
NVwZ	Neue Zeitschrift für Verwaltungsrecht (Zeitschrift)
NVwZ-RR	Neue Zeitschrift für Verwaltungsrecht – Rechtsprechungs-Report (Zeitschrift)
NWVBl.	Nordrhein-Westfälische Verwaltungsblätter (Zeitschrift)
OVG	Oberverwaltungsgericht
PrOVG	Königliches Preußisches Oberverwaltungsgericht
PrOVGE	Entscheidungen des preußischen Oberverwaltungsgerichts

PVG	Preußisches Polizeiverwaltungsgesetz
RG	Reichsgericht
RGZ	Entscheidungen des Reichsgerichts
RhPfPOG	Polizei- und Ordnungsbehördengesetz des Landes Rheinland-Pfalz
RiA	Recht im Amt (Zeitschrift)
Rn.	Randnummer
S.	Satz; Seite
SaarlPolG	Saarländisches Polizeigesetz
SächsPolG	Polizeigesetz des Freistaates Sachsen
SASOG	Gesetz über die öffentliche Sicherheit und Ordnung des Landes Sachsen-Anhalt
SchlHVwG	Allgemeines Verwaltungsgesetz des Landes Schleswig-Holstein
SOGMV	Gesetz über die öffentliche Sicherheit und Ordnung in Mecklenburg-Vorpommern
SteuerStud	Steuer und Studium (Zeitschrift)
StGB	Strafgesetzbuch
ThürPAG	Thüringer Gesetz über die Aufgaben und Befugnisse der Ordnungsbehörden
UPR	Umwelt- und Planungsrecht (Zeitschrift)
UTR	Umwelt- und Technikrecht (Schriftenreihe)
VBlBW	Verwaltungsblätter für Baden-Württemberg (Zeitschrift)
VerfG	Verfassungsgericht
VerwArch	Verwaltungsarchiv (Zeitschrift)
VerwRspr	Verwaltungsrechtsprechung
VG	Verwaltungsgericht
VGH	Verwaltungsgerichtshof
Vgl.	vergleiche
VVDStRL	Veröffentlichung der Vereinigung der Deutschen Staatsrechtslehrer (Zeitschrift)
VwGO	Verwaltungsgerichtsordnung
VwVfG	Verwaltungsverfahrensgesetz
VwVG	Verwaltungs-Vollstreckungsgesetz
WM	Wertpapiermitteilungen – Zeitschrift für Wirtschafts- und Bankrecht (Zeitschrift)
WRV	Weimarer Reichsverfassung
z.B.	zum Beispiel
ZBinnSch	Zeitschrift für Binnenschiffahrt (Zeitschrift)
zit.	Zitiert
ZUR	Zeitschrift für Umweltrecht (Zeitschrift)

Kapitel 1: Einleitung

Gibt es eine materielle Polizeipflicht des Störers im Polizei- und Ordnungsrecht? Diese Frage ist in der Literatur seit Jahrzehnten ebenso umstritten wie die nach ihrer Definition bzw. ihrem Inhalt. Sie stellt sich insbesondere vor dem Hintergrund der „gestuften Antwort“[1] der Polizei- und Ordnungsgesetze bezüglich der Reihenfolge der Inanspruchnahme von Personen zur Abwehr konkreter Gefahren. Danach haben die zuständigen Behörden in erster Linie den sogenannten Störer, also denjenigen, dem eine Gefahr zugerechnet werden kann,[2] zur Gefahrenabwehr heranzuziehen („erste Stufe“).[3] Erst wenn dies nicht möglich bzw. nicht erfolgversprechend ist, darf die Polizei- oder Ordnungsbehörde selber zur Gefahrenabwehr tätig werden („zweite Stufe“).[4] Ist auch das behördliche Eingreifen im konkreten Einzelfall nicht möglich bzw. erfolgversprechend, darf die Behörde unter bestimmten Voraussetzungen den sogenannten Nichtstörer[5] zur Gefahrenabwehr verpflichten („dritte Stufe“).[6]

Warum aber nach dieser aus den Polizei- und Ordnungsgesetzen hervorgehenden „gestuften Antwort“ grundsätzlich der Störer vorrangig zur Gefahrenabwehr heranzuziehen ist, lässt sich aus dem Gefahrenabwehrrecht unmittelbar nicht entnehmen.[7] Der Grund hierfür könnte gerade in der materiellen Polizeipflicht liegen, einer öffentlich-rechtlichen Pflicht, die zwar nicht ausdrücklich normiert ist, die sich aber aus den allgemeinen und besonderen Polizei- und Ordnungsgesetzen, insbesondere aus der Generalklausel, ergeben könnte.[8]

Eine Frage, die ähnlich umstritten ist wie die nach der Existenz einer materiellen Polizeipflicht, ist die nach der Existenz von Grundpflichten im Grundgesetz. Während die Grundrechte gleich zu Beginn der Verfassung normiert sind,

1 So ausdrücklich *Pieroth/Schlink/Kniesel*, Polizei- und Ordnungsrecht, § 9, Rn. 2.

2 Dazu Kapitel 3, B, I.

3 Vgl. §§ 8, 9 HmbSOG i.V.m. § 10 Abs. 1 HmbSOG; dazu auch *Schoch*, Jura 2012, 685, 685.

4 Vgl. § 7 Abs. 1 HmbSOG i.V.m. § 10 Abs. 1 HmbSOG.

5 Dazu Kapitel 3, B, I.

6 Vgl. § 10 Abs. 1 HmbSOG; zusammenfassend statt aller *Pieroth/Schlink/Kniesel*, Polizei- und Ordnungsrecht, § 9, Rn. 2; zum Vorrang der Inanspruchnahme des Störers vor behördlichem Gefahrenabwehrhandeln siehe BGH, NJW 2004, 513, 514.

7 So schon *Griesbeck*, Polizeipflicht, S. 30.

8 Dazu *Griesbeck*, Polizeipflicht, S. 30 f.

finden sich in ihr jedenfalls keine ausdrücklich normierten Grundpflichten. Von daher wird auch die Frage, ob sie überhaupt im Grundgesetz vorhanden sind, differenziert betrachtet.

Das den Komplex der materiellen Polizeipflicht im Polizei- und Ordnungsrecht und den der Grundpflichten im Grundgesetz verbindende Moment ist die Frage, ob die materielle Polizeipflicht als verfassungsrechtliche Grundpflicht zu qualifizieren ist.

A. Thema und Ziel der Ausarbeitung

Diese bisher in der Literatur nahezu unbehandelte Frage[9] soll als Kernstück der vorliegenden Untersuchung erörtert werden. Ihre Beantwortung führt zu neuen Sichtweisen auf diverse in Literatur und Rechtsprechung seit Jahren kontrovers diskutierte Themen wie zum Beispiel den Bereich Störermehrheit und den der sogenannten „Opferfälle".

So ist beispielsweise im Rahmen der Störermehrheit seit Jahren umstritten, ob die Verpflichtung jedes Störers, die allen Störern gemeinsam zuzurechnende Gefahr abzuwehren, stets eine vollumfängliche ist oder ob sie in diesen Konstellationen begrenzt werden muss, ob also jeder Störer stets für den gesamten Gefahrenzustand verantwortlich ist oder nur anteilig.[10] Sollte die materielle Polizeipflicht als verfassungsrechtliche Grundpflicht einzuordnen sein, so ließen sich aus dieser Einordnung – ausgehend von Inhalt und Zweck der Grundpflichten – neue Erkenntnisse zur Klärung des Umfangs der Verantwortlichkeit des Störers in den Fällen einer Störermehrheit gewinnen.[11]

Nichts anderes gilt für die seit Jahrzehnten umstrittene Frage, ob die Verantwortlichkeit des Störers in den oben genannten „Opferfällen" bis zur sogenannten Zumutbarkeitsgrenze zu begrenzen ist.[12] Auch hier kann die Einordnung der

9 Dies bezieht sich jedenfalls auf die materielle Polizeipflicht in Form einer Gefahrenabwehrpflicht. Diesem Thema haben sich bisher – soweit ersichtlich – lediglich *Griesbeck* und *Lindner* in Ansätzen genähert, ohne allerdings letztlich eine eindeutige Stellung zu beziehen, vgl. *Griesbeck*, Polizeipflicht, S. 97 ff. und *Lindner*, Adressatenpflichten, S. 51 ff. Demgegenüber wurde die Frage, ob die materielle Polizeipflicht in Form einer Gefahrenvermeidungspflicht eine verfassungsrechtliche Grundpflicht darstellt, bereits mehrfach erörtert, siehe dazu auch Fn. 232.

10 Hierzu jüngst *Schoch*, Jura 2012, 685, 685.

11 Dazu ausführlich Kapitel 6, B, II., 2.

12 Dazu beispielsweise *Bockwoldt*, Rechtmäßigkeit und Kostentragungspflicht, S. 240 ff.; *Jochum*, NVwZ 2003, 526, 526 ff., die sich zwar in erster Linie auf die Störermehrheit konzentriert, deren Ausführungen aber auch bezüglich der Opferfälle relevant sind.

materiellen Polizeipflicht als verfassungsrechtliche Grundpflicht die Diskussion um neue Aspekte anreichern.[13]

Ein entsprechendes Verständnis der materiellen Polizeipflicht hat darüber hinaus auch Einfluss auf die Kostentragungspflicht des Störers bezüglich der Gefahrenabwehrmaßnahmen ihm zuzurechnender Gefahren. Diesbezüglich ist einerseits anerkannt, dass der Störer, der eine ihm zuzurechnende Gefahr selber abwehrt, auch die Kosten seiner Gefahrenabwehrmaßnahmen zu tragen hat.[14] Andererseits finden sich für den Fall der Gefahrenabwehr durch die öffentliche Hand anstelle des Störers in den allgemeinen und besonderen Polizei- und Ordnungsgesetzen Normen, die den Staat ermächtigen, die ihm entstandenen Kosten der Gefahrenabwehr auf den Störer abzuwälzen.[15] Die Qualifizierung der materiellen Polizeipflicht als verfassungsrechtliche Grundpflicht hat – wie deutlich werden wird – sowohl Auswirkungen auf die Frage nach der grundsätzlichen rechtlichen Zulässigkeit einer solchen Kostentragungspflicht[16] als auch auf ihren Umfang.[17]

Schließlich kommt dem Grundpflichtcharakter der materiellen Polizeipflicht auch Bedeutung bezüglich der Frage nach einem Ausgleichsanspruch zwischen mehreren Störern im Falle einer Störermehrheit zu.[18] Sollten sowohl die materielle Polizeipflicht auf der Primärebene als auch die Kostentragungspflicht auf der Sekundärebene in ihrem Umfang unbeschränkte Pflichten darstellen, stellt sich im Falle einer Störermehrheit die Frage nach einem Ausgleichsanspruch des allein die Kosten der Gefahrenabwehrmaßnahmen tragenden Störers gegen die übrigen Störer. Für den Fall, dass gerade ihre Eigenschaft als verfassungsrechtliche Grundpflicht entscheidend das Ergebnis beeinflussen sollte, dass die materielle Polizeipflicht sowohl auf der Primärebene als auch auf der Sekundärebene in unbegrenzter Höhe besteht, wird zu erörtern sein, ob und inwiefern der Grundpflichtcharakter der materiellen Polizeipflicht Einfluss auf die Frage der Anwendung zivilrechtlicher Anspruchsgrundlagen und die Auslegung ihrer Tatbestandsmerkmale hat.

---

13 Dazu ausführlich Kapitel 6, B, II., 1.

14 BGHZ 5, 144, 151; *Drews/Wacke/Vogel/Martens,* Gefahrenabwehr, S. 293; *Götz*, Allgemeines Polizei- und Ordnungsrecht, § 15, Rn. 2; *Pieroth/Schlink/Kniesel*, Polizei- und Ordnungsrecht, § 25, Rn. 1 und § 26, Rn. 13.

15 Vgl. beispielsweise § 7 Abs. 3 SOG; ausführlich dazu *Schenke*, Polizei- und Ordnungsrecht, Rn. 697 ff.

16 Siehe unten Kapitel 7, B.

17 Siehe unten Kapitel 7, C.

18 Siehe unten Kapitel 8.

B. Gang der Untersuchung

Bevor aber die Frage beantwortet werden kann, ob es überhaupt eine materielle Polizeipflicht gibt, wie diese Pflicht zu definieren und ob sie als Grundpflicht zu qualifizieren ist, muss einleitend ein Blick auf die historische Entwicklung des Polizei- und Ordnungsrechts geworfen werden. Denn erst im Lichte der Entwicklung eines Rechtsgebietes ist sein heutiges Verständnis – und damit auch die Auslegung seiner Begriffe und Rechtsgrundsätze – überhaupt möglich.

Im Lichte dieser historischen Entwicklung hin zum Recht der Gefahrenabwehr soll sodann auf die Frage eingegangen werden, wem die Aufgabe der Gefahrenabwehr im Staate des Grundgesetzes obliegt. Sie trifft einerseits den Staat, andererseits in bestimmten Fällen aber auch den Bürger, insbesondere den polizei- und ordnungsrechtlichen Störer. Bei letzterem stellt sich dann auch erstmals die Frage nach dem Bestehen und der Definition der ihn treffenden materiellen Polizeipflicht. Diese Fragen sollen daher zunächst beantwortet werden.

Im Anschluss daran erfolgt die Erörterung des eigentlichen Schwerpunktes der Ausarbeitung, nämlich der Frage, ob die materielle Polizeipflicht im Sinne einer Gefahrenabwehrpflicht als eine verfassungsrechtliche Grundpflicht zu qualifizieren ist. Sie erfolgt vor dem Hintergrund von verfassungshistorischen Gesichtspunkten und dem Sinn und Zweck der Verfassung.

Nachdem diese Frage beantwortet ist, schließt sich die Untersuchung der Frage an, zu welchen Konsequenzen die rechtliche Einordnung der materiellen Polizeipflicht als verfassungsrechtliche Grundpflicht führt. Diesbezüglich sind die eingangs erwähnten Komplexe zu nennen.

Zunächst soll der Einfluss dieser Qualifizierung auf den Umfang der materiellen Polizeipflicht untersucht werden. Begonnen wird diesbezüglich mit der Erörterung des Umfangs der materiellen Polizeipflicht auf der Primärebene. Dies erfolgt anhand einer Untersuchung des Zusammenspiels der auf dieser Ebene wirkenden Rechtsgrundsätze[19] unter besonderer Berücksichtigung des Charakters der materiellen Polizeipflicht als einer verfassungsrechtlichen Grundpflicht. Auf diese Weise wird geklärt werden, ob die materielle Polizeipflicht stets eine unbegrenzte Pflicht darstellt oder ob sie auf der Primärebene aufgrund ihres Grundpflichtcharakters in bestimmten Situationen – in den „Opferfällen" sowie in den Fällen der Störermehrheit – zu begrenzen ist.

19 Dieser Ansatz ist allgemein anerkannt. Neben vielen anderen Autoren ging auch *Bockwoldt* hiervon aus, vgl. *Bockwoldt*, Rechtmäßigkeit und Kostentragungspflicht, S. 39 ff. für die Primärebene und S. 65 ff. für die Sekundärebene. Die vorliegende Ausarbeitung orientiert sich an diesem Aufbau.

Nach der Untersuchung des Umfangs der materiellen Polizeipflicht der Primärebene auf diese Weise erfolgt die Untersuchung dieser Pflicht und ihres Umfangs auf der Sekundärebene. Ausgegangen wird hierbei von der Tatsache, dass sich die materielle Polizeipflicht auf der Sekundärebene als eine Kostentragungspflicht des Störers bezüglich der Abwehrmaßnahmen ihm zuzurechnender Gefahren darstellt.

Bezug nehmend auf *Habermanns* Untersuchung aus dem Jahr 2011[20] wird auf die Frage der grundsätzlichen rechtlichen Zulässigkeit des Bestehens einer solchen Kostentragungspflicht im Polizei- und Ordnungsrecht vor dem Hintergrund des Steuerstaatsprinzips, der materiellen Polizeipflicht als verfassungsrechtlicher Grundpflicht und der Untergliederung der Staatsaufgaben in allgemeine und besondere Staatsaufgaben eingegangen.

Im Anschluss daran wird die Frage erörtert, ob der Umfang der materiellen Polizeipflicht auf der Sekundärebene stets von den Ergebnissen der Primärebene abhängt oder ob auf der Sekundärebene andere Kriterien zur Bestimmung des Umfangs gelten. Nach der Klärung dieser Frage schließt sich die Darstellung der auf der Sekundärebene wirkenden Rechtsgrundsätze an – und zwar nach dem gleichen Muster wie dies bereits vorher auf der Primärebene geschah.

Schließlich soll nach der Darstellung des Umfangs der materiellen Polizeipflicht auf Primär- und Sekundärebene auf die Frage des internen Störerausgleichs im Falle einer Störermehrheit eingegangen werden. Diesbezüglich wird insbesondere erörtert, ob einem Störer, der alleine die Kosten der Gefahrenabwehr trägt, Ausgleichsansprüche gegen die übrigen, nicht mit den Kosten belasteten Störer vor dem Hintergrund der Regelungen des Gesamtschuldnerausgleiches oder der Geschäftsführung ohne Auftrag zustehen. Auch die Untersuchung dieser in der Literatur seit Jahren umstrittenen Thematik[21] soll vor dem Hintergrund der Frage erfolgen, ob und inwiefern die rechtliche Einordnung der materiellen Polizeipflicht als verfassungsrechtliche Grundpflicht Auswirkungen auf die Frage der Anwendbarkeit und Auslegung zivilrechtlicher Anspruchsgrundlagen hat.

---

20 *Habermann*, Gebühren für Gefahrenabwehr, S. 1 ff.

21 Vgl. beispielsweise *Petersen*, Gesamtschuldnerausgleich, S. 1 ff.; zuletzt Schoch, Jura 2012, 685, 690 f.

Kapitel 2: Historische Entwicklung des Polizei- und Ordnungsrechts

Im Lehrbuch von *Pieroth/Schlink/Kniesel* heißt es zu Beginn, dass die Begriffe des Rechts in der Geschichte wachsen würden und dass sie daher auch nur mit und aus ihrer Geschichte zu verstehen seien.[22] Diese einleitenden Worte haben grundlegende Bedeutung auch für das Polizei- und Ordnungsrecht. Denn gerade in Bezug auf diese Materie bildet die historische Entwicklung von seinen Anfängen bis zur Gegenwart eine wesentliche Grundlage dafür, wie dessen Zweck aus heutiger Sicht zu verstehen und wie es im Einzelfall anzuwenden ist.

Die historische Entwicklung des Polizei- und Ordnungsrechts lässt sich am besten an der Entwicklung und den Wandlungen des sogenannten materiellen Polizeibegriffes darstellen.[23] Maßgebliches Kriterium für den materiellen Polizeibegriff ist die inhaltliche Qualifikation einer polizeilichen Staatstätigkeit, genau gesagt deren Zielsetzung.[24] Es ist stets danach zu fragen, was für Ziele die polizeiliche Tätigkeit zu erreichen hat und welche Tätigkeiten die zuständigen Behörden auszuführen haben, um diese Zielsetzung bzw. Aufgabenstellung zu erfüllen.[25] Entsprechend dieser Aufgaben, Ziele und Tätigkeiten wird dann der materielle Polizeibegriff definiert. Oder wie es im Lehrbuch von *Drews/Wacke/*

22 *Pieroth/Schlink/Kniesel*, Polizei- und Ordnungsrecht, § 1, Rn. 1.

23 Neben dem materiellen Polizeibegriff gibt es in terminologischer Hinsicht noch den sogenannten institutionellen bzw. organisatorischen Polizeibegriff. Anders als beim materiellen Polizeibegriff, bei dem es ohne Bedeutung ist, welche Behörde die nach dem materiellen Polizeibegriff relevante Tätigkeit ausführt, ist für den institutionellen Polizeibegriff von entscheidender Bedeutung, ob die handelnde Behörde den Polizeibehörden zuzuordnen ist (*Schenke*, Polizei- und Ordnungsrecht, Rn. 1). Der institutionelle Polizeibegriff bezieht sich also gewissermaßen auf bestimmte, als Polizei firmierende Behörden (so ausdrücklich *Lisken/Denninger*, Handbuch des Polizeirechts, A, Rn. 39). Es kommt mithin nach dem institutionellen Polizeibegriff für die Frage, ob eine Behörde eine Polizeibehörde ist oder nicht, nicht auf dessen Tätigkeit, sondern auf die „Firmierung“ der Behörde an.
Ferner wird in terminologischer Hinsicht der formelle Polizeibegriff genannt. Dieser bezeichnet all jene Tätigkeiten, die von der Polizei im institutionellen – also organisatorischen – Sinne wahrgenommen werden, unabhängig davon, wie dieses Handeln materiell zu qualifizieren ist, vgl. *Schenke*, Polizei- und Ordnungsrecht, Rn. 1. Danach ist alles das Polizei im inhaltlichen Sinne, was die als „Polizei“ bezeichneten Behörden tun, vgl. *Lisken/Denninger*, Handbuch des Polizeirechts, A, Rn. 39.

24 *Schenke*, Polizei- und Ordnungsrecht, Rn. 1.

25 Ähnlich *Drews/Wacke/Vogel/Martens,* Gefahrenabwehr, S. 33 ff.

Vogel/Martens zusammenfassend heißt: Der materielle Polizeibegriff befasst sich mit der Frage, was unter „Polizei" als Verwaltungstätigkeit zu verstehen ist.[26]

Bestünde der Zweck der polizeilichen Tätigkeit darin, Gefahren abzuwehren, so beinhaltete der materielle Polizeibegriff die Gefahrenabwehr. Bestünde der Zweck indes darin, die staatliche Ordnung aufrechtzuerhalten, so würde diese Tätigkeit dem materiellen Polizeibegriff seinen Inhalt geben. Es ist demnach immer zu fragen, was der Zweck der „Polizeiverwaltungstätigkeit" ist. Dieser Zweck kennzeichnet dann den materiellen Polizeibegriff.

A. Anfänge und Entwicklungen des Polizeibegriffes

Verbrechensverfolgung, Schutz von Straßen und die Aufrechterhaltung von Sicherheit und Ordnung hat es schon immer gegeben, seit sich Menschen in größeren Gesellschaften zusammenfanden.[27] Nicht immer gab es hingegen „Polizei" und besondere Träger der Polizeigewalt, welche eine arbeitsteilig organisierte Gesellschaft mit hoheitlichen Funktionsträgern, also einen Staat im weitesten Sinne, voraussetzen, wie er erst ab einem bestimmten Entwicklungsstand vorzufinden ist.[28] Da aber – wie eben angedeutet – die Definition des materiellen Polizeibegriffes vom Wandel der Anschauungen in den Staaten abhängig ist, kennt die Geschichte des Polizei- und Ordnungsrechts auch keinen eindeutigen Polizeibegriff.[29] Vielmehr war der materielle Polizeibegriff in der Vergangenheit einem steten Wandel unterworfen.[30]

Ausgehend von dieser Erkenntnis soll im Folgenden untersucht werden, was den Zweck der polizeilichen Tätigkeit in den jeweiligen Epochen der deutschen Geschichte darstellte.

---

26 *Drews/Wacke/Vogel/Martens,* Gefahrenabwehr, S. 33.

27 *Lisken/Denninger*, Handbuch des Polizeirechts, A, Rn. 1.

28 *Lisken/Denninger*, Handbuch des Polizeirechts, A, Rn. 1.

29 *Lisken/Denninger*, Handbuch des Polizeirechts, A, Rn. 1, dazu auch *Knemeyer*, Grundbegriffe, S. 875 f.

30 So ist die Entwicklung des Polizei- und Ordnungsrechts gewissermaßen auch immer in Relation zu der Entwicklung vom Polizei- zum Rechtsstaat zu sehen, eben weil die Entwicklung des Polizeibegriffes stets abhängig von der staatlichen Entwicklung war und gewissermaßen dessen Spiegelbild darstellte, vgl. dazu *Pieroth/Schlink/Kniesel*, Polizei- und Ordnungsrecht, § 1, Rn. 1.

B. Polizeibegriff im 15. bis 17. Jahrhundert

Gegen Ende des 15. Jahrhunderts kam erstmals der Begriff der „Polizei"[31] auf und fand über die burgundischen Kanzleien Eingang in die deutsche Kanzleisprache und die Sprache der Stände.[32] Zunächst wurde dieses Fremdwort verwandt, um die obrigkeitliche Regelung aller Bereiche des öffentlichen Wohls zu kennzeichnen, die unter den Begriffen „Frieden" und „Recht" nur unzureichend zu fassen waren.[33]

Aber schon früh erfuhr dieser Polizeibegriff weitere Konkretisierungen. Infolge dessen ging die Entwicklung bis zum 17. Jahrhundert schließlich dahin, dass die Rechtssätze zu dieser Zeit zwei Bedeutungen des Begriffes der „Polizei" kannten, nämlich zum einen den Zustand guter Ordnung des Gemeinwesens und zum anderen die Tätigkeit, mit der das Gemeinwesen in eben diesen Zustand der guten Ordnung gebracht und erhalten werden sollte (die „gute Polizey" oder „gute Policey").[34] Die gute Ordnung des Gemeinwesens verlangte, dass Fürst, Stände und Untertanen in Frieden und Eintracht zusammenlebten, dass jeder an seinem Platz seine Pflicht erfüllte, Gott ehrte und seinen Geboten gemäß lebte.[35] „Polizei bestand" demnach dort, wo der Bürger sich ordentlich, züchtig, gesittet und ehrbar verhielt, wo das menschliche Zusammenleben im Gemeinwesen stattfand, also in geordneten Bahnen verlief.[36]

Da der Begriff „Polizei" also entweder den Zustand dieser guten Ordnung oder das Tätigwerden zur Erreichung dieses Zustandes bezeichnete – nicht hingegen eine Institution des Staates in Form einer Behörde[37] – unterschied sich der Begriff der Polizei bereits sprachlich von seinem heutigen Verständnis.

31 Andere Schreibweisen waren auch „Pollicey", „Pollicei", „Policey", „Policey", Pollizei" oder „Polluzey", vgl. *Knemeyer*, Grundbegriffe, S. 875.

32 *Knemeyer*, Grundbegriffe, S. 875; *Preu*, Polizeibegriff, S. 15.

33 *Knemeyer*, Grundbegriffe, S. 875; dazu auch *Maier*, Polizeiwissenschaft, S. 121.

34 *Götz*, Allgemeines Polizei- und Ordnungsrecht, § 2, Rn. 2; *Knemeyer*, Grundbegriffe, S. 875; *Pieroth/Schlink/Kniesel*, Polizei- und Ordnungsrecht, § 1, Rn. 2; zur „guten Policey" *Simon*, Gute Polizei, S. 111 ff.

35 *Pieroth/Schlink/Kniesel*, Polizei- und Ordnungsrecht, § 1, Rn. 2.

36 *Knemeyer*, AöR 92, 153, 155.

37 *Lisken/Denninger*, Handbuch des Polizeirechts, A, Rn. 4.

C. Polizeibegriff im Zeitalter des Absolutismus (17. und 18. Jahrhundert)

Der Polizeibegriff erfuhr eine maßgebliche Wendung im absolutistischen Fürstenstaat des 18. Jahrhunderts.[38] Polizei bezeichnete jetzt nicht mehr lediglich den Zustand der guten Ordnung des Gemeinwesens oder die Tätigkeit, die darauf gerichtet war, diesen Zustand zu erreichen, sondern stellte als landesfürstliche Gewalt – „ius politiae“[39] – ein Hoheitsrecht des absolutistischen Herrschers dar.[40] Hierdurch und mit Hilfe seiner Beamten, welche mit weitreichenden Kompetenzen ausgestattet waren,[41] konnte dieser das gesamte Leben seiner Untertanen regeln und seine Anordnungen durchsetzen. Polizeigewalt wurde demnach zum juristischen Inbegriff der absoluten Staatsgewalt und Herrschaft über die Untertanen.[42] Im Nachhinein wird daher diese Epoche auch als die des „Polizeistaats“ bezeichnet, nicht zuletzt wegen des Mangels von Rechtsbindungen der Polizeigewalt an eine Verfassung, wegen des Fehlens von verbürgten Rechten der Untertanen und der Stände sowie schließlich aufgrund mangelnder Trennung von vollziehender und gesetzgebender Gewalt.[43]

Daneben wurde häufig die Bezeichnung des „Wohlfahrtstaats“ gebraucht, was insofern missverständlich erscheinen mag, als dass – anders als heute – der Begriff der Wohlfahrt nicht viel mehr beinhaltete als das Recht des Monarchen, seinen Untertanen in nahezu allen Bereichen Vorschriften machen zu können und sie in Bezug auf Sitte und Moral zu bevormunden.[44] Dies war ein Zustand,

---

38 *Götz*, Allgemeines Polizei- und Ordnungsrecht, § 2, Rn. 3.

39 *Lisken/Denninger*, Handbuch des Polizeirechts, A, Rn. 14; *Pieroth/Schlink/Kniesel*, Polizei- und Ordnungsrecht, § 1, Rn. 4; *v. Unruh*, DV 1984, 43, 43 f.

40 *Götz*, Allgemeines Polizei- und Ordnungsrecht, § 2, Rn. 3.

41 *v. Unruh*, DVBl. 1972, 469, 471.

42 *Götz*, Allgemeines Polizei- und Ordnungsrecht, § 2, Rn. 3; *Schenke*, Polizei- und Ordnungsrecht, Rn. 2.

43 *Drews/Wacke/Vogel/Martens*, Gefahrenabwehr, S. 4; *Götz*, Allgemeines Polizei- und Ordnungsrecht, § 2, Rn. 4; *Lisken/Denninger*, Handbuch des Polizeirechts, A, Rn. 40; *Pieroth/Schlink/Kniesel*, Polizei- und Ordnungsrecht, § 1, Rn. 4. Ein eindringliches und verstörendes Bild dieser Epoche des 15. bis 18. Jahrhunderts, insbesondere bezogen auf die weitreichenden Befugnisse der herrschenden Klasse und die diesbezügliche Ohnmacht der Untertanen, zeichnet jenseits der juristischen Literatur *Heinrich von Kleist* in seiner berühmt gewordenen Novelle „Michael Kohlhaas“. In dieser wird der Rosshändler Michael Kohlhaas um zwei seiner Pferde durch willkürliche Handlungen der Obrigkeit betrogen. In seinen Versuchen, auf juristischem Wege Genugtuung zu erlangen, scheitert er an der Willkür der herrschenden Klasse und der von ihr beeinflussten Polizeigewalt, um am Ende rasend und brandschatzend durch Brandenburg zu ziehen.

44 So statt aller *Götz*, Allgemeines Polizei- und Ordnungsrecht, § 2, Rn. 5; *Pieroth/Schlink/Kniesel*, Polizei- und Ordnungsrecht, § 1, Rn. 4.

der nicht zuletzt aufgrund der Polizei durchgesetzt und gesichert werden konnte.[45] Demnach beinhaltete der materielle Polizeibegriff zu dieser Zeit nicht viel mehr als das Recht des Monarchen, seine Macht zu festigen und durchzusetzen und in alle Lebensbereiche der Untertanen zur „Beförderung der allgemeinen Wohlfahrt" reglementierend einzugreifen.[46]

Ab der Mitte des 18. Jahrhunderts wurden die Widerstände gegen diesen Polizeibegriff aufgrund der Ideen der Aufklärungsphilosophie immer größer.[47] Das Bestreben der Beschränkung der staatlichen Befugnisse wuchs mehr und mehr.[48] Als erster formulierte der Göttinger Staatsrechtler *Johann Stephan Pütter* im Jahre 1770 den Gedanken der Reduzierung der Aufgaben der Polizei auf den Bereich der Gefahrenabwehr.[49] Danach sollte die Polizeiaufgabe darin bestehen, künftige Übel abzuwenden, nicht indes in erster Linie darin, den Wohlstand zu mehren.[50] Den Ausschluss der Wohlfahrtspflege formulierte *Pütter* zwar noch eher vorsichtig und nicht ohne verklausulierte Einschränkung,[51] gleichwohl war der erste wichtige Schritt zur Zügelung der Polizeigewalt und Neudefinierung des materiellen Polizeibegriffes weg von der Wohlfahrtspflege hin zur Gefahrenabwehr getan. Ihm folgend formulierte *Carl Gottlieb Svarez* im Jahr 1791 ebenfalls noch eher vorsichtig, dass der Staat zu Einschränkungen, welche zur Abwehr gemeiner Störungen und Gefahren abzielen, ein stärkeres Recht habe als zu solchen, wodurch bloß der Wohlstand, die Bequemlichkeit, die Schönheit oder ähnliche Nebenvorteile für das Ganze befördert werden sollten.[52]

---

45 Ähnlich *Götz*, Allgemeines Polizei- und Ordnungsrecht, § 2, Rn. 5.

46 So neben vielen *Schenke*, Polizei- und Ordnungsrecht, Rn. 2.

47 Vertiefend *Pieroth/Schlink/Kniesel*, Polizei- und Ordnungsrecht, § 1, Rn. 5; *Schenke*, Polizei- und Ordnungsrecht, Rn. 3.

48 Dazu statt aller *Pieroth/Schlink/Kniesel*, Polizei- und Ordnungsrecht, § 1, Rn. 5.

49 *Pütter*, Institutiones, § 321, wo es auf S. 330 wörtlich heißt: „Ea supremae potestatis pars, qua exercetur cura avertendi mala futura in statu reipublicae interno in commune metuenda, dicitur ius politiae" und auf S. 331 ausgeführt wird: „Promovendae salutis cura propie non est politiae"; bei *Drews/Wacke/Vogel/Martens,* Gefahrenabwehr, S. 4 wird dies wie folgt zusammengefasst und übersetzt: „Politiae est cura avertendi mala futura, promovendae salutis non est proprie politiae" – Aufgabe der Polizei ist die Abwendung bevorstehender Gefahren; die Wohlfahrt zu fördern ist nicht eigentlich Aufgabe der Polizei. Dies ist nur anders, wenn die Wohlfahrtsförderung mit der Bekämpfung eines Übels zusammenhängt; dazu auch *Lisken/Denninger*, Handbuch des Polizeirechts, A, Rn. 21; *Preu*, Polizeibegriff, S. 167 ff.; *Schenke*, Polizei- und Ordnungsrecht, Rn. 3

50 Dazu *Lisken/Denninger*, Handbuch des Polizeirechts, A, Rn. 21; *Schenke*, Polizei- und Ordnungsrecht, Rn. 3.

51 *Götz*, Allgemeines Polizei- und Ordnungsrecht, § 2, Rn. 6.

52 *Conrad/Kleinheyer*, Vorträge, S. 485 ff., wo von einer „verdoppelten Behutsamkeit" gesprochen wird; *Pieroth/Schlink/Kniesel*, Polizei- und Ordnungsrecht, § 1, Rn. 5.

Diese Neuausrichtung des materiellen Polizeibegriffes am Gedanken der Gefahrenabwehr wurde am 1.6.1794 im Allgemeinen Landrecht für die Preußischen Staaten durch die Regelung des § 10 Teil II Titel 17 ALR Gesetz. Dort hieß es: „Die nöthigen Anstalten zur Erhaltung der öffentlichen Ruhe, Sicherheit und Ordnung, und zur Abwendung der dem Publico, oder einzelnen Mitgliedern derselben, bevorstehenden Gefahr zu treffen, ist das Amt der Polizey".[53] Damit erhielt dieser wissenschaftlich neu entwickelte Polizeibegriff erstmals Gesetzeskraft.[54] Mit dieser Formulierung hatte der Gesetzgeber die politischen Prinzipien übernommen, die einen möglichst weiten Freiheitsbereich als unabdingbare Voraussetzung der Entwicklung des Einzelnen und der Gesellschaft postulierten.[55] Hierdurch sollte sichergestellt werden, dass staatliche Zwangsbefugnisse zur Regelung der Wohlfahrtspflege nicht mehr ohne gesetzliche Grundlage ausgeführt werden.[56]

D. Polizeibegriff im 19. Jahrhundert

Praktische Bedeutung gewann dieser neue Polizeibegriff aus der zweiten Hälfte des 18. Jahrhunderts in der alltäglichen Praxis zunächst nicht.[57] Im Zuge der Reaktionen gegen die Ideen der französischen Revolution und der Erschütterungen, welche die napoleonischen Kriege mit sich brachten, kam es vielmehr im Zeitalter der Restauration nach 1815 wieder zu einer rückläufigen Entwicklung des Polizeibegriffes hin zur „Wiederbelebung der Wohlfahrtspolizei".[58] So stellte bereits im Jahr 1808 die preußische „Verordnung wegen verbesserter Einrichtung der Provinzial-Polizei- und Finanzbehörden" klar, dass die Polizei nicht nur zur Abwendung von Gefahren und Nachteilen für die Bürger tätig werden durfte, sondern darüber hinaus auch dafür zu sorgen hatte, dass „das allgemeine Wohl befördert und erhöht werde".[59] Diese Zeit wird daher stellenweise auch als „nachlandrechtlicher Polizeistaat" bezeichnet, in der die polizeilichen Gängelun-

---

53 *Pieroth/Schlink/Kniesel*, Polizei- und Ordnungsrecht, § 1, Rn. 5; *v. Unruh*, DVBl. 1972, 469, 471.

54 *v. Unruh*, DVBl. 1972, 469, 471; dazu auch *v. Unruh*, DV 1984, 43, 43 f.

55 *v. Unruh*, DVBl. 1972, 469, 471.

56 *Schenke*, Polizei- und Ordnungsrecht, Rn. 3.

57 *Drews/Wacke/Vogel/Martens,* Gefahrenabwehr, S. 5; dazu auch *Schenke*, Polizei- und Ordnungsrecht, Rn. 4.

58 *Drews/Wacke/Vogel/Martens,* Gefahrenabwehr, S. 5; *Schenke*, Polizei- und Ordnungsrecht, Rn. 4; *v. Unruh*, DVBl. 1972, 469, 471.

59 *Pieroth/Schlink/Kniesel*, Polizei- und Ordnungsrecht, § 1, Rn. 6; auch das preußische Polizeiverwaltungsgesetz vom 11.3.1850 beruhte auf diesem Gedanken der unbeschränkten Polizeigewalt, vgl. *Götz*, Allgemeines Polizei- und Ordnungsrecht, § 2, Rn. 7.

gen nochmals tief in Wirtschaft und Verkehr und den Lebenswandel der Bürger eingriffen.[60] Kritische Literaturstimmen meinten gar in diesem Polizeistaat eine Verfallsform des vorlandrechtlichen Polizeistaats zu erblicken, weil es nun nicht einmal mehr um die gesellschaftliche Wohlfahrt ging, sondern darüber hinaus um Nieder- und Ruhighaltung der aufstrebenden bürgerlichen Gesellschaft einerseits und der Bürokratisierung des Staates andererseits.[61]

Zu einer Verengung des materiellen Polizeibegriffes und einer „Disziplinierung der Polizei" kam es erst, als sich in der zweiten Hälfte des 19. Jahrhunderts nach der Revolution von 1848 der liberale bürgerliche Rechtsstaat durchzusetzen begann.[62] Als „rechtsstaatlicher Urknall"[63] kann diesbezüglich das berühmt gewordene „Kreuzberg-Urteil"[64] des Preußischen Oberverwaltungsgerichts vom 14.6.1882 bezeichnet werden. Das Gericht machte in diesem Urteil unter Bezugnahme auf die Regelung des § 10 Teil II Titel 17 ALR deutlich, dass die Befugnisse der Polizei nicht die Fürsorge für die öffentliche Wohlfahrt und die möglichste Förderung und Erhöhung des Gemeinwohls umfassen, sondern lediglich die Abwehr von Gefahren zu den Aufgaben der Polizei gehört.[65]

Dieses Urteil führte durch zwei Ansätze[66] zu einer Begrenzung der Polizeigewalt:

Zum einen wurde der Aufgabenkreis der Polizei eingeschränkt; das Amt der Polizei sollte nur noch die Gefahrenabwehr sein, nicht mehr die Wohlfahrtspflege.[67] Der polizeistaatliche materielle Polizeibegriff war damit endgültig aufgegeben.[68]

Zum anderen erfolgte eine Begrenzung der Befugnisse der Polizei dahingehend, dass die Polizei zu ihrer Aufgabenerfüllung nicht mehr alles tun sollte, was sie dafür für erforderlich hielt, sondern nur noch das, was auch tatsächlich dafür

---

60 *Pieroth/Schlink/Kniesel*, Polizei- und Ordnungsrecht, § 1, Rn. 6.

61 *Pieroth/Schlink/Kniesel*, Polizei- und Ordnungsrecht, § 1, Rn. 8; dazu auch *Wolzendorff*, Grenzen der Polizeigewalt, S. 33, wo anspielend auf die rechtliche Entwicklung im Zeitalter der Restauration von einem „Rückschlag" hin zu der Etablierung eines Staates der „Bureaukratie" gesprochen wird.

62 *Drews/Wacke/Vogel/Martens,* Gefahrenabwehr, S. 6; *Pieroth/Schlink/Kniesel*, Polizei- und Ordnungsrecht, § 1, Rn. 9.

63 *Schoch*, Jura 2006, 664, 664.

64 PrOVGE 9, 353, 353 ff.; das „Kreuzberg-Urteil" ist auch abgedruckt in DVBl. 1985, 219, 219 ff.

65 Vertiefend hierzu *Kroeschell*, VBlBW 1993, 268, 269 ff.

66 *Pieroth/Schlink/Kniesel*, Polizei- und Ordnungsrecht, § 1, Rn. 9.

67 *Götz*, Allgemeines Polizei- und Ordnungsrecht, § 2, Rn. 8; *Pieroth/Schlink/Kniesel*, Polizei- und Ordnungsrecht, § 1, Rn. 9; *Schenke*, Polizei- und Ordnungsrecht, Rn. 5.

68 *Götz*, Allgemeines Polizei- und Ordnungsrecht, § 2, Rn. 8.

erforderlich war.[69] Gerade im letzten Ansatz lassen sich erstmals auch konkrete Anhaltspunkte des heutigen rechtsstaatlichen Verhältnismäßigkeitsgrundsatzes erkennen.[70]

Während in Preußen somit das Preußische Oberverwaltungsgericht für die Verengung des materiellen Polizeibegriffes sorgte, geschah dies in den süddeutschen Staaten durch den Gesetzgeber in Form der sogenannten „Polizeistrafgesetzbücher“, welche sowohl mit Strafsanktionen bewährte Verbotstatbestände als auch Spezialermächtigungen zum Erlass von Verordnungen und Verfügungen enthielten.[71] Auch in den süddeutschen Staaten kam nach dem „Kreuzberg-Urteil“ die Frage auf, ob in den Polizeistrafgesetzbüchern subsidiär zu den Spezialermächtigungen eine Generalklausel nach dem Vorbild des § 10 Teil II Titel 17 ALR für all die Fälle geschaffen werden sollte, die sich nicht unter die Spezialermächtigungen subsumieren ließen. Auch wenn hier die Rechtslage hinsichtlich der Frage nach der subsidiären Geltung einer entsprechenden Generalermächtigung umstritten war, so bestand doch in dem Punkt Übereinstimmung, dass auch in diesen Staaten die Beschränkung der polizeilichen Befugnisse auf den Bereich der Gefahrenabwehr erfolgen sollte.[72] Zwar dominierte in den süddeutschen Staaten auch nach dem „Kreuzberg-Urteil“ zunächst das Prinzip der Spezialermächtigung;[73] der mit dem Kreuzberg-Urteil etablierte rechtsstaatliche Polizeibegriff hatte sich freilich auch hier durchgesetzt.[74]

Unabhängig von der Frage, welchem Prinzip – dem der Generalermächtigung in Preußen oder dem der Spezialermächtigung in den süddeutschen Staaten – der Vorzug gegeben wurde, lässt sich also festhalten, dass die Epoche des konstitutionellen Staates in ganz Deutschland somit eine grundlegende Veränderung des materiellen Polizeibegriffs hervorgebracht hatte. „Polizei“ im materiellen Sinne stellte nun die Funktion des Staates dar, Gefahren für die öffentliche Sicherheit und Ordnung in verhältnismäßiger Art und Weise abzuwehren.[75] Das Hoheits-

---

69 *Pieroth/Schlink/Kniesel*, Polizei- und Ordnungsrecht, § 1, Rn. 9.

70 *Pieroth/Schlink/Kniesel*, Polizei- und Ordnungsrecht, § 1, Rn. 12; ähnlich bereits *Bühler*, Die subjektiven öffentlichen Rechte, S. 197 f.

71 *Drews/Wacke/Vogel/Martens,* Gefahrenabwehr, S. 7 f.; *Götz*, Allgemeines Polizei- und Ordnungsrecht, § 2, Rn. 9.

72 Dazu *Schenke*, Polizei- und Ordnungsrecht, Rn. 6. Somit unterschied sich das System der Polizeistrafgesetzbücher von demjenigen der polizeilichen Generalklausel des preußischen Rechts nur in rechtstechnischer Hinsicht, nicht aber hinsichtlich des seit dem Kreuzberg-Urteil etablierten rechtsstaatlichen Polizeibegriffes, vgl. auch *Götz*, Allgemeines Polizei- und Ordnungsrecht, § 2, Rn. 9.

73 *Pieroth/Schlink/Kniesel*, Polizei- und Ordnungsrecht, § 1, Rn. 16.

74 So im Ergebnis statt aller *Götz*, Allgemeines Polizei- und Ordnungsrecht, § 2, Rn. 9.

75 *Lisken/Denninger*, Handbuch des Polizeirechts, A, Rn. 39 und Rn. 50; *Pieroth/Schlink/Kniesel*, Polizei- und Ordnungsrecht, § 1, Rn. 11 ff.

recht des Staates, diese Aufgabe mit entsprechenden Behörden durchzusetzen, wurde als Polizeigewalt bezeichnet – infolge dessen war alle Gefahrenabwehr Polizei.[76] Angesichts der Vielgestaltigkeit der einzelnen gefahrenabwehrenden Verwaltungsaufgaben ließen sich daher unter dem Begriff „Polizei" beliebig viele Unterbegriffe der Polizei bilden, wie beispielsweise Bau-, Feuer- Gewerbe- oder Versammlungspolizei.[77]

E. Polizeibegriff zu Beginn des 20. Jahrhunderts und im Nationalsozialismus

Diese Entwicklung der Einengung des Polizeibegriffes auf den Bereich der Gefahrenabwehr setzte sich zu Beginn des 20. Jahrhunderts fort. Die Verwaltungslehre hielt auch unter Geltung der Weimarer Reichsverfassung nach dem ersten Weltkrieg an den liberalen Vorstellungen unverändert fest.[78]

Nach dem Ende des Kaiserreiches flossen die Ansätze Preußens (Grundsatz des § 10 Teil II Titel 17 ALR als Generalklausel) und der süddeutschen Staaten (Grundsatz des Systems von Spezialermächtigungen) im Preußischen Polizeiverwaltungsgesetz (PVG) vom 1.6.1931 zusammen, welches in weiten Teilen eine Kodifikation der in dem „Kreuzberg-Urteil" entwickelten rechtstaatlichen Grundsätze darstellte.[79] Kein neues Polizeigesetz verzichtete seitdem mehr auf eine Generalklausel; aber auch Spezialermächtigungen, die typisch polizeiliches Handeln regelten, wurden zum festen Bestandteil neuer Polizeigesetze.[80]

Mit dem Zeitalter des Nationalsozialismus brach in dem Zeitraum von 1933 bis 1945 die rechtsstaatliche Entwicklung des Polizeibegriffes in Deutschland indes, nicht zuletzt im Zuge der raschen Auflösung der rechtsstaatlichen Strukturen,[81] abrupt ab.[82] Dazu trugen im Wesentlichen der Aufbau der Geheimen

---

76 *Götz*, Allgemeines Polizei- und Ordnungsrecht, § 2, Rn. 10.

77 Zusammenfassend *Götz*, Allgemeines Polizei- und Ordnungsrecht, § 2, Rn. 10.

78 *Drews/Wacke/Vogel/Martens,* Gefahrenabwehr, S. 8; *Schenke*, Polizei- und Ordnungsrecht, Rn. 7.

79 So auch *Götz*, Allgemeines Polizei- und Ordnungsrecht, § 2, Rn. 11; *Pieroth/Schlink/Kniesel*, Polizei- und Ordnungsrecht, § 1, Rn. 18.

80 *Pieroth/Schlink/Kniesel*, Polizei- und Ordnungsrecht, § 1, Rn. 17, wo als Beispiel für die Generalklausel § 14 PVG aufgeführt wird. Diese Norm stellte eine Generalklausel dar, die in der Tradition von § 10 Teil II Titel 17 des Allgemeinen Landrechts für die Preußischen Staaten stand und zugleich Vorbild für alle späteren Generalklauseln werden sollte, die allesamt vom Grundsatz her bis heute der Formulierung des § 14 PVG ähneln.

81 *Lisken/Denninger*, Handbuch des Polizeirechts, A, Rn. 61 ff.

82 So *Drews/Wacke/Vogel/Martens,* Gefahrenabwehr, S. 11; *Götz*, Deutsche Verwaltungsgeschichte, Band IV, 1017, 1017 ff.; *Götz*, Allgemeines Polizei- und Ordnungsrecht, § 2, Rn. 12.

Staatspolizei sowie die Verfilzung von Polizei und Partei bei.[83] Als Folge der Gleichschaltung wurden die Begriffe des Polizeirechtes, namentlich des in Geltung gebliebenen PVG aus dem Jahre 1931, nur noch im Sinne der nationalsozialistischen Ideologie ausgelegt und angewendet.[84] Das nationalsozialistische Regime benutzte die bis dahin rechtstaatlich gebundene Polizeigewalt ausschließlich als Instrument zur Durchsetzung und Festigung seiner Macht.[85] In dieser Zeit wurde – insofern konsequent – von einem „neuen Polizeibegriff" gesprochen, der die „Ordnung der Volksgemeinschaft" sichern sollte und die Polizei bei der zwangsweisen Durchsetzung und Absicherung der politischen Ordnungsvorstellungen des Regimes von rechtstaatlichen Bindungen freistellte.[86] Insofern kann hier von einem Rückfall in die Epoche des Polizeistaats gesprochen werden, wenn nicht sogar diesbezüglich von einem Höhe- bzw. (aus rechtsstaat- und menschenrechtlicher Sicht betrachtet) Tiefpunkt. Denn letztlich kam es im Zeitalter des Nationalsozialismus – ausgehend von dem „neuen Polizeibegriff" – zu nichts anderem als zu einer Freistellung der Polizeigewalt von jeglicher rechtlicher Bindung.[87]

F. Polizeibegriff nach dem Zweiten Weltkrieg

Nach dem Zweiten Weltkrieg bestand das Bestreben der westlichen Alliierten zunächst darin, den nationalsozialistischen Polizeiapparat zu entnazifizieren, entmilitarisieren und zu demokratisieren.[88] Es kam darüber hinaus zu einer Wiederaufnahme und Forcierung der bereits gegen Ende des 19. Jahrhunderts und zu Beginn des 20 Jahrhunderts einsetzenden Entpolizeilichung,[89] also zu einer Re-

83 *Drews/Wacke/Vogel/Martens,* Gefahrenabwehr, S. 11; dazu auch *Reifner/Sonnen*, Strafjustiz, S. 161 ff.

84 *Pieroth/Schlink/Kniesel*, Polizei- und Ordnungsrecht, § 1, Rn. 23.

85 *Götz*, Allgemeines Polizei- und Ordnungsrecht, § 2, Rn. 12.

86 Hierzu *Götz*, Allgemeines Polizei- und Ordnungsrecht, § 2, Rn. 12, wo zur Verdeutlichung der Machtstellung der politischen Polizei ebenfalls ausgeführt wird, dass es beispielweise gegen Maßnahmen der Gestapo überhaupt keine Rechtsbehelfsmöglichkeit gab – so dass sie, die ohne Schranken oder eine wie auch immer geartete Kontrolle „Vorbeugehaft" und „Schutzhaft" verhängen konnte, ein nahezu unbeschränkter Herr über Freiheit und Leben war.

87 Vertiefend *Weinkauff*, Deutsche Justiz, S. 19 und S. 63 ff.; für *Götz* ist dies daher mehr als nur ein Rückfall in den Polizeistaat, er spricht vom „totalen Polizeistaat", siehe *Götz*, Allgemeines Polizei- und Ordnungsrecht, § 2, Rn. 12.

88 *Knemeyer*, Grundbegriffe, S. 895; *Pieroth/Schlink/Kniesel*, Polizei- und Ordnungsrecht, § 1, Rn. 24.

89 Dazu *Gusy*, Polizei- und Ordnungsrecht, Rn. 54.

duzierung der Bedeutung der Polizei in der Verwaltung.[90] Gehörte es bisher grundsätzlich zum Inhalt der allgemeinen Polizei, dass alle Angelegenheiten der öffentlichen Verwaltung, bei denen es um die Wahrung der öffentlichen Sicherheit und Ordnung durch Abwehr ihnen drohender Gefahren ging, einheitlich als Polizei verstanden wurden, so sollte nach den Vorstellungen der Alliierten Polizei nur noch die Sicherheitspolizei sein.[91] Diese Entpolizeilichung geschah in der Weise, dass die Polizei genannten Behörden auf bloße Eil- und Vollzugsaufgaben beschränkt und dass für die eigentliche Gefahrenabwehr besondere Sicherheits- oder Ordnungsbehörden geschaffen wurden.[92]

Die Polizeirechtswissenschaft kehrte also im Zuge dessen nicht nur wieder zu dem materiellen Polizeibegriff zurück, wie er gegen Ende des 19. Jahrhunderts entwickelt und in der Weimarer Republik gefestigt wurde,[93] sondern verengte ihn darüber hinaus im Zuge der Entpolizeilichung in formeller Weise aufgrund der Erfahrungen des Nationalsozialismus deutlich.

G. Polizeibegriff und Polizei- und Ordnungsrecht aus heutiger Sicht

Im Lichte dieser historischen Entwicklung ist heute allgemein anerkannt, dass im Rahmen des Polizei- und Ordnungsrechts die Gefahrenabwehr das wichtigste Ziel dieses Rechtsgebietes und somit auch die vorrangigste Aufgabe der Polizei- und Ordnungsbehörden darstellt.[94] Dieser Gedanke hat auch in den heutigen Po-

---

90 *Pieroth/Schlink/Kniesel*, Polizei- und Ordnungsrecht, § 1, Rn. 24. Die östlichen Alliierten entnazifizierten zwar die Polizei, aber es kam in der östlichen Besatzungszone zu keiner Entpolizeilichung. Vielmehr galt zwar bis zum Erlass des Gesetzes über die Aufgaben und Befugnisse der Volkspolizei vom 11.6.1968 das PVG auch in der später geschaffenen Deutschen Demokratischen Republik fort, vgl. *Schenke*, Polizei- und Ordnungsrecht, Rn. 8. Gleichwohl setzte sich die polizeiliche Praxis über die Beachtung vieler rechtsstaatlicher Grundsätze hinweg und interpretierte ihre Aufgabe im Sinne einer Art sozialistischer Wohlfahrtspflege. Ob eine Störung der öffentlichen Sicherheit oder Ordnung vorlag wurde maßgeblich von der Bewertung abhängig gemacht, ob der dieser Frage zugrundeliegende Sachverhalt dem „gesellschaftlichen Fortschritt" im Wege stand. Auch die Beschränkung auf die Gefahrenabwehr wurde aufgegeben, siehe zusammenfassend *Schenke*, Polizei- und Ordnungsrecht, Rn. 8.

91 *Knemeyer*, Grundbegriffe, S. 895.

92 *Pieroth/Schlink/Kniesel*, Polizei- und Ordnungsrecht, § 1, Rn. 24; *Schenke*, Polizei- und Ordnungsrecht, Rn. 14 f.

93 *Götz*, Allgemeines Polizei- und Ordnungsrecht, § 2, Rn. 13.

94 So statt aller *Gusy*, Polizei- und Ordnungsrecht, Rn. 1 und Rn. 77; *Pieroth/Schlink/Kniesel*, Polizei- und Ordnungsrecht, § 5, Rn. 1; *Ramm*, NVwZ 2010, 1461, 1462; *Schoch*, Jura 2006, 664, 664; *Wehr*, JuS 2006, 582, 583.

lizei- und Ordnungsgesetzen Ausdruck gefunden, wo er stets eingangs ausdrücklich normiert wird.[95] Das Polizei- und Ordnungsrecht ist heute somit anerkanntermaßen im Kern das Recht der Gefahrenabwehr.[96]

Diese Gefahrenabwehr wird heute in den Ländern des sogenannten Trennungssystems in erster Linie von den Ordnungsbehörden wahrgenommen; nur in Eil- und Vollzugsfällen wird die Polizei zur Gefahrenabwehr tätig. In den Ländern des Einheitssystems ist dagegen zwar nach wie vor die Polizei für die Abwehr sämtlicher Gefahren zuständig geblieben, aber auch hier ist eine Differenzierung dahingehend erfolgt, dass die Gefahrenabwehr in erster Linie von der sogenannten Verwaltungspolizei durchgeführt wird. Demgegenüber wird die eigentliche (Vollzugs-)Polizei nur in Eil- oder eben Vollzugsfällen tätig.[97]

Neben der Tatsache, dass jedenfalls der absolute Schwerpunkt der Tätigkeit der Polizei- und Ordnungsbehörden in der Abwehr von Gefahren für die öffentliche Sicherheit und Ordnung liegt, hat auch der Grundsatz der Verhältnismäßigkeit eine überragend wichtige Rolle beim Tätigwerden der Behörden im Rahmen der Gefahrenabwehr eingenommen. Dies wird nicht zuletzt dadurch deutlich, dass auch dieser verfassungsrechtliche garantierte[98] Grundsatz in jedem Polizei- und Ordnungsgesetz entsprechend hervorgehoben wird.[99]

Die Entwicklung, die im 18. Jahrhundert begann und mit dem Kreuzberg-Urteil vom 14.6.1882 ihren Siegeszug antrat, hat sich – mit der Unterbrechung in den Jahren 1933 bis 1945 – bis in die Gegenwart fortgesetzt und immer mehr verfestigt. Stand der materielle Polizeibegriff im 15. Jahrhundert zunächst für den Zustand der guten Ordnung und wurde im Zeitalter des absolutistischen Herrschers zum Inbegriff der absoluten Herrschaftsgewalt des Fürsten über die Untertanen, so besteht heute am momentanen Ende der rechtstaatlichen Entwicklung des materiellen Polizeibegriffes der Zweck der polizei- und Ordnungsrechtlichen Tätigkeit darin, Gefahren für die öffentliche Sicherheit und Ordnung auf verhältnismäßige Weise abzuwehren.

---

95 Vgl. beispielsweise § 1 Abs. 1 MEPolG; § 1 Abs. 1 HmbSOG; vertiefend dazu *Pieroth/Schlink/Kniesel*, Polizei- und Ordnungsrecht, § 5, Rn. 1.

96 Statt aller *Kugelmann*, Polizei- und Ordnungsrecht, 1. Kapitel, Rn. 3; vertreten wird, dass daneben wenigstens in bestimmten Fällen auch Aufgaben der Wohlfahrtspflege von den Verwaltungsbehörden wahrgenommen werden dürfen, dazu *Schenke*, Polizei- und Ordnungsrecht, Rn. 13.

97 Dazu ausführlich *Schenke*, Polizei- und Ordnungsrecht, Rn. 14 f.

98 Dazu Kapitel 6, A, II.

99 Vgl. § 2 MEPolG; § 4 HmbSOG.

I. Diskussion um den materiellen Polizeibegriff

In der jüngeren Vergangenheit ist in der juristischen Literatur immer wieder die Frage gestellt worden, ob der materielle Polizeibegriff, an dem hier die bisherige historische Entwicklung des Polizei- und Ordnungsrecht dargestellt wurde, überholt sei oder ob nach wie vor an ihm festgehalten werden solle.[100]

Vereinzelt wird vertreten, den materiellen Polizeibegriff als überholt anzusehen und ihn daher aufzugeben.[101] Denn der materielle Polizeibegriff könne schon seinem Namen nach nur die Polizeibehörden erfassen.[102] Weil in den meisten Bundesländern mittlerweile das Trennungssystem gilt, also zwischen Vollzugspolizei und Ordnungsbehörden differenziert wird, könne der materielle Polizeibegriff auch nur auf die Vollzugspolizei angewendet werden.[103] Er würde die Ordnungsbehörden indes nicht mehr erfassen können.[104]

Richtig an dieser Ansicht ist zunächst die Feststellung, dass jedenfalls in den Ländern des Trennungssystems der materielle und der institutionelle[105] Polizeibegriff jedenfalls dann auseinanderfallen, wenn eine Ordnungsbehörde tätig wird. Denn während früher sämtliche gefahrenabwehrende Tätigkeit stets und ausnahmslos von der Polizei wahrgenommen wurde – sich also materieller und institutioneller Polizeibegriff stets deckten –, hat sich heute aufgrund der im Rahmen der Entpolizeilichung vollzogenen Neuorganisation der behördlichen Gefahrenabwehr die gefahrenabwehrende Tätigkeit – bis auf die Eil- und Vollzugsfälle – im Regelfall auf die Ordnungsbehörden verlagert. Diese sind indes nach dem institutionellen Polizeibegriff gerade nicht den Polizeibehörden zuzuordnen. Handelt also die Polizei zur Gefahrenabwehr, so decken sich materieller und institutioneller Polizeibegriff; handelt eine Ordnungsbehörde, so fallen materieller und institutioneller Polizeibegriff auseinander.Aber an der Tatsache, dass das Herzstück der polizei- und ordnungsrechtlichen Tätigkeit nach wie vor die Gefahrenabwehr ist, egal ob sie im Einzelfall von einer Ordnungs- oder einer Polizeibehörde durchgeführt wird, hat sich auch heute nichts geändert.[106] Ob die

---

100 Vgl. dazu *Götz*, Allgemeines Polizei- und Ordnungsrecht, § 2, Rn. 15 ff.; *Pieroth/Schlink/Kniesel*, Polizei- und Ordnungsrecht, § 1, Rn. 27 f..

101 *Erichsen*, VVDStRL 35, 171, 183; *Gusy*, Polizei- und Ordnungsrecht, Rn. 4 und Rn. 8 f., im Ergebnis wohl auch *Galette*, DVBl. 1955, 276, 280 ff.

102 Zu dieser Problematik *Schenke*, Polizei- und Ordnungsrecht, Rn. 9.

103 Dazu *Schenke*, Polizei- und Ordnungsrecht, Rn. 9; *Erichsen*, VVDStRL 35, 171, 183.

104 Dazu *Schenke*, Polizei- und Ordnungsrecht, Rn. 9; *Erichsen*, VVDStRL 35, 171, 183.

105 Siehe Fn. 23.

106 Deswegen hält die herrschende Meinung den materiellen Polizeibegriff im Ergebnis nicht für überholt, vgl. *Drews/Wacke/Vogel/Martens*, Gefahrenabwehr, S. 36; *Götz*, Allgemeines Polizei- und Ordnungsrecht, § 2, Rn. 19; *Martens*, DÖV 1982, 89, 92; *Pieroth/Schlink/Kniesel*, Polizei-

Behörden, welche die Aufgaben der Gefahrenabwehr wahrnehmen, Polizeibehörden heißen oder ob sie als Ordnungsbehörden bezeichnet werden, steht der Tatsache nicht entgegen, dass es nach wie vor im Wesentlichen um Gefahrenabwehr geht. Auch nach *Schenke* wird Bedeutung des materiellen Polizeibegriffes durch das Auseinanderfallen des materiellen und des institutionellen Polizeibegriffes gerade nicht in Frage gestellt.[107] Ähnlich äußert sich auch *Knemeyer*, der ausführt, dass die Bildung zweier Polizeibegriffe mehr eine äußere Wirkung habe.[108] Diesen Ansätzen ist beizupflichten. Denn die Aufgabe der Gefahrenabwehr, welche vorher ausschließlich die Polizei übernahm, bildet auch im Rahmen der nach dem Zweiten Weltkrieg einsetzenden Entpolizeilichung das Ziel der Polizei- und Ordnungsverwaltung. Diese Aufgabe wird indes heute anstelle der Polizei jedenfalls in den Ländern des Trennungssystems in erster Linie von den Ordnungsbehörden wahrgenommen. Dies bedeutet im Endeffekt aber nur, dass aufgrund der Entpolizeilichung lediglich die Bezeichnung „Polizei" in Verbindung mit diesen Behörden vermieden wird.[109] In der Sache freilich, also in Bezug auf die Zielsetzung der Tätigkeit zur Gefahrenabwehr, führt dies zu keinen grundlegenden Umwälzungen. Festzuhalten bliebt somit, dass es unabhängig von der sprachlichen Bezeichnung der für die Gefahrenabwehr zuständigen Behörden bei der Geltung des materiellen Polizeibegriffes bleibt, der sowohl für die Polizei- wie auch für die Ordnungsbehörden gilt.[110]Anstelle eines materiellen Polizeibegriffes wäre es heute vielleicht sprachlich konsequenter, von einem „materiellen Polizei- und Ordnungsbegriff" zu sprechen, eben weil die Gefahrenabwehr nicht mehr nur eine typisch vollzugspolizeiliche Tätigkeit, sondern

---

und Ordnungsrecht, § 1, Rn. 28; *Ramm*, NVwZ 2010, 1461, 1462; *Schenke*, Polizei- und Ordnungsrecht, Rn. 9, *Wacke*, AöR 97, 599, 599; *Wehr*, JuS 2006, 582, 583.

107 Vgl. *Schenke*, Polizei- und Ordnungsrecht, Rn. 9; dieser Ansatz wird ergänzt durch die Ausführung *Schenkes*, wonach es ohne Relevanz sei, welche Behörde die vom materiellen Polizeibegriff vorgegebene Tätigkeit wahrnehme, vgl. *Schenke*, Polizei- und Ordnungsrecht, Rn. 1. Sowohl die Polizeibehörden als auch die Ordnungsbehörden könnten also die vom materiellen Polizeibegriff vorgegebene Tätigkeit der Gefahrenabwehr ausführen.

108 *Knemeyer*, Grundbegriffe, S. 895.

109 So auch *Knemeyer*, Grundbegriffe, S. 895, der sogar anzudeuten scheint, dass man von einer „praktischen Identität" der damaligen Polizei und den heutigen Ordnungsbehörden sprechen könne. Dies erscheint insofern konsequent, als dass früher die gesamte Gefahrenabwehr von der Polizei wahrgenommen wurde, während diese Tätigkeit nun – im Grunde in nahezu gleichem Umfang – gewissermaßen aus dem Aufgabenkatalog der Polizei ausgegliedert und auf den der Ordnungsbehörden übertragen worden ist.

110 So im Ergebnis auch *Pieroth/Schlink/Kniesel*, Polizei- und Ordnungsrecht, § 1, Rn. 26; *Schenke*, Polizei- und Ordnungsrecht, Rn. 1 und Rn. 9.

vielmehr auch – und sogar in erster Linie – eine Angelegenheit der Ordnungsbehörden geworden ist.[111]

II. Tendenzen im Polizei- und Ordnungsrecht

Anknüpfend an die historische Entwicklung des Polizei- und Ordnungsrechts soll abschließend ein kurzer Ausblick auf die Zukunft dieser Rechtsmaterie erfolgen – zumindest insoweit, als dies für die vorliegende Untersuchung von Interesse ist. Wandlungen und Tendenzen im Polizei- und Ordnungsrecht sind zahlreich.[112] Sie alle aufzuzählen und abzuhandeln würde den Rahmen dieser Ausarbeitung sprengen und ist auch nicht ihr Thema.

In der gebotenen Kürze angesprochen werden soll an dieser Stelle indes die für die vorliegende Untersuchung nicht unbedeutende „Tendenz zur Versubjektivierung" des Polizei- und Ordnungsrechts.[113] Diese Tendenz ist als weiterer Ausfluss der rechtsstaatlichen Grundsätze und der Grundrechte des Störers zu werten, welche zur Stärkung der Stellung des Individuums geführt haben und auch und gerade die Geschichte des Polizei- und Ordnungsrechts entscheidend prägten. Danach wird es nach moderner, auf den Einzelfall und das Individuum bezogener Interpretation, zunehmend als befremdlich empfunden, eine Person als Störer in Bezug auf eine konkrete Gefahr anzusehen, die an ihrer Verursachung keine Schuld trifft bzw. die von ihr selber derart getroffen und bedroht ist, dass sich diese Person gewissermaßen in einer Opfersituation befindet.[114]

Die Tendenz der Versubjektivierung des Polizei- und Ordnungsrechts führt daher zu der Überlegung, ob eine Person auch dann als Störer qualifiziert werden kann, wenn ihr zwar eine Gefahr nach polizei- und ordnungsrechtlichen Kriterien zugerechnet werden kann, diese Person aber an der Verursachung dieser Gefahr keine Schuld trägt und unter Umständen selber als Opfer der Gefahr erscheint.

Diese Überlegung soll an dieser Stelle nur kurz angerissen sein. Auf sie wird im Laufe der Ausarbeitung immer wieder eingegangen werden,[115] ist doch die Beantwortung der Frage nach der Art und Weise einer möglichen Entlastung des

---

111 Vor dem Hintergrund, dass es bei Beginn der Diskussion noch keine separaten Ordnungsbehörden im heutigen Sinne gab – und um terminologische Abweichungen gegenüber der Literatur zu vermeiden – wird jedoch in der vorliegenden Arbeit nach wie vor vom „materiellen Polizeibegriff" gesprochen.

112 Dazu *Pieroth/Schlink/Kniesel*, Polizei- und Ordnungsrecht, § 1, Rn. 29 ff.

113 So ausdrücklich *Pieroth/Schlink/Kniesel*, Polizei- und Ordnungsrecht, § 1, Rn. 29 und § 9, Rn. 70.

114 So *Pieroth/Schlink/Kniesel*, Polizei- und Ordnungsrecht, § 9, Rn. 70 und Rn. 73

115 Siehe unten Kapitel 6, B, II., 1. und Kapitel 7, D, II., 2.

Störers – sei es in Form einer Begrenzung der materiellen Polizeipflicht als solcher, sei es durch Gewährung eines zivilrechtlichen Ausgleichsanspruchs – insbesondere auch vor dem Hintergrund der rechtlichen Einordnung und Gewichtung der materiellen Polizeipflicht zu beantworten. Am Ende dieser Ausarbeitung soll daher im Lichte der gefundenen Ergebnisse noch einmal auf die an dieser Stelle nur angedeutete Tendenz zur Versubjektivierung eingegangen werden.

H. Zusammenfassung

Betrachtet man die Geschichte des Polizei- und Ordnungsrechts anhand des materiellen Polizeibegriffes, so lässt sich zusammenfassend festhalten, dass sie sich weg von der ursprünglichen Funktion der Polizei, die Macht des Herrschers zu sichern sowie die Wohlfahrt zu gewährleisten, hin zur Aufrechterhaltung bzw. schnellen Wiederherstellung der öffentlichen Sicherheit und Ordnung durch verhältnismäßige Maßnahmen zur Gefahrenabwehr bzw. Störungsbeseitigung entwickelt hat.

Diese Aufgabe der Gefahrenabwehr, die ursprünglich ausschließlich von der Polizei zu erfüllen war, wird heute in den Ländern des Trennungssystems in erster Linie von den Ordnungsbehörden wahrgenommen, in den Ländern des Einheitssystems von der sogenannten Verwaltungspolizei bzw. Polizeiverwaltung.[116] Die eigentliche Vollzugspolizei ist neben der Verfolgung von Straf- und Ordnungswidrigkeiten sowie der Wahrnehmung sonstiger Aufgaben, die ihr durch Rechtsvorschriften zugewiesen sind,[117] in allen Bundesländern zur Gefahrenabwehr nur noch in Eil- und Vollzugsfällen zuständig.

Trotz dieser „Aufteilung" hinsichtlich der Zuständigkeit – in Ordnungs- (bzw. Polizeiverwaltungs)behörden einerseits und (Vollzugs-)Polizeibehörden andererseits – ändert sich sowohl an der Geltung des materiellen Polizeibegriffes als auch an dem Ergebnis, wonach sich die historische Entwicklung weg von der Wohlfahrtspflege hin zur Gefahrenabwehr vollzogen hat, dem Grunde nach nichts. Die Gefahrenabwehr unter Wahrung des Grundsatzes der Verhältnismäßigkeit hat sich somit im Laufe der Zeit bis heute zum zentralen Zweck des Polizei- und Ordnungsrechts herauskristallisiert.

116 Dazu ausführlich *Schenke*, Polizei- und Ordnungsrecht, Rn. 14 f.
117 Dazu *Gusy*, Polizei- und Ordnungsrecht, Rn. 156 ff.

Kapitel 3: Die Aufgabe der Gefahrenabwehr im Staate des Grundgesetzes

Ausgehend von der Erkenntnis, dass nach heutigem Verständnis die Gefahrenabwehr als historisch gewachsene und zentrale Aufgabe des Polizei- und Ordnungsrechts anzusehen ist, soll nunmehr geklärt werden, wem die Erfüllung dieser Aufgabe obliegt. Diesbezüglich kommt nach dem eben Ausgeführten zum einen der Staat in Betracht. Darüber hinaus ist es zum anderen ebenfalls möglich, dass auch den einzelnen Staatsbürger die Aufgabe der Gefahrenabwehr treffen kann.

A. Gefahrenabwehr als Aufgabe des Staates

Eingangs soll geklärt werden, ob und warum die Aufgabe der Gefahrenabwehr als eine Staatsaufgabe zu qualifizieren ist. Dazu ist zunächst die Definition der Begriffe „Staatsaufgabe" und „Gefahrenabwehr" erforderlich.

Nach nahezu allgemeiner Ansicht unter den Staatsrechtlern ist es unmöglich, die Staatsaufgaben „ein für allemal zu bestimmen".[118] Die Entscheidung darüber, welche Aufgaben Staatsaufgaben darstellen, könne nämlich nicht anhand des Begriffes des Staates oder der Staatlichkeit als solcher erfolgen, sondern geschehe durch die einem steten Wandel unterworfenen politischen Entscheidung der Staaten selbst.[119] Staatsaufgaben würden daher alle Sachbereiche erfassen, welche sich der Staat zulässigerweise selbst zu eigen macht.[120] Welche Aufgaben dies im Einzelnen sind, lasse sich aufgrund des eben angesprochenen steten Wandels nicht pauschal festlegen, sondern sei immer davon abhängig, welche Aufgaben sich der Staat zu einem bestimmten Zeitpunkt selber zugewiesen hat.[121]

118 *Gusy*, DÖV 1996, 573, 574.

119 *Gusy*, DÖV 1996, 573, 574.

120 BVerfGE 12, 205, 243; *Maunz/Dürig-Korioth*, GG, Art. 30, Rn. 9.

121 *Gusy*, DÖV 1996, 573, 574 m.w.N.; so im Ergebnis auch *Maunz/Dürig-Korioth*, GG, Art. 30, Rn. 9.

Anerkannt ist allerdings auch, dass jedenfalls die Aufgaben, welche dem Staat nach dem Grundgesetz rechtsverbindlich zugewiesen sind, als sogenannte notwendige Staatsaufgaben zu qualifizieren sind.[122]

Die Definition des Rechtsbegriffs der Gefahrenabwehr bereitet demgegenüber weniger Probleme. Gefahrenabwehr umfasst alle Tätigkeiten, die zur Abwehr von Gefahren für die öffentliche Sicherheit und Ordnung ausgeübt werden.[123]

Die Aufgabe der Gefahrenabwehr im Sinne der eben dargestellten Definition ist demnach jedenfalls dann als eine Staatsaufgabe zu qualifizieren, wenn sie dem Staat durch die Verfassung rechtsverbindlich zugewiesen ist.

Eine Formulierung, wonach dem Staat ausdrücklich und generell die Aufgabe der Gefahrenabwehr zugewiesen wird, findet sich im Grundgesetz an keiner Stelle. Demnach lässt sich eine allgemeine Gefahrenabwehrpflicht des Staates als solche jedenfalls nicht pauschal aus dem Wortlaut des Grundgesetzes herleiten.[124] Nur vereinzelt finden sich in der Verfassung Normen, die sich mit der Gefahrenabwehr befassen.[125] Beispielsweise regelt Art. 13 Abs. 4 GG, dass zur Abwehr dringender Gefahren für die öffentliche Sicherheit aufgrund richterlicher Anordnung technische Mittel bei zur Überwachung von Wohnungen eingesetzt werden dürfen. Hierin aber ein Fundament für die Staatsaufgabe der Gefahrenabwehr im Allgemeinen sehen zu wollen, ginge zu weit.[126] Die pauschale Herleitung der Gefahrenabwehr als Staatsaufgabe aus dem bloßen Wortlaut der Verfassung hätte eine andere Formulierung des Grundgesetzes dahingehend erfordert, dass die Abwehr sämtlicher Gefahren – und nicht lediglich bestimmter qualifizierter Gefahren – dem Staate zugewiesen ist.[127] Da aber eine solche Formulierung im Grundgesetz gerade nicht enthalten ist, kann die Staatsaufgabe der Gefahrenabwehr für sämtliche Gefahren zumindest nicht aus dem bloßen Wortlaut des Grundgesetzes hergeleitet werden.[128]

Gleichwohl kann die Ansicht, wonach die Gefahrenabwehr zur Gewährleistung bzw. Wiederherstellung der inneren Sicherheit im Allgemeinen eine Staatsaufgabe darstellt, trotz der fehlenden ausdrücklichen Klarstellung im

---

122 *Gusy*, DÖV 1996, 573, 574; *Habermann*, Gebühren für Gefahrenabwehr, S. 48; jedenfalls ähnlich auch *Maunz/Dürig-Korioth*, GG, Art. 30, Rn. 9.

123 Allgemeine Ansicht, vgl. nur *Habermann*, Gebühren für Gefahrenabwehr, S. 164.

124 So auch *Bockwoldt*, Rechtmäßigkeit und Kostentragungspflicht, S. 46.

125 Dazu Kapitel 6, A, I., 1., b), aa).

126 So im Ergebnis auch *Gusy*, DÖV 1996, 573, 577 f., der davon spricht, dass es eine im Grundgesetz ausdrücklich normierte „Staatsaufgabe Sicherheit“ nicht gebe und dass die wenigen im Grundgesetz diesbezüglich geregelten Fälle auch nicht als Ausdruck eines allgemeinen Prinzips angesehen werden könnten.

127 *Habermann*, Gebühren für Gefahrenabwehr, S. 164, dort in der Fn. 666.

128 So überzeugend auch *Habermann*, Gebühren für Gefahrenabwehr, S. 164, dort in der Fn. 666.

Grundgesetz heute als allgemein anerkannt gelten.[129] Unterschiedlich sind nur die Ansätze, die zu ihrer Herleitung angeführt werden. Überwiegend wird in der höchstrichterlichen Rechtsprechung und Literatur vertreten, die Staatsaufgabe der Gefahrenabwehr aus der Lehre von den grundrechtlichen Schutzpflichten zu entnehmen.[130] Ferner wird vertreten, die Staatsaufgabe der Gefahrenabwehr nicht aus einzelnen Grundrechtsbestimmungen, sondern aus der Gesamtschau der Regelungen herzuleiten, die sich im ersten Abschnitt des Grundgesetzes befinden.[131]

Eine Entscheidung des Streites kann in dieser Untersuchung ebenso wie eine vertiefende Darstellung der unterschiedlichen Ansätze unterbleiben, da nach keiner Ansicht die Qualifizierung der Aufgabe der Gefahrenabwehr als eine grundgesetzlich verankerte Staatsaufgabe in Zweifel gezogen wird. Vielmehr wird sogar allgemein immer wieder betont, dass die Aufgabe der Gefahrenabwehr nicht nur eine Staatsaufgabe unter vielen sei, sondern sogar eine besonders relevante Staatsaufgabe darstelle, was insbesondere durch Formulierungen wie „Kernfunktion" des modernen Staates[132] oder „herausgehobene Bedeutung der Aufgabe der Gefahrenabwehr im System der staatlichen Aufgabenerfüllung"[133] zum Ausdruck kommt.[134]

Es bleibt demnach an dieser Stelle festzuhalten, dass die Aufgabe der Gefahrenabwehr eine Aufgabe ist, die dem Staat durch die Verfassung zugewiesen wurde. Sie stellt mithin eine grundgesetzlich verankerte Staatsaufgabe dar.

---

129 Vertiefend dazu *Habermann*, Gebühren für Gefahrenabwehr, S. 164 ff.; *Maunz/Dürig-Korioth*, GG, Art. 30, Rn. 12, wo von der Gewährleistung der inneren Sicherheit gesprochen wird; *Ullrich*, VerwArch 2011, 383, 383; *Aulehner*, Informationsvorsorge, S. 310 ff. bietet einen ausführlichen historischen Überblick über die „Sicherheit als Staatszweck"; ähnlich *Selmer*, FS-*Götz*, 391, 391.

130 BVerfGE 39, 1, 41 ff.; 49, 89, 141 f.; *Klein*, NJW 1989, 1633, 1633 ff.; auf den ersten Blick scheint auch *Ullrich* von diesem Ansatz auszugehen, er verwendet aber „zur besseren terminologischen Unterscheidung von der grundrechtlichen Schutzpflicht" den Begriff des „objektiven Schutzauftrags" des Staates, vgl. *Ullrich*, VerwArch 2011, 383, 384; siehe ausführlich dazu auch *Habermann*, Gebühren für Gefahrenabwehr, S. 166 ff., wo auch die Detailprobleme der Idee der grundrechtlichen Schutzpflichten erörtert werden.

131 *Habermann*, Gebühren für Gefahrenabwehr, S. 165.

132 *Kutscha*, NJ 1997, 393, 394.

133 *Habermann*, Gebühren für Gefahrenabwehr, S. 190 f. und S. 261, der auch weitere in der Literatur verwendete Beschreibungen nennt, um den hohen Stellenwert der Staatsaufgabe der Gefahrenabwehr zu verdeutlichen.

134 Im Ergebnis wohl ebenso *Ullrich*, VerwArch 2011, 383, 384, der zur Untermauerung auch auf die Wurzeln im ALR hinweist.

B. Gefahrenabwehr als Aufgabe des Bürgers

Dass die Gefahrenabwehr als eine Staatsaufgabe zu qualifizieren ist, bedeutet freilich nicht zwingend, dass auch nur ausschließlich der Staat diese Aufgabe wahrnehmen darf.[135] Auch der Bürger ist in bestimmten Ausnahmesituationen berechtigt bzw. sogar verpflichtet, Gefahren abzuwehren.[136] Als Beispiele für entsprechende Rechte des Bürgers seien diesbezüglich die Regelungen im Strafgesetzbuch genannt, die beispielsweise im Falle der Notwehr bzw. Nothilfe nach § 32 StGB und des Notstandes gemäß § 34 StGB dem Bürger bei Vorliegen der dort normierten Voraussetzungen Maßnahmen zur Gefahrenabwehr gestatten.[137]

Eine Rechtspflicht zur Hilfeleistung normiert etwa § 323c StGB in Unglücksfällen oder bei Vorliegen einer gemeinen Gefahr. Die Verpflichtung zur Gefahrenabwehr in den von § 323c StGB erfassten Fällen trifft eine Person sogar unabhängig davon, ob sie diese Gefahrenlage zurechenbar hervorgerufen hat oder nicht.

Darüber hinaus findet sich eine ausführliche Normierung verschiedener Ermächtigungsgrundlagen der öffentlichen Hand, den Bürger in bestimmten Konstellationen zur Gefahrenabwehr heranzuziehen, schließlich und schwerpunktmäßig in den allgemeinen und besonderen Polizei- und Ordnungsgesetzen.[138] Dort wird ausführlich geregelt, unter welchen Voraussetzungen die öffentliche Hand Zivilpersonen durch behördliche Verfügung zur Gefahrenabwehr in Anspruch nehmen darf. Anders als die Strafgesetze, die dem Bürger unter bestimmten Umständen ausdrücklich ein bestimmtes Verhalten zur Gefahrenabwehr gestatten bzw. ihn sogar zu einem bestimmten Verhalten verpflichten bzw. die Nichtvornahme einer Handlung unter Strafe stellen, finden sich in den Polizei- und Ordnungsgesetzen Normen, die vorgegeben, unter welchen Voraussetzungen welche Personen durch die öffentliche Hand zur Gefahrenabwehr verpflichtet werden dürfen.

I. Die polizei- und ordnungsrechtlich relevanten Personen

In Bezug auf die von der öffentlichen Hand aufgrund der Normen des Polizei- und Ordnungsrechts heranzuziehenden Personen stellt sich die Frage, ob die die-

135 So auch *Habermann*, Gebühren für Gefahrenabwehr, S. 182 m.w.N.; *Lindner*, Adressatenpflichten, S. 57 f.; *Ullrich*, VerwArch 2011, 383, 401.

136 Dazu *Habermann*, Gebühren für Gefahrenabwehr, S. 182.

137 Dazu ausführlich *Ullrich*, VerwArch 2011, 383, 401 f.

138 Vgl. für Hamburg beispielsweise § 3 HmbSOG.

se Personen treffende polizei- und ordnungsrechtliche Pflicht zur Gefahrenabwehr – ähnlich wie die Hilfeleistungspflicht bei § 323c StGB – unmittelbar kraft Gesetzes besteht oder ob sie erst durch eine konkrete behördliche Gefahrenabwehrverfügung begründet wird.

Bevor diese Frage genauer untersucht und beantwortet werden kann, ist es zunächst erforderlich, die von den Polizei- und Ordnungsgesetzen erfassten Personen darzustellen und voneinander abzugrenzen.[139]

Zunächst sind diesbezüglich die sogenannten Störer zu nennen. Dies sind diejenigen Personen, denen eine konkrete Gefahr zuzurechnen ist.[140] Diesbezüglich differenzieren die Polizei- und Ordnungsgesetze zwischen Verhaltens- und Zustandsstörer.[141] Verhaltensstörer sind Personen, die durch ihr Verhalten – Handeln oder Unterlassen[142] – eine Gefahr oder Störung für die öffentliche Sicherheit oder Ordnung verursacht haben, und zwar ohne Rücksicht auf Alter, Verschulden, Einsichts- und Verschuldensfähigkeit oder Abhängigkeit der Stellung und Tätigkeit.[143] Zustandsstörer ist eine Person, von deren Sachen oder Tieren, über die diese Person die tatsächliche Gewalt inne hat oder die in ihrem Eigentum stehen, Gefahren ausgehen – auch hier entsteht die Störereigenschaft unabhängig von Verschulden, Alter oder Einsichtsfähigkeit.[144]

Sowohl dem Handlungs- wie auch dem Zustandsstörer kann wie gesagt eine im Einzelfall abzuwehrende Gefahr zugerechnet werden.[145] Gegen diese Störer haben sich die behördlichen Gefahrenabwehrmaßnahmen daher nach allgemeiner Ansicht und gegenwärtiger Gesetzeslage vorrangig zu richten.[146]

Neben dem Störer kann in bestimmten Situationen auch der sogenannte Nichtstörer bzw. Notstandsverantwortliche zur Gefahrenabwehr herangezogen werden.[147] Dieser Nichtstörer ist weder Verhaltens- noch Zustandsstörer. Ihm ist eine im konkreten Einzelfall abzuwehrende Gefahr also nicht zuzurechnen. Seine Inanspruchnahme zur Gefahrenabwehr kommt infolge dessen auch nur dann in Betracht, wenn eine gegenwärtige und zumeist auch erhebliche Gefahr abzuwehren ist, wenn die Gefahrenabwehr nicht durch den oder die Störer oder die öf-

139 Dazu ausführlich *Lisken/Denninger*, Handbuch des Polizeirechts, D, Rn. 69 ff.

140 Dazu *Pieroth/Schlink/Kniesel*, Polizei- und Ordnungsrecht, § 9, Rn. 1 ff.; *Schenke*, Polizei- und Ordnungsrecht, Rn. 228 ff.

141 Vgl. § 8 HmbSOG für den Verhaltensstörer und § 9 HmbSOG für den Zustandsstörer; dazu auch *Schoch*, Jura 2012, 865, 865.

142 *Pieroth/Schlink/Kniesel*, Polizei- und Ordnungsrecht, § 9, Rn. 6.

143 So statt aller *Pieroth/Schlink/Kniesel*, Polizei- und Ordnungsrecht, § 9, Rn. 5.

144 So statt aller *Pieroth/Schlink/Kniesel*, Polizei- und Ordnungsrecht, § 9, Rn. 33.

145 Dazu auch *Kugelmann*, Polizei- und Ordnungsrecht, 8. Kapitel, Rn. 3.

146 *Griesbeck*, Polizeipflicht, S. 30; *Pieroth/Schlink/Kniesel*, Polizei- und Ordnungsrecht, § 9, Rn. 2; vgl. zur „gestuften Antwort“ auch Kapitel 1.

147 Vgl. § 10 HmbSOG.

fentliche Hand erfolgen kann, wenn ferner die Inanspruchnahme des Nichtstörers keine erhebliche eigene Gefährdung oder Verletzung höherwertiger Pflichten mit sich bringt (Zumutbarkeitsgrenze) und sich schließlich die Inanspruchnahme auf das unumgänglich Notwendige beschränkt.[148]

II. Zwischenergebnis

Im Polizei- und Ordnungsrecht lässt sich gefahrenabwehrtechnisch also grob gesagt zwischen zwei Personengruppen differenzieren. Einmal sind die Personen zu nennen, denen eine Gefahr bzw. Störung zugerechnet werden kann und die deswegen zur Gefahrenabwehr herangezogen werden können – die sogenannten Störer.

Zum anderen gibt es die Personen, denen eine solche Gefahr nicht zuzurechnen ist, die aber unter bestimmten Voraussetzungen im Einzelfall gleichwohl zur Gefahrenabwehr verpflichtet werden können – die sogenannten Nichtstörer.[149]

C. Zusammenfassung

Im Staate des Grundgesetzes ist neben dem Staat in bestimmten Situationen auch der Bürger zur Gefahrenabwehr verpflichtet. Neben den Regelungen des StGB, welche dem Bürger unter bestimmten Voraussetzungen ein Verhalten zur Gefahrenabwehr gestatten bzw. ein solches Verhalten sogar von ihm fordern, regelt namentlich das Polizei- und Ordnungsrecht, welche Personen unter welchen Voraussetzungen zur Gefahrenabwehr behördlich verpflichtet werden dürfen.

---

148 So statt aller *Pieroth/Schlink/Kniesel*, Polizei- und Ordnungsrecht, § 9, Rn. 74; auch der Anscheinsstörer ist ein Rechtssubjekt, welches selber zwar keine Gefahr verursacht hat, aber bezüglich dessen ein handelnder Beamter aus der ex-ante Sicht bei verständiger Würdigung der Sachlage davon ausgehen darf, dass dieser ein Verhaltens- bzw. Zustandsstörer ist, dazu statt aller *Pieroth/Schlink/Kniesel*, Polizei- und Ordnungsrecht, § 9, Rn. 20 ff.; *Schenke*, Polizei- und Ordnungsrecht, Rn. 251 ff.

149 *Lindner* spricht vor diesem Hintergrund von einer „Dichotomie Störer / Nichtstörer“, vgl. *Lindner*, Adressatenpflichten, S. 176.

Kapitel 4: Existenz, Inhalt und rechtliche Einordnung der materiellen Polizeipflicht

Nachdem geklärt ist, welche Personen grundsätzlich neben dem Staat zur Gefahrenabwehr berechtigt oder verpflichtet sind bzw. verpflichtet werden können, soll nunmehr auf die für die vorliegende Untersuchung eigentlich bedeutsame Thematik der materiellen Polizeipflicht nach den Polizei- und Ordnungsgesetzen eingegangen werden. Dabei soll von den Personen ausgegangen werden, die nach den Polizei- und Ordnungsgesetzen behördlich zur Gefahrenabwehr verpflichtet werden können.

A. Zum Bestehen einer materiellen Polizeipflicht im Polizei- und Ordnungsrecht

Sämtliche der in den Polizei- und Ordnungsgesetzen genannten Personen – also sowohl Störer wie auch Nichtstörer – kommen jedenfalls als potentielle Maßnahmeadressaten in Betracht, können also grundsätzlich durch behördliche Verfügung zur Gefahrenabwehr verpflichtet werden. Sobald an sie eine sie verpflichtende Verfügung ergangen ist, besteht für sie in jedem Fall die polizei- und ordnungsrechtliche Verpflichtung zur Gefahrenabwehr.

Fraglich ist aber, ob das Polizei- und Ordnungsrecht neben der Befugnis der Behörde, bestimmte Personen unter bestimmten Voraussetzungen zur Gefahrenabwehr zu verpflichten, für den Störer sogar gesetzesunmittelbare Verpflichtungen zur Gefahrenabwehr beinhaltet. Wäre dies der Fall, dann wäre der Störer auch ohne das Vorliegen einer behördlichen Verfügung bereits dann zur Gefahrenabwehr verpflichtet, sobald eine ihm zurechenbare Gefahr entsteht.

Sollte dies so sein, dann bestünden nach dem Polizei- und Ordnungsrecht gewissermaßen zwei Arten der Polizeipflicht:

Einmal gäbe es die Polizeipflicht zur Gefahrenabwehr, die erst durch behördliche Verfügung zur Gefahrenabwehr begründet wird – und daher auch den Nichtstörer treffen kann, dem eine Gefahr nicht zurechenbar ist.

Zum anderen gäbe es dann aber auch eine dieser Pflicht gewissermaßen vorgelagerte gesetzesunmittelbare Polizeipflicht zur Gefahrenabwehr, die den Störer, dem eine Gefahr zuzurechnen ist, unabhängig von einer behördlichen Verfügung an ihn zur Gefahrenabwehr verpflichten würde.

Die Frage nach dem Bestehen einer solchen gesetzunmittelbaren Verpflichtung – diesbezüglich lässt sich konkret von der materiellen Polizeipflicht sprechen[150] – stellt sich insbesondere vor dem Hintergrund der im Rahmen der Einleitung dargestellten allgemein anerkannten und auch geltender Rechtslage entsprechenden Tatsache, dass im Sinne der „gestuften Antwort" der Polizei- und Ordnungsgesetze vorrangig der Handlungs- bzw. Zustandsstörer zur Gefahrenabwehr heranzuziehen ist, danach erst der Staat zur Gefahrenabwehr verpflichtet ist und erst, wenn auch der Staat die Gefahr nicht abwehren kann, der Nichtstörer.[151] Warum aber gerade die Störer vorrangig heranzuziehen sind, geht indes aus dem Polizei- und Ordnungsrecht wie gesagt jedenfalls nicht ausdrücklich hervor. Gerade das Bestehen einer materiellen Polizeipflicht könnte die Verpflichtung der Behörde zur vorrangen Inanspruchnahme des Störers erklären.[152]

Ob es aber eine solche materielle Polizeipflicht überhaupt gibt, ist ebenso wie die Frage ihres Inhalts seit Jahren umstritten.

I. Lehre von der Konstitutivität der Ordnungsverfügung

Von einer Ansicht in der Literatur wird das Bestehen einer materiellen Polizeipflicht abgelehnt und demgegenüber vielmehr die Lehre von der Konstitutivität der Ordnungsverfügung vertreten.[153] Nach dieser Auffassung enthalte das Polizei- und Ordnungsrecht nur Ermächtigungsgrundlagen für hoheitliche Eingriffe, aber keine gesetzesunmittelbaren Polizeipflichten.[154] Eine Person sei daher erst dann als Polizeipflichtiger, den eine Rechtspflicht zur Gefahrenabwehr trifft, zu

---

150 So neben anderen auch *Griesbeck*, Polizeipflicht, S. 30 f.; dazu auch BVerwG, NVwZ 2006, 928, 930 f.

151 Statt aller *Pieroth/Schlink/Kniesel*, Polizei- und Ordnungsrecht, § 9, Rn. 2; siehe auch oben Kapitel 1.

152 Von diesem Ansatz geht auch *Griesbeck* aus, vgl. *Griesbeck*, Polizeipflicht, S. 30 f.

153 Diese Bezeichnung findet sich bei *Grunwaldt*, Ausgleichsansprüche, S. 112; dieser Ansatz wird im Ergebnis unter anderem vertreten von *Hoeft*, Entschädigungsansprüche, S. 258; *Papier*, Altlasten, S. 73; *Papier*, DVBl. 1985, 873, 879; *Pieroth/Schlink/Kniesel*, Polizei- und Ordnungsrecht, § 9, Rn. 4; *Poscher*, Jura 2007, 801, 809 f.; *Schwachheim*, NVwZ 1988, 225, 226; *Selmer*, FS-*Götz*, 391, 391 ff.; lediglich angedeutet wird eine Kritik an der Lehre von der materiellen Polizeipflicht von *Merten/Merten*, Hamburgisches Polizei- und Ordnungsrecht, Vorbemerkungen zu Verantwortlichkeiten im Polizeirecht, Rn. 32, wo freilich weniger das grundsätzliche Bestehen der materiellen Polizeipflicht auf der Primärebene verneint wird, als vielmehr die Aussage, dass die materielle Polizeipflicht auf der Primärebene auch zu einer Kostentragungspflicht auf der Sekundärebene führen müsse, in Frage gestellt zu werden scheint. Dies ist eher eine Frage der Konnexität von Gefahrenabwehr- und Kostentragungspflicht, auf die später einzugehen sein wird, vgl. Kapitel 7, C, I.

154 *Papier*, DVBl. 1985, 873, 879; *Selmer*, FS-*Götz*, 391, 391.

qualifizieren, wenn an diese Person eine Verfügung zur Gefahrenabwehr ergangen ist, sie also von den Polizei- und Ordnungsbehörden auch tatsächlich in Anspruch genommen wurde.[155] Daher könne erst mit einer auf das Polizei- und Ordnungsrecht gestützten Verfügung eine öffentlich-rechtliche Verpflichtung des Verfügungsadressaten entstehen.[156]

In den Fällen, in denen einer bestimmten Person als Handlungs- bzw. Zustandsstörer lediglich eine Gefahr zuzurechnen wäre, träfe diese Person somit nach dieser Sichtweise gerade noch keine Polizeipflicht zur Gefahrenabwehr, sie würde also allein aufgrund ihrer Störereigenschaft gerade noch nicht die Beseitigung der Gefahr rechtlich „schulden"; sie käme vielmehr lediglich als potentieller Adressat einer behördlichen Verfügung in Betracht.[157]

Im Ergebnis differenziert diese Ansicht also genaugenommen zwischen zwei Arten der Verantwortlichkeit bzw. Polizeipflicht. Zum einen gibt es hiernach die Polizeipflicht ausschließlich als Maßnahmevoraussetzung, die als Tatbestandsmerkmal erfüllt sein muss, um eine Person auf der Primärebene zur Gefahrenabwehr heranziehen zu können. Insoweit ist eine Person dann als potentieller Adressat einer behördlichen Verfügung zu qualifizieren, wenn sie eine Gefahr für die öffentliche Sicherheit entweder durch ihr Verhalten oder den Zustand einer ihrer Sachen zurechenbar hervorruft – also Handlungs- bzw. Zustandsstörer ist. Gegen eine in diesem Sinne polizeipflichtige Person darf die Polizei- und Ordnungsbehörde eine Verfügung zur Gefahrenabwehr- bzw. Störungsbeseitigung erlassen.[158] Rechtspflichten treffen diese Person ohne eine solche Verfügung indes noch nicht.

Zum anderen führt diese Ansicht darüber hinausgehend zu einer weiteren Art der Polizeipflichtigkeit, nämlich zu der Polizeipflicht, welche über die bloße Heranziehungsbefugnis hinausgehend auch entsprechende Rechtspflichten begründet. Diese Polizeipflicht, die einen öffentlich-rechtlichen Pflichtstatus dieser Person zur Konsequenz hat, kann nach dieser Ansicht erst dann entstehen, wenn sie durch eine behördliche Verfügung förmlich begründet wird. Vor dieser förmlichen Begründung durch behördliche Inanspruchnahme ist ein öffentlich-

155 *Papier*, Altlasten, S. 73; *Papier*, DVBl. 1985, 873, 879; *Pieroth/Schlink/Kniesel*, Polizei- und Ordnungsrecht, § 9, Rn. 4; dazu auch *Felix/Nitschke*, NordÖR 2004, 469, 477; *Finkenauer*, NJW 1995, 432, 433, wo im Gegensatz zur materiellen Polizeipflicht insofern konsequent von einer formellen Polizeipflicht gesprochen wird.

156 So im Ergebnis *Papier*, Altlasten, S. 73; *Schwachheim*, NVwZ 1988, 225, 226.

157 *Papier*, DVBl. 1985, 873, 879; *Papier*, Altlasten. S. 73; *Pieroth/Schlink/Kniesel*, Polizei- und Ordnungsrecht, § 9, Rn. 4; im Ergebnis auch *Selmer*, FS-*Götz*, 391, 402.

158 Man könnte insoweit gewissermaßen von einer „Quasipolizeipflicht" sprechen.

rechtlicher Pflichtstatus als zur Gefahrenabwehr verpflichteter Polizeipflichtiger gerade noch nicht existent.[159]

Ob diese Ansicht zu überzeugen vermag oder ob eine materielle Polizeipflicht des Störers im Gefahrenabwehrrecht bereits im Zeitpunkt der Gefahrentstehung besteht, soll im Folgenden anhand von Sinn und Zweck des Gefahrenabwehrrechts, insbesondere vor dem Hintergrund sowohl des Wortlauts der Polizei- und Ordnungsgesetze als auch rechtshistorischer, systematischer und teleologischer Aspekte untersucht werden.

1. Wortlaut

Der Wortlaut der Polizei- und Ordnungsgesetze ist diesbezüglich nicht eindeutig[160] und bietet keine zwingenden Anhaltspunkte für oder gegen eine materielle Polizeipflicht. Eindeutig lässt sich aus den Gesetzen lediglich erkennen, dass es die Polizeipflicht als Voraussetzung für den Erlass von Maßnahmen gibt, was eher als Argument für die Lehre von der Konstitutivität der Ordnungsverfügung und gegen das Bestehen einer materiellen Polizeipflicht gedeutet werden kann.[161] So wird beispielsweise bezüglich der Handlungs- bzw. Zustandsstörer festgelegt, dass „die Maßnahmen gegen" sie zu richten sind.[162] Ob indes darüber hinausgehende Rechtspflichten ebenfalls erst und ausschließlich durch eine behördliche Verfügung begründet werden oder bereits durch eine einer bestimmten Person zurechenbaren Gefahr, ist aus dem bloßen Wortlaut jedenfalls der Normen über die Störereigenschaft von Personen nicht ersichtlich.

Jedenfalls als Indiz für das Bestehen einer materiellen Polizeipflicht können indes die Normen über die unmittelbare Ausführung gewertet werden.[163] So heißt es beispielsweise in § 7 Abs. 3 HmbSOG, dass die Kosten der unmittelbaren Ausführung „von den nach §§ 8 und 9 Verantwortlichen" erstattet verlangt werden können. Im Falle der unmittelbaren Ausführung ergeht gerade kein die Gefahrenabwehrpflicht begründender Verwaltungsakt an die Person, der in diesen Fällen die konkrete Gefahr zuzurechnen ist; sie wird aber gleichwohl als Verantwortlicher bezeichnet. Nach dem Wortlaut des § 7 Abs. 3 HmbSOG ist diese Person also auch ohne eine behördliche Verfügung verantwortlich. Offen bleibt

159 *Papier*, Altlasten, S. 73.

160 *Martensen*, DVBl. 1996, 286, 288.

161 Ähnlich *Pieroth/Schlink/Kniesel*, Polizei- und Ordnungsrecht, § 9, Rn. 4 und Rn. 49, die eine wie auch immer zu definierende materielle Polizeipflicht generell ablehnen, da die Polizei- und Ordnungsgesetze lediglich regeln, dass Maßnahmen an den Störer gerichtet werden können, ohne eine materielle Polizeipflicht zu erwähnen; so im Ergebnis auch *Selmer*, FS-*Götz*, 391, 398.

162 Vgl. § 4 Abs. 1 und § 5 Abs. 1 MEPolG; § 8 Abs. 1 und § 9 Abs. 1 HmbSOG.

163 Beispielsweise in Hamburg geregelt in § 7 Abs. 1 HmbSOG.

aber, welche Art von Verantwortlichkeit damit gemeint ist – die Verantwortlichkeit, die als Maßnahmevoraussetzung erfüllt sein muss, um einen Verwaltungsakt an eine Person zu erlassen, oder die Verantwortlichkeit im Sinne einer materiellen Polizeipflicht.

Wenn die Behörde von dem Verantwortlichen die Kosten ihrer Gefahrenabwehrmaßnahmen verlangen kann, dann spricht vieles dafür, dass die Verantwortlichkeit in § 7 Abs. 3 HmbSOG die Verantwortlichkeit im Sinne der materiellen Polizeipflicht meint. Denn es erscheint jedenfalls nicht ohne weiteres verständlich, wenn man mit der Lehre von der Konstitutivität der Ordnungsverfügung davon ausgehen wollte, dass eine Verpflichtung des Störers zur Gefahrenabwehr erst im Falle seiner Inanspruchnahme durch Verwaltungsakt begründet wird, während eine Pflicht zur Kostentragung im Falle der unmittelbaren Ausführung auch ohne eine vorangegangene – die Pflicht zur Gefahrenabwehr erst begründende – Verfügung zur Gefahrenabwehr bestehen soll. Es erscheint vielmehr konsequent, dass eine Kostenverpflichtung des Störers nur dann bestehen dürfte, wenn auch eine entsprechende Gefahrenabwehrpflicht besteht, die der Kostentragungspflicht gewissermaßen vorausgeht bzw. ihr Anknüpfungspunkt ist.[164] Genau diese Bedingung bzw. Verknüpfung von Gefahrenabwehr- und Kostentragungspflicht wäre nach der Lehre von der materiellen Polizeipflicht gegeben, die eine Verpflichtung zur Gefahrenabwehr bereits ab Entstehung der Gefahr begründet, ohne dass eine behördliche Verfügung zur Begründung dieser Pflicht von Nöten wäre.

2. Rechtshistorische Aspekte

Unter rechtsgeschichtlichen Gesichtspunkten streitet als Argument für eine materielle Polizeipflicht die ständige Rechtsprechung des preußischen Oberverwaltungsgerichts. Dieses ging davon aus, dass eine materielle Polizeipflicht des Bürgers bestehe.[165] Diese Rechtsprechung fand gesetzlichen Niederschlag im PVG,[166] dessen Bestimmungen ihrerseits die heutigen Polizei- und Ordnungsgesetze geprägt haben.[167] Insoweit liegt der Schluss nahe, dass von einer Fortset-

164 Zur Kostentragungspflicht des Störers und dessen Verhältnis zur Gefahrenabwehrpflicht siehe unten Kapitel 7, C, I.

165 Vgl. PrOVGE 56, 366, 367; 79, 407, 410, wo stets betont wird, dass eine Person, der eine Gefahr zuzurechnen ist, bereits deswegen – also auch ohne eine behördliche Verfügung – zur Gefahrenbeseitigung verpflichtet ist; dazu bereits *Martensen*, DVBl. 1996, 286, 287 f.; *Peine*, DVBl. 1980, 941, 948.

166 *Martensen*, DVBl. 1996, 286, 287.

167 So auch *Martensen*, DVBl. 1996, 286, 287; *Peine*, DVBl. 1990, 733, 736; *Peine*, DVBl. 1980, 941, 948.

zung der Auffassung des preußischen Oberverwaltungsgerichts auch in den heute geltenden Polizei- und Ordnungsgesetzen gesprochen werden kann.[168]

3. Systematische Gesichtspunkte

Unter systematischen Gesichtspunkten lassen sich als Argument gegen die Auffassung von der materiellen Polizeipflicht die Regelungen über die Definition des Pflichtigen[169] in den meisten Verwaltungsvollstreckungsgesetzen der Länder anführen. So heißt es beispielsweise in § 16 Abs. 1 HmbVwVG, dass Pflichtiger im Sinne des HmbVwVG derjenige ist, gegen den sich ein Verwaltungsakt richtet.[170] Das heißt – ausgehend von dieser Definition –, dass ohne einen vorangegangenen Verwaltungsakt auch keine Pflichtigkeit im Sinne des VwVG begründet werden kann. Übertragen auf das Polizei- und Ordnungsrecht könnte dies als Indiz dafür zu werten sein, dass auch im Recht der Gefahrenabwehr ohne eine vorangegangene Gefahrenabwehrverfügung keine Polizeipflicht im Sinne einer Gefahrenabwehrpflicht begründet werden kann.

Allerdings überzeugt dieser Ansatz letztlich nicht. Zunächst darf nicht außer Acht gelassen werden, dass schon im Verwaltungsvollstreckungsrecht ein vorangegangener Verwaltungsakt nur für den Regelfall des gestreckten Verfahrens von Nöten ist,[171] dass darauf aber im Falle des gekürzten Verfahrens – namentlich im Falle des sofortigen Vollzugs, wo gerade kein vorangegangener Verwaltungsakt erforderlich ist – verzichtet werden kann.[172]

Aber selbst wenn im Verwaltungsvollstreckungsrecht das Vorliegen eines vorangegangenen Verwaltungsaktes stets erforderlich wäre, so ließen sich allein aus dieser Tatsache jedenfalls noch keine zwingenden Rückschlüsse für die Polizeipflichtigkeit im allgemeinen Polizei- und Ordnungsrecht herleiten. Denn es handelt sich bei den Regelungen der entsprechenden Verwaltungsvollstreckungs-

---

168 So auch *Martensen*, DVBl. 1996, 286, 287 f.; *Peine*, DVBl. 1990, 733, 736; *Peine*, DVBl. 1980, 941, 948, wo ausdrücklich davon gesprochen wird, dass die wesentlichen Bestimmungen des PVG – dazu gehöre auch die materielle Polizeipflicht – von den heutigen Polizeigesetzen fortgeführt würden.

169 Anstelle des Pflichtigen wird in terminologischer Hinsicht beispielsweise auch vom „Betroffenen“ (§ 55 Abs. 2 BayPAG) oder vom „Vollstreckungsschuldner“ (§ 24 Abs. 1 SächsVwVG) gesprochen.

170 Eine ähnliche Formulierung findet sich an nahezu allen Verwaltungsvollstreckungsgesetzen der Länder. Eine Ausnahme bildet beispielsweise das Saarland, wo es in § 46 Abs. 1 SaarlPolG heißt, dass für die Ausführung einer Ersatzvornahme Kosten erhoben werden können, ohne dass der Pflichtige definiert wird.

171 Dazu statt aller *Pieroth/Schlink/Kniesel*, Polizei- und Ordnungsrecht, § 24, Rn. 29, Rn. 36 und Rn. 38.

172 Hierzu *Pieroth/Schlink/Kniesel*, Polizei- und Ordnungsrecht, § 24, Rn. 36 und Rn. 38.

gesetze bzw. der Polizei- und Ordnungsgesetze einiger Länder, wo zum Teil die vollstreckungsrechtlichen Normen verortet sind,[173] um Vollstreckungsrecht und gerade nicht um davon abzugrenzendes Gefahrenabwehrrecht.[174] Während es im Vollstreckungsrecht im Regelfall des gestreckten Zwangsverfahrens – also bei Ersatzvornahme, Zwangsgeld, unmittelbarem Zwang und Erzwingungshaft – in erster Linie um die Durchsetzung eines Verwaltungsaktes geht, so dass ein Verwaltungsakt hier bereits denklogisch grundsätzlich eine zwingende Voraussetzung darstellt, steht im allgemeinen Polizei- und Ordnungsrecht allein die Gefahrenabwehr im Fokus. Auch bestehen Unterschiede in der Zielrichtung des Vorgehens. Während die Verwaltungsvollstreckung dem Grundgedanken nach gegen den Willen des Verpflichteten erfolgt, knüpft die unmittelbare Ausführung einer Maßnahme daran an, dass „der Polizeipflichtige nicht in Anspruch genommen wird, eine Konfrontation mit einem entgegenstehenden Willen also nicht vorhanden ist".[175] Zwischen Verwaltungsvollstreckungsrecht und Gefahrenabwehrrecht ist insofern bereits dem Grunde nach zu differenzieren.

Demnach ist die mögliche Indizwirkung des Verwaltungsvollstreckungsrechts für das allgemeine Polizei- und Ordnungsrecht als Argument für die Lehre von der Konstitutivität der Ordnungsverfügung und gegen die materielle Polizeipflicht als Gefahrenabwehrpflicht jedenfalls nicht zwingend.

Vielmehr ist in systematischer Hinsicht anzumerken, dass der Gedanke des Bestehens einer Rechtspflicht ohne vorangehende behördliche Verfügung auch anderen Gesetzen der Eingriffsverwaltung keinesfalls fremd ist. Als Beispiel soll diesbezüglich das Steuerrecht angeführt sein. Zwar wird dort keine Pflichtigkeit im polizei- und ordnungsrechtlichen Sinne begründet, aber festgelegt, wann die Ansprüche aus dem Steuerschuldverhältnis entstehen. Gemein ist Steuerrecht und Polizei- und Ordnungsrecht insoweit, dass es sich bei beiden Gebieten um Eingriffsverwaltungsrecht handelt und dass es in beiden Fällen um die Begründung von rechtlichen Pflichten geht – nämlich einerseits um die polizei- und ordnungsrechtliche Pflicht, Gefahren abzuwehren und andererseits um die aus dem Steueranspruch resultierende Pflicht des Steuerpflichtigen, den Steueranspruch des Staates zu erfüllen.

Überträgt man die Frage, ob im allgemeinen Polizei- und Ordnungsrecht eine Polizeipflicht im Sinne von Rechtspflichten bereits mit der einer bestimmten Person zurechenbaren Gefahr begründet wird oder ob hierfür erst eine behördliche Verfügung nötig ist, auf das Steuerrecht, so muss gefragt werden, ob der An-

173 So beispielsweise die Ersatzvornahme in § 46 Abs. 1 SaarlPolG.

174 So überzeugend auch *Kästner*, JuS 1994, 361, 364; im Ergebnis wohl auch *Felix/Schmitz*, NordÖR 2003, 135, 136; a.A. *Pieroth/Schlink/Kniesel*, Polizei- und Ordnungsrecht, § 24, Rn. 41.

175 So ausdrücklich *Kästner*, JuS 1994, 361, 364.

spruch aus dem Steuerschuldverhältnis bereits mit der Tatbestandsverwirklichung des jeweiligen Steuergesetzes entsteht oder erst mit der tatsächlichen Inanspruchnahme des jeweiligen Steuerpflichtigen in Form einer Zahlungsaufforderung durch einen Steuerbescheid. Im Steuerrecht wird die Antwort auf diese Frage durch die Abgabenordnung, namentlich durch § 38 AO gegeben. Danach entstehen Ansprüche aus dem Steuerschuldverhältnis, sobald der Tatbestand verwirklicht ist, an den das Gesetz die Leistungspflicht knüpft.[176] Der Steueranspruch entsteht also nicht erst durch behördliche Steuerfestsetzung in Form des Steuerbescheids, sondern unmittelbar kraft Gesetzes bereits mit der Tatbestandsverwirklichung des jeweiligen Steuergesetzes.[177] Bezogen auf das Einkommensteuerrecht bedeutet dies beispielsweise, dass nach § 36 Abs. 1 EStG die Einkommensteuer – und damit der Einkommensteueranspruch des Staates gegen den Steuerpflichtigen – mit Ablauf des Veranlagungszeitraumes entsteht. Ein Einkommensteuerbescheid ist zur Begründung dieses Steueranspruches mithin gerade nicht erforderlich, ein solcher Bescheid aktualisiert und konkretisiert vielmehr diesen bereits per Gesetz entstandenen Anspruch und hat Bedeutung insbesondere für die Fälligkeit.[178]

Demnach sprechen auch systematische Aspekte in Form des Rechtsgedankens anderer Gesetze der Eingriffsverwaltung[179] für die Lehre von der materiellen Polizeipflicht im Sinne einer Gefahrenabwehrpflicht.

4. Sinn und Zweck

Unter dem Gesichtspunkt von Sinn und Zweck spricht für das Bestehen einer materiellen Polizeipflicht im Gefahrenabwehrrecht, dass durch sie die Effektivität der Gefahrenabwehr und somit der Schutz des Einzelnen und der Allgemeinheit in deutlich höherem Maße als nach der Lehre von der Konstitutivität der Ordnungsverfügung gefördert wird. Ein Bürger muss nach der materiellen Polizeipflicht alleine aufgrund der ihm zuzurechnenden Gefahr einen aktiven Beitrag zur Gefahrenabwehr leisten und darf nicht darauf „hoffen", nur eventuell zur Gefahrenabwehr herangezogen zu werden. Da die Polizei- und Ordnungsbehörden bereits aus tatsächlichen Gründen gar nicht in der Lage sind, sämtliche Störer zur Gefahrenabwehr heranzuziehen bzw. diese Gefahren selber abzuwehren, ist

176 Gleiches gilt auch für das Leistungsrecht, vgl. § 40 Abs. 1 SGB I.

177 BGH, NJW 2012, 1585, 1586; *Birk*, Steuerrecht, Rn. 254; *Tipke/Lang*, Steuerrecht, § 1, Rn. 11.

178 BGH, NJW 2012, 1585, 1586, wo es heißt, dass der Steuerbescheid / Haftungsbescheid keine konstitutive, sondern lediglich eine deklaratorische Bedeutung habe; dazu auch BFH, NVwZ-RR 1997, 489, 489; *Birk*, Steuerrecht, Rn. 254; im Ergebnis auch *Tipke/Lang*, Steuerrecht, § 1, Rn. 11; gleiches gilt wie gesagt auch für das Leistungsrecht, vgl. § 40 SGB I.

179 Weitere Nachweise und Beispiele führt *Martensen* auf, vgl. *Martensen*, DVBl. 1996, 286, 288.

demnach die sozialstaatliche Gemeinschaft geradezu darauf angewiesen, dass im Augenblick des Gefahreneintritts der Störer ohne vorangehende Verfügung bereits gesetzesunmittelbar zur Gefahrenabwehr verpflichtet ist.[180] Auf diese Weise würde die soziale Verantwortung der Bürger und damit auch der Schutz der Allgemeinheit gestärkt, das Zusammenleben gefördert und der Effektivitätsgrundsatz gestärkt werden.[181]

Ferner muss berücksichtigt werden, dass es nach Lehre von der Konstitutivität der Ordnungsverfügung letzten Endes in jedem Einzelfall stets in der Hand der Polizei- und Ordnungsbehörde liegen würde, ob eine Rechtspflichten erzeugende Polizeipflichtigkeit infolge einer Inanspruchnahme durch behördlichen Verfügung begründet werden würde oder nicht. Die Behörde wäre somit gewissermaßen die „Herrin über die Begründung der Polizeipflicht im Sinne von Rechtspflichten", nicht das Polizei- und Ordnungsrecht. Dies mag für die öffentliche Hand selbst keine Auswirkungen haben, kann sich aber für einen in Anspruch genommenen Störer namentlich im Falle einer Störermehrheit nachteilig bemerkbar machen.[182] Solche Nachteile können sich insbesondere dann für den allein in Anspruch genommenen Störer ergeben, wenn andere Störer als potentielle Maßnahmeadressaten zwar vorhanden, aber nicht durch behördliche Verfügung herangezogen worden sein sollten. Wird nämlich nur einer von mehreren potentiellen Maßnahmeadressaten in Anspruch genommen, die anderen hingegen nicht, so würden nach der Lehre von der Konstitutivität der Ordnungsverfügung auch nur in Bezug auf den in Anspruch Genommenen rechtliche Pflichten begründet werden – nicht indes in Bezug auf die übrigen potentiellen Maßnahmeadressaten, gegen die gerade kein Verwaltungsakt ergehen würde. Dies könnte eine Schlechterstellung des allein in Anspruch Genommenen in Bezug auf mögliche Ausgleichsansprüche dahingehend bedeuten, dass zwar allen potentiellen Adressaten einer Verfügung eine Gefahr bzw. Störung als Störer zuzurechnen ist, aber nur hinsichtlich des in Anspruch genommenen Störers rechtliche Pflichten zur Gefahrenabwehr begründet werden würden. Da gegenüber den anderen Störern aufgrund fehlender Verfügung insoweit auch keine Rechtspflichten begründet werden würden, träfen sie mithin auch keine Rechtspflichten. Dies könnte für den allein in Anspruch Genommenen im schlimmsten Fall bedeuten, dass er die Kosten der Gefahrenabwehr bzw. Störungsbeseitigung allein zu tragen hätte,

180 So bereits überzeugend *Martensen*, DVBl. 1996, 286, 288 m.w.N.

181 Dies ist die Konsequenz der Ausführungen von *Martensen*, vgl. *Martensen*, DVBl. 1996, 286, 288.

182 Bedeutsam wird dies namentlich bezüglich der Frage nach dem Bestehen zivilrechtlicher Ausgleichsansprüche der Störer untereinander, dazu Kapitel 8.

weil die zivilrechtlichen Ausgleichsnormen schon tatbestandlich nicht erfüllt wären.[183]

Schließlich ist auch der Argumentation von *Pieroth/Schlink/Kniesel* gegen die materielle Polizeipflicht entgegenzutreten.[184] In ihrem Lehrbuch zum Polizei- und Ordnungsrecht führen sie aus, dass jeder Zustandsstörer zugleich auch zum Verhaltensstörer würde, wollte man die Lehre von der materiellen Polizeipflicht als Gefahrenabwehrpflicht anerkennen. Denn jeden Zustandsstörer träfe aufgrund der materiellen Polizeipflicht die Verpflichtung, die aus der von ihm beherrschten Sache entstehen Gefahren abzuwehren. Komme er dieser materiellen Polizeipflicht indes nicht nach, so würde er eine rechtlich geforderte Verpflichtung unterlassen und aufgrund dieses Unterlassens zugleich zum Verhaltensstörer werden. Zur Begründung dieser Argumentation wird auf die Ausführungen des Verwaltungsgerichtshofes Mannheim in seinem Beschluss vom 4.8.1995 verwiesen.[185]

Diese Argumentation vermag indes ebenso wie die zu seiner Untermauerung angeführte Interpretation des Beschlusses letztlich nicht zu überzeugen.[186] Dies geht bereits aus dem zitierten Beschluss selbst hervor. Dort bekennt sich das Gericht nämlich eindeutig zur materiellen Polizeipflicht im Sinne einer Gefahrenabwehrpflicht. Es spricht von einer noch nicht durch Verwaltungsakt konkretisierten allgemeinen „Abwehr- und Beseitigungspflicht“, die auch den Zustandsstörer treffe.[187]

Im Anschluss daran führt es aus, dass die Nichterfüllung der aus der materiellen Polizeipflicht resultierenden Verpflichtung, eine Gefahr abzuwehren, es nicht rechtfertige, hieran eine polizeiliche Verantwortlichkeit im Sinne der Handlungsverantwortlichkeit zu knüpfen.[188] Ansonsten würde ein Zustandsstörer zugleich zu einem Verhaltensstörer werden.[189] Dies wiederum hätte zur Folge, dass die in der bisherigen Dogmatik des Polizei- und Ordnungsrechts vorgenommene eindeutige Abgrenzung zwischen Verhaltens- und Zustandsverantwortlichkeit weitestgehend aufgegeben werden würde, was aufgrund systematischer Bedenken und Konkretisierungsprobleme nicht hingenommen werden könne.[190]

---

183 Hierzu ausführlich Kapitel 8.

184 *Pieroth/Schlink/Kniesel*, Polizei- und Ordnungsrecht, § 9, Rn. 4.

185 VGH Mannheim, DÖV 1996, 40, 40 ff.

186 So im Ergebnis auch *Schenke*, Polizei- und Ordnungsrecht, Rn. 228.

187 VGH Mannheim, DÖV 1996, 40, 40.

188 VGH Mannheim, DÖV 1996, 40, 40 f. – erwähnt werden soll an dieser Stelle aber auch, dass das Gericht lediglich im Rahmen des vorläufigen Rechtsschutzes entschied.

189 VGH Mannheim, DÖV 1996, 40, 41.

190 VGH Mannheim, DÖV 1996, 40, 41.

Die Ausführungen des Gerichts sind also so zu verstehen, dass zwar die materielle Polizeipflicht im Sinne einer Gefahrenabwehrpflicht zu bejahen ist, dass daraus aber – anders als *Pieroth/Schlink/Kniesel* es folgern – gerade kein Hinzutreten der Verhaltensverantwortlichkeit für den Zustandsstörer folgt.

Nach alledem ist somit davon auszugehen, dass eine materielle Polizeipflicht in den Polizei- und Ordnungsgesetzen verankert ist.[191] Auch das Bundesverfassungsgericht geht hiervon aus. Es bekennt sich in seinem Beschluss zur möglichen Begrenzung der Verantwortlichkeit in Opferfällen vom 16.2.2000 zur materiellen Polizeipflicht – führt es darin doch aus, dass sich der Eigentümer entscheiden müsse, ob er die seine Zustandsverantwortlichkeit aktualisierende Sanierungsanordnung hinnehmen oder anfechten wolle.[192] Mit den Worten „aktualisierende Sanierungsanordnung“ macht das Gericht klar, dass die polizei- und ordnungsrechtliche Pflicht des Störers zur Gefahrenabwehr eben nicht erst durch eine behördliche Verfügung begründet, sondern durch sie lediglich aktualisiert wird.

II. Inhalt der materiellen Polizeipflicht

Steht damit fest, dass in den Polizei- und Ordnungsgesetzen eine materielle Polizeipflicht des Störers verankert ist, muss nunmehr geklärt werden, was genau diese materielle Polizeipflicht vom Störer fordert.

Eine Ansicht vertritt das Verständnis der materiellen Polizeipflicht im Sinne einer Gefahrenvermeidungspflicht. Hierunter sei die einen jeden Bürger in gleicher Weise treffende Sorgfaltspflicht zu verstehen, sein Verhalten und den Zustand seiner Sachen so einzurichten, dass daraus keine Störungen oder Gefahren für die öffentliche Sicherheit oder Ordnung entstehen können.[193] Eine Person

---

191 Aufgrund der eben dargestellten Aspekte vermag auch der namentlich von *Selmer* vorgebrachte Einwand der Unbestimmtheit der materiellen Polizeipflicht (*Selmer*, FS-*Götz*, 391, 398) nicht zu überzeugen; so im Ergebnis auch BVerwG, NVwZ 2006, 928, 930, wo ausdrücklich dargelegt wird, dass die Pflicht zur Gefahrenabwehr „hinreichend bestimmt“ sei; dem Einwand der Unbestimmtheit begegnet auch *Martensen* mit dem Hinweis auf die Entstehungsgeschichte und den Sinn und Zweck des Polizei- und Ordnungsrechts, vgl. *Martensen*, DVBl. 1996, 286, 287.

192 BVerfGE 102, 1, 24.

193 OVG Münster, NVwZ 1989, 987, 987; *Drews/Wacke/Vogel/Martens,* Gefahrenabwehr, S. 293; *Dürig*, AöR 79, 57, 78; *Lisken/Denninger*, Handbuch des Polizeirechts, D, Rn. 69; *Merk*, Verwaltungsrecht II, S. 1588; *Petersen*, NJW 1992, 1202, 1204; *Pietzcker*, DVBl. 1984, 457, 459 f.; *Ruder/Schmitt*, Polizeirecht, Rn. 251; *Schenke*, Polizei- und Ordnungsrecht, Rn. 228.

müsse demnach immer ab dem Moment als materiell Polizeipflichtiger bezeichnet werden, ab dem sie diese Sorgfaltspflicht verletzt.[194]

Zur Begründung dieser Ansicht führt *Dürig* aus, dass es von vorneherein nicht zur Freiheit des Einzelnen gehöre, die gute Ordnung des Gemeinwesens zu stören. Jeden Bürger treffe die gesellschaftliche Pflicht, entsprechende Störungen zu unterlassen und sein Verhalten im Alltag so einzurichten, dass bereits die Möglichkeit der Gefahrenentstehung ausgeschlossen wird.[195]

Diese Ansicht siedelt die Verpflichtung des Bürgers also in zeitlicher Hinsicht bereits vor der Entstehung einer Gefahr bzw. Störung an. Somit wäre eine Person hiernach in letzter Konsequenz bereits dann materiell polizeipflichtig, wenn sie ihren Sorgfaltspflichten, ihr Verhalten so einzurichten, dass keine Gefahren entstehen können, nicht nachkommt – und zwar unabhängig davon, ob im Endeffekt eine entsprechende Gefahr tatsächlich entsteht oder nicht. Eine in diesem Sinne verstandene materielle Polizeipflicht als die Pflicht, eine Gefahr gar nicht erst entstehen zu lassen, wird daher in der Literatur auch als eine Nichtstörungspflicht bezeichnet.[196]

Eine andere Auffassung in Rechtsprechung und Literatur vertritt die Lehre von der materiellen Polizeipflicht ausschließlich im Sinne einer Gefahrenabwehrpflicht.[197] Hierunter wird die gesetzesunmittelbare Verpflichtung verstanden, die von einem Bürger verursachten oder ihm sonst zurechenbaren Gefahren oder Störungen selbst abzuwehren.[198]

Diese materielle Polizeipflicht als gesetzesunmittelbare Pflicht folge aus der materiell fast unveränderten Rechtsprechung des Preußischen Oberverwaltungsgerichtes, die von den heute geltenden allgemeinen Polizei- und Ordnungsgeset-

194 Nicht wenige Stimmen in Literatur und Rechtsprechung fassen die Gefahrenvermeidungspflicht und die Gefahrenabwehrpflicht zusammen. Danach fordere die materielle Polizeipflicht als eine Gefahrenvermeidungspflicht zunächst, das eigene Verhalten bzw. den Zustand eigener Sachen so einzurichten, dass keine Gefahr entstehen kann. Falls aber dennoch eine Gefahr entstehen sollte, dann gebiete die materielle Polizeipflicht auch, dass der Störer diese Gefahr – gewissermaßen auf der zeitlich nachfolgenden Stufe – auch abzuwehren habe, vgl. OVG Münster, NVwZ 1989, 987, 987; *Peine*, DVBl. 1990, 733, 736.

195 *Dürig*, AöR 79, 57, 78.

196 *Griesbeck*, Polizeipflicht, S. 83 m.w.N.

197 BVerwG, NVwZ 2006, 928, 930 f.; VGH Mannheim, DÖV 1996, 40, 40 ff.; *Felix/Nitschke*, NordÖR 2004, 469, 477; *Finkenauer*, NJW 1995, 432, 433; *Griesbeck*, Polizeipflicht, S. 88 f.; *Grunwaldt*, Ausgleichsansprüche, S. 116 ff.; *Martensen*, DVBl. 1996, 286, 287; *Nolte/Niestedt*, JuS 2000, 1071, 1074; ähnlich BGH, NJW 2004, 513, 515, wo betont wird, dass die Behörde im Falle der Gefahrenabwehr anstelle des Störers eine Aufgabe vornehme, die dem Störer obliege.

198 BVerwG, NVwZ 2006, 928, 930 f.; BGH, DÖV 1981, 843, 843 f.; *Felix/Nitschke*, NordÖR 2004, 469, 477; *Griesbeck*, Polizeipflicht, S. 89; *Grunwaldt*, Ausgleichsansprüche, S. 114; *Martensen*, DVBl. 1996, 286, 287.

zen übernommen worden sei.[199] Danach werde jemand zum polizei- und ordnungsrechtlichen Störer, wenn durch sein Verhalten eine polizei- und ordnungsrechtlich relevante Gefahr verursacht wird oder wenn eine solche Gefahr durch den Zustand einer von ihm rechtlich oder tatsächlich beherrschten Sache entsteht.[200] Ab dem Zeitpunkt der Entstehung der ihm zurechenbaren Gefahr bzw. Störung treffe ihn als Störer aufgrund der materiellen Polizeipflicht die Verpflichtung zur Gefahrenabwehr bzw. Störungsbeseitigung.[201] Einer Verfügung zur Gefahrenabwehr, die eine Person erst zum Polizeipflichtigen machen, also seine Pflicht zur Gefahrenabwehr erst begründen würde, bedürfe es gerade nicht.[202] Vielmehr würde eine solche Verfügung die materielle Polizeipflicht lediglich dahingehend aktualisieren und konkretisieren, dass die Art und Weise der Erfüllung der schon bestehenden Schuld der Gefahrenabwehr bestimmt werde.[203]

Klare Worte findet diesbezüglich das Bundesverwaltungsgericht, das im Jahre 2006 ausführte, dass die materielle Polizeipflicht „eine Pflicht zur Mitwirkung bei der Gefahrenbeseitigung" darstelle, die „unmittelbar mit dem Eintritt der Gefahr" entstehe.[204] Auch der Verwaltungsgerichtshof Mannheim spricht wie gezeigt von einer noch nicht durch Verwaltungsakt konkretisierten allgemeinen Abwehr- und Beseitigungspflicht.[205]

Die Lehre von der materiellen Polizeipflicht in Form einer Gefahrenabwehrpflicht setzt damit in zeitlicher Hinsicht erst nach der Lehre von der materiellen Polizeipflicht in Form einer Gefahrenvermeidungspflicht an. Erst wenn eine Gefahr bzw. eine Störung tatsächlich entstanden ist, kann eine Person nach dieser Ansicht überhaupt als polizeipflichtiger Störer qualifiziert werden, nicht schon vorher. Andererseits ist aber ebenso wie auch bei der Lehre von der materiellen Polizeipflicht im Sinne einer Gefahrenvermeidungspflicht keine Verfügung der öffentlichen Hand zur Begründung dieser Polizeipflicht von Nöten.

Nicht zuletzt aufgrund der Tatsache, dass das Verständnis der materiellen Polizeipflicht als eine Gefahrenabwehrpflicht den Zeitpunkt der Verpflichtung des Störers erst nach dem Entstehen einer konkreten Gefahr ansiedelt, ist diesem Ansatz der Vorzug zu geben.

Denn da die gegenteilige Ansicht die materielle Polizeipflicht bereits im Vorfeld der Entstehung einer Gefahr ansiedelt, widerspricht sie zum einen dem indi-

---

199 *Grunwaldt*, Ausgleichsansprüche, S. 114; *Peine*, DVBl. 1980, 941, 948.

200 *Drews/Wacke/Vogel/Martens,* Gefahrenabwehr, S. 293.

201 So statt vieler VGH Mannheim, DÖV 1996, 40, 40 ff.; *Griesbeck*, Polizeipflicht, S. 89; *Lisken/Denninger*, Handbuch des Polizeirechts, D, Rn. 136.

202 VGH Mannheim, DÖV 1996, 40, 40 ff.; *Drews/Wacke/Vogel/Martens,* Gefahrenabwehr, S. 293.

203 VGH Mannheim, DÖV 1996, 40, 40 ff.; *Drews/Wacke/Vogel/Martens,* Gefahrenabwehr, S. 293.

204 BVerwG, NVwZ 2006, 928, 930 f.

205 VGH Mannheim, DÖV 1996, 40, 40.

viduellen Freiheitsinteresse des Bürgers, der aufgrund der allgemeinen Handlungsfreiheit des Art. 2 Abs. 1 GG grundsätzlich das tun und lassen kann, was er für richtig hält,[206] und zum anderen der letztlich daraus resultierenden allgemeinen Freiheitsvermutung.[207]

Ein solches Verständnis der materiellen Polizeipflicht stünde darüber hinaus im Widerspruch zur oben dargestellten allgemein anerkannten Definition des Handlungs- bzw. Zustandsstörers in den allgemeinen Polizei- und Ordnungsgesetzen, wonach einer Person stets eine Gefahr für die öffentliche Sicherheit oder Ordnung zuzurechnen sein muss, um sie als polizei- und ordnungsrechtlich Störer zu qualifizieren.[208] Ohne Gefahr kann es nach dieser Definition auch keinen Störer geben. Die Lehre von der materiellen Polizeipflicht im Sinne einer Gefahrenvermeidungspflicht würde indes in letzter Konsequenz eine Person schon dann zum polizeipflichtigen Störer machen, sobald sie ihrer Pflicht, Gefahren vorzubeugen, nicht nachkommt – und zwar unabhängig davon, ob eine konkrete Gefahr tatsächlich entsteht oder nicht.[209]

Vor diesem Hintergrund verdienen insbesondere die Ausführungen *Griesbecks* Beifall, der bezogen auf das allgemeine Polizeirecht zwischen einer noch keine materielle Polizeipflicht begründenden Vorsorgepflicht – im Sinne der oben dargelegten Nichtstörungspflicht – und der materiellen Polizeipflicht als Gefahrenabwehrpflicht differenziert.[210] Eine solche Sichtweise ist – wie *Griesbeck* zu Recht betont – als das „Korrektiv der Weite der Generalklausel" im allgemeinen Polizei- und Ordnungsrecht geboten.[211] Um eine effektive Gefahrenabwehr zu gewährleisten, ist es unumgänglich, die Generalklausel zur Gefahrenabwehr möglichst weit zu gestalten. Das bedeutet andererseits aber auch, dass jedenfalls im allgemeinen Polizei- und Ordnungsrecht nur bei und ab Vorliegen konkreter Gefahren Maßnahmen ergriffen werden dürfen, nicht jedoch in den Situationen, in denen es um Gefahrenvermeidung im weitesten Sinne geht. Letzteres würde zu einer kaum mehr zu überschauenden und uferlosen materiellen Polizeipflicht führen.[212] Die Möglichkeit der Polizei- und Ordnungsbehörde, in die Freiheitssphäre des Bürgers einzugreifen, würde durch die Lehre der mate-

206 Ständige Rechtsprechung des Bundesverfassungsgerichts, vgl. nur BVerfGE 113, 88, 103, wo es heißt, dass die Handlungsfreiheit umfassend gewährleistet werde.

207 So im Ergebnis *Griesbeck*, Polizeipflicht, S. 86.

208 Ähnlich *Nolte/Niestedt*, JuS 2000, 1071, 1074.

209 So bereits überzeugend *Griesbeck*, Polizeipflicht, S. 85 f. und *Martensen*, DVBl. 1996, 286, 288.

210 *Griesbeck*, Polizeipflicht, S. 84 ff., der auf S. 86 in überzeugender Weise davon spricht, dass nicht alles, was ordnungsrechtlich wünschenswert ist, auf der Grundlage der polizeilichen Generalklausel durchgesetzt werden könne.

211 *Griesbeck*, Polizeipflicht, S. 86.

212 Vgl. *Griesbeck*, Polizeipflicht, S. 86.

riellen Polizeipflicht als Gefahrenvermeidungspflicht in unverhältnismäßiger Weise dahingehend vorverlagert werden, dass hoheitliche Eingriffe in die Rechtssphäre des Bürgers auch dann möglich wären, wenn die Gefahrenschwelle im Einzelfall ggf. noch gar nicht überschritten ist. Eine so verstandene, hoheitliche Eingriffe rechtfertigende „Untertanenwohlverhaltenspflicht“[213] würde den Grundprinzipien des freiheitlichen Rechtsstaates widersprechen. Gefahrenvermeidende Vorsorgepflichten können, wie *Selmer* zu Recht betont,[214] allenfalls Empfehlungen darstellen, aber – jedenfalls sofern sie nicht spezialgesetzlich normiert sind – keine konkreten Verpflichtungen im Sinne einer materiellen Polizeipflicht. Sie sind daher richtigerweise aus dem Anwendungsbereich der materiellen Polizeipflicht herauszunehmen.[215]

Auch die Rechtsprechung des Bundesverwaltungsgerichts untermauert die Richtigkeit dieser Sichtweise. In seinem Urteil vom 4.10.1985 führt es aus, dass ein Flughafenbetreiber ohne besondere gesetzliche Regelung nach allgemeinem Polizei- und Ordnungsrecht gerade nicht verpflichtet sei, auf eigene Kosten den Flughafen vor nur möglichen Gefahren zu schützen.[216] Das Gericht differenziert zwischen unmittelbaren und mittelbaren Ursachen möglicher Gefahren,[217] wobei nur unmittelbare Ursachen ausreichen würden, um eine Polizeipflicht tatsächlich begründen zu können. Wollte man auch die mittelbaren Ursachen ausreichen lassen, würde dies zu einer uferlosen Ausweitung der polizeilichen Zustandshaftung führen, welche dadurch in eine „konturenlose Billigkeitshaftung umgewandelt werden“ würde, die aus dem Grunde der Herrschaft über die Sache nicht mehr gerechtfertigt werden könne.[218] Das Gericht macht damit deutlich, dass allein die Möglichkeit, dass Gefahren entstehen können, noch nicht ausreicht, um eine polizeiliche Inanspruchnahme als materiell polizeipflichtigen Störer zu rechtfertigen – jedenfalls nicht nach allgemeinem Polizei- und Ordnungsrecht.

Dass in verschiedenen neueren Spezialgesetzen des besonderen Ordnungsrechts bereits eine Gefahrenvermeidungspflicht bzw. Vorsorgepflicht ausreichen kann, um als Pflichtiger qualifiziert zu werden[219] und somit auch als Adressat von behördlichen Verfügungen in Frage zu kommen,[220] ändert an diesem Ergebnis nichts. Es handelt sich bei diesen Regelungen um nicht zu verallgemeinernde Spezialregelungen aus dem besonderen Ordnungsrecht. Hier sind die jeweiligen

---

213 So ausdrücklich *Griesbeck*, Polizeipflicht, S. 86.

214 *Selmer*, FS-*Götz*, 391, 396.

215 So schon *Griesbeck*, Polizeipflicht, S. 86.

216 BVerwG, DÖV 1986, 287, 287 f.

217 BVerwG, DÖV 1986, 287, 287 f.

218 BVerwG, DÖV 1986, 287, 287 f.

219 Dazu beispielsweise VGH Kassel, NuR 2011, 729, 729 ff.

220 Vgl. § 4 Abs. 1 BBodSchG, § 5 Abs. 1 Nr. 1 bis 3 BImSchG.

spezifischen Sichtweisen und rechtliche Wertungen zu berücksichtigen, die ausnahmsweise eine Verpflichtung bereits im Vorfeld normieren können. Die Gründe für eine Vorverlagerung in diesen Fällen liegen in diesen Rechtsgebieten des besonderen Ordnungsrechts in der hohen Schadensintensität im Falle eines Gefahr- oder gar Störungseintritts und der damit verbundenen erforderlichen präventiven Sicherheitsvorsorge. Als Rechtfertigung dieser Sichtweise namentlich im BImSchG ließe sich beispielsweise an eine besonders intensive Gefahr für eine Vielzahl von Menschen denken.

Diese Regelungen der Spezialgesetze sind indes nicht Ausdruck der materiellen Polizeipflicht.[221] Sie begründen lediglich eine spezialgesetzliche Pflichtigkeit bereits im Vorfeld, weil ein Handeln erst ab Entstehung einer Gefahr in diesen Spezialbereichen zu spät wäre. Diese Pflichtigkeit besteht also nur, weil sie als Vorsorgepflicht spezialgesetzlich normiert ist. Wäre diesbezüglich keine spezialgesetzliche Regelung erfolgt, verbliebe es lediglich bei der materiellen Polizeipflicht im Sinne der Gefahrenabwehrpflicht, die – wie *Griesbeck* zu Recht ausführt – von der Vorsorgepflicht zu trennen ist.[222]

Auch die Richtigkeit dieses Ergebnis wird auch durch die Rechtsprechung des Bundesverwaltungsgerichts aus der jüngeren Vergangenheit untermauert. Im Urteil vom 16.3.2006 beschäftigte sich das Gericht mit der Übergangsfähigkeit der Verantwortlichkeit auf den Gesamtrechtsnachfolger. Hier stellte das Bundesverwaltungsgericht zur Begründung der Übergangsfähigkeit die Strukturen des „Sicherheitsrechts“[223] anhand von drei voneinander abzugrenzenden Stufen dar.[224]

---

221 Im Ergebnis auch BVerwG, NVwZ 2006, 928, 930; *Griesbeck*, Polizeipflicht, S. 86, der in diesen Fällen richtigerweise von einer „spezialgesetzlichen Vorsorgepflicht“ spricht, die von der das Polizei- und Ordnungsrecht beherrschenden materiellen Polizeipflicht in Form einer Gefahrenabwehrpflicht „streng“ zu trennen sei.

222 Vor diesem Hintergrund ist die Gesetzesbegründung des Bundesbodenschutzgesetzes differenziert zu sehen. Dort wird eindeutig ausgeführt, dass auch das BBodSchG von der materiellen Polizeipflicht ausgehe. In der Gesetzesbegründung des Bundestags wird insofern auch konsequent von einer Pflicht gesprochen, die „als Abwehrpflicht in der Tradition der polizeilichen Gefahrenabwehr“ stehe, siehe BT-Drucks. 13/6701, S. 34. Richtig ist dies jedenfalls insoweit, als dass der Pflichtige durch die materielle Polizeipflicht tatsächlich dazu verpflichtet wird, von dem Grundstück ausgehende Gefahren abzuwehren (so nunmehr Gesetz geworden in § 4 Abs. 2 und Abs. 3 BBodSchG). Die Vorsorgepflicht des § 4 Abs. 1 BBodSchG kann indes nach dem in dieser Ausarbeitung vertretenen Verständnis der materiellen Polizeipflicht nicht unter diese Pflicht subsumiert werden. Sie ist als ausnahmsweise zulässige, spezialgesetzlich normierte Vorsorgeverpflichtung anzusehen, die von der materiellen Polizeipflicht abzugrenzen ist.

223 BVerwG, NVwZ 2006, 928, 930.

224 Ähnlich bezüglich dieser Dreistufigkeit, aber mit anderem Ergebnis hinsichtlich des Bestehens einer materiellen Polizeipflicht *Selmer*, FS-*Götz*, 391, 394 ff.

Auf der ersten Stufe bestehe danach die gefahrenunabhängige Unterworfenheit des Bürgers unter den abstrakt-generellen Gefahrenabwehrtatbestand. Gemeint ist damit die generelle Gefahrenvorsorgepflicht mit gegebenenfalls normierter Eingriffsermächtigung.[225]

Dem folge auf der zweiten Stufe die abstrakte bzw. materielle Polizeipflicht. Diese betreffe die ipso iure unmittelbar mit dem Eintritt der Gefahr entstehende Gefahrenabwehrverpflichtung des Störers, die sich von der bloßen allgemeinen Vorsorgepflicht abhebe und eine konkrete Pflichtigkeit darstelle.[226]

Auf der dritten Stufe werde dann die abstrakte bzw. materielle Polizeipflicht gegebenenfalls durch den Erlass eines Bescheides konkretisiert.[227]

Das Gericht macht also deutlich, dass es zwar eine Vorsorgeverpflichtung des Bürgers, keine Gefahren entstehen zu lassen, bei entsprechender gesetzlicher Normierung durchaus geben kann. Sie ist indes nicht Ausdruck der davon zu unterscheidenden materiellen Polizeipflicht des Störers, die ausschließlich die Abwehr bereits entstandener und dem Störer zurechenbarer Gefahren umfasst.

III. Zwischenergebnis

Im Ergebnis bleibt somit festzuhalten, dass dem Verständnis von der materiellen Polizeipflicht im Sinne einer Gefahrenabwehrpflicht der Vorzug zu geben ist. Die so verstandene materielle Polizeipflicht fordert – als eine zwar nicht eindeutig im Polizei- und Ordnungsrecht normierte, sich aber aus dem Sinn und Zweck dieses Rechtsgebietes ergebende Pflicht[228] – von demjenigen die Abwehr einer Gefahr, dem diese Gefahr als Handlungs- bzw. Zustandsstörer zugerechnet werden kann. Sie trifft jeden Störer also im Zeitpunkt der Gefahrenentstehung unmittelbar durch Gesetz – und zwar unabhängig von dessen tatsächlicher Inanspruchnahme durch eine behördliche Verfügung.

Den Nichtstörer kann eine so verstandene materielle Polizeipflicht indes nicht treffen. Da dieser keine Gefahr zurechenbar verursacht hat, kann er ausschließlich durch eine behördliche Verfügung zur Gefahrenabwehr verpflichtet werden.

Griesbeck spricht vor diesem Hintergrund insoweit in überzeugender Weise vom materiell Polizeipflichtigen, welchen als Handlungs- bzw. Zustandsstörer die gesetzesunmittelbare materielle Polizeipflicht treffe, und vom formell Polizeipflichtigen, welcher nur ein potentieller Adressat behördlicher Gefahrenab-

225 BVerwG, NVwZ 2006, 928, 930.
226 BVerwG, NVwZ 2006, 928, 930.
227 BVerwG, NVwZ 2006, 928, 930.
228 So auch *Griesbeck*, Polizeipflicht, S. 30; *Martensen*, DVBl. 1996, 286, 287.

wehrverfügungen sei, den aber die gesetzesunmittelbare materielle Polizeipflicht gerade nicht treffe und daher auch erst durch behördliche Verfügung zum Polizeipflichtigen gemacht werden könne.[229]

B. Herleitung und rechtliches Gewicht der materiellen Polizeipflicht

Nachdem die materielle Polizeipflicht als eine den Störer treffende Gefahrenabwehrpflicht definiert wurde, soll im Folgenden die das Kernstück dieser Untersuchung darstellende Frage ihres rechtlichen Gewichts erörtert werden. Insbesondere soll geklärt werden, ob die materielle Polizeipflicht im Grundgesetz verankert ist, so dass ihr verfassungsrechtliches Gewicht zukommt, oder ob sie lediglich eine einfachgesetzliche Verpflichtung darstellt.

I. Einfachgesetzliches Gewicht der materiellen Polizeipflicht aufgrund der Verankerung in den Polizei- und Ordnungsgesetzen

Sämtliche Befürworter der materiellen Polizeipflicht sehen sie als eine aus den allgemeinen Polizei- und Ordnungsgesetzen folgende Verpflichtung an.[230] Auch wenn sich diese Verankerung nicht eindeutig aus dem Wortlaut der allgemeinen Polizei- und Ordnungsgesetze ergibt, ist dieser Ansicht aufgrund der obigen Ausführungen zu folgen – sprechen doch Entstehungsgeschichte, Systematik sowie nicht zuletzt Sinn und Zweck vor dem Hintergrund der Regelungen über die Adressaten polizeirechtlicher Maßnahmen für diese Verankerung.[231] Das bedeutet, dass der materiellen Polizeipflicht in Form einer Gefahrenabwehrpflicht jedenfalls einfachgesetzliches Gewicht beizumessen ist.

229 *Griesbeck*, Polizeipflicht, S. 30 m.w.N.

230 So beispielsweise BVerwG, NVwZ 2006, 928, 930; *Drews/Wacke/Vogel/Martens,* Gefahrenabwehr, S. 293, wonach die Polizeipflicht unmittelbar kraft Gesetzes eintrete; im Ergebnis ebenso *Grunwaldt*, Ausgleichsansprüche, S. 120; *Martensen*, DVBl. 1996, 286, 287; *Peine*, DVBl. 1980, 941, 948; a.A. *Selmer*, FS-*Götz*, 391, 391 ff.

231 Siehe oben Kapitel 4, A, I., 1. – 4.; im Ergebnis ebenso *Griesbeck*, Polizeipflicht, S. 30 f.; *Martensen*, DVBl. 1996, 286, 287 f.; *Peine*, DVBl. 1990, 733, 736.

II. Verfassungsrechtliches Gewicht der materiellen Polizeipflicht

Fraglich ist, ob der materiellen Polizeipflicht als Gefahrenabwehrpflicht darüber hinaus auch verfassungsrechtliches Gewicht zukommt. Dies wäre dann der Fall, wenn sie in der Verfassung verankert wäre.

1. Verfassungsrechtliches Gewicht der materiellen Polizeipflicht aufgrund ihrer Qualifizierung als verfassungsrechtliche Grundpflicht?

Das verfassungsrechtliche Gewicht der materiellen Polizeipflicht könnte sich aus ihrer möglichen Einordnung als verfassungsrechtliche Grundpflicht ergeben.[232]

Die Diskussion über das Bestehen von Grundpflichten im Grundgesetz wird bis zum heutigen Tag eher zurückhaltend,[233] ja geradezu „stiefmütterlich"[234] geführt. Sie wurde – nachdem sich die Lehre diesem Thema vorher nur vereinzelt[235] annahm – intensiv Ende der 1970er sowie Anfang der 1980er Jahre ge-

232 Diese Frage blieb in der Literatur – jedenfalls bezogen auf die materielle Polizeipflicht im Sinne einer Gefahrenabwehrpflicht – bisher nahezu unbeachtet. *Griesbeck* sprach diese Thematik in seiner Dissertation aus dem Jahre 1991 an, ohne indes diesbezüglich eine eindeutige Position zu beziehen, vgl. *Griesbeck*, Polizeipflicht, S. 97 ff.; *Lindner* ging in seiner Dissertation aus dem Jahre 1996 etwas ausführlicher auf diese Thematik ein. Er bejahte die Existenz der Idee der Grundpflichten, untersuchte diese aber ausdrücklich nur in Bezug auf die „Pflicht zum Einsatz des Gegenmittels", bezüglich der er im Ergebnis den Charakter einer Grundpflicht verneinte, vgl. *Lindner*, Adressatenpflichten, S. 51 ff. Diese „Pflicht zum Einsatz des Gegenmittels" wird unabhängig von der Frage der Zurechenbarkeit der Gefahr erörtert. Es scheint daher, dass *Lindner* die „Pflicht zum Einsatz des Gegenmittels" eher als eine allgemeine Hilfeleistungspflicht – zur Frage, ob die allgemeine Hilfeleistungspflicht eine Grundpflicht darstellt, siehe unten Kapitel 4, B, II., 1., e), gg), (4) – verstanden wissen will. Eine solche besteht indes – wie unten noch verdeutlich werden wird – unabhängig von der Zurechnung der Gefahr bzw. der Störereigenschaft. Da *Lindner* der Idee der materiellen Polizeipflicht generell differenziert gegenüberzustehen scheint (vgl. *Lindner*, Adressatenpflichten, S. 22 f.), betreffen letztlich auch seine Ausführungen nur mittelbar die Frage, ob die materielle Polizeipflicht im Sinne einer Gefahrenabwehrpflicht eine verfassungsrechtliche Grundpflicht darstellt.
Demgegenüber wurde die Frage, ob die Polizeipflicht im Sinne einer Gefahrenvermeidungspflicht bzw. Nichtstörungspflicht eine verfassungsrechtliche Grundpflicht darstellt, bereits mehrfach in der Literatur erörtert, vgl. *Quaritsch*, DVBl. 1959, 455, 458.

233 So bereits *Stober*, Grundpflichten, S. 5; *Luchterhandt* spricht gar von einer „Ausblendung" dieses Themas in der Literatur und von einer „Vernachlässigung der Pflichtendimension in der Staatsrechtslehre der Bundesrepublik", vgl. *Luchterhandt*, Grundpflichten, S. 22 und S. 36.

234 So ausdrücklich *Luchterhandt*, Grundpflichten, S. 22; *Schmidt* spricht von einer weitgehenden „Vernachlässigung" des Themas, siehe *Schmidt*, Grundpflichten, S. 32.

235 Dazu *Stern*, FS-Doehring, 969, 979; ein Überblick über die rechtswissenschaftlichen Ausarbeitungen bezüglich der Grundpflichten findet sich in chronologischer Reihenfolge bei *Schmidt*, Grundpflichten, S. 31 f. und bei *Luchterhandt*, Grundpflichten, S. 36 ff.

führt;[236] genannte werden sollen in diesem Zusammenhang insbesondere die Reaktionen auf die Konstanzer Tagung der Vereinigung der Deutschen Staatsrechtler und auf den sich daran anschließenden Bericht von *Götz* in den Veröffentlichungen der Vereinigung der Deutschen Staatsrechtler.[237] Ferner erfuhr sie gegen Ende des 20. bzw. Anfang des 21. Jahrhunderts noch einmal einen kleinen Aufschwung.[238]

Erörtert wurde insbesondere, ob das Grundgesetz die Existenz von Grundpflichten überhaupt vorsehe, wie Grundpflichten zu definieren und in Bezug auf ihre systematische Stellung zu den Grundrechten und Grundrechtsschranken einzuordnen seien und welche Pflichten konkret verfassungsrechtliche Grundpflichten darstellen könnten. Genau diese Fragen sind auch in dieser Untersuchung in Bezug auf die mögliche Einordnung der materiellen Polizeipflicht als verfassungsrechtliche Grundpflicht von Relevanz.

a) Pflichten des Bürgers gegenüber der Gemeinschaft im Lichte der deutschen Verfassungstradition

Vor der Erörterung der Frage, ob das Grundgesetz die Existenz von Grundpflichten überhaupt vorsieht, ist es indes einleitend geboten, einen Blick auf die Bedeutung der Pflichten des Bürgers gegenüber der Gemeinschaft in der deutschen Verfassungshistorie zu werfen. Denn die auf diese Weise gewonnenen Eindrücke bilden gewissermaßen eine Art geschichtliches Fundament, dem bezüglich der Frage, ob das Grundgesetz Grundpflichten beinhaltet, eine nicht gering zu schätzende Bedeutung zukommt.

Als Ausgangspunkt für diesen rechtshistorischen Ansatz soll – obwohl hier verfassungsrechtliche Aspekte noch nicht relevant werden[239] – das Werk *Pufen-*

---

236 Hier ist insbesondere die sich an das Referat *Saladins* auf der Heidelberger Staatsrechtlertagung 1976 anschließende Diskussion zu nennen, vgl. *Saladin*, VVDStRL 35, 7, 7 ff. In seinem Beitrag denkt *Saladin* laut über einen möglichen verfassungsmäßigen Pflichtstatus von Unternehmung und Unternehmern nach und spricht in diesem Zusammenhang mehrfach auch von Grundpflichten – unter anderem auf den Seiten 19, 21, 42; nachfolgend nahm sich namentlich *Stober* dieser Thematik an, vgl. *Stober*, Grundpflichten, S. 1 ff.; *Stober*, NVwZ 1982, 473, 473 ff.

237 *Götz*, VVDStRL 41, 7, 7 ff.; vgl. dazu neben anderen auch *Badura*, DVBl. 1982, 861, 861 ff.; *Bethge*, JA 1985, 249, 249 ff.; *Gusy*, JZ 1982, 657, 657 ff.; *Isensee*, DÖV 1982, 609, 609 ff.

238 Vgl. *Dühr*, Grundpflichten, S. 1 ff.; *Hofmann*, HbdStR V, 321, 321 ff.; *Schmidt*, Grundpflichten, S. 1 ff.

239 Dieser Ausgangspunkt wird für die vorliegende Untersuchung gleichwohl gewählt, da die Gedanken *Pufendorfs* und *Svarez'* auch in den später erst noch folgenden Verfassungen stets eine prägende Rolle spielen sollten. Dies macht auch *Luchterhandt*, Grundpflichten, S. 87 deutlich, der ausführt, dass gerade *Pufendorfs* Gedanken – die insbesondere das ALR beeinflussten – die

dorfs „De Officio Hominis et Civis" aus dem Jahr 1683 angesehen werden.[240] Dort setzt sich *Pufendorf* ausführlich mit dem Pflichtgedanken des Menschen auseinander. Nach seiner Lehre vom Naturrecht besteht eine Verpflichtung des Menschen gegenüber den Mitmenschen zur Schaffung eines gemeinschaftlichen Lebens.[241] Das Wohl der menschlichen Gemeinschaft stelle einen so hohen Wert dar, dass dafür sogar das Leben eines Einzelnen hingegeben werden könne.[242] Die Verpflichtung zur Selbsterhaltung des Individuums habe daher ihren eigentlichen Sinn in erster Linie darin, der Bewahrung des geselligen Lebens zu dienen.[243] Sich gegenüber anderen Menschen gesellig zu zeigen, sei somit die höchste Aufgabe des Individuums.[244] Diese soziale Verpflichtung müsse sogar Vorrang gegenüber dem souveränen Rechtsanspruch der Persönlichkeit genießen.[245]

Pufendorf begründet seinen Ansatz von damit, dass der Mensch ein Wesen sei, das aus seiner Natur heraus für sich allein hilflos wäre und daher seine wahre Bestimmung erst in der Gemeinschaft erreiche und ihr daher auch besonders verpflichtet sein müsse.[246] Seiner sozialen Verpflichtung folgend müsse der Mensch daher durch aktives Tun[247] die Gemeinschaft erhalten sowie entsprechende Schäden und Gefahren abwehren, sofern sie drohen sollten.

Diese Ansätze *Pufendorfs* – insbesondere den des Pflichtengedankens – übernahm namentlich *Svarez*. Sie wurden zunächst Gegenstand der sogenannten Kronprinzenvorträge.[248] Darin entwarf *Svarez* 1791/92 vor dem preußischen Kronprinzen sein vernunftrechtliches System des Rechtsstaates, welches nicht in erster Linie auf den Rechten der Untertanen basierte – welche freilich ebenfalls vorhanden sein sollten –, sondern in Anlehnung an *Pufendorf* den Pflichtencharakter in den Vordergrund stellte.[249] In der allgemeinen Übersicht der Rechte und

---

Grundlage für „jene Tradition und insbesondere die ihr angehörende feste Vorstellung einer unauflöslichen und mindestens gleichwertigen Verbindung von Rechten und Pflichten in der deutschen Verfassungsentwicklung" bildeten.

240 Von diesem Ausgangspunkt geht auch *Hofmann* aus, vgl. *Hofmann*, HbdStR V, 321, 324.

241 Zitiert nach *Denzer*, Moralphilosophie und Naturrecht bei Samuel Pufendorf, S. 143; dieses Motiv der Pflicht zur Schaffung eines gemeinschaftlichen Zusammenlebens wird von *Pufendorf* immer wieder betont.

242 Zitiert nach *Denzer*, Moralphilosophie und Naturrecht bei Samuel Pufendorf, S. 143.

243 Zitiert nach *Denzer*, Moralphilosophie und Naturrecht bei Samuel Pufendorf, S. 143.

244 Zitiert nach *Denzer*, Moralphilosophie und Naturrecht bei Samuel Pufendorf, S. 143, wo auf S. 144 konsequenterweise von einer „sozialen Dimension", von einer „sozialen Verpflichtung" des Individuums gesprochen wird.

245 Zitiert nach *Denzer*, Moralphilosophie und Naturrecht bei Samuel Pufendorf, S. 145.

246 Zitiert nach *Denzer*, Moralphilosophie und Naturrecht bei Samuel Pufendorf, S. 145.

247 Zitiert nach *Denzer*, Moralphilosophie und Naturrecht bei Samuel Pufendorf, S. 145.

248 Dazu auch *Isensee*, DÖV 1982, 609, 609.

249 Dazu ausführlich *Conrad/Kleinheyer*, Vorträge, S. 3 ff.

Pflichten der Untertanen forderte *Svarez*, dass die Untertanen „zur Aufrechterhaltung und Befestigung der Staatsverbindung nach dem Maße ihres Vermögens und ihrer Kräfte“ mitzuwirken hätten und dass sie „sogar ihr eigenes Interesse und einen Teil ihrer Güter der Erhaltung dieser Verbindung“ aufopfern müssten, „um sich dadurch den ruhigen Genuss des Überrestes zu sichern.“[250]

Diese Gedanken fanden in prägender Weise Eingang in das Preußische Allgemeine Landrecht von 1794.[251] Namentlich die Einleitung des ALR war deutlich vom Pflichtengedanken *Pufendorfs* und *Svarez'* durchdrungen, und zwar gerade bezogen auf die Pflicht des Einzelnen, der Gemeinschaft zu dienen.[252] So heißt es in der Einleitung des ALR in § 73, dass ein jedes Mitglied des Staates verpflichtet sei, „das Wohl und die Sicherheit des gemeinen Wesens, nach dem Verhältnis seines Standes und Vermögens, zu unterstützen“.[253]

Auch in der deutschen Verfassungsentwicklung des 19. Jahrhunderts spielte die gemeinschaftsbezogene Pflichtendimension des Individuums – auch wenn sie nicht ausdrücklich in den Vordergrund gerückt wurde – stets eine nicht unerhebliche Rolle.[254] In den Entwürfen der Paulskirchenverfassung von 1848 war aufgrund der revolutionären Verfassungsprinzipien von Pflichten des Individuums zwar nur verhältnismäßig selten, etwa im Kontext der Wehrpflicht und die Steuerpflicht[255], die Rede, sie waren gleichwohl stets „hintergründig präsent“.[256] In den Verfassungsberatungen von 1848 fiel – soweit ersichtlich – auch erstmals der Rechtsbegriff „Grundpflicht“. Im Rahmen der Debatte um die Wehrpflicht führte der Abgeordnete *von Stavenhagen* in der Sitzung vom 3.8.1848 aus: „Ich weiß nicht, ob man die Wehrpflicht ein Grundrecht nennen kann, ich möchte sie wohl eher eine Grundpflicht nennen.“[257]

Dem Pflichtenmoment kam ferner in der Verfassung des Norddeutschen Bundes vom 16.4.1867 wie auch in der Reichsverfassung vom 16.4.1871 ein hohes Gewicht zu. Namentlich sind hier wiederum die Steuerpflicht und insbesondere

---

250 *Conrad/Kleinheyer*, Vorträge, S. 9; angeführt auch von *Isensee*, vgl. *Isensee*, DÖV 1982, 609, 609.

251 Nach *Hofmann* ist das Allgemeine Preußische Landrecht diesem Pflichtengedanken *Pufendorfs* und *Svarez'* sogar besonders verpflichtet, vgl. *Hofmann*, HbdStR V, 321, 324.

252 Dies stellt nach *Luchterhandt* die „Kontinuität eines Pflichtendenkens in Deutschland“ dar, siehe *Luchterhandt*, Grundpflichten, S. 87.

253 *Luchterhandt*, Grundpflichten, S. 87 spricht diesbezüglich von einer fundamentalen Staatsförderungspflicht, von einer wirklichen Grundpflicht.

254 So *Luchterhandt*, Grundpflichten, S. 95 ff.

255 Zu beiden *Luchterhandt*, Grundpflichten, S. 131 und S. 135.

256 So *Luchterhandt*, Grundpflichten, S. 143.

257 *Wigard*, Stenographischer Bericht, 2. Bd., 53. Sitzung vom 3.8.1848, S. 1330.

die Wehrpflicht zu nennen, die vom Individuum einen Beitrag zum Gemeinwesen forderten.[258]

Besondere Beachtung in Bezug auf das Pflichtmoment verdient jedoch die Weimarer Reichsverfassung vom 11.8.1919,[259] geht sie doch dem Grundgesetz unmittelbar voraus.[260]

In den Beratungen wie auch im ersten Entwurf der WRV fanden die Grundpflichten des Individuums gegenüber der Gemeinschaft zunächst keine Erwähnung.[261] Dies änderte sich nach der Äußerung des Abgeordneten *Koch*, der folgenden Satz sprach: „Ich glaube, daß es in der Zeit wie der heutigen nicht angeht, nur von den Grundrechten zu sprechen, sondern dass es auch einmal an der Zeit wäre, von den Pflichten des einzelnen gegen den Staat zu sprechen."[262] In der Folgezeit wurde bei den Beratungen auch die Pflichtenthematik behandelt, wobei sich im Laufe der Zeit immer mehr die insbesondere von *Naumann* vertretene Ansicht durchsetzte, wonach es selbstverständlich sei, dass mit den Rechten des Staatsbürgers auch seine Pflichten gegenüber dem Staat wachsen würden,[263] da die Inanspruchnahme von Rechten die Erfüllung von Pflichten voraussetze.[264] Letztlich wurde „die Korrelation von Grundrechten und Grundpflichten zum beherrschenden Aufbauprinzip des dem Individuum gewidmeten Verfassungsabschnitts".[265] *Beyerle* begründete die Tatsache, dass die WRV sowohl Grundrechte als auch Grundpflichten beinhalten sollte, im mündlichen Bericht des 8. Ausschusses über den Entwurf einer Verfassung des deutschen Reiches mit den folgenden Worten: „Wir waren bemüht, hier einem Gedanken zu folgen, der im Preußischen Allgemeinen Landrecht enthalten ist und der dem germanischen Rechtsdenken seit Jahrhunderten eigen ist: den einzelnen durch die Gemeinschaft hindurch zum Staate hinaufsteigen zu lassen und so zunächst die Grundrechte und Grundpflichten der Person in erste Linie zu stellen und diesen dann die Grundlagen des Gemeinschaftslebens anzureihen."[266] Dieser Ansatz

258 Ausführlich dazu *Luchterhandt*, Grundpflichten, S. 154 ff.

259 Reichsgesetzblatt 1919, Nr. 152, S. 1383.

260 In der nationalsozialistischen Herrschaftsperiode wurde WRV weder aufgehoben noch ersetzt.

261 *Luchterhandt*, Grundpflichten, S. 284.

262 Verhandlungen der verfassungsgebenden Deutschen Nationalversammlung – Stenographische Berichte, Band 326, 17. Sitzung vom 28.2.1919, S. 393 (C), wo sich *Koch* auch auf den kategorischen Imperativ *Kants* beruft.

263 *Isensee*, DÖV 1982, 609, 610.

264 Dazu auch *Luchterhandt*, Grundpflichten, S. 292, wo von einem wechselseitigen Abhängigkeitsverhältnis gesprochen wird.

265 So ausdrücklich *Luchterhandt*, Grundpflichten, S. 298.

266 Verhandlungen der verfassungsgebenden Deutschen Nationalversammlung – Stenographische Berichte, Band 336, Anlage Nr. 391 (Bericht des Verfassungsausschusses), 32. Sitzung vom 28.5.1919, S. 368.

der Pflicht des Individuums gegenüber der Gemeinschaft fand an mehreren Stellen des Verfassungstextes Berücksichtigung.[267] Der Rechtsbegriff der Grundpflicht wurde sogar in die Überschrift des zweiten Hauptteils („Grundrechte und Grundpflichten der Deutschen") aufgenommen. Grundpflichten, bei denen der Aspekt der Förderung der Gemeinschaft durch den Einzelnen besonders deutlich zum Ausdruck kommt, wurden in Art. 133 Abs. 1 WRV („Alle Volksbürger sind verpflichtet, nach Maßgabe der Gesetze persönliche Dienste für den Staat und die Gemeinde zu erbringen.") und in der sogenannten „Pflichtengeneralklausel"[268] des § 163 Abs.1 WRV („Jeder Deutsche hat unbeschadet seiner persönlichen Freiheit die sittliche Pflicht, seine geistigen und körperlichen Kräfte so zu betätigen, wie es das Wohl der Gesamtheit erfordert.") normiert.

Nur kurz soll auf das Pflichtenmoment während der NS-Zeit zwischen 1933 und 1945 eingegangen werden. Hier kam es zu einem radikalen Wandel der Rechtsstellung des einzelnen Bürgers – entsprechend dem Führerprinzip weg von der Freiheit des Individuums hin zur nahezu schrankenlosen „Inpflichtnahme des Individuums für das Gemeinwohl".[269] Der Weg in diese totale Inpflichtnahme jedes Einzelnen für den Staat wurde durch die „Reichstagsbrandverordnung"[270] vom 28.2.1933 und das sogenannte „Ermächtigungsgesetz"[271] vom 24.3.1933 geebnet und immer weiter ausgebaut, bis letztlich die Individualsphäre dem Zugriff der Exekutivorgane, namentlich der Geheimem Staatspolizei, ungehindert offenstand.[272] Es folgte eine weitgehende Inbeschlagnahme des Individuums durch den NS-Staat.

In der Nachkriegszeit vor dem Inkrafttreten des Grundgesetzes griffen diverse Landesverfassungen neben den Grundrechten – trotz des Missbrauches des Pflichtgedankens im Dritten Reich[273] – auch die Grundpflichten auf.[274] So wurde unter anderem auch der 1. Hauptteil der Verfassung des Saarlandes[275] mit der Überschrift „Grundrechte und Grundpflichten" versehen; diese Überschrift gilt bis heute. *Luchterhandt* spricht vor diesem Hintergrund auch von der „Weimarer

---

267 Ein Überblick findet sich bei *Luchterhandt*, Grundpflichten, S. 306.

268 So ausdrücklich *Isensee*, DÖV 1982, 609, 610.

269 So *Luchterhandt*, Grundpflichten, S. 338.

270 Reichsgesetzblatt Teil I, 1933, S. 83, wo es in § 1 heißt, dass Beschränkungen unter anderem der persönlichen Freiheit „auch außerhalb der sonst hierfür bestimmten Gesetze zulässig" sei.

271 Reichsgesetzblatt Teil I, 1933, S. 141, wo in Art. 1 die Ermächtigung der Reichsregierung, Gesetze auch außer dem in der Reichsverfassung vorgesehenem Verfahren zu beschließen, ausgesprochen wurde.

272 *Luchterhandt*, Grundpflichten, S. 338.

273 Dazu *Hofmann*, HbdStR V, 321, 322.

274 Vertiefend *Luchterhandt*, Grundpflichten, S. 365 ff.

275 Ähnliches geschah in den Verfassungen von Bayern, Bremen und Rheinland-Pfalz, dazu *Schmidt*, Grundpflichten, S. 30.

Lösung“,[276] wurde doch wie gesagt bereits in der WRV der zweite Hauptteil mit dem Titel „Grundrechte und Grundpflichten der Deutschen“ überschrieben.

Darüber hinaus wurde in den Artikeln 20 – 22 der Verfassung von Rheinland-Pfalz ein eigener Unterabschnitt über die „öffentlichen Pflichten“ des Individuums normiert. Damit sollte nach *Klaas* deutlich gemacht werden, dass das Individuum als Einzelperson nicht nur mit Rechten gegenüber der Gemeinschaft ausgestaltet sein könne, sondern dass es „dieser gegenüber auch Pflichten zu tragen“ habe.[277]

Das Bestehen von Pflichten des Bürgers gegenüber der Gemeinschaft stellt also nach dem eben Ausgeführten in der deutschen Verfassungsgeschichte – und nicht nur dort[278] – keine juristische Unbekannte dar, sondern vielmehr eine Konstante, die sich im Laufe der Jahre zwar immer wieder in ihren Facetten änderte, aber letztlich stets erkennbar blieb.

Die hier dargestellten historischen Aspekte können und sollen freilich nur einen kleinen Eindruck von der Bedeutung der Pflichten des Bürgers gegenüber der Gemeinschaft in der deutschen Verfassungsgeschichte vermitteln. Ein detaillierter und erschöpfender historischer Überblick über die Relevanz der Grundpflichten des Individuums findet sich in der Habilitationsschrift *Luchterhandts*.[279] Die dort gemachten Ausführungen stützen den aus dem hier gezeigten Überblick gewonnenen Eindruck. Demnach lässt sich mit den Worten *Isensees* und *Luchterhandts* zusammenfassend sagen, dass das Bestehen von Pflichten des Individuums gegenüber der Gemeinschaft – auch und gerade in Form verfassungsrechtlicher Grundpflichten – in Deutschland gewissermaßen als eine verfassungsgeschichtliche „Tradition“ bezeichnet werden kann.[280]

b) Grundpflichten im Grundgesetz

Trotz der Tatsache, dass sich das Bestehen von Pflichten des Individuums gegenüber der Gemeinschaft wie ein roter Faden durch die deutsche Verfassungsgeschichte zieht, ist bis heute umstritten, ob das Grundgesetz die Existenz sol-

---

276 *Luchterhandt*, Grundpflichten, S. 366.

277 *Klaas*, Die Entstehung der Verfassung für Rheinland-Pfalz, S. 23 f.; auch *Schmidt* führt aus, dass sich in den Landesverfassungen ein „reichhaltiger Bestand an Grundpflichten“ finden lasse, *Schmidt*, Grundpflichten, S. 30.

278 Als Beispiel für andere Staaten führt *Hofmann* die Verfassung von Massachusetts aus dem Jahre 1780 an. Dort heißt es in Art. 10, dass ein jeder Bürger in „Konsequenz seines Anspruches auf Schutz durch die Gemeinschaft“ verpflichtet sei, „durch persönliche Dienste ein Äquivalent zur Organisation dieses Schutzes beizutragen“, *Hofmann*, HbdStR V, 321, 326.

279 *Luchterhandt*, Grundpflichten, S. 61 – S. 394.

280 So ausdrücklich *Isensee*, DÖV 1982, 609, 609; nahezu identisch *Luchterhandt*, Grundpflichten, S. 87, der von einer deutschen „Pflichtentradition“ spricht.

cher Grundpflichten vorsieht.[281] Dabei soll auf die Frage nach der möglichen Definition des Rechtsbegriffes „Grundpflicht“ erst später eingegangen werden.[282] Unabhängig von den Detailfragen, die eine Definition dieses Rechtsbegriffes in sich birgt, soll zunächst geklärt werden, ob das Grundgesetz überhaupt grundsätzliche Pflichten für das Individuum enthält, die es mit verfassungsrechtlichem Gewicht zu einem bestimmten Verhalten gegenüber der Gemeinschaft verpflichten können.

Im Ergebnis spricht sich namentlich *Klein* gegen das Bestehen solcher Grundpflichten im Grundgesetz aus.[283] Er betont, dass die im Grundgesetz spärlich geregelten Pflichten lediglich die Funktion „eines an den einzelnen gerichteten moralischen Appells erfüllen“ könnten.[284] Diese Ansicht begründet *Klein* mit den Erfahrungen des Dritten Reiches, welche zu einer prinzipiellen Freiheitsvermutung im Grundgesetz geführt hätten. Das Grundgesetz normiere ausdrücklich und ausschließlich die Grundrechte, über Grundpflichten verliere es indes kein Wort.[285] Ein rechtlich verpflichtendes Moment des Grundgesetzes lehnt er daher ab.[286]

Auch *Schneider* verneint letztlich die Verankerung der Idee der Grundpflichten in der Verfassung.[287] Von ihnen sei „leider im GG nicht die Rede“, sie könnten sich „nur unmittelbar aus den strafrechtlichen Tatbeständen“ ergeben.[288]

Auch beim Verfassungskonvent von Herrenchiemsee wurde vereinzelt die Meinung vertreten, dass es gar keine echten Grundpflichten des Bürgers im Grundgesetz gebe.[289]

Demgegenüber sprechen sich diverse Autoren für das Bestehen von Grundpflichten im Grundgesetz aus.[290] Auch die freilich überschaubaren Ausführungen des Bundesverfassungsgerichts zu diesem Thema deuten sehr viel eher auf die Existenz von Grundpflichten im Grundgesetz hin, als dass sie deren Nichtexistenz nahelegen würden.[291]

---

281 Ablehnend beispielsweise *Hamann*, Grundgesetz, S. 21.

282 Dazu Kapitel 4, B, II., 1., d).

283 *Klein*, Der Staat 14, 153, 153 ff.

284 *Klein*, Der Staat 14, 153, 158 f.

285 *Klein*, Der Staat 14, 153, 158 f.

286 Zusammenfassend *Klein*, Der Staat 14, 153, 153 ff.

287 *Schneider*, NJW 1954, 937, 941.

288 *Schneider*, NJW 1954, 937, 941.

289 Dazu *Nawiasky*, Grundgedanken, S. 33.

290 So neben anderen *Bethge*, JA 1985, 249, 249 ff.; *Dühr*, Grundpflichten, S. 2 ff. und S. 230; *Griesbeck*, Polizeipflicht, S. 96; *Isensee*, DÖV 1982, 609, 609 ff.; *Luchterhandt*, Grundpflichten, S. 1 ff.; *Schmidt*, Grundpflichten, S. 324; *Stober*, Grundpflichten, S. 19.

291 Das Bundesverfassungsgericht vermeidet es zwar, den Rechtsbegriff „Grundpflicht“ ausdrücklich auszusprechen, scheint freilich das Bestehen von verfassungsrechtlichen Grundpflichten

Zunächst ist diesbezüglich festzuhalten, dass sich der Rechtsbegriff „Grundpflicht“ im Text des Grundgesetzes selbst in der Tat nicht finden lässt.[292] Anders als noch die Weimarer Reichsverfassung, die wie gesagt im Zweiten Hauptteil die „Grundrechte und Grundpflichten der Deutschen“ sogar ausdrücklich als Überschrift aufgenommen hatte, schweigt das Grundgesetz bezüglich der Grundpflichten, widmet sich dagegen umso ausführlicher den Grundrechten.[293] Nicht zuletzt deshalb spricht beispielsweise *Luchterhandt* davon, dass die heutige Staatsrechtswissenschaft zu einem wesentlichen Teil eine „Grundrechtswissenschaft“ geworden sei.[294]

Wenn aber noch in der WRV die Grundrechte ausdrücklich normiert und sogar in einer Überschrift festgehalten wurden, dies aber im Grundgesetz nicht mehr der Fall ist, könnte daraus der Schluss gezogen werden, dass die Mütter und Väter der Grundgesetzes in der Tat bewusst auf Grundpflichten im Grundgesetz verzichten wollten.

Darüber hinaus ist ebenfalls nicht abzustreiten, dass sich das Grundgesetz in erster Linie auf die Grundrechte konzentriert, während es sich in Bezug auf Pflichten im Allgemeinen zurückhält. Dies ist vor dem Hintergrund gleich mehrerer Aspekte nachvollziehbar. So kann dieses Phänomen als Reaktion auf die Epoche des Nationalsozialismus verstanden werden, in der es, wie sich *Dühr* ausdrückt, zu einer „Pervertierung von Pflicht und Gemeinwohl“ kam.[295] Diesbezüglich führt *Hofmann* aus, dass die Zurückhaltung des Grundgesetzes in Bezug auf Grundpflichten im Gegensatz zu der ausführlichen Normierung der Grund-

---

gleichwohl als eine nicht zu thematisierende Selbstverständlichkeit anzusehen. So spricht Richter *Simon* in seiner abweichenden Meinung zum Beschluss des BVerfG vom 11.10.1977 von einer „von der Verfassung als selbstverständlich vorausgesetzten Grundpflicht des Staatsbürgers, zur Deckung des öffentlichen Finanzbedarfs beizutragen“, vgl. BVerfGE 47, 1, 37. Dies lässt erkennen, dass auch das Bundesverfassungsgericht die Grundpflichten als verfassungsrechtlich verankertes Institut anerkennt – auch wenn in terminologischer Hinsicht meist von der „Gemeinschaftsgebundenheit des einzelnen“ gesprochen wird, vgl. BVerfGE 4, 7, 15 f.; so im Ergebnis wohl auch *Schmidt*, Grundpflichten, S. 31; differenzierend, aber im Ergebnis ebenso *Luchterhandt*, Grundpflichten, S. 26 ff., der gleichwohl von einer „paradoxen Haltung“ des Bundesverfassungsgerichts in Bezug auf die Grundpflichten spricht; dazu auch *Lindner*, Adressatenpflichten, S. 51 f.

292 Auf diese Tatsache weist neben anderen auch *Isensee* hin, vgl. *Isensee*, DÖV 1982, 609, 609; ähnlich auch *Stober*, Grundpflichten, S. 15.

293 *Isensee* spricht vor dem Hintergrund der Verfassungstradition in Deutschland daher auch davon, dass „eine Tradition abgerissen“ sei, welche vorher „Jahrhunderte hindurch eine Eigenart des politischen Bewusstseins der Deutschen gebildet“ habe, siehe *Isensee*, DÖV 1982, 609, 609.

294 *Luchterhandt*, Grundpflichten, S. 22.

295 So *Dühr*, Grundpflichten, S. 1; im Ergebnis auch *Luchterhandt*, Grundpflichten, S. 400; ähnlich *Klein*, Der Staat 14, 153, 158, der darüber hinaus insbesondere die Freiheitsvermutung als Grund für das Schweigen des Grundgesetzes in Bezug auf Grundpflichten anführt.

rechte gerade als Reaktion auf das Dritte Reich „leicht erklärlich“ sei, habe doch das Grundgesetz – traumatisch auf die nationalsozialistische Verachtung des Individuums fixiert – die Verfassungsgewährleistungen des Einzelnen auf ein Höchstmaß gesteigert,[296] währenddessen es in Bezug auf die Grundpflichten bewusst kein Wort verloren habe.

Dass dies aber nicht der einzige Grund für die Zurückhaltung des Grundgesetzes in Bezug auf Grundpflichten sein kann, wird schon dadurch deutlich, dass wie gezeigt einige Landesverfassungen, die in zeitlicher Hinsicht noch vor dem Grundgesetz zustande kamen, also dem Trauma der NS-Vergangenheit zeitlich noch näher standen, trotz der Erfahrungen aus der nationalsozialistischen Vergangenheit gleichwohl Grundpflichten beinhalteten.[297]

Dass von einer ausdrücklichen Normierung von Grundpflichten im Grundgesetz abgesehen wurde, liegt nach *Hofmann* und *Dühr* daher auch in der Vorläufigkeit des Grundgesetzes begründet, in seinem provisorischen Charakter.[298] Den Müttern und Vätern des Grundgesetzes habe die Zeit gefehlt, um bezogen auf die Verortung der Grundpflichten zwischen den wirkenden politischen Kräften Einigkeit herzustellen – was insbesondere die noch in der Weimarer Verfassung geregelten Grundpflichten betroffen habe.[299]

Der wohl entscheidende Grund für die Zurückhaltung des Grundgesetzes in Bezug auf Grundpflichten wird indes darin gesehen, dass der Grundgesetzgeber von der rechtlichen Aktualität und Judiziabilität der Grundrechte ausging, weshalb die Grundpflichten in ihrem juristisch „schwer fassbaren, weithin programmatischen, volkspädagogischen und ethischen Charakter“ nicht gepasst hätten.[300] Vor diesem Hintergrund macht namentlich *von Mangoldt* deutlich, dass die Zurückhaltung des Grundgesetzes in Bezug auf Grundpflichten auch und gerade mit dem vom Parlamentarischen Rat zur Richtschnur genommenen Grundsatz der unmittelbaren Geltung von Verfassungsbestimmungen zu erklären sei, der nur vereinzelt mit der Normierung von Grundpflichten in Einklang zu bringen gewesen wäre.[301]

Diese Begründung würde letztlich auch erklären, warum den Grundpflichten im Grundgesetz – anders als noch in der Weimarer Reichsverfassung – keine ei-

---

296 *Hofmann*, HbdStR V, 321, 322.

297 So auch *Dühr*, Grundpflichten, S. 1 mit Verweisen auf die Verfassungen von Bayern, Bremen, Rheinland-Pfalz und das Saarland; dazu auch *Isensee*, DÖV 1982, 609, 611.

298 *Dühr*, Grundpflichten, S. 1; *Hofmann*, HbdStR V, 321, 322; dazu auch *Stober*, Grundpflichten, S. 15 f., der diesen Ansatz indes nicht als Begründung für die Sichtweise gelten lassen will, wonach das Grundgesetz keine Grundpflichten beinhalte.

299 *Dühr*, Grundpflichten, S. 1.

300 *Isensee*, DÖV 1982, 609, 611.

301 *v. Mangoldt*, Grundgesetzkommentar, S. 39; dazu auch *Luchterhandt*, Grundpflichten, S. 23.

gene Überschrift gewidmet wurde und dass dieser Rechtsbegriff auch sonst nirgends in der Verfassung fällt.

Allein aus dem Schweigen des Grundgesetzes bezüglich des Rechtsbegriffes „Grundpflichten" indes den Schluss ziehen zu wollen, dass es Grundpflichten gar nicht beinhalte, wäre in dieser Konsequenz freilich verfehlt.[302] Richtigerweise lässt sich jedenfalls allein aus der fehlenden Nennung des Rechtsbegriffes „Grundpflicht" noch keine prinzipielle Entscheidung gegen das Bestehen von Grundpflichten im Grundgesetz herleiten.[303] Vielmehr sprechen – aufgrund des Wesens und der Bedeutung der Grundpflichten für Staat und Gemeinschaft und der Tatsache, dass auch im Grundgesetz durchaus Anhaltspunkte für das Bestehen von Grundpflichten vorhanden sind[304] – gewichtige Gründe dafür, dass das Grundgesetz der Existenz von Grundpflichten gerade nicht widerspricht, sondern es Grundpflichten vielmehr enthält. Besonders deutlich wird dies beispielsweise von *Isensee* ausgesprochen. Nach ihm gehören Grundpflichten sogar eindeutig zu den Verfassungsvoraussetzungen des Grundgesetzes, wenngleich sie in dessen Text nur ansatzweise Ausdruck fänden.[305]

Die Richtigkeit dieser Aussage wird nicht zuletzt durch die Ausführungen *von Mangoldts* bestätigt, dessen Wort als Berichterstatter und Vorsitzender des mit der Erarbeitung der Grundrechte befassten Hauptausschusses im Parlamentarischen Rat ein besonderes Gewicht zukommt. In der ersten Auflage seines Grundgesetzkommentars führt er wie oben bereits erwähnt aus, dass die Tatsache der seltenen Erwähnung[306] von Grundpflichten dadurch erklärbar sei, dass ihre Aufnahme ins Grundgesetz nur ganz vereinzelt mit dem Grundsatz in Einklang zu bringen gewesen sei, wonach die Sätze des Grundrechtsteils unmittelbar geltenden Recht sein sollten.[307] Diese Ausführungen machen deutlich, dass sich das Grundgesetz in Bezug auf Grundpflichten zwar zurückhält, es diese aber gerade nicht ausschließt, sondern sie vielmehr als Ausdruck des Gedankens „von der

---

302 So im Ergebnis neben anderen auch *Stober*, Grundpflichten, S. 16 ff.

303 So auch *Dühr*, Grundpflichten, S. 2; *Götz*, VVDStRL 41, 7, 12 ff.; *Isensee*, DÖV 1982, 609, 611 f.

304 So schon *Stober*, Grundpflichten, S. 5; vertiefend dazu sogleich.

305 *Isensee*, DÖV 1982, 609, 609.

306 Ausgehend vom bloßen Wortlaut des Grundgesetzes finden sich in ihm sogar gar keine Grundpflichten. Die Steuerpflicht, die von der die Grundpflichten bejahenden Auffassung als Grundpflicht anerkannt wird, ergibt sich als ungeschriebene Grundpflicht nur aus dem Sinnzusammenhang der Verfassung bzw. aus dem Sozialstaatsprinzip, vgl. Kapitel 4, B, II., 1., e), gg), (2).

307 *v. Mangoldt*, Grundgesetzkommentar, S. 39; dazu auch *v. Mangoldt*, AöR 75, 273, 278; diese Formulierung benutzte *v Mangoldt* bereits in seinem schriftlichen Bericht zum Entwurf des Grundgesetzes, vgl. Anlage zum stenographischen Bericht der 9. Sitzung des parlamentarischen Rats am 6. Mai 1949, Drucks. 850, 854, S. 6.

Notwendigkeit der sozialen Einordnung jedes Einzelnen“[308] enthält.[309] Etwas, das – wenngleich selten – vorkommt, ist zwangsläufig auch existent. Wenn also das Grundgesetz Grundpflichten nur in wenigen Fällen vorsieht,[310] dann bedeutet dies aber zugleich auch zwingend, dass sie vom Grundgesetz als ein eigenes Rechtsinstitut anerkannt sein müssen.[311]

Isensee geht sogar noch einen Schritt weiter und führt hinsichtlich der Zurückhaltung des Grundgesetzes in Bezug der Grundpflichten aus, dass diese – unabhängig von allen NS-Erfahrungen, dem eventuellen provisorischen Charakter des Grundgesetzes und der Aktualität der Grundrechte – am Ende lediglich daraus resultiere, dass die Grundpflichten als etwas Selbstverständliches angesehen wurden, das einer vertiefenden Diskussion und ausdrücklichen Normierung gar nicht bedurft habe.[312] Dass *Isensees* sehr weitgehende Aussage einiges für sich hat, wird vor dem Hintergrund der oben dargestellten deutschen Verfassungsgeschichte deutlich, in welcher das Pflichtenmoment des Bürgers stets vorhanden war und ein tragendes Gewicht innehatte – und welches nach den Ausführungen *von Mangoldts* auch im Grundgesetz gerade nicht in Gänze ausgeschlossen sein sollte. In diesem Lichte lesen sich auch die in der Anlage zum stenographischen Bericht über die 9. Sitzung des parlamentarischen Rates vom 6.5.1949 gemachten Ausführungen. Dort heißt es zum einen, dass die Pflicht zur Treue gegen die Verfassung ebenso wie die Verpflichtung, Verfassung und Ge-

---

308 So steht es wörtlich in der Anlage zum stenographischen Bericht der 9. Sitzung des parlamentarischen Rats am 6. Mai 1949, Drucks. 850, 854, S. 6.

309 Zu einem ähnlichen Schluss kommt auch *Luchterhandt,* der die Passage über Grundpflichten aus der ersten Auflage des eben zitierten und von *v. Mangoldt* herausgegebenen Grundgesetzkommentars ebenfalls so interpretiert, dass *v. Mangoldt* die Existenz von Grundpflichten im Sinne verfassungsrechtlicher Individualpflichten gerade nicht bestreiten wollte, vgl. *Luchterhandt*, Grundpflichten, S. 23 und S. 419 ff.

310 Ein Beispiel für eine Grundpflicht ist nach richtiger Auffassung beispielsweise die Steuerpflicht, vgl. Kapitel 4, B, II., 1., e), gg), (2).

311 Ähnlich *Luchterhandt*, Grundpflichten, S. 24, S. 397 f. und S. 401, wo ausgeführt wird, dass die Entscheidung, die Grundpflichten im Grundgesetz nicht förmlich zu erwähnen, kein Zufall gewesen sei. Der Parlamentarische Rat habe sich relativ früh gegen die förmliche Erwähnung von Grundpflichten im Grundgesetz positioniert, vgl. dazu auch *Nawiasky*, Grundgedanken, S. 33. Dies sei zwar aus verschiedenen Gründen, insbesondere wegen der frischen nationalsozialistischen Vergangenheit, verständlich, gleichwohl – in Anlehnung an die Ausführungen *v. Mangoldts* – gerade nicht so zu verstehen, dass das Grundgesetz gar keine Grundpflichten enthalten solle.

312 *Isensee*, DÖV 1982, 609, 611; ähnlich argumentiert auch *Stern*, der die Grundpflichten als einer „selbstverständliche“ ethische und rechtliche Verfassungsvoraussetzung nennt, ohne welche die „Grundrechte nicht zu denken“ seien, vgl. *Stern*, Staatsrecht I, S. 937.

setz zu achten und zu befolgen, etwas „Selbstverständliches“ besage.[313] Diesem Satz kommt eine Indizwirkung bezogen auf die Idee der grundgesetzlichen Grundpflichten im Allgemeinen zu.

Zum anderen wird im Bericht wie gesagt betont, dass „der Gedanke der sozialen Einordnung jedes Einzelnen bei der Formulierung jeder einzelnen Bestimmung von maßgebendem Einfluss gewesen“ sei.[314] Im dann folgenden Satz werden die Grundpflichten, die durch den eben zitierten vorangegangen Satz bereits angedeutet waren, ausdrücklich genannt, wodurch der systematische Zusammenhang zu dem vorangegangenen Satz hergestellt wird. Demnach waren also auch die Grundpflichten als Verkörperung des Gedankens der sozialen Einordnung des Einzelnen bei der Schaffung des Grundgesetzes richtigerwiese stets präsent, so dass sie als eine nicht zu erörternde Selbstverständlichkeit auch in der Verfassung enthalten sein müssen.

Und dass diese Selbstverständlichkeit nicht ausdrücklich im Grundgesetz normiert wurde, erscheint namentlich vor dem Hintergrund der noch frischen Eindrücke aus der nationalsozialistischen Vergangenheit[315] durchaus nachvollziehbar.

Neben den eben aufgeführten Argumenten aus der Entstehungsgeschichte sollen noch weitere Aspekte, die für die Verankerung der Idee der Grundpflichten im Grundgesetz sprechen, untersucht werden.

Diesbezüglich seien als Ausgangspunkt noch einmal die naturrechtlichen Ausführungen von *Pufendorf* und *Svarez* genannt. Sie beruhen wie gesagt auf der leicht einleuchtenden Tatsache, dass der Mensch – in der Natur allein auf sich gestellt – ein verhältnismäßig hilfloses Wesen sei und erst durch die Gemeinschaft wirksamen Schutz vor schädigenden Einflüssen finden könne.[316]

Jede Gemeinschaft kann indes nur dann funktionieren, wenn jedes seiner Mitglieder seinen Beitrag zur Erhaltung der Gemeinschaft und zum Schutze aller beiträgt. Übertragen auf den Verfassungsstaat – gleichgültig, ob auf den gegenwärtigen oder auf den historischen – bedeutet dies, dass dieser dem Individuum nicht nur Rechte gewähren kann; er muss ihm vielmehr auch Pflichten auferlegen, um existenzfähig zu sein. Dies wiederum bedeutet, dass der Rechtstatus ei-

313 Anlage zum stenographischen Bericht der 9. Sitzung des parlamentarischen Rats am 6. Mai 1949, Drucks. 850, 854, S. 6.

314 Anlage zum stenographischen Bericht der 9. Sitzung des parlamentarischen Rats am 6. Mai 1949, Drucks. 850, 854, S. 6.

315 Dieses Motiv wird in der Anlage zum stenographischen Bericht ausdrücklich genannt. Dort wird von einer „sehr bewussten Reaktion gegen die Unterdrückung von menschlicher Freiheit in der jüngeren Vergangenheit“ gesprochen, vgl. Anlage zum stenographischen Bericht der 9. Sitzung des parlamentarischen Rats am 6. Mai 1949, Drucks. 850, 854, S. 6.

316 Siehe oben Kapitel 4, B, II., 1., a).

nes Individuums im Verfassungsstaat nicht nur durch Rechte konstituiert werden kann, sondern auch und gerade individuelle Pflichten zur Erhaltung des Staates beinhalten muss.[317] Dies gilt auch in einem modernen Sozialstaat; sind doch auch hier gemeinschaftsbezogene Pflichten des Individuums zwingend erforderlich, damit der Staat überhaupt in einen funktionsfähigen Zustand versetzt und erhalten werden kann.[318] Auf den Punkt bringt es einmal mehr *Isensee* mit seiner Aussage, wonach der freiheitliche Verfassungsstaat neben den Grundrechten auch und gerade durch Grundpflichten der Bürger konstituiert werde.[319]

Namentlich er und *Schmidt* führen diesbezüglich weitergehend aus, dass ohne Grundpflichten die Ausbreitung eines „individuellen Anspruchsdenkens", einer „Anspruchsmentalität", die Folge wäre.[320] Ein jeder Bürger würde nur auf seine Rechte „pochen" und diese einfordern, ohne etwas von den ihn ggf. treffenden Pflichten wissen zu wollen. *Isensee* malt das Bild von einer „schlaraffenländischen Vision" des Bürgerstatus und von einer „geradezu fatalen sozialstaatlichen Schaufensterwerbung", wollte man auf Grundpflichten im Grundgesetz verzichten und nur von Grundrechten ausgehen.[321] Die Folge wäre eine schleichende Haltung des „Verweigerns und des Forderns", die drohe, zu einem Verfall des Staates zu führen.[322] Nur durch Solidarleistungen und „verfassungsnotwendige Pflichten" könne der Staat erhalten und die notwendige Integration des Bürgers mit dem Staate erreicht werden.[323] Daher müssten Rechte und Pflichten im Verfassungsstaat zwingend und untrennbar miteinander verknüpft sein, nur Rechte des Individuums ohne entsprechende Pflichten seien im Staate nicht denkbar.[324]

Diese einleuchtende Schlussfolgerung, also die Herleitung der Idee der Grundpflichten bereits aus der Staatlichkeit als solcher, könnte somit als weiteres Indiz für das Vorhandensein von Grundpflichten auch und gerade im Grundgesetz gewertet werden, sind doch verfassungsunmittelbare Pflichten des Indivi-

---

317 Auf diesen Aspekt weist *Luchterhandt* in seiner Habilitationsschrift immer wieder hin, vgl. *Luchterhandt*, Grundpflichten, S. 22 und S. 589 ff.

318 So auch *Stober*, Grundpflichten, S. 22.

319 *Isensee*, DÖV 1982, 609, 609.

320 *Isensee*, DÖV 1982, 609, 618; *Schmidt*, Grundpflichten, S. 33.

321 Vertiefend *Isensee*, DÖV 1982, 609, 618.

322 *Isensee*, DÖV 1982, 609, 618.

323 *Isensee*, DÖV 1982, 609, 618; ähnlich *Stober*, Grundpflichten, S. 21; *Schmidt* führt aus, dass ein Staat ohne Grundpflichten wohl gar nicht denkbar sei, vgl. *Schmidt*, Grundpflichten, S. 29.

324 So im Ergebnis *Isensee*, DÖV 1982, 609, 609; *Luchterhandt*, Grundpflichten, S. 292 und S. 428, wo auch der Bezug zur Weimarer Republik hergestellt wird, in welcher die Grundpflichten die unaufhebbare soziale Verstrickung des einzelnen in das Volk signalisiert hätten; im Ergebnis ähnlich auch *Stober*, Grundpflichten S. 21, der ausführt, dass ein freiheitlich-demokratischer Rechtsstaat, der seinen Bürgern Grundrechte einräumt, ihnen auch entsprechende Grundpflichten auferlegen müsse.

duums nach dem eben Gesagten in der Tat notwendig, um den Verfassungsstaat überhaupt zu konstituieren und zu erhalten.[325]

Dühr und *Luchterhandt* scheinen diese Indizwirkung indes jedenfalls nicht pauschal anerkennen zu wollen.[326] Sie weisen darauf hin, dass all das eben Ausgeführte zwar richtig sei, dass aber staatstragende Grundpflichten nicht nur im freiheitlich-demokratischen Verfassungsstaat notwendig seien, sondern vielmehr in jedem Staate.[327] Auch der NS- oder der SED-Staat wären auf Grundpflichten angewiesen gewesen, um existenzfähig zu sein.[328] Grundpflichten würden daher – anders als die Grundrechte – keine genuin *verfassungs*theoretische Kategorie darstellen, sondern eine genuin *staats*theoretische,[329] die außerhalb der Verfassung anzusiedeln sei.[330] *Schmidt* hat diesbezüglich eine eingehende Formulierung gewählt: Eine Verfassung ohne Staat sei undenkbar, demgegenüber sei ein Staat (mit Grundpflichten aber) ohne Verfassung sehr wohl möglich.[331]

Eben diese These, wonach Grundpflichten in jedem Staate – unabhängig von der konkreten Staatsform – notwendig seien, um ihn zu konstituieren, könnte zu dem Schluss führen, dass die Verankerung der Grundpflichten im Grundgesetz jedenfalls nicht mit der pauschalen Herleitung der Grundpflichten aus der Staatlichkeit als solcher begründet werden kann.[332] Denn jeder Staat – gleichgültig ob ein Verfassungsstaat oder nicht – bedürfe nach diesem Ansatz der staatstheoretischen Grundpflichten, die aber ihrerseits eine Verfassung gerade nicht zwingend erfordern würden.

Namentlich *Luchterhandt* macht aber in überzeugender Weise auch deutlich, dass die staatstheoretische Qualität der Grundpflichten – sollte man tatsächlich von diesem Ansatz ausgehen – es nicht ausschließe, dass sie dennoch in der Dogmatik des konkreten Verfassungsstaates einen eigenen legitimen Platz ein-

---

325 Zu diesem Ergebnis, wonach die Staatlichkeit als Grundlage der Idee der Grundpflichten angesehen wird, vgl. *Isensee*, DÖV 1982, 609, 609 ff.; im Ergebnis ebenso *Stober*, NVwZ 1982, 473, 474; zumindest ähnlich auch *Lindner*, Adressatenpflichten, S. 54; differenzierend *Schmidt*, Grundpflichten, S. 72 ff.

326 *Dühr*, Grundpflichten, S. 221 f; *Luchterhandt*, Grundpflichten, S. 434.

327 *Luchterhandt*, Grundpflichten, S. 434.

328 Dazu *Luchterhandt*, Grundpflichten, S. 434.

329 *Luchterhandt*, Grundpflichten, S. 434.

330 So im Ergebnis *Gusy*, JZ 1982, 657, 663; dazu auch *Luchterhandt*, Grundpflichten, S. 438, der aber die Verortung von Grundpflichten in der Verfassung gleichwohl als möglich erachtet.

331 *Schmidt*, Grundpflichten, S. 79.

332 So *Luchterhandt*, Grundpflichten, S. 434 f., der diesen Ansatz auf allerdings zwei Seiten später wenigstens vorsichtig zu relativieren scheint; ähnlich *Schmidt*, Grundpflichten, S. 79.

nehmen,[333] also trotz ihrer prinzipiell außerhalb der Verfassung stehenden Natur gleichwohl in der Verfassung eines Staates normiert werden könnten.[334]

Das bedeutet letztlich, dass – selbst wenn sie als staatstheoretische Kategorie tatsächlich dem Grunde nach außerhalb der Verfassung anzusiedeln sein sollten[335] – Grundpflichten gleichwohl in der konkreten Verfassung normiert werden können, so dass ihnen auf diese Weise das verfassungsrechtliche Gewicht zukommen kann.

Demnach kommt den Grundpflichten in jedem Falle auch im Staate des Grundgesetzes verfassungsrechtliches Gewicht zu, wenn sich die Idee der Grundpflichten konkret im Grundgesetz verankern lässt.

aa) Verankerung der Idee der Grundpflichten im Grundgesetz

Vereinzelt wird vertreten, die Idee der Grundpflichten im Sozialstaatsprinzip des Art. 20 Abs. 1 GG zu verorten.[336] Neben anderen[337] führen namentlich *Badura*[338] und *Dürig*[339] aus, dass das Sozialstaatsprinzip – auch wenn diesbezüglich konkretisierende Teilprinzipien nur begrenzt entwickelt wurden[340] – nicht nur eine güterverteilende Tätigkeit des Staates meinen könne und soziale Ansprüche des Individuums begründen dürfe, sondern auch eine auf den Einzelnen bezogene Pflichtenseite zugunsten der Gemeinschaft besitzen müsse.[341] *Dürig* spricht von

---

333 *Luchterhandt*, Grundpflichten, S. 436.

334 Im Ansatz ähnlich *Schmidt*, Grundpflichten, S. 79, der in diesen Fällen von einem „deklaratorischen Wert" spricht.

335 So *Gusy*, JZ 1982, 657, 663; differenzierend *Schmidt*, Grundpflichten, S. 79, der zwischen Grundpflichten, die aus dem Wesen des Staates folgen, und Grundpflichten, die aus der Verfassung folgen, differenziert. Einen einheitlichen Anknüpfungspunkt für die Idee der Grundpflichten in der Verfassung gibt es seiner Ansicht nach nicht.

336 So *Badura*, DVBl. 1982, 861, 869; dazu auch *Isensee*, DÖV 1982, 609, 615, der den Beitrag der Grundpflichten zur Herstellung des Gemeinwohls hervorhebt; auch *Luchterhandt*, Grundpflichten, S. 30 setzt sich ausführlich mit dem Sozialstaatsprinzip auseinander und nennt auf S. 440 die „Sozialität des Individuums"; vom Grundgedanken her ebenfalls ähnlich *Ipsen*, VVDStRL 10, 74, 85; zur Verankerung beispielsweise der Steuerpflicht im Sozialstaatsprinzip vgl. *Hofmann*, HbdStR V, 321, 333 und wohl auch *Bethge*, JA 1985, 249, 257; kritisch zur Verankerung der Idee der Grundpflichten im Sozialstaatsprinzip *Götz*, VVDStRL 41, 7, 16 f.

337 Eine Zusammenfassung dieser Autoren findet sich bei *Luchterhandt*, Grundpflichten, S. 30 ff. und *Dühr*, Grundpflichten, S. 17 ff.

338 *Badura*, DVBl. 1982, 861, 869.

339 *Dürig*, JZ 1953, 193, 196 f.

340 *Jarass/Pieroth-Jarass*, GG, Art. 20, Rn. 111; dazu auch *Stern*, Staatsrecht I, S. 880, wonach die Bedeutung des Sozialstaates „im Dunkeln" bleiben würde.

341 Dazu auch *Dühr*, Grundpflichten, S. 17; *Luchterhandt*, Grundpflichten, S. 30; ähnlich *Fechner*, Freiheit und Zwang, S. 14 f. und *Ipsen*, VVDStRL 10, 74, 85, wo es heißt, dass das Sozial-

einem „Prinzip der sozialen Verantwortung" sowie von einer „Gemeinwohlpflichtigkeit", die neben dem bloßen Verbot unsozialen Handelns auch in ein positivrechtliches Gebot zum sozialen Verhalten umschlagen könne.[342] Auch *Fechners* Ausführungen gehen in diese Richtung. Danach verkörpere das Sozialstaatsprinzip gerade auch einen „Anspruch der Gesamtheit gegenüber dem Einzelnen" dahingehend, dass dieser in bestimmten Situationen zum aktiven Einsatz für den Staat verpflichtet sei.[343] Ähnlich äußert sich schließlich auch *Bachof*. Seiner Ansicht nach ist aus dem Sozialstaatsprinzip ein Mindestmaß an Solidarität des Einzelnen für die Allgemeinheit abzuleiten.[344] Er spricht von einer aus dem Sozialstaatsprinzip abzuleitenden „Solidaritätspflicht als Grundpflicht".[345] Grundlage dieser Ansicht ist also die „Gemeinschaftsbezogenheit und die Gemeinschaftsgebundenheit des Individuums",[346] die zu einer entsprechenden – im Sozialstaatsprinzip wurzelnden – Pflichtendimension im Sinne einer Solidaritätspflicht führe, welche ihrerseits als Grundlage für die Verortung der Idee der Grundpflichten im Grundgesetz anzuerkennen sei.[347]

Ein von *Hofmann* begründeter Ansatz geht von der durch das Grundgesetz prinzipiell zugesicherten Freiheit des Individuums aus.[348] Die Sicherung dieser prinzipiellen Freiheit zwinge zu der Annahme, dass jedes Individuum gewisse elementare Unterlassungs-, Duldungs- und Leistungspflichten zur Gewährleistung dieser Freiheit – seiner und der Freiheit der anderen – treffen müsse.[349] Sämtliche Pflichten des Individuums seien daher letztlich im Lichte einer Gesamtschau der fundamentalen Verfassungsnormen der Art. 1 Abs. 1, Art. 2 Abs. 1 und Art. 3 Abs. 1 GG unter Einbeziehung der Rechtsstaatlichkeit zu sehen.[350] Da die diese Freiheit gewährenden Artikel im Grundgesetz normiert seien und daher verfassungsrechtliches Gewicht genießen würden, müsste – vereinfacht formuliert – den Grundpflichten, welche eben diese Freiheit sichern sollen, ebenfalls verfassungsrechtliches Gewicht beigemessen werden.[351]

Schließlich wird angedacht – insbesondere *Häberle* und *Luchterhandt* sind hier zu nennen – die Idee der Grundpflichten im „Satz von der Menschenwürde"

---

staatsprinzip in Bezug auf Pflichten des Bürgers mehr als nur einen sozial-ethischen „Apell an den Einzelnen" verkörpere.

342 *Dürig*, JZ 1953, 193, 196 f.

343 *Fechner*, Freiheit und Zwang, S. 14.

344 *Bachof*, VVDStRL 41, 87, 98.

345 *Bachof*, VVDStRL 41, 87, 98.

346 *Luchterhandt*, Grundpflichten, S. 30 ff. und S. 440.

347 So im Ergebnis *Bachof*, VVDStRL 41, 87, 98.

348 *Hofmann*, VVDStRL 41, 42, 72 ff.; dazu auch *Dühr*, Grundpflichten, S. 21 ff.

349 *Hofmann*, VVDStRL 41, 42, 74.

350 So *Dühr*, Grundpflichten, S. 23; ähnlich *Luchterhandt*, Grundpflichten, S. 442.

351 So im Ergebnis *Hofmann*, VVDStRL 41, 42, 72 ff.

des Art. 1 GG zu verankern.[352] Nach diesem Ansatz stelle der Satz von der Menschenwürde nicht nur ein Grundrecht dar, sondern beinhalte auch Grundpflichten. Für *Luchterhandt* ist die Menschenwürde die „Wurzel der Grundpflichten“.[353] Art. 1 Abs. 1 GG verkörpere seiner Ansicht nach zwei Arten von Grundpflichten: In Satz 1 normiere die Menschenwürde die Pflichtenseite des Individuums im Verhältnis zu den Mitmenschen, Satz 2 würde die Grundpflichten des Individuums im Verhältnis zum Staat regeln.[354]

Art. 1 Abs. 1 S. 1 GG fordere vom Individuum einerseits, die Mitmenschen nicht zu verletzen,[355] andererseits werde hierdurch weitergehend auch die allgemeine sittliche Pflicht begründet, den Mitmenschen in Notlagen und Gefahren zu helfen.[356] Demgegenüber beinhalte Art. 1 Abs. 1 S. 2 GG die Pflicht zur Mitkonstituierung des menschenwürdegarantierenden Staates,[357] also eine Grundpflicht des Einzelnen dahingehend, einen Beitrag zur Erhaltung des Staates des Grundgesetzes zu leisten.[358]

(1) Rechtshistorische Gesichtspunkte

Zur Beantwortung der Frage, ob und auf welche Weise die Idee der Grundpflichten im Grundgesetz verankert werden kann, soll zunächst der Blick in die Vergangenheit, konkret in die Zeit der Weimarer Republik gerichtet werden, da in dieser Epoche die Grundpflichten ausdrücklich in der WRV normiert waren. Wie bereits oben im Rahmen der rechtsgeschichtlichen Ausführungen über die Idee der Grundpflichten deutlich wurde, stand in Weimar bezüglich der Grundpflichten der Aspekt der Förderung der Gemeinschaft durch den Einzelnen stets im Vordergrund.[359] Die Grundpflichten waren dem Dienst am Gemeinwohl zu-

352 *Häberle*, Rechtstheorie 1980, 389, 399, wo aus der „zwischenmenschlichen Schutzrichtung“ der Menschenwürde eine zu Pflichten führende „Gemeinschaftsbezogenheit und –gebundenheit“ hergeleitet wird; ebenso *Luchterhandt*, Grundpflichten, S. 444 ff.; *Stern*, FS-Doehring, 969, 983; ihnen im Ergebnis zustimmend *Dühr*, Grundpflichten, S. 226.

353 *Luchterhandt*, Grundpflichten, S. 444; dazu auch *Hofmann*, VVDStRL 41, 42, 74 f.

354 *Luchterhandt*, Grundpflichten, S. 444 ff.; ähnlich *Häberle*, Rechtstheorie 1980, 389, 397 ff.; zusammenfassend *Dühr*, Grundpflichten, S. 24 ff.

355 *Luchterhandt*, Grundpflichten, S. 447.

356 *Luchterhandt*, Grundpflichten, S. 453; von einer „fundamentalen Hilfeleistungspflicht“ spricht in diesem Zusammenhang *Dühr*, Grundpflichten, S. 25.

357 *Dühr*, Grundpflichten, S. 27.

358 *Dühr* nennt diesbezüglich die Friedenspflicht, Wehrpflicht und die Steuerpflicht, vgl. *Dühr*, Grundpflichten, S. 26.

359 Siehe oben Kapitel 4, B, II., 1., a) und b).

geordnet,[360] was besonders deutlich in Art. 133 Abs. 1 WRV und in der „Pflichtengeneralklausel“ des § 163 Abs. 1 WRV zum Ausdruck kommt.

Auch in der Zeit vor der Normierung der Grundpflichten in der Weimarer Republik bestanden die elementaren Pflichten des Individuums gegenüber dem Staate stets vor dem Hintergrund, die Gemeinschaft zu fördern und zu erhalten.[361] Diese Pflichten des Untertanen bzw. des Bürgers hatten also von je her einen Gemeinwohlbezug.

(2) Ideengeschichtliche Aspekte

Deuten bereits diese rechtsgeschichtlichen Aspekte an, dass die Idee der grundgesetzlichen Grundpflichten im Sozialstaatsprinzip zu verankern ist, so wird dieser Eindruck durch die im Folgenden nur in Ansätzen darzustellende[362] „ideengeschichtliche Entwicklung“[363] des Pflichtgedankens bzw. durch rechtsphilosophische Erwägungen noch verstärkt.

So geht bereits *Aristoteles* davon aus, dass der Mensch von Natur aus ein geselliges und staatliches Wesen sei, ein „zoon politikon“, der zur Erhaltung und zur Vervollkommnung seines Lebens der Gemeinschaft mit anderen bedürfe.[364] Diese Gemeinschaft in einem auf Gesetz und Tugend gegründeten Staat ist für *Aristoteles* daher die höchste Form der Sittlichkeit[365] und somit der für den Menschen erstrebenswerteste Zustand. Tugendhaftes Verhalten wiederum sei die Fertigkeit, vernunftmäßig zu handeln und das Rechte zu tun.[366] Da der Mensch nur in der Gemeinschaft sein Leben erhalten bzw. vervollkommnen könne, müsse sein tugendhaftes Verhalten bereits denklogisch gerade auch darauf ausgerichtet sein, den ihn schützenden Staat zu erhalten.[367] Dies bedeutet zwangsläufig auch das Bestehen von Pflichten des Individuums gegenüber den Mitmenschen

360 *Luchterhandt*, Grundpflichten, S. 299.

361 Siehe oben Kapitel 4, B, II., 1., a).

362 Eine ausführlichere Darstellung findet sich bei *Schmidt*, Grundpflichten, S. 58 ff.

363 So ausdrücklich *Schmidt*, Grundpflichten, S. 58.

364 *Poller*, Kerngedanken, S. 85; vgl. auch *Schweidler*, Der gute Staat, S. 48; *Aristoteles*, Ethik, Achtes Buch, 14. Kapitel, wo er die Gemeinschaft der Familie als Hausgemeinschaft freilich noch höher einzuschätzen scheint als die staatliche Gemeinschaft.

365 *Poller*, Kerngedanken, S. 85.

366 *Poller*, Kerngedanken, S. 84 f.; zur Stellung der Person bei *Aristoteles* äußert sich auch *Schweidler*. Dort heißt es, dass jede Person danach streben solle, „eine Harmonie des Zusammenlebens mit den anderen“ zu erreichen, siehe *Schweidler*, Der gute Staat, S. 68 ff. und S. 76.

367 Dies ist letztlich eine Konsequenz aus den Lehren von *Aristoteles*. Die Grundzüge sind zusammengefasst bei *Poller*, Kerngedanken, S. 79 ff.; ausführlich dazu *Schweidler*, Der gute Staat, S. 45 ff.

und dem Staat sowie die Verankerung dieser Pflichten im Gedanken des Sozialen.

Dieser Ansatz *Aristoteles'* wird von *Thomas von Aquin* aufgegriffen und weiterentwickelt. Auch seiner Ansicht nach müsse es eine Pflicht zur Gemeinwohlorientierung des Handelns des Individuums geben.[368] Denn wenn es der Natur des Menschen entspräche, in der Gesellschaft mit anderen Menschen zu leben – was auch *Thomas von Aquin* nicht in Frage stellt –, dann müsse es auch eine Instanz geben, die seinen Egoismus in Grenzen halte und der die Sorge für das Gemeinwohl obliege.[369] Dies geschehe durch den Staat bzw. durch entsprechende auf den Erhalt des Staates zielende Pflichten des Individuums. Da also das Handeln des Individuums auch und gerade auf das Gemeinwohl ausgerichtet sein müsse, müssten jedes Individuum gemeinschaftsbezogene Pflichten zum Erhalt der ihn schützenden Gemeinschaft treffen.[370]

Die Ansichten *Pufendorfs* und *Svarez*, die die zentrale Rolle des Gedankens der Pflichten des Individuums und deren Gemeinschaftsbezogenheit ausdrücklich betonen, wurden bereits dargelegt.[371]

Diese kurzen Darstellungen stehen stellvertretend für nahezu unzählige weitere Ausführungen mit ähnlichem Inhalt und sollen im Folgenden auch nicht weiter ergänzt oder vertieft werden. Sie sollen aber verdeutlichen, dass die Pflichten des Individuums in der Gemeinschaft auch stets auf den Erhalt dieser Gemeinschaft ausgerichtet sein müssen und sich daher am Gedanken des Sozialen zu orientieren haben. Diese Tatsache hat auch heute nichts von ihrer Aktualität eingebüst.

Der rechtsgeschichtliche wie auch der ideengeschichtliche Ansatz sprechen also aufgrund der Betonung der Gemeinschaftsbezogenheit des Pflichtgedankens dafür, die Idee der Grundpflichten im Sozialstaatsprinzip zu verorten.

Dies hätte freilich zur Konsequenz, dass das Sozialstaatsprinzip dann in der Tat nicht nur Rechte gewähren, sondern auch Pflichten für das Individuum beinhalten würde. Einem solchem Verständnis des Sozialstaatsprinzips ist indes zuzustimmen – und zwar nicht nur aufgrund des eben Ausgeführten.

So deutet auch das heutige allgemeine Sprachverständnis des Wortes „sozial“ die Richtigkeit dieses Verständnisses des Sozialstaatsprinzips jedenfalls an. Nach

---

368 *Schmidt*, Grundpflichten, S. 59 m.w.N.; dazu auch *Stern*, FS-Doehring, 969, 971, der auch deutlich macht, dass die Pflicht an sich zwar eine Kategorie des Rechts darstelle, aber – „vielleicht sogar in noch stärkerem Maße“ – als ein Begriff der Ethik verstanden werden müsse.

369 *Poller*, Kerngedanken, S. 163.

370 Ähnlich *Schmidt*, Grundpflichten, S. 60.

371 Siehe oben Kapitel 4, B, II., 1., a); in diesem Zusammenhang ist auch *Wolff* zu nennen, der in seiner Darlegung des Naturrechts die Pflichtenlehre ebenfalls in den Vordergrund rückt, dazu *Schmidt*, Grundpflichten, S. 64.

der Definition im Duden bedeutet „sozial“: Gemeinnützig, wohltätig, die Gemeinschaft betreffend. Soll Verhalten demnach sozial sein, so ist stets zu fragen, ob sich dieses Verhalten als gemeinnützig, wohltätig und die Gemeinschaft betreffend darstellt. Dies wiederum heißt, dass sich soziales Verhalten nicht nur in einer Anspruchshaltung des einzelnen Bürgers gegenüber der Gemeinschaft reduzieren darf. Vielmehr muss ein soziales Verhalten auch immer gemeinnützig sein, also am Wohle der Gemeinschaft ausgerichtet sein. Bezogen auf das Verhalten des Staatsbürgers im Sozialstaat erscheint es daher ausgehend vom allgemeinen Sprachverständnis folgerichtig, dass soziales Verhalten des Bürgers auch das gemeinnützige und wohltätige Verhalten für die Gemeinschaft meint.

Diese Sichtweise soll freilich den Auftrag des Sozialstaatsprinzips an den Staat nicht einmal ansatzweise in Frage stellen. Der Staat ist unbestritten zur Erbringung sozialer Leistungen, zur Gewährleistung von Chancengleichheit und zur Aufstellung einer gerechten Sozialordnung verpflichtet.[372] Die Fürsorge für Hilfsbedürftige stellt sogar eines der wesentlichsten Elemente des Sozialstaatsprinzips überhaupt dar. In diesen Verpflichtungen des Staates darf sich das Sozialstaatsprinzip indes richtigerweise nicht erschöpfen. Andernfalls bestünde in der Tat die namentlich von *Isensee* betonte Gefahr einer bloßen einseitigen Anspruchshaltung des Bürgers gegen den Staat, ohne entsprechende Verpflichtungen und mit den oben angedeuteten Konsequenzen.[373]

Daher muss das Sozialstaatsprinzip neben der Gewährung von Ansprüchen auch entsprechende Pflichten des Individuums gegenüber dem Staat beinhalten. *Dürig* weist vor diesem Hintergrund zu Recht darauf hin, dass das Sozialstaatsprinzip ins Leere stoßen würde, wenn es lediglich eine unbeschränkte Freiheit des Individuum bedeuten würde,[374] ohne auch einen gemeinschaftsbezogenen Pflichtenaspekt zu beinhalten.

Fechner scheint sogar anzudeuten, dass sich der Kern des Sozialstaatsprinzips weg von seinem ursprünglichen Verständnis, Pflichten des Staates gegenüber dem Individuum zu entfalten, hin zur Verpflichtung des Einzelnen, Beiträge für die Allgemeinheit zu leisten, gewandelt habe.[375] Ein solches Verständnis erscheint zwar als sehr weitgehend. Aber der Sichtweise, wonach das Sozialstaatsprinzip nicht nur Rechte, sondern auch Pflichten des Individuums begründen müsse, ist vor dem Hintergrund des eben Ausgeführten zuzustimmen.[376]

---

372 So neben allen *Jarass/Pieroth-Jarass*, GG, Art. 20, Rn. 114 ff.

373 Dazu bereits *Isensee*, DÖV 1982, 609, 618; siehe oben Kapitel 4, B, II., 1., b).

374 *Dürig*, JZ 1953, 193, 197.

375 *Fechner*, Freiheit und Zwang, S. 14 ff.

376 Dieser Ansatz erfährt durch die Ausführungen *v. Mangoldts* im oben dargestellten stenographischen Bericht über die 9. Sitzung des parlamentarischen Rates vom 6.5.1949 eine weitere Untermauerung. Dort wird wie gesagt von dem Gedanken „der Notwendigkeit der sozialen Ein-

Luchterhandt weist zwar darauf hin, dass sich der Versuch, die Idee der Grundpflichten im Sozialstaatsprinzip zu verorten, auf „zu hoher abstrakter Ebene“ bewegen würde.[377] Er spricht sich daher wie dargestellt für eine Verortung im Satz von der Menschenwürde des Art. 1 GG aus.

Dieser Einwand vermag indes namentlich aus zwei Gründen – jedenfalls in seiner das Sozialstaatsprinzip ausschließenden Konsequenz – nicht zu überzeugen. Zunächst erscheint jedenfalls zweifelhaft, ob eine Verortung der Idee der Grundpflichten im Satz von der Menschenwürde tatsächlich wesentlich konkreter ist als die Verankerung im Sozialstaatsprinzip.

Gewichtiger aber ist die Tatsache, dass *Luchterhandt* selbst seinen Ansatz nicht mit letzter Konsequenz durchzuhalten scheint, da er die Steuerpflicht – die auch seiner Ansicht nach eine Grundpflicht darstellt[378] – ebenso wie beispielsweise *Hofmann*[379] im Sozialstaatsprinzip verankern will,[380] also das Sozialstaatsprinzip jedenfalls in Bezug auf die Steuerpflicht sehr wohl als Legitimationsbasis anzuerkennen scheint.

Nach alledem sprechen demnach die rechts- und ideengeschichtlichen Argumente für die Verankerung der Idee der Grundpflichten im Sozialstaatsprinzip.[381] Dies soll indes nicht bedeuten, dass die anderen Ansätze zwingend auszuschließen wären. Vielmehr erscheint es denkbar und auch sachgerecht, dass sie miteinander verbunden werden können und sich – anstatt sich auszuschließen – gegenseitig ergänzen.[382]

Vor diesem Hintergrund soll die Frage, ob sich die Idee der Grundpflichten im Sozialstaatsprinzip oder im Satz von der Menschenwürde verankern lässt, an dieser Stelle nicht überbewertet werden. Dies gilt umso mehr, als dass die Beantwortung der Frage, ob eine konkrete Pflicht als verfassungsrechtliche Grund-

---

ordnung jedes Einzelnen“ gesprochen, der „trotz der sehr bewussten Reaktion gegen die Unterdrückung menschlicher Freiheit in der jüngeren Vergangenheit“ das ganze Grundgesetz geprägt habe. Die Formulierung „Notwendigkeit der sozialen Einordnung jedes Einzelnen“ deutet den Pflichtencharakter des Sozialstaatsprinzips wenigstens an.

377 *Luchterhandt*, Grundpflichten, S. 34; kritisch in Bezug auf die Verortung im Sozialstaatsprinzip im Ergebnis ebenso *Dühr*, Grundpflichten, S. 223 f.

378 Vgl. *Luchterhandt*, Grundpflichten, S. 560 ff.

379 *Hofmann*, HbdStR V, 321, 333.

380 *Luchterhandt*, Grundpflichten, S. 576, wo es heißt, dass „der funktionale Zusammenhang zwischen der Steuerpflicht und dem Sozialstaatsprinzip“ sowohl „essentiell“ als auch „offenkundig“ sei.

381 So überzeugend auch *Badura*, DVBl. 1982, 861, 869.

382 So im Ergebnis auch *Lindner*, Adressatenpflichten, S. 56, der von einer „Zusammenschau“ mehrerer Argumente und Ansätze spricht; ähnlich *Luchterhandt*, Grundpflichten, S. 30; kritisch zu diesem Ansatz neben anderen *Dühr*, Grundpflichten, S. 220 ff., der die Ableitung aus dem Prinzip der Staatlichkeit und dem Sozialstaatsprinzip ablehnt.

pflicht anzuerkennen ist oder nicht, nicht in erster Linie von der Beantwortung der Frage nach der Verortung der Idee der Grundpflichten im Grundgesetz abhängt, sondern vielmehr davon, ob die durch die Definition des Rechtsbegriffes „Grundpflicht" vorgegebenen Tatbestandsmerkmale in Bezug auf die konkret in Rede stehende Pflicht erfüllt sind. Hierauf soll erst später vertiefend eingegangen werden.[383]

Festhalten lässt sich an dieser Stelle somit, dass sich die Idee der Grundpflichten im Grundgesetz verankern lässt – unterschiedlich sind lediglich die Ansätze bezüglich der Verortung. Auch wenn nach dem eben Ausgeführten die besseren Argumente für eine Verankerung im Sozialstaatsprinzip sprechen, soll doch betont sein, dass sich die verschiedenen Ansätze gegenseitig nicht ausschließen, sondern sich nach hier vertretener Ansicht vielmehr ergänzen.

bb) Zwischenergebnis

Zusammenfassend lässt sich mithin sagen, dass die Mütter und Väter des Grundgesetzes die Geltung von Grundpflichten nicht ausschließen wollten, sondern dass das Grundgesetz vielmehr Grundpflichten beinhaltet. Es ist mithin der Ansicht beizupflichten, welche die Existenz von Grundpflichten des Bürgers im Grundgesetz als verfassungsrechtliche Dimension neben den Grundrechten vertritt.[384]

Das Bestehen von Grundpflichten im Grundgesetz ist heute daher auch zu Recht von den Stimmen, die sich mit dem Institut der Grundpflichten auseinandersetzen, nahezu allgemein anerkannt. Der Streit in der Literatur dreht sich in Konsequenz dessen auch nicht in erster Linie um die Frage, ob das Grundgesetz die Existenz von Grundpflichten überhaupt anerkennt, sondern viel eher darum, ob Grundpflichten als eine eigene rechtliche Kategorie wirklich von Nöten sind oder ob sie nicht vielmehr in den Grundrechtsschranken aufgehen, so dass ihnen darüber hinaus kein eigener rechtlicher Wert mehr beizumessen ist.

c) Eigenständigkeit der Grundpflichten oder bloße Grundrechtsschranken?

Die in systematischer Hinsicht nach wie vor mit einer gewissen Intensität geführte Diskussion über das Verhältnis der Grundpflichten zu den Grundrechten,

---

383 Dazu Kapitel 4, B, II., 1., d); ähnlich auch *Lindner*, Adressatenpflichten, S. 56 f.

384 So auch *Bethge*, JA 1985, 249, 249 ff.; *Dühr*, Grundpflichten, S. 2 und S. 230; *Griesbeck*, Polizeipflicht, S. 96; *Isensee*, DÖV 1982, 609, 609 ff.; *Schmidt*, Grundpflichten, S. 324; *Stober*, Grundpflichten, S. 19; auch das Bundesverfassungsgericht scheint wie gesagt das Bestehen von verfassungsrechtlichen Grundpflichten als eine nicht zu thematisierende Selbstverständlichkeit anzusehen, vgl. BVerfGE 47, 1, 37.

namentlich die Frage, ob den Grundpflichten entweder eine kategoriale Eigenständigkeit zukommt oder ob sie stets lediglich als Grundrechtsschranken anzusehen sind, soll im Folgenden dargestellt werden.[385]

Herrschend ist diesbezüglich die Ansicht, welche von einer kategorialen Eigenständigkeit der Grundpflichten, also von einer Trennung zwischen Grundpflichten und Grundrechtsschranken ausgeht.[386] *Luchterhandt* führt vor diesem Hintergrund aus, dass Grundpflichten, würden sie sich ausschließlich am Standard der Grundrechte orientieren, also ausschließlich als Grundrechtsschranken Bedeutung erlangen, als „verdächtig" oder „sinnlos" verstanden werden müssten.[387]

Nach abweichender Ansicht müsse die Eigenständigkeit der Grundpflichten indes deshalb verneint werden, weil Grundpflichten und Grundrechtsschranken gerade nicht voneinander zu trennen seien.[388]

Gegen die Selbstständigkeit der Grundpflichten scheint zunächst – ausgehend vom Wortlaut der Verfassung – die bereits angesprochene fehlende Aufführung in der Abschnittsüberschrift im Zusammenhang mit den Grundrechten zu sprechen. Dies könnte als Indiz dafür zu werten sein, den Grundpflichten über ihre Funktion als Grundrechtsschranken hinausgehend jede eigenständige Bedeutung abzusprechen[389] und sie vollständig in den Grundrechtsschranken aufgehen zu lassen.

Demgegenüber streiten indes für die Richtigkeit des Ergebnisses der Eigenständigkeit von Grundpflichten mehrere Aspekte.

Eingangs soll diesbezüglich nur kurz der namentlich von *Schmidt* betonte Aspekt genannt sein, wonach Grundpflichten und Grundrechtsschranken zwar beide das Ziel der Grundrechtsbegrenzung anstreben würden, dies aber – wenigstens teilweise – auf unterschiedlichem Wege täten.[390] Bei den Grundrechten

385 Zu dieser Streitfrage siehe beispielsweise *Dühr*, Grundpflichten, S. 11 ff.; *Luchterhandt*, Grundpflichten, S. 33 und S. 463 ff.; in diesem Zusammenhang wird auch oftmals vom Verhältnis der „Asymmetrie" gesprochen, siehe *Dühr*, Grundpflichten, S. 13 ff.; *Schmidt*, Grundpflichten, S. 47 ff.

386 *Bethge*, JA 1985, 249, 252 f.; *Dühr*, Grundpflichten, S. 13; *Götz*, VVDStRL 41, 7, 12 f.; *Hofmann*, HbdStR V, 321, 347 f.; *Luchterhandt*, Grundpflichten, S. 532; *Merten*, BayVBl. 1978, 554, 557 f.; *Schmidt*, Grundpflichten, S. 47, der sogar davon spricht, dass eine Unterscheidung zwischen Grundpflichten einerseits und Grundrechtsschranken andererseits verfassungsrechtlich nicht nur möglich, sondern sogar geboten sei.

387 *Luchterhandt*, Grundpflichten, S. 589.

388 So wohl *Sachs-Sachs*, GG, vor Art. 1 Rn. 59; dazu auch *Schmidt*, Grundpflichten, S. 46 m.w.N. und *Luchterhandt*, Grundpflichten, S. 466 m.w.N.

389 Dazu *Luchterhandt*, Grundpflichten, S. 33; dieser Ansatz wird auch von *Schmidt*, Grundpflichten, S. 46 angeführt.

390 *Schmidt*, Grundpflichten, S. 47.

werde nämlich im ersten Schritt der Schutzbereich eines Grundrechts eröffnet und in einem zweiten Schritt durch die Grundrechtsschranken wieder zurückgenommen, während manche Grundpflichten bereits auf die Begrenzung des Schutzbereich eines Grundrechts abzielen würden.[391]

Ob aber Grundpflichten tatsächlich stets die Einschränkung von Grundrechten anstreben und bezwecken,[392] erscheint nach dem bisher Ausgeführten eher zweifelhaft.[393] Zwar soll nicht bestritten werden, dass Grundpflichten vielfältige Auswirkungen auf die Freiheitsrechte haben können, jedoch zielen Grundpflichten weniger auf eine Grundrechtseinschränkung ab, als dass sie viel eher gemeinschaftsbezogene Leistungsbeiträge des Individuums fordern.[394] Sie sind also eher positiv auf die Förderung des Gemeinwohls gerichtet als negativ auf die Beschränkung von Grundrechten des Individuums. Demgegenüber ermöglichen die Grundrechtsschranken – worauf *Götz* zutreffend hinweist – die Vereinbarkeit des Freiheitsgebrauches mit legitimen Interessen des Gemeinwesens.[395] Diese Sichtweise ist bereits vom Ansatz her eine negative, geht sie doch zunächst von einer Freiheit des Einzelnen aus, die als eine natürliche Freiheit unbegrenzt ist, aber zum Zwecke ihrer Vereinbarkeit mit der gleichen Freiheit der Mitmenschen eingeschränkt wird.[396] Dagegen ist die Sichtweise bei Grundpflichten von vorneherein eine ganz andere. Hier steht nach dem oben Ausgeführten bereits in der Ausgangsbetrachtung der zu fördernde Gemeinwohlbezug im Vordergrund.[397] Es geht also nicht um eine als Beeinträchtigung empfundene Freiheitsbeschränkung des Individuums, sondern um dessen Beitrag zur Förderung der Gemeinschaft und damit auch und gerade zum Erhalt des Staates.[398] Die möglichen negativen Auswirkungen auf die Grundrechte sind damit – anders als im Regelfall bei den Grundrechtsschranken – weniger bezweckt, als dass sie vielmehr eine Art Reflex darstellen.

Ferner lässt sich das Ergebnis der Unterscheidung von Grundpflichten und Grundrechtsschranken auch und gerade durch das Grundpflichtenverständnis aus der Zeit der Weimarer Republik untermauern. Erkennt man nämlich die Existenz von Grundpflichten im Grundgesetz an, so muss man sich bezüglich des Grund-

---

391 *Schmidt*, Grundpflichten, S. 47, der als Beispiel hierfür die Friedenspflicht anführt.

392 So neben *Schmidt*, Grundpflichten, S. 47 wohl auch *Bethge*, JA 1985, 249, 252 f.

393 Ähnlich *Hofmann*, HbdStR V, 321, 347; siehe hierzu auch die Ausführungen gegen Ende dieser Stellungnahme, wo ausgeführt wird, dass es sich bei den Grundpflichten gerade nicht in erster Linie nur um den Grundrechten Schranken setzende Duldungspflichten handelt, dass also Grundpflichten gerade nicht in erster Linie auf die Beschränkung von Grundrechten abzielen.

394 So überzeugend auch *Hofmann*, HbdStR V, 321, 348.

395 *Götz*, VVDStRL 41, 7, 12 f.

396 So bereits *Dühr*, Grundpflichten, S. 11; *Luchterhandt*, Grundpflichten, S. 530.

397 So bereits *Dühr*, Grundpflichten, S. 11.

398 Ähnlich *Hofmann*, HbdStR V, 321, 347 f.

pflichtenverständnisses mangels verbesserter dogmatischer Erkenntnisse gegenüber der Weimarer Verfassung zunächst richtigerweise an dieser orientieren.[399] Und dort wurden Grundpflichten nach ganz herrschender Meinung gerade nicht als bloße Grundrechtsschranken angesehen, sondern stellten einen eigenständigen, über den der Grundrechtsschranken hinausgehenden Bereich dar.[400] Dies wird schon dadurch deutlich, dass in der WRV von „Grundrechten und Grundpflichten" gesprochen wurde. Bereits diese sprachliche Trennung zwischen beiden Rechtsinstituten signalisiert, dass sie voneinander abzugrenzen sind, sich also gewissermaßen „antithetisch" gegenüberstehen.[401] Besonders deutlich wurde die Eigenständigkeit der Grundpflichten in Zeiten der Weimarer Republik im Jahre 1928 von *Schmitt* klargestellt, der ausführte, dass „die logische und rechtliche Struktur dieser Grundpflichten von derjenigen der Grundrechte" und auch von derjenigen der Grundrechtsschranken verschieden sei.[402]

Darüber hinaus wird von den Vertretern der herrschenden Ansicht zu Recht betont, dass es sich bei den Grundpflichten zumindest im Regelfall gerade nicht nur um den Grundrechten Schranken setzende Duldungspflichten handeln würde, sondern um positive Leistungs- und Handlungspflichten, die gerade nicht nur Abwehrrechte außer Kraft setzen würden, sondern darüber hinausgehend auch eigenständige Leistungsbeiträge forderten.[403] Grundpflichten sind in der Tat typischerweise auf ein aktives Verhalten gerichtet, das über ein bloßes Unterlassen hinausgeht. Als Beispiel sei hier die Steuerpflicht genannt, welche fordert, dass der Bürger durch aktives Tun seine Steuern zu entrichten hat. Grundrechtsschranken dagegen fordern aufgrund ihrer die Grundrechte begrenzenden Eigenschaft in der Regel lediglich ein Unterlassen.[404] Dieser Ansatz kann zwar nicht in jedem Fall Geltung beanspruchen, sind doch auch Grundpflichten denkbar, die

---

399 So überzeugend bereits *Schmidt*, Grundpflichten, S. 46 mit Verweis auf die Äußerungen *v. Mangoldts*, dem Vorsitzenden des Grundsatzausschusses, während der Beratungen; auch die Ausführungen *Luchterhandts* deuten auf dieses Ergebnis hin, da er die Grundpflichten als Hinterlassenschaft der Weimarer Reichsverfassung bezeichnet und damit andeutet, dass seiner Ansicht nach unter grundgesetzlichen Grundpflichten im Prinzip dasselbe verstanden werden müsse wie unter Grundpflichten der WRV, vgl. *Luchterhandt*, Grundpflichten, S. 57.

400 Dies wird bereits aus Art. 163 WRV, der „Generalklausel" der Grundpflichten in der Weimarer Reichsverfassung, deutlich, wonach jeder Deutsche – unbeschadet seiner persönlichen Freiheit – die Pflicht habe, seine geistigen und körperlichen Kräfte so zu betätigen, wie es das Wohl der Allgemeinheit erfordere. Hieraus lassen sich positive – über Grundrechtsschranken hinausgehende – Handlungspflichten konstruieren; so im Ergebnis auch *Schmidt*, Grundpflichten, S. 46 und *Luchterhandt*, Grundpflichten, S. 316 f. m.w.N.

401 So *Schmidt*, Grundpflichten, S. 46.

402 *Schmitt*, Verfassungslehre, S. 175; siehe auch *Luchterhandt*, Grundpflichten, S. 434, Fn. 22.

403 *Bethge*, JA 1985, 249, 252; *Hofmann*, HbdStR V, 321, 347 f.; dazu auch *Götz*, VVDStRL, 41, 7, 119.

404 Dazu auch *Schmidt*, Grundpflichten, S. 46.

ein Unterlassen zum Inhalt haben. Richtig an ihm ist aber, dass Grundpflichten jedenfalls im Regelfall in der Tat ein positives Tun fordern, während Grundrechtsschranken „gewöhnlich“ negative Unterlassungs- und Duldungspflichten beinhalten.[405] Insofern ist jedenfalls bezogen auf ihre Grundintention zwischen Grundpflichten und Grundrechtsschranken zu differenzieren.

Diesen Ansatz untermauernd soll schließlich angeführt werden, dass sich Grundrechtsschranken jeweils auf ein bestimmtes Grundrecht beziehen, während Grundpflichten häufig den Schutzbereich mehrere Grundrechte betreffen.[406] Vor diesem Hintergrund führt einmal mehr *Hofmann* in überzeugender Weise aus, dass Grundpflichten einen „andersartigen Ansatzpunkt“ als Grundrechtsschranken hätten, dem zudem qualitativ eine „gewisse Vielfalt der Auswirkungen auf die Freiheitssphäre“ entspreche, welche weniger als Einschränkung eines Grundrechts als eher als Institutionalisierung von Freiheit zu verstehen sei.[407]

Zusammenfassend bringt es nach alledem *Zippelius* auf den Punkt, indem er ausführt, dass die Grundpflichtenproblematik über die Schrankenproblematik hinausgehe.[408] Somit ist der herrschenden Ansicht beizupflichten, wonach die Grundpflichten nicht ausschließlich in den Grundrechtsschranken aufgehen, sondern ihnen vielmehr als selbstständigen Pflichtnormen eine eigenständige Bedeutung zukommt.[409]

d) Definition des Rechtsbegriffes „Grundpflicht“

Bisher wurde hergeleitet, dass und warum das Grundgesetz Grundpflichten beinhaltet und dass diesen Grundpflichten über den Bereich der Grundrechtsschranken hinausgehend eine eigenständige Bedeutung zukommen muss, sie also losgelöst von den Grundrechtsschranken positive Handlungspflichten normieren können.

Wie aber der Rechtsbegriff „Grundpflicht“ zu definieren ist, ist nach wie vor offen. Bevor aber die Ausgangsfrage, ob die materielle Polizeipflicht eine grund-

---

405 So auch *Luchterhandt*, Grundpflichten, S. 464.

406 So bereits *Hofmann*, HbdStR V, 321, 347 f.; *Luchterhandt*, Grundpflichten, S. 464; *Schmidt*, Grundpflichten, S. 47.

407 *Hofmann*, HbdStR V, 321, 347 f., wo auch ausgeführt wird, dass namentlich Wehr-, Steuer- und Schulpflicht schwerlich nur als Einschränkungen eines bestimmten Grundrechtes verstanden werden könnten.

408 *Zippelius*, VVDStRL 41, 87, 127; zustimmend *Schmidt*, Grundpflichten, S. 47.

409 Bei *Luchterhandt* heißt es mit Verweis auf *Hofmann* vor diesem Hintergrund insofern auch völlig zu Recht, dass die Grundpflichten – von bestimmten Gemeinwohlzwecken ausgehend – eigene Bereiche konstituieren würden, *Luchterhandt*, Grundpflichten, S. 464.

gesetzliche Grundpflicht darstellt, beantwortet werden kann, ist es zunächst erforderlich, den Rechtsbegriff der „Grundpflicht“ zu definieren.

Diese Definition erfolgt in der Literatur nicht einheitlich, vielmehr werden verschiedene – sich teils überschneidende, teils voneinander abweichende – Definitionen vertreten.[410] Als Grundpflichten sind beispielsweise nach der Definition von *Luchterhandt* solche Pflichten zu verstehen, die entweder einer Verfassungsänderung oder gesetzlichen Aufhebung entzogen sind oder eine herausragende Bedeutung für das Gemeinwesen besitzen und die insbesondere aufgrund ihrer Höchstpersönlichkeit, Unentgeltlichkeit, Schwere, Dauer und der Wahrscheinlichkeit ihrer Aktualisierung sowohl Freiheit wie auch Eigentum des Einzelnen in regelmäßig in hohem Grad belasten.[411] *Badura* definiert Grundpflichten als in der Verfassung ausgesprochene Pflichten oder Bindungen des Einzelnen, die in der staatlichen Vergemeinschaftung oder in den wesentlichen Staatsaufgaben ihre Rechtfertigung finden.[412] Für *Saffert* sind Grundpflichten Rechtspflichten, die entweder das Verhältnis der Einzelnen untereinander oder das Verhältnis des Einzelnen zum Gemeinwesen regeln.[413] Einer namentlich von *Stober* und *Merten* vertretenen Definition nach sind Grundpflichten verfassungsrechtlich verankerte oder sich aus der Verfassung ergebende, nicht bloß sittlich-ethische Pflichten eines jeden Staatsbürgers gegenüber dem Staat.[414] *Götz* spricht sehr knapp von verfassungsrechtlich geforderten Pflichtbeiträgen zum Gemeinwohl.[415] Und *Stern* versteht sie als einen „ethischen Unterbau des Staates“[416] und definiert sie als für den Menschen und Bürger in der Verfassung festgelegte oder abgestützte Rechtspflichten, die die Grundposition des Individuums determinieren, für das Gemeinwesen herausragende Bedeutung besitzen und daher von diesem auch eingefordert werden können.[417]

Um dieses „Gewirr der Meinungen“[418] zu ordnen, empfiehlt sich zunächst einmal mehr ein Rückblick in die Zeit der Weimarer Republik, wo in der WRV die Grundpflichten ausdrücklich normiert wurden und als eigenständige Kategorie anerkannt waren.

---

410 Ein Überblick findet sich beispielsweise bei *Schmidt*, Grundpflichten, S. 34 ff.

411 *Luchterhandt*, Grundpflichten, S. 587; darauf Bezug nehmend *Griesbeck*, Polizeipflicht, S. 96.

412 *Badura*, DVBl. 1982, 861, 868.

413 *Saffert*, Geschichte der Grundpflichten, S. 7; *Schmidt*, Grundpflichten, S. 34.

414 *Merten*, BayVBl. 1978, 554, 557; *Stober*, Grundpflichten S. 13; *Stober*, NVwZ 1982, 473, 473; ausführlich sowohl zur Definition als auch insbesondere zur historischen Entwicklung der Grundpflichten *Hofmann*, HbdStR V, 321, 323 ff.; *Schmidt*, Grundpflichten, S. 51 ff.

415 *Götz*, VVDStRL 41, 7, 12; so auch *Stober*, NVwZ 1982, 473, 473.

416 *Stern*, FS-Doehring, 969, 981.

417 *Stern*, FS-Doehring, 969, 982.

418 So ausdrücklich *Schmidt*, Grundpflichten, S. 34.

Das Problem bei diesem rechtshistorischen Ansatz besteht indes in der Tatsache, dass sich auch in der Weimarer Republik die Staatsrechtslehrer nicht darüber einig waren, wie der Begriff der „Grundpflicht" juristisch genau definiert werden sollte.[419] Dies mag darin begründet liegen, dass der Rechtsbegriff der Grundpflicht einen „bisher unbekannten" Begriff darstellte, der sich neben dem bereits seit 1848 bekannten Begriff der Grundrechte erst einmal etablieren und durchsetzen musste.[420] Vor diesem Hintergrund versuchten in der Weimarer Zeit neben anderen namenhaften Staatsrechtlern insbesondere *Schmitt* und *Heller* sich der Thematik der Grundpflichten zu nähern.[421] Diese Ansätze sollen in dieser Ausarbeitung nicht im Detail dargestellt und vertieft werden. Es genügt an dieser Stelle festzuhalten, dass auch diese Versuche letztlich nicht dazu führten, dass sich in der Weimarer Republik ein allgemein anerkannter Grundpflichtenbegriff herauskristallisiert hätte. Vielmehr begegnete die Staatsrechtslehre dem Begriff der „Grundpflicht" die ganze Zeit des Bestehens der Weimarer Republik über stets mit einer Mischung aus „Verlegenheit und Skepsis".[422]

Von daher lassen sich aus der Weimarer Zeit keine zwingenden Erkenntnisse für die genaue Definition des Rechtsbegriffes der grundgesetzlichen Grundpflicht gewinnen.

Die Entwicklung einer Grundpflichtendefinition kann daher nur anhand der verschiedenen Definitionsansätze vor dem Hintergrund der Verankerung der Idee der Grundpflichten im Grundgesetz und dem rechtshistorischen und ideengeschichtlichen Hintergrund des Pflichtenaspekts des Individuums erfolgen.

Schmidt hat diesbezüglich einen Ansatz entwickelt. Er betrachtet sämtliche in der Literatur vertretenen Definitionen und stellt auf die in diesen verschiedenen Definitionsansätzen vertretenen wiederkehrenden Tatbestandsmerkmale bzw. Elemente ab.[423] Lägen all diese Elemente in ihrer Gesamtheit vor, dann sei nach jeder vertretenen Definition von einer Grundpflicht auszugehen.[424]

Bei diesen wiederkehrenden Tatbestandsmerkmalen bzw. Elementen handele es sich nach *Schmidt* um das verpflichtende Moment des Bürgers, die Berechtigung des Staates, die Allgemeinheit der Pflicht und die Gleichheit ihres Inhaltes für die einzelnen Adressaten, die Bedeutung der Pflicht für das Gemeinwesen, die Rechtfertigung dieser Pflicht aus den Staatszwecken und die Verankerung dieser Pflicht in der Verfassung.[425] Lägen diese Elemente bezogen auf eine kon-

419 Dazu ausführlich *Luchterhandt*, Grundpflichten, S. 310 ff.; *Stern*, FS-Doehring, 969, 976.

420 So *Luchterhandt*, Grundpflichten, S. 311.

421 Dies alles zusammenfassend *Luchterhandt*, Grundpflichten, S. 319 ff.

422 So ausdrücklich *Luchterhandt*, Grundpflichten, S. 311.

423 *Schmidt*, Grundpflichten, S. 34 ff.

424 *Schmidt*, Grundpflichten, S. 34.

425 *Schmidt*, Grundpflichten, S. 34.

kret in Rede stehende Pflicht vor, dann bestehe wie gesagt in jedem Falle Einigkeit darüber, dass diesbezüglich eine Grundpflicht gegeben ist – die Probleme würden erst dann beginnen, wenn nur eines dieser Elemente nicht gegeben sein sollte.[426]

Diesem Ansatz ist ebenso wie den von *Schmidt* genannten Elementen zuzustimmen. Er berücksichtigt soweit ersichtlich alle genannten Elemente, so dass von ihm daher auch in der vorliegenden Ausarbeitung auszugehen ist. Zur Vervollständigung ist er allerdings noch um das von *Luchterhandt* geforderte „subjektive Kriterium“ der Unentgeltlichkeit der Pflicht zu ergänzen.[427]

Jedenfalls wenn diese Merkmale in Bezug auf eine bestimmte Pflicht gegeben sind, ist richtigerweise in jedem Fall von einer Grundpflicht auszugehen.

e) Materielle Polizeipflicht als verfassungsrechtliche Grundpflicht?

Im Lichte dieser Erkenntnis kann man sich nunmehr der Frage nähern, ob die materielle Polizeipflicht eine verfassungsrechtliche Grundpflicht darstellt. Im allgemeinen Polizei- und Ordnungsrecht beinhaltet die materielle Polizeipflicht nach hier vertretener Auffassung die Verpflichtung des Störers, die ihm zurechenbare Gefahr oder Störung mit eigenen Mitteln abzuwenden.[428]

Die so verstandene materielle Polizeipflicht ist in jedem Fall als eine verfassungsrechtliche Grundpflicht zu qualifizieren, wenn in Bezug auf sie die oben genannten Definitionselemente zu bejahen sind. Die Frage, ob bestimmte Merkmale für die Grundpflichtendefinition auch weggelassen werden können bzw. gar nicht erforderlich sein sollten, kann dann dahinstehen. Erst wenn eines dieser

---

426 *Schmidt*, Grundpflichten, S. 34.

427 *Luchterhandt*, Grundpflichten, S. 583 f.; für die Definition des Grundpflichtenbegriffes nicht berücksichtigt werden indes die ebenfalls von *Luchterhandt* genannten Merkmale „Höchstpersönlichkeit der Pflichterfüllung“, „Schwere der Belastung“ und „Dauer der Belastung“. Denn zum einen sei nach *Luchterhandt* eine Vertretung gerade nicht bei jeder Grundpflicht ausgeschlossen, was bedeutet, dass die Höchstpersönlichkeit jedenfalls nicht in jedem Fall vorliegen muss, siehe *Luchterhandt*, Grundpflichten, S. 582 f.
Bezüglich der beiden anderen Merkmale könne es nach *Luchterhandt* zu beträchtlichen Unterschieden kommen, vgl. *Luchterhandt*, Grundpflichten, S. 584 f. Wann und für wen eine Belastung „dauerhaft“ und „schwer“ ist, lässt sich in der Tat kaum allgemein verbindlich festlegen. Vielmehr ist hier stets das individuelle Empfinden maßgebend. Eine Belastung mag aus der Sicht einer bestimmten Person „schwer“ und „dauerhaft“ sein, aus der Sicht einer anderen muss dies noch nicht der Fall sein. Aufgrund ihrer Relativität und schweren Greifbarkeit sind daher die Aspekte „Schwere“ und „Dauer“ der Belastung nach hier vertretener Auffassung nicht mit in die Grundpflichtendefinition aufzunehmen.

428 Siehe oben Kapitel 4, A, II.

Merkmale in Bezug auf die materielle Polizeipflicht nicht gegeben sein sollte, würde diese Frage akut werden.

Im Folgenden sollen daher sämtliche oben genannten Elemente in Bezug auf die materielle Polizeipflicht untersucht werden.

aa) Das verpflichtende Moment des Bürgers

Das „verpflichtende Moment des Bürgers“ kann bezogen auf die materielle Polizeipflicht nicht ernsthaft in Frage gestellt werden. Wenn die materielle Polizeipflicht verlangt, dass der Störer eine ihm zurechenbare Gefahr bzw. Störung selbst abzuwehren hat, dann wird der Bürger auf diese Weise zu einem aktiven gefahrenabwehrenden Tun verpflichtet. Diese Pflicht zum Tätigwerden ist als Verpflichtung des Bürgers im Sinne der Grundpflichtendefinition zu werten.

bb) Allgemeinheit der Pflicht

Fraglich ist, ob auch das Element der „Allgemeinheit der Pflicht“[429] bezogen auf die materielle Polizeipflicht zu bejahen ist. Nach *Schmidt* ist die Allgemeinheit der Grundpflicht dann gegeben, wenn es sich um eine Pflicht handelt, die jedermann erfasst.[430] Er führt diesbezüglich indes zugleich einschränkend aus, dass dieses Merkmal kaum jemals erfüllt sein könne, da eine Pflicht, die jedermann treffe, so gut wie gar nicht vorstellbar sei.[431]

Geht man von diesem Ansatz aus, würde die Allgemeinheit der materiellen Polizeipflicht in der Tat schwerlich zu bejahen sein, da nicht jedermann, sondern

---

429 Gerade vor dem Hintergrund des Elements der „Allgemeinheit der Pflicht“ wird deutlich, dass richtigerweise nicht alle verfassungsmäßigen Pflichten des Individuums zugleich auch stets Grundpflichten darstellen, so auch *Dühr*, Grundpflichten, S. 7 ff.; *Stober*, NVwZ 1982, 473, 473. Als Beispiel sollen die Berufsbeamtenpflichten genannt sein. Sie ergeben sich aus Art. 33 Abs. 4 und Abs. 5 GG und verkörpern die Pflichten des Berufsbeamten, der unmittelbar im Dienste der Allgemeinheit steht. Diese Pflichten wurzeln im Grundgesetz und sollen letzten Endes auch dem Gemeinwohl dienen und es fördern, sie stellen aber nach der zu folgenden herrschenden Auffassung gleichwohl keine Grundpflichten dar, da sie nicht dem einzelnen Individuum als einfachem Bürger auferlegt werden, sondern diesen erst aufgrund des freiwillig eingegangen Sonderstatusverhältnisses als Beamten treffen und insofern spezielle Pflichten darstellen, vertiefend dazu *Dühr*, Grundpflichten, S. 7 f.; *Luchterhandt*, Grundpflichten, S. 54; a.A. *Stober*, NVwZ 1982, 473, 473. Bezüglich der Beamtenpflichten steht also nicht der Staatsbürger als Privatindividuum im Vordergrund, sondern ein in den Staat eingegliederter Beamter mit besonderen, über die Pflichten des „normalen“ Bürgers aus Art. 33 Abs. 1 GG hinausgehenden Treupflichten gegenüber dem Staat. Das Merkmal der Allgemeinheit ist in diesem Fall also richtigerweise zu verneinen.

430 *Schmidt*, Grundpflichten, S. 34.

431 *Schmidt*, Grundpflichten, S. 34 f.

stets nur derjenige, dem die Gefahr im konkreten Einzelfall als Störer zugerechnet werden kann, durch sie verpflichtet werden würde.

Aber in der Art und Weise wie *Schmidt* das Merkmal der Allgemeinheit offenbar zu verstehen scheint, kann es richtigerweise nicht interpretiert werden. Vielmehr ist die Allgemeinheit der Pflicht als eine „relative“ oder „schwebende“ Allgemeinheit zu deuten, die jedermann als Privatindividuum trifft – bzw. besser formuliert: treffen kann –, aber nur dann „aktuell“ bzw. „akut“ wird, wenn bestimmte Voraussetzungen erfüllt werden. Verdeutlicht werden soll die hier vertretene „relative“ oder „schwebende“ Allgemeinheit beispielhaft an der Steuerpflicht als einer allgemeinen Pflicht.

Die Steuerpflicht, im Folgenden dargestellt am Beispiel der Steuerpflicht nach dem Einkommensteuergesetz, trifft als allgemein anerkannte verfassungsrechtliche Grundpflicht[432] dem Grunde nach jede natürliche Person, die ihren Wohnsitz oder gewöhnlichen Aufenthalt im Inland hat.[433]

Steuern muss aber nur derjenige Staatsbürger auch tatsächlich entrichten, der mit seinen Einkünften den sogenannten Grundfreibetrag des § 32a Abs. 1 Nr. 1 EStG überschreitet. Es ließe sich gewissermaßen sagen, dass die ausnahmslos jeden Staatsbürger treffende Steuerpflicht erst mit dem Überschreiten des Grundfreibetrages „aktuell“ wird, weil ihn erst ab diesem Zeitpunkt tatsächlich eine Steuerlast trifft. Bleibt er mit seinen Einkünften hingegen unter diesem

---

432 Siehe *Bethge*, JA 1985, 249, 257; *Griesbeck*, Polizeipflicht, S. 97; *Hofmann*, HbdStR V, 321, 333 – er spricht diesbezüglich von einem „ungeschriebenen Verfassungsrechtssatz“; *Isensee*, DÖV 1982, 609, 617; *Luchterhandt*, Grundpflichten, S. 514; *Stober*, NVwZ 1982, 473, 473; im Ergebnis auch *Dühr*, Grundpflichten, S. 273; a.A. *Pieroth/Schlink*, Staatsrecht II, Rn. 209, wo auf die fehelende verfassungsrechtliche Grundlage hingewiesen wird; uneinheitlich scheint auf den ersten Blick die Behandlung der Steuerpflicht durch das Bundesverfassungsgericht, welches den Begriff der „Grundpflicht“ wie gesagt freilich generell nur sporadisch verwendet, vgl. Fn. 291. Zwar setze das Grundgesetz nach Ansicht des Bundesverfassungsgerichts die Steuerpflicht des Bürgers „stillschweigend“ gewissermaßen als eine Selbstverständlichkeit voraus (BVerfGE 55, 274, 301), gleichwohl scheint das Gericht in Bezug auf die rechtliche Bewertung der Steuerpflicht als Grundpflicht eher vage zu bleiben. In BVerfGE 47, 34, 37 wird von der Steuerpflicht als einer „Grundpflicht“ gesprochen, in BVerfGE 84, 239, 269 wird sie indes als „Gemeinlast“ bezeichnet. Trotz dieser terminologischen Uneinheitlichkeit spricht vieles dafür, dass das auch Bundesverfassungsgericht bis heute davon ausgeht, dass die Steuerpflicht eine ungeschriebene Grundpflicht darstellt. Zu deutlich sind die Ausführungen von Richter *Simon* zum Beschluss des Ersten Senates des Bundesverfassungsgerichts vom 11.10.1977 (BVerfGE 47, 1, 1 ff.), wo er die für das Gericht offensichtlich unstreitige rechtliche Tatsache formuliert, dass dem Gesetzgeber auf dem Gebiet des Steuerrechts eine weitgehende Gestaltungsfreiheit gebühre, die unter anderem „auf der von der Verfassung als selbstverständlich vorausgesetzten Grundpflicht des Staatsbürgers, zur Deckung des öffentlichen Finanzbedarfes“ durch Steuern beizutragen, basiere, vgl. BVerfGE 47, 34, 37.

433 Vgl. § 1 Abs. 1 S. 1 EStG i.V.m. §§ 8, 9 AO.

Grundfreibetrag, muss er keine Steuern zahlen, die Steuerpflicht wird dann also nicht „aktuell".

Ob der Grundfreibetrag im Einzelfall überschritten wird oder nicht, ändert am Bestehen der Steuerpflicht und an der Allgemeinheit dieser Pflicht indes nichts. Vor diesem Hintergrund lässt sich daher sagen, dass die Steuerpflicht als allgemeine Pflicht vom Grundsatz her – gewissermaßen „potentiell", „schwebend" oder „relativ" – jede natürliche Person als Privatindividuum im Staat trifft,[434] sie aber erst bei Überschreiten der Grenze des Grundfreibetrages „aktuell" bzw. „aktiviert" wird.[435]

Analog dazu ist auch die Allgemeinheit der materiellen Polizeipflicht zu bejahen. Sie trifft – ebenso wie die Steuerpflicht – dem Grunde nach jedes Privatindividuum im Staat als potentiell Pflichtigen, wird aber erst dann „aktuell" bzw. „aktiviert", sobald eine diesem Privatindividuum als Störer zuzurechnende Gefahr oder Störung tatsächlich vorliegt.[436]

cc) Gleichheit des Inhalts der Pflicht

Ferner ist auch das Element der „Gleichheit des Inhalts der Pflicht" in Bezug auf die materielle Polizeipflicht zu bejahen. Denn die Pflicht des Störers, ihm zuzurechnende Gefahren bzw. Störungen abzuwehren, trifft jeden Störer ohne Unterschied. Wem eine Gefahr zuzurechnen ist, der hat diese Gefahr auch abzuwenden. Relativierungen, wonach beispielsweise bestimmte Störer in Bezug auf be-

---

434 Nicht vertiefend eingegangen werden soll auf die Differenzierungen im Detail bezüglich der unbeschränkten bzw. beschränkten Steuerpflicht nach § 1 Abs. 1 bis Abs. 4 EStG.

435 Dieses Verständnis entspricht auch der Sichtweise *Luchterhandts*. Er spricht von der „Wahrscheinlichkeit der tatsächlichen Inpflichtnahme" und differenziert zwischen der „unbedingten Pflicht" und der „bloßen Pflichtigkeit". Bei ersterer habe sich eine Person in gebotener Weise zu verhalten, sobald die gesetzlichen Tatbestandsvoraussetzungen erfüllt sind. Bei der „bloßen Pflichtigkeit" müssten indes noch weitere, von den Umständen des Einzelfalles abhängige, Umstände hinzukommen. Dem Charakter einer Grundpflicht sei dies indes nicht abträglich. *Luchterhandt* führt vielmehr deutlich aus, dass auch diese Pflichten Grundpflichten darstellen könnten, dass also das Merkmal der Allgemeinheit gegeben sei. Dies bedeutet letzten Endes, dass einer Pflicht der Charakter einer Grundpflicht nicht abzusprechen ist, wenn der Pflichtige nur möglicherweise auch tatsächlich zur Erfüllung dieser Pflicht herangezogen wird, vgl. *Luchterhandt*, Grundpflichten, S. 585 f.

436 Zur Verdeutlichung dieses Ergebnisses sei abgrenzend nochmals auf die Berufsbeamtenpflichten aus Art. 33 Abs. 4 und Abs. 5 GG hingewiesen. Hier ist das das Ergebnis in Bezug auf die Allgemeinheit der Pflicht ein anderes. Denn die Berufsbeamtenpflichten treffen bereits von vorneherein gerade nicht jedes Privatindividuum, vielmehr ist der Kreis der potentiell Pflichtigen schon aufgrund der Beamtenstellung begrenzt. Da die Berufsbeamtenpflichten von vorneherein nur Beamten treffen können, sind sie insofern speziell und daher gerade nicht mehr allgemein, vgl. auch Fn. 429.

stimmte Gefahren oder aufgrund bestimmter in der Person begründeter Eigenschaften nicht zur Gefahrenabwehr verpflichtet werden, sind der materiellen Polizeipflicht fremd. Klargestellt wird dies – stellvertretend für die vielen anderen Ausführungen zur materiellen Polizeipflicht – durch *Griesbeck*, nach dem die materielle Polizeipflicht eine Pflicht sei, die jeden Staatsbürger grundsätzlich uneingeschränkt treffen müsse.[437]

dd) Rechtfertigung aus den Staatszwecken

Zu klären ist ferner, ob die materielle Polizeipflicht aus den Staatszwecken zu rechtfertigen ist. Nach diesem namentlich von *Badura* geforderten Merkmal müssten sich die Grundpflichten jedenfalls im modernen Verfassungsstaat als „Ausprägungen der sozialen Staatsidee" stets nach dem Staatsinteresse bzw. den Bedürfnissen der herrschenden Machtgruppen orientieren.[438] Bezüglich dieses Elements führt *Schmidt* indes zwei grundsätzliche Kritikpunkte an.

So weist er erstens darauf hin, dass – um eine konkrete Grundpflicht aus den Staatszwecken rechtfertigen zu können – überhaupt erst einmal Einigkeit über diese Staatszwecke erreicht werden müsse.[439]

Ferner merkt er an, dass sich die staatlichen Zwecksetzungen im Laufe der Zeit ändern könnten und infolge dessen auch ein Wandel des Grundpflichtenverständnisses die Konsequenz wäre.[440]

Diese Anmerkungen sollen nicht in Zweifel gezogen werden, stellen aber die jedenfalls die Rechtfertigung der materiellen Polizeipflicht aus den Staatszwecken gleichwohl nicht in Frage. Denn unabhängig von der Tatsache, dass überhaupt erst einmal eine Einigung über die Staatszwecke erzielt werden muss und dass die staatlichen Zwecksetzungen in der Tat einem Wandel unterworfen sind oder zumindest sein können, bleibt vorrangigster Staatszweck eines jeden Staates, dass der Staat als solcher überhaupt existiert und aufrechterhalten wird. Dazu muss – worauf bereits mehrfach hingewiesen wurde – stets ein Mindestmaß an öffentlicher Sicherheit und Ordnung vorhanden sein, ohne das ein Staat von vorneherein nicht existenz- und überlebensfähig wäre, sondern unvermeidlich in einen Zustand abrutschen würde, in dem staatliche Strukturen nicht mehr aufrechterhalten werden könnten. Da der Staat demnach vor allen anderen Staatszielen den obersten Zweck hat, überhaupt als Staat existenzfähig zu sein, kann sich je-

437 *Griesbeck*, Polizeipflicht, S. 95; zu den Möglichkeiten der Begrenzung der materiellen Polizeipflicht in Ausnahmefällen siehe Kapitel 6, B, II.

438 *Badura*, DVBl. 1982, 861, 868.

439 *Schmidt*, Grundpflichten, S. 35.

440 *Schmidt*, Grundpflichten, S. 35.

denfalls dieses Staatsziel nicht ändern und ist insofern auch keinen Wandlungen unterworfen.

Gerade weil die Polizei- und Ordnungsbehörden schon aus tatsächlichen Gründen gar nicht in der Lage sind, sämtliche Gefahren abzuwehren, ist die staatliche Gemeinschaft, und damit auch der Staat in seinen Grundfesten, geradezu darauf angewiesen, dass im Augenblick des Gefahreneintritts der Störer ohne vorangehende Verfügung zur Abwehr verpflichtet ist. Dies ist sogar eines der wichtigsten Erfordernisse, um die öffentliche Sicherheit und Ordnung aufrechtzuerhalten oder im Falle einer Störung schnell wieder herzustellen. Denn ohne den Zustand der Gefahrenfreiheit, den die materielle Polizeipflicht zu gewährleisten bzw. wiederherzustellen bestrebt ist, ist wie gesagt ein Grundniveau der staatlichen Ordnung undenkbar.[441] Und die materielle Polizeipflicht zielt gerade darauf ab, diesen sich nicht ändernden Zustand als vorrangiges Staatsziel zu erhalten bzw. schnell wiederherzustellen. Insofern können jedenfalls in Bezug auf die materielle Polizeipflicht die Einwände *Schmidts* nicht ins Gewicht fallen. Sie lässt sich damit stets und in jedem Fall aus den Staatszwecken rechtfertigen.

ee) Berechtigung des Staates

An die eben gemachten Ausführungen lässt sich auch bezüglich des Elements der „Berechtigung des Staates“ anknüpfen. Nach diesem von dem vorangegangenen Element der „Rechtfertigung aus den Staatszwecken“ nur schwer abzugrenzenden Merkmal darf der Staat die Pflicht des Bürgers nur vor dem Hintergrund ihrer Bedeutung für den Staat verlangen.[442] Dieses Definitionselement muss in Bezug auf die materielle Polizeipflicht nicht zuletzt bereits deshalb bejaht werden, weil mit der Verpflichtung des Störers, eine ihm zuzurechnende Gefahr abzuwehren, ein grundlegendes und keinen Wandlungen unterworfenes Staatsziel, nämlich die Aufrechterhaltung bzw. Wiederherstellung der öffentlichen Sicherheit, verfolgt wird. Allein dies berechtigt den Staat, dem Individuum die materielle Polizeipflicht aufzuerlegen.

ff) Bedeutung der Pflicht für das Gemeinwesen

Nicht zuletzt im Lichte dieser Tatsache ist auch die Bedeutung der Pflicht für das Gemeinwesen zu bejahen. Gerade dieses Element zieht sich wie ein roter Faden durch die rechts- wie auch durch die ideengeschichtliche Entwicklung der Pflich-

441 So im Ergebnis auch *Griesbeck*, Polizeipflicht, S. 95.

442 Zumindest ähnlich *Schmidt*, Grundpflichten, S. 37.

ten des Individuums[443] und wird nicht zuletzt von *Badura* in seiner Beschreibung der Grundpflichten betont. Nach ihm würden Grundpflichten auf dem Gedanken der wechselseitigen Verbundenheit von Rechten und Pflichten, der Gemeinschaftsgebundenheit der individuellen Freiheit und der pflichtgebundenen Mitbestimmung im Staat beruhen.[444] Setzt man *Baduras* Ausführungen hinsichtlich des Merkmals der „Bedeutung für das Gemeinwesen" in Relation zur materiellen Polizeipflicht, so lässt sich sagen, die materielle Polizeipflicht für den Bestand des Gemeinwesens eine kaum zu überschätzende Bedeutung besitzt. Denn wie bereits oben mehrfach dargelegt wurde, schafft erst der Zustand der Gefahrenfreiheit die tatsächlichen Voraussetzungen für das Zusammenleben der Bürger und damit auch für die Existenzfähigkeit des Staates.[445] Genau diesen Zustand will die materielle Polizeipflicht gewährleisten bzw. wiederherstellen, indem sie vom Störer verlangt, ihm zuzurechnende Gefahren abzuwehren. *Vollmuth* führt bezogen auf dieses Merkmal daher auch in überzeugender Weise aus, dass die materielle Polizeipflicht zum Minimum an Verhaltensregeln gehöre, die unabdingbare Voraussetzung für das menschliche Zusammenleben sei und daher zum Erhalt des Gemeinwesens wesentlich beitrage.[446] Auch die Ausführungen im Lehrbuch von *Drews/Wacke/Vogel/Martens* stützen dieses Ergebnis, wird dort doch postuliert, dass die Polizeipflicht eines Störers „als Ausfluss seiner allgemeinen Sozialpflichtigkeit" zu werten sei,[447] was ebenfalls die fundamentale Bedeutung der materiellen Polizeipflicht für das Gemeinwesen untermauert. Auch *Griesbeck* – soweit ersichtlich bisher der einzige, der sich der Frage, ob die materielle Polizeipflicht im Sinne einer Gefahrenabwehrpflicht eine Grundpflicht darstellen könnte, immerhin vorsichtig genähert hat – führt diesbezüglich zu Recht aus, dass die Gefahrenabwehr eine unverzichtbare Staatsaufgabe sei, dass der Zustand der Gefahrenfreiheit eine fundamentale Voraussetzung für die Existenzfähigkeit des Staates darstelle und dass die materielle Polizeipflicht einen Beitrag des Bürgers zum Erhalt bzw. zur Wiederherstellung dieses Zustandes darstelle.[448]

All diese Ausführungen verdienen Zustimmung. Sie werden insbesondere auch durch die rechts- und ideengeschichtlichen Erkenntnisse gestützt. Stets wurde in der Vergangenheit das Pflichtenmoment des Bürgers in Bezug zum

---

443 Siehe oben Kapitel 4, B, II., 1., a).

444 *Badura*, DVBl. 1982, 861, 868.

445 So auch *Griesbeck*, Polizeipflicht, S. 95.

446 Dazu *Vollmuth*, Ursache, S. 53, wo es heißt, dass die Aufrechterhaltung der Sicherheit und Ordnung grundlegende Voraussetzung, eine Fundamentalvoraussetzung, für das friedliche Zusammenleben der Bürger sei; dazu auch *Griesbeck*, Polizeipflicht, S. 95.

447 *Drews/Wacke/Vogel/Martens*, Gefahrenabwehr, S. 668; vgl. auch BVerwGE 38, 209, 218.

448 *Griesbeck*, Polizeipflicht, S. 98.

Gemeinwohl gesetzt. Gerade weil die öffentliche Hand wie gesagt gar nicht in der Lage ist, jedwede Gefahr an jedem Ort zu jeder Zeit abzuwehren, ist sie auf die Gefahrenabwehrmaßnahmen jedenfalls des Störers von sich aus sogar in besonderer Weise angewiesen. Von daher ist die materielle Polizeipflicht nach dem eben Ausgeführten als fundamentaler Beitrag des Individuums zum Gemeinwohl zu werten.

gg) Verankerung der Pflicht in der Verfassung

Fraglich ist, ob in Bezug auf die materielle Polizeipflicht auch das Element der „Verankerung der Pflicht in der Verfassung" gegeben ist. Diesbezüglich soll zunächst angemerkt sein, dass der Begriff der materiellen Polizeipflicht nirgends in der Verfassung genannt wird. Auch findet sich an keiner Stelle ein Artikel, welcher pauschal die Verpflichtung des Bürgers ausspricht, ihm zuzurechnende Gefahren abzuwehren.

Klärungsbedürftig ist vor diesem Hintergrund daher, ob die materielle Polizeipflicht trotz der fehlenden ausdrücklichen Normierung gleichwohl in der Verfassung verankert ist. Dies könnte entweder aufgrund einer möglichen Subsumtion der materiellen Polizeipflicht unter eine der im Grundgesetz normierten Grundpflichten der Fall sein, die zwar die materielle Polizeipflicht nicht ausdrücklich benennt, sie aber mit umfasst.

Denkbar ist ferner, dass – sollte die erste Möglichkeit verneint werden – die materielle Polizeipflicht als eine ungeschriebene Grundpflicht in der Verfassung verankert sein könnte.

Zunächst soll auf die Verankerung der materiellen Polizeipflicht in der Verfassung als „Unterfall" einer im Grundgesetz normierten Grundpflicht eingegangen werden.

(1) Materielle Polizeipflicht als eine allgemeine staatsbürgerliche Pflicht gem. Art. 33 Abs. 1 GG

Die materielle Polizeipflicht könnte ihren Charakter als Grundpflicht dadurch erhalten, dass sie als eine allgemeine staatsbürgerliche Pflicht gemäß Art. 33 Abs. 1 GG zu qualifizieren ist.

Um dies zu klären, muss zunächst der Rechtsbegriff der allgemeinen Staatsbürgerpflicht definiert werden. *Luchterhandt* hat diesbezüglich den Versuch gemacht, verschiedene Pflichten unter den Begriff der staatsbürgerlichen Pflichten zusammenzufassen. So fallen nach seiner Ansicht einmal die Gehorsamspflicht, die Wehrpflicht, die Steuerpflicht und die Eigentumsabtretungspflicht darunter,[449] an anderer Stelle indes nennt er diesbezüglich die Ehrenämterpflicht, die militärische Dienstpflicht, die Steuer- und Abgabenpflicht.[450] Bereits diese uneinheitlichen Ausführungen – wonach verschiedene Pflichten mal unter den Begriff der allgemeinen Staatsbürgerpflicht zu fassen sind, mal nicht – deuten Probleme einer einheitlichen Definition dieses Begriffes an. *Schmidt* führt vor diesem Hintergrund demnach in nachvollziehbarer Weise aus, dass ein Konzept oder ein fest umrissener Begriff der staatsbürgerlichen Pflichten aus den Ausführungen *Luchterhandts* nur schwer herzuleiten sei.[451]

Die herrschende Literatur nimmt daher den am weitesten gehenden Definitionsansatz vor, indem sie unter den Rechtsbegriff der staatsbürgerlichen Pflichten das gesamte Rechtsverhältnis des Bürgers zum Staat fasst, also sämtliche öffentlich-rechtliche (subjektive) Pflichten von den staatsbürgerlichen Pflichten umfasst wissen will.[452]

Vor dem Hintergrund dieser weiten Definition ist die materielle Polizeipflicht durchaus als eine Pflicht zu qualifizieren, die zu den staatsbürgerlichen Pflichten zählt. Denn die polizei- und ordnungsrechtliche Pflicht des Störers, eine ihm zuzurechnende Gefahr abzuwehren, ist als Rechtsverhältnis des Bürgers zum Staat, also als öffentlich-rechtliche Pflicht des Bürgers, zu werten. Diese Sichtweise wird auch durch die Ausführungen *Griesbecks* gestützt, die die materielle Polizeipflicht vor dem Hintergrund ihrer Bedeutung für Staat und Gesellschaft ebenfalls als eine allgemeine Staatsbürgerpflicht qualifizieren, ohne dies überhaupt näher zu thematisieren oder gar zu problematisieren.[453]

Mit der Qualifizierung der materiellen Polizeipflicht als allgemeine Staatsbürgerpflicht ist indes noch nicht die Frage geklärt, ob die materielle Polizeipflicht auch als verfassungsrechtliche Grundpflicht zu werten ist.[454] Dies wäre vielmehr nur dann der Fall, wenn die allgemeine Staatsbürgerpflicht[455] auch stets eine verfassungsrechtliche Grundpflicht darstellen würde.

---

449 *Luchterhandt*, Grundpflichten, S. 292; vgl. auch *Schmidt*, Grundpflichten, S. 41.

450 *Luchterhandt*, Grundpflichten, S. 300.

451 *Schmidt*, Grundpflichten, S. 41.

452 *Jarass/Pieroth-Jarass*, GG, Art. 33, Rn. 2; *Maunz/Dürig-Badura*, GG, Art. 33, Rn. 6.

453 *Griesbeck*, Polizeipflicht, S. 95; wohl auch *Vollmuth*, Ursache, S. 53 ff.

454 Dies zeigen auch die Ausführungen *Griesbecks*, der die materielle Polizeipflicht zunächst als allgemeine Staatsbürgerpflicht anerkennt und danach die Frage aufwirft, ob die materielle Polizeipflicht darüber hinaus auch als eine Grundpflicht zu qualifizieren sei. Der zweiten Frage bedürfte es gar nicht, wenn man bereits die allgemeine Staatsbürgerpflicht als Grundpflicht anerkennen würde, was *Griesbeck* somit offenkundig nicht – zumindest nicht pauschal – tut, vgl. *Griesbeck*, Polizeipflicht, S. 94 ff.

455 Besser gesagt sind hier alle Pflichten gemeint, die als allgemeine Staatsbürgerpflichten zu werten sind.

Vor dem Hintergrund der eben dargestellten Weite der Definition der allgemeinen Staatsbürgerpflicht durch die herrschende Meinung erscheint die pauschale Qualifizierung der allgemeinen Staatsbürgerpflicht als verfassungsrechtliche Grundpflicht indes zweifelhaft. Schon der Begriff der allgemeinen Staatsbürgerpflicht des Art. 33 Abs. 1 GG ist – aufgrund der von *Schmidt* aufgeführten Aspekte – schwer greif- und eingrenzbar. Die in Konsequenz dessen von der herrschenden Literatur zu Recht vertretene weite Definition der allgemeinen Staatsbürgerpflicht, wonach sämtliche öffentlich-rechtlichen Pflichten des Staatsbürgers darunter zu fassen seien, spricht daher gegen eine pauschale Qualifizierung der allgemeinen Staatsbürgerpflicht als eine verfassungsrechtliche Grundpflicht.

Zwar soll der eindeutige Pflichtencharakter der allgemeinen Staatsbürgerpflicht nicht in Zweifel gezogen werden, ergibt sich dieser doch bereits aus dem eindeutigen Wortlaut des Art. 33 Abs. 1 GG.

Aber es darf nicht aus den Augen verloren werden, dass nach allgemeiner und zutreffender Ansicht nicht alle im Grundgesetz genannten individuellen Pflichten auch als verfassungsrechtliche Grundpflichten zu qualifizieren sind.[456] Um eine verfassungsrechtliche Grundpflicht verkörpern zu können, muss die Pflicht für die staatliche Ordnung und das menschliche Zusammenleben – also für die Gemeinschaft – eine immanente Bedeutung haben, also zu den besonders relevanten Voraussetzungen des staatlichen Zusammenhalts zählen.[457] Dies wird nicht zuletzt aus dem Zusammenspiel der verschiedenen Elemente der Definition des Rechtsbegriffes der Grundpflichten deutlich, wo sogar gefordert wird, dass die Grundpflichten in erster Linie auf die Selbsterhaltung des Staates und der Gemeinschaft abzielen.[458] Diese Zielsetzung sowie die große Bedeutung der Pflicht für Staat und Gemeinwesen wird bei vielen Pflichten, die unter die allgemeine Staatsbürgerpflicht fallen, zu bejahen sein,[459] aber eben nicht bei allen. Vielmehr dürfte die Bedeutung für das Staatswesen mancher allgemein staatsbürgerlicher Pflichten eher gering sein.

Da nach herrschender Definition aber sämtliche öffentlich-rechtlichen Pflichten des deutschen Staatsbürgers unter Art. 33 Abs.1 GG fallen, also auch die Pflichten, die für die Erhaltung des Staates und der Gemeinschaft gerade nicht

---

456 *Hofmann*, HbdStR V, 321, 339; dazu auch *Luchterhandt*, Grundpflichten, S. 56; siehe auch Fn. 429.

457 Siehe oben Kapitel 4, B, II., 1., e), ff); dazu neben anderen auch *Griesbeck*, Polizeipflicht, S. 95.

458 Siehe oben Kapitel 4, B, II., 1., e), dd) bis ff); dazu auch *Hofmann*, HbdStR V, 321, 342.

459 Genannt werden soll an dieser Stelle die Gesetzesgehorsamspflicht, die als allgemeine Staatsbürgerpflicht zwingend erforderlich ist, um den Staat und das geordnete Zusammenleben überhaupt zu ermöglichen und zu erhalten; so auch *Isensee*, DÖV 1982, 609, 612, der die Gesetzesgehorsamspflicht eine „selbstverständliche Bedingung der rechtsstaatlichen Demokratie“ nennt.

zwingend notwendig sind, erscheint jedenfalls die pauschale Qualifizierung aller allgemeinen Staatsbürgerpflichten als verfassungsrechtliche Grundpflichten als zu weitgehend. Andernfalls stünde eine „Inflation der Grundpflichten“ zu befürchten.[460] Vor diesem Hintergrund überzeugt die Ansicht *Bethges*, der die allgemeinen Staatsbürgerpflichten ausdrücklich nicht als verfassungsrechtliche Grundpflichten anerkennt,[461] jedenfalls insoweit, als dass nicht jede allgemeine Staatsbürgerpflicht zugleich auch zwingend eine Grundpflicht darstellt.

Die Qualifikation der materiellen Polizeipflicht als allgemeine Staatsbürgerpflicht gemäß Art. 33 Abs. 1 GG hilft mithin im Rahmen der Frage, ob die materielle Polizeipflicht als Grundpflicht zu werten ist, nicht weiter.

(2) Die Anerkennung ungeschriebener Grundpflichten

Da keine im Grundgesetz normierten Grundpflichten, unter die sich die materielle Polizeipflicht subsumieren ließe, erkennbar sind, muss im Folgenden geklärt werden, ob die materielle Polizeipflicht eine ungeschriebene Grundpflicht darstellt. Vor diesem Hintergrund ist zunächst fraglich, ob es im Grundgesetz überhaupt ungeschriebene Grundpflichten gibt.

Das Merkmal der „Verankerung der Pflicht in der Verfassung“ scheint auf der ersten Blick zu fordern, dass die Grundpflicht auch stets ausdrücklich in der Verfassung selbst aufgeführt, also dort normiert sein muss.

Demgegenüber ist indes anzumerken, dass es in der Literatur weitestgehend anerkannt ist, dass unter bestimmten Voraussetzungen ungeschriebene Grundpflichten jedenfalls möglich sein können.[462] So führt *Stober* aus, dass es denkbar sei, Grundpflichten auch aus der Wertentscheidung des Grundgesetzes herzuleiten.[463] Nach den Ausführungen von *Merten* könne die verfassungsmäßige Verankerung der Grundpflichten auch aus dem gesamten Sinnzusammenhang der Verfassung erfolgen.[464] Und *Dühr* weist daraufhin, dass auch solche Pflichten verfassungsrechtliche Grundpflichten sein können, die nicht in der Verfassung

---

460 Diese Formulierung verwendet auch *Dühr*, Grundpflichten, S. 215, wenn auch in einem anderen Zusammenhang.

461 *Bethge*, JA 1985, 249, 255.

462 *Bethge*, JA 1985, 249, 256; *Hofmann*, HbdStR V, 321, 333; *Merten*, BayVBl. 1978, 554, 557; *Lindner*, Adressatenpflichten, S. 55.; *Stober*, NVwZ 1982, 473, 473; vgl. auch *Dühr*, Grundpflichten, S. 8, der darauf hinweist, dass auch nicht in der Verfassung oder im einfachen Recht erwähnte Grundpflichten existieren; auch nach *Schmidt*, Grundpflichten, S. 37 könne es auf die ausdrückliche Bezeichnung als „Pflicht“ nicht ankommen.

463 *Stober*, NVwZ 1982, 473, 473.

464 *Merten*, BayVBl. 1978, 554, 557, wo es ferner heißt, dass auf diese Weise der „Boden der Verfassung“ nicht verlassen werden müsse.

selbst, sondern nur im einfachen Gesetz normiert sind, sofern ihnen ein „fundamentalen Charakter" zukomme.[465]

Dieser Ansatz verdient grundsätzlich Zustimmung, stellt doch der Verfassungswortlaut immer nur den Beginn der Auslegung dar, nicht indes das Ende. Sind Konstellationen denkbar, in denen die allgemeinen Auslegungskriterien – hier sei vor allem Sinn und Zweck der Verfassung genannt – über die geschriebenen Grundpflichten hinausgehend auch das Bestehen ungeschriebener Grundpflichten gebieten, dann sind diese auch als solche anzuerkennen. Ergibt sich also nach den Auslegungsmethoden, namentlich aus Wertentscheidung bzw. Sinnzusammenhang der Verfassung, dass bestimmten Pflichten ein verfassungsrechtlich fundamentaler Charakter zukommt, dann hat dies richtigerweise zur Konsequenz, dass diese Pflichten trotz fehlender ausdrücklicher Normierung gleichwohl als ungeschriebene Grundpflichten anzuerkennen sind.

Die Richtigkeit dieses Ergebnisses wird unter anderem durch das Bestehen der Steuerpflicht bestätigt. Diese ist nach allgemeiner Ansicht zu Recht als eine verfassungsrechtliche Grundpflicht anerkannt, obwohl sie sich nicht ausdrücklich aus dem Wortlaut des Grundgesetzes selbst ergibt, sondern nur aus dem Sinnzusammenhang der Verfassung[466] bzw. aus dem Sozialstaatsprinzip.[467] Für *Schmidt* stellt sie eine der wichtigsten Grundpflichten überhaupt dar,[468] *Bethge* spricht gar vom „Prototyp einer materiellen Grundpflicht".[469] Ist aber die Steuerpflicht als ungeschriebene Grundpflicht heute richtigerweise nahezu allgemein anerkannt, dann bedeutet dies, dass es ungeschriebene Grundpflichten jedenfalls dem Grunde nach geben muss und dass zumindest theoretisch neben der Steuerpflicht auch noch weitere ungeschriebene Grundpflichten denkbar sind.

Somit kann an dieser Stelle festgehalten werden, dass das Bestehen ungeschriebener Grundpflichten zumindest dem Grunde nach zu Recht anerkannt ist.

(3) Die materielle Polizeipflicht als eine ungeschriebene Grundpflicht

Damit bleibt die Frage, ob die materielle Polizeipflicht als eine solche ungeschriebene Grundpflicht zu qualifizieren ist. Dies wäre nach dem eben Dargelegten dann der Fall, wenn ihr aufgrund der Wertentscheidung bzw. des Sinnzusammenhangs des Grundgesetzes ein verfassungsrechtlich fundamentaler Charakter zukäme.

---

465 *Dühr*, Grundpflichten, S. 8.

466 Vgl. auch die Ausführungen in Fn. 432.

467 So wohl *Bethge*, JA 1985, 249, 257; vgl. dazu auch *Hofmann*, HbdStR V, 321, 333; *Luchterhandt*, Grundpflichten, S. 576.

468 *Schmidt*, Grundpflichten, S. 261.

469 *Bethge*, JA 1985, 249, 257.

Diesbezüglich muss sich zunächst einmal mehr der Charakter der Grundpflichten vor Augen gehalten werden. Diese Pflichten verkörpern nicht bloß sittlich-ethische Pflichten eines jeden Bürgers gegenüber dem Staat, sondern stellen verfassungsrechtlich geforderte Pflichtbeträge zum Gemeinwohl dar, die in erster Linie auf die Selbsterhaltung des Staates und der Gemeinschaft abzielen.[470] Vor diesem Hintergrund sollen auch die zutreffenden Ausführungen *Baduras* über den Charakter der Grundpflichten noch einmal in Erinnerung gerufen werden, wonach Grundpflichten auf dem Gedanken der wechselseitigen Verbundenheit von Rechten und Pflichten, der Gemeinschaftsgebundenheit der individuellen Freiheit und der pflichtgebundenen Mitbestimmung im Staat beruhen würden.[471] Immanent für den Charakter von Grundpflichten ist somit anerkanntermaßen, dass sie auf das Gemeinwohl abzielen, das Bestehen des Staates sichern und die Erfüllung von staatlichen Aufgaben ermöglichen.[472] *Hofmann* spricht daher auch zu Recht davon, dass die Grundpflichten als Pflichten des Bürgers gegenüber dem Staat elementare Bedingungen der Lebensfähigkeit gerade einer rechtsstaatlich-freiheitlichen Demokratie seien – die Grundpflichten also jedenfalls im Staate des Grundgesetzes in der Notwendigkeit gründen würden, den Staat der Freiheit zu organisieren und zu erhalten.[473]

In diesem Lichte sei ferner auf die oben gemachten Ausführungen hingewiesen, wonach gerade der materiellen Polizeipflicht eine für den Bestand des Staates und des Gemeinwesens kaum zu überschätzende Bedeutung zukommt, da der Zustand der Gefahrenfreiheit – den die materielle Polizeipflicht gerade gewährleisten bzw. wiederherstellen will – erst die tatsächlichen Voraussetzungen des friedlichen Zusammenlebens der Bürger, eines der vorrangigsten Staatsziele überhaupt, schafft. Die materielle Polizeipflicht gehört daher richtigerweise zum Minimum an Verhaltensregeln, die als unabdingbare Voraussetzung für das menschliche Zusammenleben zu qualifizieren ist und daher zum Erhalt des Gemeinwesens wesentlich beiträgt.[474] Und gerade weil der Staat bereits denklogisch nicht alle Gefahren in der gebotenen Eile selber abwehren kann, ist er diesbezüglich wie gesagt auf die Beiträge der Staatsbürger angewiesen. Der gemeinschaftsbezogene Aspekt der materiellen Polizeipflicht fordert daher richtigerwei-

---

470 Siehe oben Kapitel 4, B, II., 1., e), dd) bis ff); stellvertretend für viele *Griesbeck*, Polizeipflicht, S. 96; *Hofmann*, HbdStR V, 321, 342.

471 *Badura*, DVBl. 1982, 861, 868.

472 Dazu *Dühr*, Grundpflichten, S. 7; *Griesbeck*, Polizeipflicht, S. 97; *Hofmann*, HbdStR V, 321, 341, wo von der Selbsterhaltung der staatlichen Gemeinschaft gesprochen wird; differenzierend *Schmidt*, Grundpflichten, S. 35.

473 *Hofmann*, HbdStR V, 321, 342.

474 Vgl. diesbezüglich auch die oben dargelegten Ausführungen von *Vollmuth* und *Griesbeck*, *Vollmuth*, Ursache, S. 53 ff. und *Griesbeck*, Polizeipflicht, S. 95.

se in Bezug auf die Gefahrenabwehr, dass zwar jeder Bürger frei ist, das zu tun was er will; aber jedenfalls dann, wenn ihm eine Gefahr zuzurechnen ist, verpflichtet er ihn dazu, die Gefahr selber abzuwehren, um den Zustand der Gefahrenfreiheit schnellstmöglich wiederherzustellen.

Insofern spricht vieles dafür, der materiellen Polizeipflicht einen verfassungsrechtlich fundamentalen Charakter zukommen zu lassen und ihr – trotz fehlender ausdrücklicher Normierung im Grundgesetz – als ungeschriebene verfassungsrechtliche Grundpflicht Verfassungsrang zuzugestehen.

Dieser Eindruck wird noch verstärkt, wenn man sich die oben dargestellten Ansätze zur Verankerung der Idee der Grundpflichten im Grundgesetz in Erinnerung ruft.[475] Nach hier vertretener Auffassung lässt sich die Idee der Grundpflichten aufgrund der historisch gewachsenen Betonung des Wohles der Gemeinschaft vornehmlich im grundgesetzlichen Sozialstaatsprinzip des Art. 20 Abs. 1 GG verorten.[476] Die große Relevanz auch der materiellen Polizeipflicht für das Wohl der Gemeinschaft und ihre fundamentale Bedeutung für den Staat des Grundgesetzes schlechthin wurde bereits mehrfach betont. Sie lässt sich mithin vor diesem Hintergrund dem auch Pflichten begründenden Sozialstaatsprinzip zuordnen, so dass auch und gerade auf diese Weise die Verankerung der materiellen Polizeipflicht in der Verfassung – auch ohne ausdrückliche Normierung im Grundgesetz – bewerkstelligt wird.

Zu keinem anderen Ergebnis gelangt man, wenn man auf den Satz von der Menschenwürde abstellt.[477] Nach *Dühr* und *Luchterhandt* normiert Art. 1 Abs. 1 S. 1 GG die mitmenschenbezogenen Grundpflichten. Art. 1 Abs. 1 S. 1 GG würde bewirken, dass sich die allgemein sittlichen Pflichten des Menschen, anderen Menschen zu helfen, dann zu einer Rechtspflicht verdichte, wenn sich andere Menschen in Notlagen oder Gefahrensituationen befänden.[478] Jedenfalls in den Situationen, in denen einem Störer eine entsprechende Gefahr zurechenbar ist, müsste ihn die materielle Polizeipflicht gemäß Art. 1 Abs. 1 S. 1 GG gewissermaßen erst recht dazu verpflichten, diese Gefahr abzuwehren.

Genauso stellt sich das Ergebnis dar, wenn man auf die staatsbezogenen Grundpflichten des Art. 1 Abs. 1 S. 2 GG abstellen wollte. Satz 2 beinhaltet nach *Dühr* und *Luchterhandt* die Grundpflicht „zur Mitkonstituierung des menschenwürdegarantierenden Staates".[479] Auch in dieser Norm lässt sich die materielle Polizeipflicht verankern. Wenn sie einen Störer dazu verpflichtet, ihm zuzurechnende Gefahren abzuwehren, dann nach dem oben Ausgeführten auch und gera-

475 Dazu Kapitel 4, B, II., 1., b), aa).

476 Siehe oben Kapitel 4, B, II., 1., b), aa), (1) und (2).

477 Dazu Kapitel 4, B, II., 1., b), aa).

478 *Dühr*, Grundpflichten, S. 25.

479 *Dühr*, Grundpflichten, S. 27.

de deswegen, weil der Staat selber gerade nicht jedwede Gefahr selber abwehren kann, er also auf die Gefahrenabwehrmaßnahmen des Störers in hohem Maße zur Erhaltung bzw. Wiederherstellung des gefahrfreien Zustandes angewiesen ist. Vor diesem Hintergrund stellt sich die materielle Polizeipflicht also als Pflicht zur Mitkonstruierung des Staates dar. Gerade diesbezüglich sind auch Parallelen zur Verankerung der materiellen Polizeipflicht im Sozialstaatsprinzip erkennbar, so dass sich wie oben angedeutet[480] beide Ansätze bezüglich der Verortung der materiellen Polizeipflicht im Grundgesetz ergänzen.

Insoweit lässt sich also festhalten, dass sowohl Sozialstaatsprinzip als auch der Satz von der Menschenwürde – sich gewissermaßen gegenseitig ergänzend – den verfassungsrechtlichen Anknüpfungspunkt für die materielle Polizeipflicht im Sinne einer Gefahrenabwehrpflicht darstellen. Auch wenn sie nicht ausdrücklich in der Verfassung normiert ist, ist die materielle Polizeipflicht demnach als eine ungeschriebene Grundpflicht anzuerkennen.

Die Richtigkeit dieses Ergebnisses soll abschließend durch zwei weitere Erwägungen untermauert werden.

(4) Allgemeine Hilfeleistungspflicht

Die erste dieser Erwägungen ergibt sich aus dem Streit über die Frage, ob die allgemeine Hilfeleistungspflicht – unter anderem normiert in § 323c StGB – als eine Grundpflicht zu qualifizieren ist. Diese Pflicht erfordert es, bei Unglücksfällen oder in den Fällen gemeiner Gefahr oder Not Hilfe zu leisten, sofern dies erforderlich und dem Individuum den Umständen nach zuzumuten ist, insbesondere ohne erhebliche eigene Gefahr und ohne Verletzung anderer wichtiger Pflichten.[481] Schutzgüter sind die Individualrechtsgüter des Betroffenen, namentlich Leben, Gesundheit und Eigentum.[482]

Ob diese Hilfeleistungspflicht eine verfassungsrechtliche Grundpflicht darstellt, ist umstritten.[483] Einige Landesverfassungen – vgl. Art. 19 der saarländischen Landesverfassung oder Art. 122 der bayerischen Landesverfassung – haben sie ausdrücklich als eine Grundpflicht aufgenommen.[484]

---

480 Siehe oben Kapitel 4, B, II., 1., b), aa), (1) und (2).

481 *Dühr*, Grundpflichten, S. 203; vgl. auch den Gesetzestext zu § 323c StGB.

482 *Dühr*, Grundpflichten, S. 203.

483 Dazu neben anderen *Dühr*, Grundpflichten, S. 203 ff.; *Hofmann*, HbdStR V, 321, 334; *Schmidt*, Grundpflichten, S. 233 ff.

484 Zusammenfassend *Luchterhandt*, Grundpflichten, S. 381.

Eine Ansicht in der Literatur verneint indes den Grundpflichtencharakter dieser Pflicht – jedenfalls bezogen auf das Grundgesetz.[485] Nach *Hofmann* fehle es an dem für die Grundpflichten unerlässlichen verfassungsgesetzlichen Anknüpfungspunkt.[486]

Dies kann man freilich mit guten Argumenten auch anders sehen. So könnte beispielsweise *Hofmann* mit der Überlegung entgegengetreten werden, den verfassungsrechtlichen Anknüpfungspunkt der Hilfeleistungspflicht im Sozialstaatsprinzip, in dem Satz von der Menschenwürde oder im Sinnzusammenhang der Artikel des Grundgesetzes zu sehen, die sich mit der Gefahrenabwehr befassen.[487] Gerade vor dem Hintergrund, dass Art. 13 Abs. 7 GG von der Abwehr einer gemeinen Gefahr bzw. einer Lebensgefahr für einzelne Personen spricht, sich also in Bezug auf die Schutzgüter mit denen der Hilfeleistungspflicht deckt, ließe sich die verfassungsrechtliche Verankerung bejahen. Vor diesem Hintergrund nachvollziehbar spricht sich denn auch *Dühr* dafür aus, die Hilfeleistungspflicht zumindest in den Fällen, in denen eine Pflicht zur Lebensrettung in Rede steht, als eine verfassungsrechtliche Grundpflicht anzuerkennen.[488]

Nicht eindeutig zur dieser Frage sind *Luchterhandts* Ausführungen. Einerseits entwickelt er die Hilfeleistungspflicht aus Art. 1 Abs. 1 GG und sieht sie auch ausdrücklich als eine Grundpflichtenbestimmung an, die ihrer Natur nach eine ethisch begründete Menschenpflicht sei.[489] Andererseits führt er aber auch aus, dass die Hilfeleistungspflicht – da „ihre objektive Bedeutung für das Staatswesen und der Grad ihrer Belastung nur als gering eingestuft werden“ könne – gerade „nicht als Grundpflicht im materiellen Sinne“ anzusehen sei.[490]

Auf diesen Meinungsstreit bezüglich der Grundpflichtenqualität der Hilfeleistungspflicht soll im Folgenden indes nicht vertiefend eingegangen werden. Festgehalten werden soll für die vorliegende Untersuchung lediglich, dass die Frage, ob die Hilfeleistungspflicht eine Grundpflicht darstellt, umstritten ist, und dass mit guten Argumenten eine die Grundpflichtenqualität bejahende Ansicht vertreten werden kann und in der Literatur stellenweise auch vertreten wird.

Wenn aber diskutiert und mit guten Argumenten auch vertreten wird, bereits die allgemeine Hilfeleistungspflicht, die jeden Menschen unabhängig von seinem Beitrag bezüglich der Entstehung einer Notlage bzw. Gefahr treffen kann, als eine ungeschriebene verfassungsrechtliche Grundpflicht anzuerkennen, dann

485 *Hofmann*, HbdStR V, 321, 334; *Luchterhandt*, Grundpflichten, S. 588; wohl auch *Schmidt*, Grundpflichten, S. 237.

486 *Hofmann*, HbdStR V, 321, 334.

487 Vgl. Art. 11 Abs. 2 GG, Art. 13 Abs. 7 GG und Art. 35 Abs. 2 GG.

488 *Dühr*, Grundpflichten, S. 203 ff. und S. 213.

489 *Luchterhandt*, Grundpflichten, S. 558.

490 *Luchterhandt*, Grundpflichten, S. 588.

spricht manches dafür, jedenfalls die materielle Polizeipflicht als eine Grundpflicht zu werten. Denn sie unterscheidet sich von der allgemeinen Hilfeleistungspflicht dadurch, dass bei ihr stets eine Person, nämlich der Störer, vorhanden ist, dem die Gefahr zugerechnet werden kann und den sie gerade deswegen zur Gefahrenabwehr verpflichtet. Der materiell polizeipflichtige Störer wird also nicht nur zur Abwehr der Gefahr um ihrer selbst willen verpflichtet, sondern auch und sogar in erster Linie deswegen, weil gerade ihm diese Gefahr zuzurechnen ist.

Wenn also eine beliebige Person die Pflicht zur Hilfeleistung unabhängig von ihrer Beziehung zur Gefahr treffen kann, dann ist eine solche Pflicht bezüglich eines Störers, dem die Gefahr zuzurechnen ist, der ihr also insofern näher steht als eine nicht mit der Entstehung der Gefahr in Zusammenhang stehende Person, erst recht und in deutlich intensiverem Maße gegeben. Diese Pflicht wird in diesen Fällen durch die materielle Polizeipflicht verkörpert, die gegenüber der allgemeinen Hilfeleistungspflicht insofern aufgrund des Zurechnungskriteriums spezieller ist. Hierin liegt ein weiteres Argument dafür, jedenfalls die materielle Polizeipflicht als eine verfassungsrechtliche Grundpflicht anzuerkennen.[491]

(5) Nichtstörungspflicht

Ähnlich stellt sich die Argumentation bei der zweiten Erwägung dar. Diese knüpft an die Diskussion über die Frage an, ob die Nichtstörungspflicht eine Grundpflicht darstellt.[492] Unter der Nichtstörungspflicht wird – pauschal formuliert – die Verpflichtung eines jeden Bürgers verstanden, die öffentliche Sicherheit und Ordnung nicht zu stören und sein Verhalten bzw. den Zustand seiner Sachen so einzurichten, dass keine Gefahren bzw. Störungen entstehen.[493] Diese Nichtstörungspflicht ist letzten Endes nichts anderes als die materielle Polizeipflicht in der Form der oben abgelehnten Gefahrenvermeidungspflicht.[494]

Vereinzelt wird vertreten, diese Nichtstörungspflicht als Grundpflicht anzuerkennen.[495] Namentlich *Dürig* führt zur Begründung dieses Ansatzes aus, dass es

491 Zwar soll nicht unerwähnt bleiben, dass die allgemeine Hilfeleistungspflicht den Schutz hochwertiger Rechtsgüter bezweckt, dessen Niveau im Falle der Abwehr von Gefahren für die allgemeine Sicherheit und Ordnung nicht in jedem Fall erreicht wird. Dies ändert aber jedenfalls an der Indizwirkung der eben gemachten Ausführungen dem Grunde nach nichts.

492 Dazu *Dühr*, Grundpflichten, S. 214 ff.; *Dürig*, AöR 79, 57, 77 ff.; *Quaritsch*, DVBl. 1959, 455, 458; *Schmidt*, Grundpflichten, S. 283 f.; *Merk*, Verwaltungsrecht II, S. 1588, wo die „Pflicht zum polizeigemäßen Verhalten" zur Grundpflicht erklärt wird.

493 *Dürig*, AöR 79, 57, 78; *Schmidt*, Grundpflichten, S. 283.

494 Dazu Kapitel 4, A, II.; so auch *Griesbeck*, Polizeipflicht, S. 98.

495 So ausdrücklich *Quaritsch*, DVBl. 1959, 455, 458 m.w.N.; im Ergebnis wohl ebenso *Dürig*, AöR 79, 57, 77 ff., auf den *Quaritsch* sich ausdrücklich bezieht.

von vorneherein nicht zur Freiheit des Einzelnen zähle, die gute Ordnung des Gemeinwesens, in das er hineingestellt ist, zu stören.[496] Daraus resultiere die gesellschaftliche Pflicht des Individuums, entsprechende Störungen zu unterlassen[497] bzw. sein Eigentum im polizeigemäßen Zustand zu halten.[498]

Größtenteils wird die Nichtstörungspflicht indes nicht als Grundpflicht anerkannt.[499] *Schmidt* verweist diesbezüglich auf das dieser Frage vorangestellte Problem, wonach es bereits fraglich sei, ob es gefahrenabwehrrechtlich überhaupt eine Nichtstörungspflicht geben könne oder ob sich die allgemeine polizei- und ordnungsrechtliche Pflichtigkeit vielmehr – wie auch in der vorliegenden Untersuchung vertreten – in der Pflicht zur Gefahrenbeseitigung erschöpfe.[500] Auch *Dühr* geht der Ansatz, die Nichtstörungspflicht als eine Grundpflicht anzuerkennen, letzten Endes zu weit. Er weist auf die Gefahr einer drohenden „Inflation von Grundpflichten" hin, wollte man die Nichtstörungspflicht als Grundpflicht anerkennen.[501]

Ob die Nichtstörungspflicht den Charakter einer Grundpflicht genießt, erscheint in der Tat aus mehreren Gründen jedenfalls nicht frei von Bedenken. Diesbezüglich sei an dieser Stelle auf die in dieser Untersuchung im Rahmen der Definition der materiellen Polizeipflicht gemachten Ausführungen verweisen, wonach das Verständnis der materiellen Polizeipflicht als eine allgemeine Verpflichtung, die öffentliche Sicherheit und Ordnung nicht zu stören, für das Polizei- und Ordnungsrecht als zu weitgehend und mit der allgemeinen Freiheitsvermutung als nicht vereinbar abgelehnt wurde.[502] Vielmehr ist die materielle Polizeipflicht wie gezeigt als eine Gefahrenabwehrpflicht zu verstehen.

Aber auch im Rahmen des Streits bezüglich der Qualifizierung der Nichtstörungspflicht als eine verfassungsrechtliche Grundpflicht kann eine Streitentscheidung letzten Endes dahingestellt bleiben. Es genügt festzuhalten, dass mit zumindest erörterungswürdigen Argumenten eine bejahende Ansicht vertreten werden kann und stellenweise auch vertreten wird. Und wenn bereits bezüglich einer bloßen Gefahrenvermeidungspflicht der Charakter einer verfassungsrechtlichen Grundpflicht diskutiert und zum Teil sogar bejaht wird, dann spricht manches dafür, die insofern speziellere, akutere und intensivere Gefahrenabwehrpflicht des Störers als eine Grundpflicht zu qualifizieren. Denn die bloße Gefah-

---

496 *Dürig*, AöR 79, 57, 78.

497 *Dürig*, AöR 79, 57, 78.

498 *Dürig*, AöR 79, 57, 78; ihm folgend *Quaritsch*, DVBl. 1959, 455, 458 m.w.N.

499 Vgl. beispielsweise *Dühr*, Grundpflichten, S. 214 ff.; *Luchterhandt*, Grundpflichten, S. 588; skeptisch auch *Schmidt*, Grundpflichten, S. 284.

500 *Schmidt*, Grundpflichten, S. 283; siehe oben Kapitel 4, A, II.

501 *Dühr*, Grundpflichten, S. 215.

502 Siehe oben Kapitel 4, A, II.

renvermeidungspflicht trifft eine Person bereits in einem zeitlichen Stadium, in welchem gerade noch keine Gefahrenlage vorhanden ist. Wird bereits in diesem Stadium zumindest diskutiert, einer Gefahrenvermeidungspflicht den Charakter einer Grundpflicht zukommen zu lassen, so erscheint es folgerichtig, jedenfalls dann den Grundpflichtcharakter zu bejahen, wenn sich die Situation bereits so weit verdichtet hat, dass eine Gefahr für Rechtsgüter der öffentlichen Sicherheit entstanden ist und Gefahrenabwehrmaßnahmen akut werden, also eine – rechtlich insofern deutlich schwerwiegendere und intensivere – Gefahrbeseitigungspflicht des Störers in Rede steht, die es der öffentlichen Hand erlaubt, in Grundrechte des Störers eingreifende Gefahrenabwehrverfügungen an ihn zu erlassen.

(6) Zwischenergebnis

Nach alledem ist bezüglich der materiellen Polizeipflicht in ihrer Gestalt als Gefahrenabwehrpflicht auch das Merkmal der Verankerung der Pflicht in der Verfassung in Form einer ungeschriebenen Grundpflicht zu bejahen.

hh) Unentgeltlichkeit der Pflichterfüllung

Schließlich soll auf die namentlich von *Luchterhandt* zu Recht geforderte Unentgeltlichkeit der Pflichterfüllung eingegangen werden.[503] Dieses Merkmal ist gerade deswegen erforderlich, weil dadurch kundgetan wird, dass die Pflichterfüllung ein persönliches Opfer des Einzelnen für das Gemeinwesen darstellt.[504]

Auch dieses Merkmal ist bezogen auf die materielle Polizeipflicht zu bejahen, steht doch nach allgemein anerkannter Ansicht und geltender Gesetzeslage demjenigen, der eine ihm zurechenbare Gefahr abwehrt – gleichgültig, ob er dies von sich aus tut oder durch rechtmäßige behördliche Verfügung dazu verpflichtet wird –, kein Ausgleichsanspruch gegen den Staat zu.[505] Einen solchen Entschädigungsanspruch hat grundsätzlich nur der sogenannte Nichtstörer bzw. der Anscheinsstörer.[506]

Ein Überblick über die verschiedenen Anspruchskonstellationen soll im nächsten Kapitel gegeben werden. Auch die Frage, ob das Ergebnis des fehlenden Ausgleichsanspruchs des Störers mit der Verfassung – namentlich mit dem

---

503 Dazu *Luchterhandt*, Grundpflichten, S. 583 f.

504 So bereits überzeugend *Luchterhandt*, Grundpflichten, S. 583.

505 *Pieroth/Schlink/Kniesel*, Polizei- und Ordnungsrecht, § 26, Rn. 13; dazu ausführlich Kapitel 5, A, II., 2.

506 *Pieroth/Schlink/Kniesel*, Polizei- und Ordnungsrecht, § 26, Rn. 11 f.; siehe auch Kapitel 5, A, II., 2.

Steuerstaatsprinzip – in Einklang zu bringen ist, soll im weiteren Verlauf der Untersuchung noch vertiefend erörtert werden.[507]

Festhalten lässt sich an dieser Stelle aber, dass auch die Unentgeltlichkeit der Pflichterfüllung nach allgemeiner Ansicht und geltender Gesetzeslage in Bezug auf die materielle Polizeipflicht zu bejahen ist.

ii) Umsetzung und Konkretisierung durch den Gesetzgeber

Nur kurz soll an dieser Stelle auf die Streitfrage eingegangen werden, ob Grundpflichten – anders als die unmittelbar wirkenden Grundrechte – zwingend einer Aktualisierung bzw. Konkretisierung durch den Gesetzgeber bedürfen[508] oder ob Grundpflichten auch eine unmittelbare Wirkung entfalten können.[509]

Denn auch wenn man mit der herrschenden Ansicht von einer grundsätzlich erforderlichen Konkretisierung der Grundpflicht durch den Gesetzgeber in Form eines materiellen Gesetzes ausgehen wollte, so wäre auch dieses Erfordernis in Bezug auf die materielle Polizeipflicht erfüllt, weil sie sich – wie oben dargestellt wurde[510] – aus den Polizei- und Ordnungsgesetzen ergibt.[511]

2. Zwischenergebnis

Da somit alle relevanten Merkmale der Grundpflichtendefinition in Bezug auf die materielle Polizeipflicht gegeben sind, ist sie als ungeschriebene, gleichwohl grundgesetzlich verankerte Grundpflicht anzuerkennen.[512] Ihr kommt demnach verfassungsrechtliches Gewicht zu.

---

507 Siehe unten Kapitel 7, B.

508 So neben vielen *Griesbeck*, Polizeipflicht, S. 97; wohl auch *Luchterhandt*, Grundpflichten, S. 586.

509 Dies deutet wenigstens für bestimmte Grundpflichten *Stober* an, vgl. *Stober*, NVwZ 1982, 473, 473.

510 Siehe oben Kapitel 4, B, I.

511 So auch *Drews/Wacke/Vogel/Martens,* Gefahrenabwehr, S. 293; *Martensen*, DVBl. 1996, 286, 287.

512 Ähnlich *Hofmann*, HbdStR V, 321, 348, der die „Polizeipflichtigkeit" als eine Grundpflicht anerkennt, wobei aber offen bleibt, welchen Inhalt die Polizeipflichtigkeit seiner Ansicht nach hat; ähnlich auch *Griesbeck*, Polizeipflicht, S. 98 f., der dieses Ergebnis zwar nach überzeugenden Ansätzen immerhin andeutet, eine eindeutige Positionierung letzten Endes vermissen lässt.

C. Zusammenfassung

Neben dem Staat, dem die Gefahrenabwehr als eine Staatsaufgabe verfassungsrechtlich zugewiesen ist, ist in bestimmten Situationen auch der Bürger für die Abwehr von Gefahren zuständig. Namentlich den polizei- und ordnungsrechtlichen Handlungs- bzw. Zustandsstörer trifft aufgrund der materiellen Polizeipflicht, die als ungeschriebene verfassungsrechtliche Grundpflicht Verfassungsrang genießt, die Verpflichtung, ihm zuzurechnende Gefahren abzuwehren.

Kapitel 5: Konsequenzen der Qualifizierung der materiellen Polizeipflicht als verfassungsrechtliche Grundpflicht

Nachdem die materielle Polizeipflicht als eine Gefahrenabwehrpflicht des Störers definiert wurde, die als verfassungsrechtliche Grundpflicht zu qualifizieren ist, soll im Folgenden untersucht werden, zu welchen Konsequenzen diese Qualifizierung führt.

Zunächst soll diesbezüglich auf die Frage eingegangen werden, inwiefern die Qualifizierung der materiellen Polizeipflicht als verfassungsrechtliche Grundpflicht Einfluss auf die Frage nach dem Umfang dieser Pflicht hat. Insbesondere wird die Frage im Vordergrund stehen, ob die materielle Polizeipflicht stets eine unbeschränkte Pflicht ist oder sie in bestimmten Situationen eine Begrenzung erfahren muss.

Im Anschluss daran wird die Frage zu erörtern sein, inwiefern der Charakter der materiellen Polizeipflicht als verfassungsrechtliche Grundpflicht Auswirkungen auf die Frage nach dem Innenausgleich im Falle einer Störermehrheit hat.

Doch bevor diese Fragen eingehend erörtert werden können, ist zunächst eine kurze Darstellung der Systematik des Polizei- und Ordnungsrechts geboten, um die entsprechenden Konsequenzen der Einordnung der materiellen Polizeipflicht auf der jeweils relevanten Ebene zu verorten. Das folgende Kapitel ist also als eine Art Weichenstellung zu verstehen, in welchem die im weiteren Verlauf der Untersuchung zu prüfenden Konsequenzen der rechtlichen Qualifizierung der materiellen Polizeipflicht als eine verfassungsrechtliche Grundpflicht auf der jeweils relevanten Ebene benannt werden.

Wie in der Einleitung angedeutet wurde, ist im Polizei- und Ordnungsrecht im Wesentlichen zwischen zwei zeitlichen Ebenen zu unterscheiden. Zum einen kann es um ein Tätigwerden zur Abwehr einer Gefahr gehen, zum anderen kann die Frage der Kostentragung bezüglich bereits durchgeführter Gefahrenabwehrmaßnahmen relevant werden.

Oder anders formuliert: Es geht entweder um die zeitliche Phase, in der eine Gefahr noch besteht, also die Zeit vor der Gefahrenabwehr, oder um die Phase, in der sie nicht mehr besteht, also die Zeit nach der Gefahrenabwehr.

A. Die Ebenen im Polizei- und Ordnungsrecht

Deshalb wird auch nach mittlerweile allgemein anerkannter Ansicht zwischen zwei Zeitebenen im Polizei- und Ordnungsrecht differenziert, nämlich zwischen der Primärebene als der zeitlichen Ebene vor der Gefahrenabwehr, bei der es um die Maßnahmen zur Gefahrenabwehr geht, und der Sekundärebene als der zeitlichen Ebene nach der Gefahrenabwehr, bei der es um die Frage der Kostentragung bezüglich erfolgter Gefahrenabwehrmaßnahmen geht.[513]

I. Die Primärebene

Auf dieser Ebene geht es um alle Handlungen und Maßnahmen, die zur Abwehr einer Gefahr oder Störung für die öffentliche Sicherheit und Ordnung in Betracht kommen.[514] Es besteht auf dieser Ebene eine Gefahr oder Störung für eines der geschützten Rechtsgüter, welche abzuwehren ist.

Wie gezeigt wurde, trifft auf dieser Ebene sämtliche Personen, denen eine Gefahr als Handlungs- oder Zustandsstörer zugerechnet werden kann, die materielle Polizeipflicht in Form einer Gefahrenabwehrverpflichtung kraft Gesetzes.[515]

---

513 Stellvertretend für die allgemeine Ansicht siehe VGH Mannheim, VBlBW 2008, 137, 138; VGH München, BayVBl. 1995, 758, 759; *Bockwoldt*, Rechtmäßigkeit und Kostentragungspflicht, S. 34 ff.; *Broß*, DVBl. 1983, 377, 378; *Garbe*, DÖV 1998, 632, 634; *Giesberts*, Lastenverteilung, S. 54 ff.; *Kränz*, JuS 1987, 451, 452; *Seibert*, DVBl. 1985, 328, 328; ähnlich auch *Hohmann*, DVBl. 1984, 997, 998, der von „Primärpflichten“ und „Sekundärpflichten“ des Störers spricht; *Pietzcker*, JuS 1986, 719, 722 nennt sie die Ebene der Verfügung und einerseits die Ebene der Kosten andererseits; *Schenk*, BayVBl. 1997, 33, 33 ff. spricht von der „Handlungsebene“, wo es um Effektivität und Schnelligkeit gehe, und der „Kostenebene“, wo Gerechtigkeitserwägungen vorherrschen müssten.
Eine ganz andere Aufteilung der Ebenen, freilich in anderem Zusammenhang, hat – zumindest auf den ersten Blick – *Kränz* entwickelt, vgl. *Kränz*, Zustandsverantwortlichkeit, S. 1 ff. Er spricht von der Primärebene als der Ebene der Gefahrenabwehr durch den Störer, von der Sekundärebene als der Ebene der Gefahrenabwehr durch die Behörde und von der Tertiärebene als der Ebene der Gefahrenabwehr durch den Nichtstörer. Allerdings wirkt diese Aufteilung insofern nicht als wirkliche Alternative zu der herkömmlichen Aufteilung als *Kränz* auch der herrschenden Aufteilung der Ebenen nicht ablehnend gegenüberzustehen scheint, was im weiteren Verlauf seiner Abhandlung deutlich wird. Dort wird später von der Primärebene als der Ebene der Gefahrenabwehr – *Kränz*, Zustandsverantwortlichkeit, S. 160 – und der Sekundärebene als der Ebene der Kostentragung – *Kränz*, Zustandsverantwortlichkeit, S. 163 – gesprochen.

514 Allgemeine Ansicht, vgl. *Kränz*, JuS 1987, 451, 452; *Lisken/Denninger*, Handbuch des Polizeirechts, N, Rn. 26; *Schenk*, BayVBl. 1997, 33, 33.

515 Siehe oben Kapitel 4, A, III.

Seit Jahren wird kontrovers diskutiert, ob diese Verpflichtung des Störers auf der Primärebene in bestimmten Situationen zu begrenzen ist.[516] Der zeitlichen Reihenfolge entsprechend soll daher im folgenden Kapitel diese Frage vor dem Hintergrund der auf dieser Ebene wirkenden Rechtsgrundsätze unter besonderer Berücksichtigung der Qualifizierung der materiellen Polizeipflicht als einer verfassungsrechtlichen Grundpflicht untersucht werden.[517]

II. Die Sekundärebene

Die Sekundärebene betrifft die Frage der Kostentragung, bezeichnet also den zeitlichen Bereich nach der Beseitigung der Gefahr, der die finanziellen Folgen des Handelns zur Gefahrenabwehr beinhaltet.[518] Hier wird geklärt, wer letzten Endes für die Kosten der Gefahrenabwehr aufzukommen hat, der Bürger oder der Staat. Diesbezüglich sind mehrere Rechts- und Anspruchsbeziehungen denkbar.[519]

1. Ansprüche des Staates gegen den Störer

Zunächst soll auf die Ansprüche der öffentlichen Hand gegen den oder die Störer eingegangen werden. Nahezu jede Maßnahme zur Gefahrenabwehr verursacht Kosten.

Diese Kosten entstehen entweder dem Handlungs- bzw. Zustandsstörer, sofern dieser die Gefahr abwehrt – entweder, weil er der ihn treffenden materiellen Polizeipflicht von sich aus nachkommt oder dazu durch aktualisierende Verfügung verpflichtet wird. Nur in den Ausnahmefällen, in denen er von der öffentlichen Hand herangezogen wird, trifft die Kostenlast der Gefahrenabwehr zunächst auch den Nichtstörer.

In den Fällen freilich, in denen eine Gefahr auf der Primärebene nicht von dem eigentlichen Störer bzw. dem Nichtstörer beseitigt wird, sondern die Polizei- und Ordnungsbehörden zur Gefahrenabwehr tätig geworden sind, entstehen

---

516 Vgl. beispielsweise *Friauf*, FS-Wacke, 293, 293 ff.; *Jochum*, NVwZ 2003, 526, 526, die sich freilich in erster Linie mit einer Begrenzung der Pflicht auf der Sekundärebene beschäftigt.

517 Siehe Kapitel 6.

518 Statt aller VGH Mannheim, VBlBW 2008, 137, 138; *Bockwoldt*, Rechtmäßigkeit und Kostentragungspflicht, S. 35; *Felix/Nitschke*, NordÖR 2004, 469, 472; dazu auch *Giesberts*, Lastenverteilung, S. 57 ff. und S. 150.

519 Das Muster der Darstellung der verschiedenen Anspruchsbeziehungen auf der Sekundärebene findet sich bereits bei *Bockwoldt*, siehe *Bockwoldt*, Rechtmäßigkeit und Kostentragungspflicht, S. 35 ff.

diese Kosten der öffentlichen Hand. Sie können von der öffentlichen Hand auf den bzw. die Störer entsprechend den Voraussetzungen der Polizei- und Ordnungsgesetze abgewälzt werden.

Kostenpflichtige Maßnahmen, bezüglich derer die öffentliche Hand den Störer in Regress nehmen kann, sind nach gegenwärtiger Gesetzeslage die unmittelbare Ausführung,[520] die Ersatzvornahme als polizeiliches Zwangsmittel[521] sowie die Sicherstellung, Verwertung und Vernichtung von Sachen.[522]

An dieser Stelle soll auch der Rückgriffsanspruch genannt sein, den die öffentliche Hand gegen den Störer geltend machen kann, wenn ein Nichtstörer rechtmäßig von der öffentlichen Hand zur Gefahrenabwehr in Anspruch genommen wurde und diesem infolge dessen Kostenersatz gewährt wurde.[523] Diese Ersatzleistung kann die öffentliche Hand vom eigentlichen Störer zurückverlangen.[524]

Im Übrigen sind die Kostenansprüche in den einzelnen Polizei- und Ordnungsgesetzen der Länder stellenweise unterschiedlich geregelt.[525] Während beispielsweise im Musterentwurf eines einheitlichen Polizeigesetzes des Bundes und der Länder bezüglich der Zwangsmittel nur die Ersatzvornahme kostenpflichtig ist (§ 30 Abs. 2 MEPolG), können unter anderem in Hessen auch die Kosten für die Anwendung des unmittelbaren Zwanges[526] erhoben werden.[527] Hier kommt es demnach immer auf die konkrete Regelung des jeweiligen Bundeslandes an.

Ob der Staat in den eben dargestellten Konstellationen die Kosten der Gefahrenabwehr unter verfassungsrechtlichen Gesichtspunkten tatsächlich auf den Störer überwälzen darf, soll unter Berücksichtigung des Steuerstaatsprinzips, der materiellen Polizeipflicht als verfassungsrechtliche Grundpflicht und der Tatsache, dass die Gefahrenabwehr eine Staatsaufgabe darstellt, zu Beginn der Darstellung der Sekundärebene vertiefend untersucht werden.[528]

---

520 So in § 5a Abs. 2 MEPolG und in manchen Bundesländern.

521 § 30 Abs. 2 MEPolG; Art. 55 BayPAG; in den anderen Bundesländern gelten diesbezüglich die allgemeinen Vorschriften, vgl. § 19 Abs. 1 HmbVwVG; dazu auch *Schenke*, Polizei- und Ordnungsrecht, Rn. 698, Fn. 2.

522 § 24 Abs. 3 MEPolG; Art. 28 Abs. 3 BayPAG; § 14 Abs. 3 HmbSOG; *Bockwoldt*, Rechtmäßigkeit und Kostentragungspflicht, S. 35.

523 § 10 Abs. 4 HmbSOG; dazu auch *Schenke*, Polizei- und Ordnungsrecht, Rn. 707.

524 Dies geschieht entsprechend der Regelung des § 50 Abs. 1 i.V.m. § 45 Abs. 1 S. 1 MEPolG; dazu auch *Schenke*, Polizei- und Ordnungsrecht, Rn. 707, Fn. 35.

525 Dazu auch *Bockwoldt*, Rechtmäßigkeit und Kostentragungspflicht, S. 36.

526 Zu dieser besonderen Konstellation *Gusy*, DVBl. 1996, 722, 723.

527 Vgl. § 52 Abs. 1 S. 3 i.V.m § 8 Abs. 2 HessSOG.

528 Siehe unten Kapitel 7, B.

2. Ansprüche des Bürgers gegen den Staat

Denkbar sind auch Ansprüche des Bürgers gegen den Staat. Die in den Polizei- und Ordnungsgesetzen normierten Entschädigungsansprüche sind Ausformungen des allgemeinen Aufopferungsgedankens[529] aus §§ 74, 75 EinlPrALR.[530]

Es ist allgemein anerkannt und entspricht der geltenden Gesetzeslage, dass der polizei- und ordnungsrechtliche Störer keinen Ausgleichsanspruch gegen die öffentliche Hand geltend machen kann, wenn er eine ihm zuzurechnende Gefahr auf eigene Kosten abgewehrt hat.[531] Im einfachen Recht sind solche Ansprüche nicht vorgesehen, und auch aus den Grundrechten lässt sich nach nahezu allgemeiner Ansicht ein entsprechender Ausgleichsanspruch nicht herleiten.[532] Bei einer rechtmäßigen Inanspruchnahme erbringe jedenfalls der Handlungs- bzw. Zustandsstörer nämlich kein besonderes Opfer, vielmehr werde er in die Schranken seines Rechts verwiesen.[533]

Auch auf diese Thematik soll im Rahmen der Untersuchung der Sekundärebene vor dem Hintergrund des Steuerstaatsprinzips, der materiellen Polizeipflicht als einer verfassungsrechtlichen Grundpflicht und der Tatsache, dass auch und gerade dem Staat die Aufgabe der Gefahrenabwehr zugewiesen ist, vertiefend eingegangen werden.[534]

Im MEPolG[535] sowie in allen insoweit übereinstimmenden Landesgesetzen[536] wird indes ein Entschädigungsanspruch des Nichtstörers gegen die öffentliche Hand im Falle seiner rechtmäßigen Inanspruchnahme normiert. Wird ein Bürger, dem eine Gefahr nicht zugerechnet werden kann, den also die materielle Polizei-

---

529 Zur Entwicklungsgeschichte des Aufopferungsgedankens sei auf die vertiefenden Ausführungen von *Schmitt-Kammler*, JuS 1995, 473, 473 ff. verwiesen.

530 *Bockwoldt*, Rechtmäßigkeit und Kostentragungspflicht, S. 36; *Lisken/Denninger*, Handbuch des Polizeirechts, M, Rn. 1.

531 BGHZ 5, 144, 151; *Drews/Wacke/Vogel/Martens,* Gefahrenabwehr, S. 293; *Götz*, Allgemeines Polizei- und Ordnungsrecht, § 15, Rn. 2; *Pieroth/Schlink/Kniesel*, Polizei- und Ordnungsrecht, § 26, Rn. 13.

532 So *Pieroth/Schlink/Kniesel*, Polizei- und Ordnungsrecht, § 26, Rn. 13 f., wo auch darauf hingewiesen wird, dass es gleichwohl vereinzelt wirtschafts- und sozialpolitisch motivierte Regelungen geben könne, die dem rechtmäßig in Anspruch genommenen Pflichtigen einen Anspruch auf Entschädigung gewähren.

533 *Drews/Wacke/Vogel/Martens,* Gefahrenabwehr, S. 293; *Götz*, Allgemeines Polizei- und Ordnungsrecht, § 15, Rn. 2.

534 Siehe unten Kapitel 7, B.

535 § 45 Abs. 1 MEPolG.

536 Vgl. beispielsweise § 10 Abs. 3 HmbSOG; eine Übersicht über die entsprechenden Normen findet sich bei *Schenke*, Polizei- und Ordnungsrecht, Rn. 684, Fn. 12.

pflicht nicht trifft, zur Gefahrenbeseitigung in Anspruch genommen, so steht ihm dieser Ausgleichsanspruch zu.[537]

In der jüngeren Vergangenheit wurde im Rahmen der analogen Anwendung des Ausgleichsanspruches des Nichtstörers immer häufiger der Ansatz formuliert, in bestimmten Fallgestaltungen auch dem materiell polizeipflichtigen Handlungs- bzw. Zustandsstörer entgegen der herrschenden Ansicht einen Ausgleichsanspruch gegen die öffentliche Hand zu gewähren.[538] Namentlich in den sogenannten Opferfällen[539] wie auch im Falle einer Störermehrheit[540] wird angedacht, einem auf der Primärebene zur Gefahrenabwehr tätig gewordenen Störer auf der Sekundärebene einen Anspruch auf Kostenerstattung gegen die öffentliche Hand zuzugestehen.[541] Da in den entsprechenden Konstellationen die materielle Polizeipflicht eingeschränkt werden müsse, so dass der zur Gefahrenabwehr tätig gewordene Störer über seinen eigentlichen Anteil an der Gefahr hinaus belastet werde, sei er insofern als ein sogenannter „Nicht-So-Störer" dem Nichtstörer gleichzustellen.[542] Auch dieser Ansatz soll in dieser Untersuchung unter Berücksichtigung des Grundpflichtencharakters der materiellen Polizeipflicht vertiefend erörtert werden.[543]

In allen Fällen, die nicht spezialgesetzlich geregelt sind, können abhängig vom Einzelfall ggf. Ansprüche aus dem Aufopferungsgedanken der §§ 74, 75 EinlPrALR in Betracht kommen.[544]

3. Ansprüche der Störer untereinander

Schließlich sind auch Ansprüche zwischen den Störern denkbar. Relevant wird diese Thematik namentlich dann, wenn eine Störermehrheit besteht, aber nur einer dieser Störer entweder auf der Primärebene alleine zur Gefahrenbeseitigung tätig oder nach erfolgter Gefahrenabwehr durch die öffentliche Hand auf der Sekundärebene alleine zur Kostentragung herangezogen wurde. In Betracht kommen dann Ansprüche gegen die übrigen Störer – namentlich aus den Regeln über

537 Dazu statt aller *Pieroth/Schlink/Kniesel*, Polizei- und Ordnungsrecht, § 26, Rn. 7.

538 *Jochum*, NVwZ 2003, 526, 529.

539 Dazu Kapitel 6, B, II., 1.

540 Dazu Kapitel 6, B, II., 2.

541 *Jochum*, NVwZ 2003, 526, 526 ff.; *Merten/Merten*, Hamburgisches Polizei- und Ordnungsrecht, Vorbemerkungen zu Verantwortlichkeiten, Rn. 31.

542 *Jochum*, NVwZ 2003, 526, 529.

543 Siehe unten Kapitel 7, C, III., 2., b).

544 *Bockwoldt*, Rechtmäßigkeit und Kostentragungspflicht, S. 36 f.; vgl. dazu auch BGHZ 6, 270, 275; BVerwGE 4, 6, 15; *Bothe*, JuS 1976, 515, 517 f.; *Maurer*, Verwaltungsrecht, § 28, Rn. 1 ff.; *Ossenbühl*, Staatshaftungsrecht, S. 12 ff.; *Papier*, JuS 1989, 630, 634; *Schack*, JZ 1960, 625, 625; *Schenke*, NJW 1991, 1777, 1781; *Schoch*, Jura 1988, 585, 585 ff.

die Gesamtschuld oder die Geschäftsführung ohne Auftrag.[545] Am Ende dieser Untersuchung soll auch diese Thematik unter Berücksichtigung der rechtlichen Verankerung der materiellen Polizeipflicht untersucht werden.[546]

B. Zusammenfassung

Im allgemeinen Polizei- und Ordnungsrecht ist zwischen zwei zeitlich voneinander zu unterscheidenden Ebenen zu differenzieren.

Zum einen gibt es die sogenannte Primärebene der Gefahrenabwehr. Hier sind sowohl der Staat als auch – aufgrund der materiellen Polizeipflicht – der Störer[547] verpflichtet, Gefahren abzuwehren.

Zum anderen gibt es die Ebene der Kostentragung, die sogenannte Sekundärebene, auf der – abhängig vom jeweiligen Einzelfall – verschiedene Anspruchskonstellationen denkbar sind.

Auf jeder dieser Ebenen sind Konsequenzen der Einordnung der materiellen Polizeipflicht als verfassungsrechtliche Grundpflicht denkbar.

545 Dazu auch *Bockwoldt*, Rechtmäßigkeit und Kostentragungspflicht, S. 37.

546 Siehe unten Kapitel 8.

547 Auf die Tatsache, dass in bestimmten Situationen auch der Nichtstörer bzw. der Anscheinsstörer in rechtmäßiger Weise verpflichtet werden kann, wurde oben bereits hingewiesen.

Kapitel 6: Die materielle Polizeipflicht auf der Primärebene

Nachdem die verschiedenen Ebenen des Polizei- und Ordnungsrechts in ihren Grundzügen dargestellt worden und die in Frage kommenden Konsequenzen, welche die Einordnung der materiellen Polizeipflicht als verfassungsrechtliche Grundpflicht mit sich bringt, benannt und auf der jeweiligen Ebene verortet worden sind, sollen sie im Folgenden vertiefend untersucht werden.

Der zeitlichen Reihenfolge des tatsächlichen Geschehens entsprechend soll mit der Erörterung des Umfangs der materiellen Polizeipflicht als einer Gefahrenabwehrpflicht auf der Primärebene begonnen werden. Diese Erörterung erfolgt wie gesagt dergestalt, dass zunächst sämtliche auf der Primärebene Wirkung entfaltenden Rechtsgrundsätze dargestellt werden, um im Anschluss daran ihr Zusammenwirken in Bezug auf den Umfang der materiellen Polizeipflicht zu erörtern. Im Rahmen dieses Zusammenwirkens wird auch die Frage behandelt werden, inwieweit die Qualifizierung der materiellen Polizeipflicht als verfassungsrechtliche Grundpflicht Einfluss auf die Frage des Umfangs dieser Pflicht auf der Primärebene hat.

A. Rechtsgrundsätze und deren Wirken auf der Primärebene

Zunächst ist zu klären, welche Rechtsgrundsätze auf der Primärebene wirken. Um diese Frage beantworten zu können, muss eingangs der juristische Begriff des „Rechtsgrundsatzes" definiert werden. Unter Rechtsgrundsätzen bzw. Rechtsprinzipien versteht man als Ausdruck abstrakter Rechtsideen die grundlegenden Anforderungen, an denen sich sowohl die Auslegung als auch die Anwendung des maßgeblichen Rechts zu orientieren haben.[548] Sie sind also – anders als die materiellen Gesetze – kein unmittelbar anwendbares Recht mit Regeln,

548 *Bockwoldt*, Rechtmäßigkeit und Kostentragungspflicht, S. 39; *Di Fabio*, Jura 1996, 566, 571 nennt die Rechtsgrundsätze in Anlehnung an *Savigny*, Methodenlehre, S. 15 ff. einerseits einen notwendigen Vorrat allgemeiner Sinnesgehalte zur wertenden Auffüllung und Schließung von Gesetzeslücken und andererseits einen gerade in komplizierten Rechtsmassen notwendigen Kompass, um das Fachrecht im Systemzusammenhang zu verstehen; jedenfalls ähnlich auch *Maurmann*, Rechtsgrundsätze, S. 13.

die Tatbestandsmerkmale und entsprechende Rechtsfolgen enthalten, sondern werden erst durch Gesetze und Gerichtsentscheidungen konkretisiert.[549]

Welche Rechtsgrundsätze im Polizei- und Ordnungsrecht auf der Primärebene der Gefahrenabwehr gelten, muss folglich anhand des Wortlautes der Polizei- und Ordnungsgesetze, der Intention, Konzeption und des Sinns und Zwecks des Polizei- und Ordnungsrechts, den Aussagen des Grundgesetzes sowie im Lichte der oben dargestellten historischen Entwicklung des Polizei- und Ordnungsrechts und der rechtsfortbildenden Rechtsprechung beantwortet werden.

I. Grundsatz der Effektivität der Gefahrenabwehr

Gerade unter Berücksichtigung der historischen Entwicklung hat sich der Grundsatz der Effektivität der Gefahrenabwehr als einer der elementarsten Grundsätze des allgemeinen Polizei- und Ordnungsrechts herauskristallisiert.[550]

1. Aussage und Herleitung des Effektivitätsgrundsatzes

Im Lichte der Entstehungsgeschichte des Polizei- und Ordnungsrechtes ist heute sowohl in der Rechtsprechung als auch in der Literatur eine ebenso knappe wie eingängige Definition des Effektivitätsgrundsatzes zu Recht allgemein anerkannt. Der Grundsatz der Effektivität der Gefahrenabwehr beinhaltet nach unbestrittener Ansicht die rasche, wirksame, vollständige und nachhaltige Abwehr einer Gefahr.[551]

Fraglich ist, ob es sich bei dem Effektivitätsgrundsatz um einen Verfassungsgrundsatz handelt. Die Beantwortung dieser Frage ist erforderlich, um das rechtliche Gewicht des Effektivitätsgrundsatzes auf der Primärebene zu bestimmen. Dies wiederum ist geboten, um im Rahmen des Zusammenspiels sämtlicher auf der Primärebene wirkender Rechtsgrundsätze seine Wertigkeit in Relation zur Wertigkeit der anderen Rechtsgrundsätze setzen zu können.

---

549 *Bockwoldt*, Rechtmäßigkeit und Kostentragungspflicht, S. 39.

550 Dies ist allgemein anerkannt, vgl. nur *Kothe*, VerwArch 1997, 456, 490 m.w.N.

551 Statt vieler OVG Koblenz, NJW 1986, 1369, 1370; *Drews/Wacke/Vogel/Martens,* Gefahrenabwehr, S. 304 f.; *Giesberts*, Lastenverteilung, S. 45; *Garbe*, DÖV 1998, 632, 632; *Gornig/Hokema*, JuS 2002, 21, 22; *Ossenbühl*, DÖV 1976, 463, 471; *Papier*, NVwZ 1986, 256, 262; *Schenke*, Polizei- und Ordnungsrecht, Rn. 285; *Schwabe*, UPR 1984, 7, 8; *Schwachheim*, NVwZ 1988, 225, 227; *Spannowsky*, UPR 1988, 376, 377; *Waechter*, JZ 2002, 854, 856.

a) Effektivität der Gefahrenabwehr als Unterfall der Verwaltungseffizienz

Denkbar wäre es, den Grundsatz der Effektivität der Gefahrenabwehr als einen Unterfall der Verwaltungseffizienz anzusehen.[552] Sollte dies der Fall sein, würde sich in einem zweiten Schritt die Frage nach dem rechtlichen Gewicht des Effizienzgrundsatzes stellen. Bevor diese Fragen beantwortet werden können, muss freilich zunächst der Begriff der Verwaltungseffizienz definiert werden.

aa) Definition der Verwaltungseffizienz

Was genau unter Verwaltungseffizienz zu verstehen ist, kann aufgrund der Weite und Unschärfe dieses Begriffes nur schwerlich in einer erschöpfenden Definition zusammengefasst werden.[553] Anerkannt ist lediglich, dass die Verwaltungseffizienz die größtmögliche Erfüllung der durch das materielle Recht vorgegebenen Aufgaben unter sparsamem Einsatz von Mitteln umfasst.[554] Es soll entweder ein bestimmter Erfolg mit möglichst geringem Mitteleinsatz erreicht werden (Minimalprinzip) oder es soll mit einem bestimmten Mitteleinsatz ein möglichst großer Erfolg erreicht werden (Maximalprinzip).[555] Der angemessene und sparsame Gebrauch der Mittel steht hierbei gewissermaßen im Mittelpunkt und muss in Bezug auf den jeweiligen Erfolg grundsätzlich berücksichtigt werden,[556] so dass Effizienz demnach auch und gerade eine Entscheidungsregel für optimale Ressourcenkalkulation darstellt.[557] Hierdurch soll der Verwaltung ein Höchstmaß an Flexibilität gesichert werden, das ihr die bestmögliche Durchführung des Verwaltungsverfahrens ermöglichen soll.[558]

Einen Versuch, diese freilich recht abstrakten und schwer fassbaren Darstellungen zum Effizienzbegriff in konkrete Untergruppen aufzugliedern und somit

---

552 Diesen Ansatz entwickelte bereits *Bockwoldt*, vgl. *Bockwoldt*, Rechtmäßigkeit und Kostentragungspflicht, S. 39 ff.

553 *Leisner*, Effizienz, S. 5 sieht gar die Bedrohung, dass das Wort Effizienz im öffentlichen Recht zu einem „konturlosen Modewort" verkommt. Und bei *Stelkens/Bonk/Sachs-Schmitz*, VwVfG, § 9, Rn. 79 heißt es bezeichnenderweise, dass die Begriffe, welche die Effizienz kennzeichnen sollen, häufig „bloße Leerformeln" darstellen würden; *Häberle*, AöR 98, 625, 265 weist auf die vielen Erscheinungsformen hin, in welche der Begriff der Effizienz gerate; zu den in der Literatur vertretenen Ansätzen zur Definition des Begriffes der Verwaltungseffizienz und dessen Anwendung siehe *Schwarze*, DÖV 1980, 581, 587 f.

554 *Bockwoldt*, Rechtmäßigkeit und Kostentragungspflicht, S. 39.

555 *Häberle*, AöR 98, 625, 628; *Kopp/Ramsauer-Ramsauer*, VwVfG, § 10, Rn. 16a.

556 *Giesberts*, Lastenverteilung, S. 42; *Wahl*, VVDStRL 41, 151, 163.

557 *Hoffmann-Riem/Schmidt-Aßmann*, Effizienz, S. 245 f.

558 *Obermayer-Riedl*, VwVfG, § 10, Rn. 18.

greifbarer zu machen, hat *Leisner* unternommen.[559] Danach teilt sich der Effizienzbegriff in drei eigenständige Teilbereiche auf, nämlich in die „Zielerreichungseffizienz“, die „Zweck-Mittel-Effizienz“ sowie die zielunabhängige Effizienz bzw. „Organisationseffizienz“.[560]

Die Aufgabe der „Zielerreichungseffizienz“ besteht danach darin, den Sinn und Zweck einer Norm zu ermitteln und diesen Normzweck rasch, durchgreifend oder allseitig umfassend umzusetzen.[561]

Die „Zweck-Mittel-Effizienz“ soll unter wirtschaftlichen Gesichtspunkten einen möglichst sparsamen Einsatz der Mittel bei der Erreichung des Normzweckes gewährleisten.[562]

Die „Organisationseffizienz“ bezieht sich auf das optimale Funktionieren einer Organisation, soll also eine möglichst volle Auslastung der Verwaltung gewährleisten, ohne diese Grenze zu überschreiten.[563]

bb) Verhältnis des Grundsatzes der Effektivität zu dem der Effizienz

Nach diesen einleitenden Ausführungen zum Effizienzbegriff stellt sich nunmehr die eigentlich relevante Frage nach dem rechtlichen Verhältnis des Effektivitätsgrundsatzes zum Grundsatz der Verwaltungseffizienz.

Vereinzelt wird in der Literatur vertreten, dass die Begriffe Effizienz und Effektivität nicht gleichgesetzt werden könnten,[564] sondern dass es nötig sei, den Effektivitäts- vom Effizienzgrundsatz abzugrenzen. Effizienz und Effektivität kämen aus zwei völlig verschiedenen Richtungen.[565] Während die Effizienz auf

---

559 *Leisner*, Effizienz, S. 6 ff.; auch *Bockwoldt* bezieht sich auf ihn, vgl. *Bockwoldt*, Rechtmäßigkeit und Kostentragungspflicht, S. 40 f.

560 *Leisner*, Effizienz, S. 7 f.; dazu auch *Bockwoldt*, Rechtmäßigkeit und Kostentragungspflicht, S. 40.

561 *Leisner*, Effizienz, S. 7.

562 *Leisner*, Effizienz, S. 7.

563 *Leisner*, Effizienz, S. 7.

564 So *Gröpl*, VerwArch 2002, 459, 463 f.; allenfalls rudimentär auch *Pietzcker*, VVDStRL 41, 193, 215 ff.; a.A. *Wahl*, VVDStRL 41, 151, 163; differenzierend *Hoffmann-Riem/Schmidt-Aßmann*, Effizienz, S. 248, wo es einerseits heißt, dass sich Effektivität und Effizienz zwar in gewisser Weise unterscheiden würden, aber andererseits auch, dass Effizienz und Effektivität gleichwohl keine Gegensätze darstellen würden.

565 *Bohne/König*, DV 1976, 19, 22 f. und *König*, DV 1977, 235, 236, wo ebenfalls die Auffassung vertreten wird, dass sich Effektivität – als ein Kriterium zur Überprüfung der Schnelligkeit und Wirksamkeit der Zielerreichung in Form eines Vergleiches zwischen dem geplanten und dem erreichten Ziel – und Effizienz – in dessen Rahmen geprüft werden soll, ob die Zielerreichung mit möglichst geringem Aufwand erfolgte, also auch und gerade Gesichtspunkte des wirtschaftlichen Handelns und der sparsamen Mittelverwendung berücksichtigt werden – dahingehend unterscheiden, dass beiden eindeutig abgrenzbare Prüfungsbereiche zugewiesen werden; anders

das zu optimierende Verhältnis zwischen Mitteleinsatz und Leistung abstelle, also wirtschaftliche Aspekte in den Vordergrund rücke, fasse die Effektivität das Ziel und die Wirkung einer Maßnahme in Bezug auf dieses Ziel völlig unabhängig von wirtschaftlichen Gesichtspunkten ins Auge.[566] Diesen Ansatz fasst namentlich *Gröpl* trefflich zusammen: Effektives Handeln müsse nicht notwendig effizient sein, Effektivität sei vielmehr „effizienzblind".[567]

Demgegenüber sehen andere Stimmen in der Literatur den Effektivitätsgrundsatz als einen Spezialfall der Verwaltungseffizienz an.[568] Zur Begründung wird auf die Untergliederung *Leisners* verwiesen, wonach zwischen „Zielerreichungseffizienz", „Zweck-Mittel-Effizienz" und „Organisationseffizienz" zu unterscheiden sei.[569] Da der Grundsatz der Effektivität der Gefahrenabwehr die rasche, wirksame, vollständige und nachhaltige Abwehr einer Gefahr beinhalte, sei er unter die „Zielerreichungseffizienz" als einem Teilbereich der Verwaltungseffizienz zu subsumieren.[570]

Andere Vertreter wiederum scheinen gar nicht zwischen Effektivität und Effizienz zu differenzieren, sondern setzen beide Begriffe gleich bzw. verstehen unter beiden dasselbe.[571]

Um die Frage des Verhältnisses des Effektivitätsgrundsatzes zum Grundsatz der Verwaltungseffizienz beantwortet zu können, soll zunächst von *Leisners* Untergliederung ausgegangen werden. Danach lässt sich festhalten, dass der Grundsatz der Effektivität der Gefahrenabwehr in der Tat der „Zielerreichungseffizienz" zugeordnet werden kann. Wenn eine Gefahrenlage besteht, ist es das wichtigste Ziel der Polizei- und Ordnungsbehörden, diese Gefahrenlage zu beseitigen. Diesbezüglich dürfen auf der Primärebene wirtschaftliche Aspekte – insbesondere eine sparsame Mittelverwendung – bei der Erreichung des Gesetzeszwecks der Gefahrenabwehr, namentlich im Falle einer Gefahr für Rechtsgüter wie Leib und Leben bzw. in Eilsituationen, grundsätzlich keine Rolle spielen.

---

sieht dies neben anderen beispielsweise *Wahl*, VVDStRL 41, 151, 163; differenzierend auch *Schwarze*, DÖV 1980, 581, 583, welcher zwar einerseits zwischen den Begriffen Effizienz und Effektivität trennt, aber eine materielle Abgrenzung zwischen diesen beiden Begriffen gleichwohl nicht durchführt, sondern sie vielmehr synonym zu verwenden scheint.

566 Dazu *Gröpl*, VerwArch 2002, 459, 464; *König*, DV 1977, 235, 236.

567 *Gröpl*, VerwArch 2002, 459, 464; ähnlich *König*, DV 1977, 235, 236.

568 *Bockwoldt*, Rechtmäßigkeit und Kostentragungspflicht, S. 39 ff.; wohl auch *Giesberts*, Lastenverteilung, S. 41 ff.

569 Dazu *Bockwoldt*, Rechtmäßigkeit und Kostentragungspflicht, S. 40.

570 *Bockwoldt*, Rechtmäßigkeit und Kostentragungspflicht, S. 40.

571 *Wahl*, VVDStRL 41, 151, 163, der dies in Fn. 31 ausdrücklch hervorhebt; so auch *Steinberg*, DÖV 1982, 619, 620 f. m.w.N., der Effizienz gleichbedeutend mit Effektivität versteht. Dieser Ansatz kann freilich – wie im Folgenden verdeutlich werden wird – in dieser Pauschalität nicht überzeugen.

Auf der Primärebene kommt es gerade nicht darauf an, abzuwägen, mit welchen Mitteln die Gefahr gewissermaßen gerade noch und am sparsamsten abgewehrt werden könnte, sondern darauf, dass das gesetzliche Ziel der wirksamen Gefahrenabwehr überhaupt erreicht wird.[572]

Der „Zweck-Mittel-Effizienz" kommt auf der Primärebene daher ebenso wie die „Organisationseffizienz" grundsätzlich keine Bedeutung zu. Wollte man dies anders sehen, hätte dies zur Folge, dass die Effektivität der Gefahrenabwehr beeinträchtigt werden würde.[573]

Zwar mag es in bestimmten Fällen möglich sein, über Aspekte der Sparsamkeit beim Einsatz der potentiellen Gefahrenabwehrmittel nachzudenken, also die „Zweck-Mittel-Effizienz" bereits auf der Primärebene mit einzubeziehen. Diese Möglichkeit dürfte sich allerdings von vorneherein nur auf ganz bestimmte Fälle beschränken, insbesondere auf solche, in denen keine Eile besteht, sich die Sachlage als klar und überschaubar darstellt und darüber hinaus keine Rechtsgüter wie Leib oder Leben gefährdet sind. Da aber gerade im Falle einer Gefahrensituation die tatsächlichen Gegebenheiten nicht selten nur schwer zu überschauen sind, erscheint es nach hier vertretener Auffassung angemessen, solche Überlegungen von vorneherein nicht anzustellen. Zu groß wäre die Gefahr, dass wirtschaftliche Gesichtspunkte die Effektivität und damit mittelbar die Wertigkeit der Schutzgüter beeinträchtigen könnten. Somit kann der Grundsatz der Effektivität der Gefahrenabwehr allein dem Teilbereich der „Zielerreichungseffizienz" zugeordnet werden.

Wollte man also auf *Leisners* Untergliederung abstellen, so ließe sich der Effektivitätsgrundsatz nach hier vertretener Auffassung in der Tat als Unterfall der Verwaltungseffizienz subsumieren.

Leisners Ansatz überzeugt namentlich vor dem Hintergrund, dass durch seine Untergliederung den Bedenken der Autoren, die sich für eine Abgrenzung der Begriffe Effizienz und Effektivität aussprechen,[574] Rechnung getragen wird.[575] Entscheidend ist, dass im Rahmen der Effektivität gerade keine Aspekte der Wirtschaftlichkeit oder Sparsamkeit eine Rolle spielen dürfen, dass also der Effektivitätsgrundsatz jedenfalls bezogen auf diese Aspekte in der Tat – wie von

572 So auch *Bockwoldt*, Rechtmäßigkeit und Kostentragungspflicht, S. 40.

573 Dies deutet auch *Degenhart*, DVBl. 1982, 872, 880 ff. zumindest an.

574 *Gröpl*, VerwArch 2002, 459, 464; *Bohne/König*, DV 1976, 19, 22 f.; *König*, DV 1977, 235, 236.

575 Dies deutet auch *Bockwoldt*, Rechtmäßigkeit und Kostentragungspflicht, S. 41 an, die den Effektivitätsgrundsatz als Unterfall der Verwaltungseffizienz im Sinne der „Zielerreichungseffizienz" ansieht, aber gleichzeitig auch deutlich macht, dass die Begriffe Effektivität und Effizienz nicht pauschal gleichzusetzen seien (sondern sie sich nur im Teilbereich der „Zielerreichungseffizienz" überlagern würden).

Gröpl gefordert – effizienzblind sein muss.[576] Aspekte der Wirtschaftlichkeit und Sparsamkeit sind indes gerade solche, die den Effizienzgedanken kennzeichnen.

Dass wirtschaftliche Aspekte nicht in den Effektivitätsgrundsatz einfließen, der Effektivitätsgrundsatz dennoch als ein Unterfall der Effizienz qualifiziert werden kann, wird durch die Untergliederung *Leisners* gewährleistet. Danach ist der Effektivitätsgrundsatz zwar als Spezialfall der Verwaltungseffizienz anzusehen, dies führt aber gerade nicht dazu, dass die den Effizienzgrundsatz prägenden wirtschaftliche Aspekte bei der Effektivität als „Zielerreichungseffizienz" als sie verwässernde Aspekte berücksichtigt werden. Diese Aspekte werden vielmehr erst im Rahmen der „Zweck-Mittel-Effizienz" relevant. Die Charakteristik des Effektivitätsgrundsatzes bleibt auf diese Weise trotz seiner Eingliederung in den Effizienzgrundsatz gewahrt.

In diesem Sinne – und nur in diesem Sinne – ist der Grundsatz der effektiven Gefahrenabwehr als Spezialfall der Verwaltungseffizienz, nämlich im Sinne der „Zielerreichungseffizienz", anzuerkennen.[577]

b) Verfassungsrechtliches Gewicht des Effizienzgrundsatzes

Nachdem geklärt ist, dass sich der Effektivitätsgrundsatz als Spezialfall der Effizienzgrundsatzes darstellt, stellt sich nunmehr die Frage, ob der Grundsatz der Verwaltungseffizienz, und damit auch der Effektivitätsgrundsatz, ein Verfassungsprinzip mit entsprechendem Gewicht darstellt oder nicht.[578]

Größtenteils wird in der Rechtsprechung und Literatur vertreten, dem Effizienzgrundsatz verfassungsrechtliches Gewicht beizumessen.[579] Die Begründungen hierfür sind unterschiedlich.

Isensee führt zur Herleitung des verfassungsrechtlichen Gewichts des Effizienzgrundsatzes als Ausgangspunkt das Wirtschaftlichkeitsgebot des Art. 114 Abs. 2 GG an,[580] welches den Bundesrechnungshof verpflichte, die Haushalts- und Wirtschaftsführung zu prüfen. Im Zusammenspiel dieses Artikels mit der Zuständigkeitsvorschrift des Art. 108 Abs. 4 GG werde deutlich, dass die Prakti-

576 Vgl. *Gröpl*, VerwArch 2002, 459, 463 f.; *Bohne/König*, DV 1976, 19, 22 f.; *König*, DV 1977, 235, 236.

577 So im Ergebnis bereits *Bockwoldt*, Rechtmäßigkeit und Kostentragungspflicht, S. 41.

578 Dazu auch *Bockwoldt*, Rechtmäßigkeit und Kostentragungspflicht, S. 44 f.

579 BVerwG, VerwRspr 27, 126, 127; *Kopp*, Verfassungsrecht und Verwaltungsverfahrensrecht, S. 200; *Kopp/Ramsauer-Ramsauer*, VwVfG, § 10, Rn. 2; *Schwarze*, DÖV 1980, 581, 590; *Isensee*, Die typisierende Verwaltung, S. 163; wohl auch *Schmidt-Aßmann*, VVDStRL 34, 221, 229 f.; ähnlich *Di Fabio*, VerwArch 1990, 193, 214.

580 *Isensee*, Die typisierende Verwaltung, S. 163.

kabilität des Verwaltungshandelns ausdrücklich als Verfassungsziel anerkannt werde.[581]

Andere Vertreter berufen sich zur verfassungsrechtlichen Herleitung des Effizienzgrundsatzes auf Art. 20 GG.[582] So vertreten namentlich *Kopp* und *Schwarze*, dass der Effizienzgrundsatz – sie betonen insbesondere den Aspekt der Leistungs- bzw. Funktionsfähigkeit der Verwaltung – zwar an keiner Stelle ausdrücklich im Grundgesetz genannt wird, führen aber aus, dass ihn die Verfassung gleichwohl als einen Satz des ungeschriebenen Rechts enthalte.[583] Sie sprechen diesbezüglich von einem vorgegebenen Strukturprinzip der Verfassung, welches in Art. 20 GG im Begriff der vollziehenden Gewalt als selbstverständlich vorausgesetzt werde.[584]

Von einigen Vertretern in der Literatur wird demgegenüber vertreten, dem Effizienzgrundsatz kein verfassungsrechtliches Gewicht beizumessen.[585] Namentlich *Leisner* vertritt diese Ansicht. Er führt aus, dass ein verfassungsrechtliches Gebot, eine optimale Zweck-Mittel-Relation im staatlichen Handeln herzustellen („Zweck-Mittel-Effizienz"), sich ebenso wenig in der Verfassung finde, wie die Verankerung der „Zielerreichungseffizienz".[586] Das Grundgesetz sei vielmehr „effizienzneutral".[587] Im Ergebnis ebenso postuliert auch *Steinberg*, dass das Effizienzgebot an keiner Stelle im Grundgesetz genannt sei und auch „kaum als ein Satz ungeschriebenen Verfassungsrechts oder als ein vorgegebenes Strukturprinzip der Verfassung" angesehen werden könne.[588] Auch *von Mutius* merkt an *Steinbergs* Aussage anknüpfend an, dass zumindest in Bezug auf Effizienzkriterien wie Wirtschaftlichkeit, Beschleunigung etc. eine unmittelbare verfassungsrechtliche Zuordnung schwerlich nachzuweisen sei.[589]

Vereinzelt wird eine differenzierende Sichtweise dahingehend vertreten, dass die Frage nach dem rechtlichen Gewicht des Effizienzgrundsatzes nicht pauschal

581 *Isensee*, Die typisierende Verwaltung, S. 163.

582 *Kopp*, Verfassungsrecht und Verwaltungsverfahrensrecht, S. 200; ähnlich *Kopp/Ramsauer-Ramsauer*, VwVfG, § 10, Rn. 2 und Rn. 4.

583 *Kopp*, Verfassungsrecht und Verwaltungsverfahrensrecht, S. 200; *Schwarze*, DÖV 1980, 581, 590.

584 *Kopp*, Verfassungsrecht und Verwaltungsverfahrensrecht, S. 200; *Schwarze*, DÖV 1980, 581, 590.

585 *Leisner*, Effizienz, S. 24 f.; differenzierend *v. Mutius*, NJW 1982, 2150, 2158; *Steinberg*, DÖV 1982, 619, 621; offen lässt diese Frage *Giesberts*, Lastenverteilung, S. 44.

586 *Leisner*, Effizienz, S. 24.

587 *Leisner*, Effizienz, S.25.

588 *Steinberg*, DÖV 1982, 619, 621; ihm diesbezüglich folgend *v. Mutius*, NJW 1982, 2150, 2158; allerdings soll an dieser Stelle angemerkt sein, dass beide Vertreter ihre Aussagen im weiteren Verlauf ihrer hier zitierten Aufsätze relativieren.

589 *v. Mutius*, NJW 1982, 2150, 2158.

bejaht oder verneint werden könne, sondern stets vom Gesetzeszweck als entsprechendem Bezugselement abhänge.[590] Der Grundsatz der Verwaltungseffizienz könne nur konkret anhand des jeweils effektiv zu verwirklichenden Gesetzeszwecks hergeleitet werden.[591] Habe dieser Gesetzeszweck verfassungsrechtliches Gewicht, dann gelte dies auch für den Grundsatz der Verwaltungseffizienz bezogen auf die Durchsetzung dieses Zwecks. Habe der Zweck indes kein verfassungsrechtliches Gewicht, dann könne auch der Effizienzgrundsatz kein solches Gewicht für sich in Anspruch nehmen.[592]

An dieser Stelle der Untersuchung geht es lediglich um den Rechtsgrundsatz der Effektivität der Gefahrenabwehr als Unterfall der Verwaltungseffizienz im Sinne der „Zielerreichungseffizienz“. Demnach muss an dieser Stelle die Frage nach dem verfassungsrechtlichen Gewicht des Effizienzgrundsatzes auch nur bezogen auf diese „Zielerreichungskompetenz“ beantwortet werden. Ob die „Zweck-Mittel-Effizienz“ und die „Organisationseffizienz“ verfassungsrechtliches Gewicht genießen, kann an dieser Stelle unentschieden bleiben.

Bereits der Name „Zielerreichungseffizienz“ macht deutlich, dass das Ziel des Gesetzes, der Gesetzeszweck, im Vordergrund stehen muss. Hat dieses Ziel kein verfassungsrechtliches Gewicht, erscheint es widersinnig, der auf dieses Ziel bezogenen „Zielerreichungseffizienz“ verfassungsrechtliches Gewicht zuzugestehen.

Andererseits kann es – jedenfalls bezogen auf die Primärebene des Polizei- und Ordnungsrechts – ebenso wenig überzeugen, wenn zwar der Gesetzeszweck verfassungsrechtliches Gewicht genießt, die „Zielerreichungseffizienz“ zur schnellen Erreichung dieses Zwecks hingegen nicht. Zumindest im hier in Rede stehenden Gefahrenabwehrrecht wäre ein solches Ergebnis kaum erklärbar, kann doch das Ziel der Gefahrenabwehr namentlich in Eilsituationen und in Fällen von Gefahren für Leib und Leben nur umfassend erreicht werden, wenn die Abwehr entsprechender Gefahren auf möglichst effektivem Wege geschieht. Hätte demnach das allen Polizei- und Ordnungsgesetzen zugrundeliegende Ziel der Gefahrenabwehr bzw. Störungsbeseitigung verfassungsrechtliches Gewicht,[593] würde dieses Gewicht spürbar relativiert werden, wollte man dem Effektivitätsgrundsatz zur raschen und umfänglichen Durchsetzung dieses Ziels das verfassungsrechtliche Gewicht absprechen.[594] Denn gerade die Gefahrenabwehr auf der

590 *Bockwoldt*, Rechtmäßigkeit und Kostentragungspflicht, S. 45; *Häberle*, AöR 98, 625, 634, wo es heißt, dass nur „differenziert, nach Sachgebieten“ gearbeitet werden könne.

591 *Bockwoldt*, Rechtmäßigkeit und Kostentragungspflicht, S. 45, die auf S. 44 auch den Streit zusammenfassend darstellt.

592 *Bockwoldt*, Rechtmäßigkeit und Kostentragungspflicht, S. 45.

593 Dazu sogleich.

594 So im Ergebnis bereits *Bockwoldt*, Rechtmäßigkeit und Kostentragungspflicht, S. 45.

Primärebene lebt von schnellen und umfassenden – also effektiven – Gefahrenabwehrmaßnahmen. Effektivität und Gefahrenabwehr sind vor diesem Hintergrund gewissermaßen gar nicht voneinander zu trennen.

Demnach ist jedenfalls auf der Primärebene im Polizei- und Ordnungsrecht der differenzierenden Sichtweise der Vorzug zu geben, so dass der Grundsatz der Effektivität der Gefahrenabwehr als „Zielerreichungseffizienz" dann verfassungsrechtliches Gewicht genießt, wenn auch dem Ziel des Polizei- und Ordnungsrechts, also dem Zweck der Gefahrenabwehr, ein solches Gewicht zukommt.

aa) Herleitung des Zwecks der Gefahrenabwehr aus der Verfassung

Fraglich ist demnach, ob eine Herleitung des Gesetzeszwecks der Gefahrenabwehr aus der Verfassung möglich ist.

Namentlich *Lindner* vertritt, dass bereits die Gefahrenabwehr als solche ein verfassungsunmittelbarer Zweck ist,[595] so dass demnach auch der Grundsatz der Effektivität der Gefahrenabwehr aus der Verfassung hergeleitet werden kann.[596] Dies ergebe sich aus einer Zusammenschau mehrerer Artikel des Grundgesetzes, wie beispielsweise Art. 11 Abs. 2 GG, nach dem das Recht der Freizügigkeit zur Abwehr einer drohenden Gefahr für die freiheitliche demokratische Grundordnung des Bundes oder eines Landes, zur Bekämpfung von Seuchengefahren, Naturkatastrophen oder besonders schweren Unglücksfällen, zum Schutze der Jugend vor Verwahrlosung oder um strafbaren Handlungen vorzubeugen, eingeschränkt werden darf. Auch Art. 13 Abs. 7 GG, der Eingriffe zur Abwehr einer gemeinen Gefahr oder einer Lebensgefahr für einzelne Personen sowie zur Verhütung dringender Gefahren für die öffentliche Sicherheit gestattet, sowie Art. 35 Abs. 2 GG, der Naturkatastrophen und besonders schwere Unglücksfälle nennt, können diesbezüglich aufgeführt werden.[597]

Dieser Ansatz vermag zwar den Aspekt der Gefahrenabwehr im Grundgesetz zu verankern, geht letzten Endes in seinem Verlangen, dem Grundsatz der Effektivität für die Abwehr jeglicher Gefahren verfassungsrechtliches Gewicht verleihen zu wollen, jedoch zu weit. Denn in den aufgeführten Artikeln geht es stets nur um die Abwehr von qualifizierten Gefahren, die entweder eine Gefahr für Leib und Leben oder für die Gesundheit einer unüberschaubaren Menschen-

595 *Lindner*, Adressatenpflichten, S. 39, wonach die Gefahrenabwehr „eine unmittelbar kraft Verfassungsrecht bestehende Aufgabe" sei; differenzierend *Herzog*, HbdStR III, 83, 100 ff.; dazu auch *Bockwoldt*, Rechtmäßigkeit und Kostentragungspflicht, S. 46.

596 Im Ansatz zumindest ähnlich auch *Griesbeck*, Polizeipflicht, S. 98; dazu ferner *Bockwoldt*, Rechtmäßigkeit und Kostentragungspflicht, S. 46.

597 So *Lindner*, Adressatenpflichten, S. 39, der von einer „diskursiven Zusammenschau" spricht.

menge oder für die freiheitlich demokratische Grundordnung erfordern.[598] Aber auch unterhalb dieser Gefahrenschwelle gibt es Gefahren, die effektiv abgewehrt werden müssen. Bezüglich dieser nicht qualifizierten Gefahren aber schweigt die Verfassung.

Man könnte zwar jedenfalls vorsichtig erwägen, dass die effektive Abwehr dieser Gefahren erst Recht unter den Schutz des Grundgesetzes fällt. Denn wenn die Abwehr von bestimmten qualifizierten Gefahren grundgesetzlich normiert ist, dann könnte dies erst recht für Gefahren gelten, die nicht qualifiziert sind. Diese Schlussfolgerung überzeugt indes aufgrund von Wortlaut sowie Sinn und Zweck der Regelungen des Grundgesetzes nicht. Wollte man hiervon ausgehen, so bliebe offen, warum die Mütter und Väter des Grundgesetzes die Abwehr von qualifizierten Gefahren ausdrücklich als solche normiert haben, aber bezüglich der nicht qualifizierten Gefahren das Grundgesetz haben schweigen lassen. Wäre bezweckt gewesen, den Grundsatz der Effektivität der Gefahrenabwehr für sämtliche Gefahren mit verfassungsrechtlichem Gewicht auszustatten, so wäre es einfacher und zweckmäßiger gewesen, im Grundgesetz dann auch von der Abwehr sämtlicher Gefahren zu sprechen, ohne diesbezüglich zu differenzieren und nur vereinzelt die Abwehr qualifizierter Gefahren im Grundgesetz aufzuführen. Da aber nur die Abwehr qualifizierter Gefahren im Grundgesetz normiert ist, muss nach davon ausgegangen werden, dass auch nur die Effektivität der Abwehr dieser qualifizierten Gefahren verfassungsrechtliches Gewicht genießt.

Das bedeutet für den Effektivitätsgrundsatz bezogen auf alle Gefahren, die nicht unter die in der Verfassung aufgeführten qualifizierten Gefahren fallen, dass sein Gewicht jedenfalls nicht pauschal mit dem oben dargestellten Ansatz aus der Verfassung hergeleitet werden kann.[599]

Demnach muss die Frage, ob der Grundsatz der Effektivität der Gefahrenabwehr bezüglich sämtlicher vorstellbarer Gefahren Verfassungsrang hat, anhand der durch die Polizei- und Ordnungsgesetze geschützten Rechtsgüter geklärt werden.[600] Genießen diese Schutzgüter verfassungsrechtlichen Schutz, so muss mithin – eben weil sich nach hier vertretener Auffassung Effektivität und Gefahrenabwehr im Endeffekt nicht trennen lassen – auch dem Grundsatz der Effektivität der Abwehr von Gefahren für diese Schutzgüter verfassungsrechtliches Gewicht zukommen.[601]

598 So bereits *Bockwoldt*, Rechtmäßigkeit und Kostentragungspflicht, S. 46.

599 So im Ergebnis auch *Bockwoldt*, Rechtmäßigkeit und Kostentragungspflicht, S. 46.

600 So bereits *Bockwoldt*, Rechtmäßigkeit und Kostentragungspflicht, S. 46; ähnlich *Gusy*, DÖV 1996, 573, 578, der ebenfalls auf die Perspektive der Rechtsgüter abstellt; ähnlich ebenfalls *Herzog*, HbdStR III, 83, 103 ff., der sich auf den Begriff der öffentlichen Sicherheit bezieht; diese Frage offen lassend wie gesagt *Giesberts*, Lastenverteilung, S. 43 ff.

601 So bereits *Bockwoldt*, Rechtmäßigkeit und Kostentragungspflicht, S. 46.

Aus § 8 Abs. 1 MEPolG sowie aus der Generalklausel des Polizei- und Ordnungsgesetzes eines jeden Bundeslandes ergibt sich, dass es Aufgabe der Polizei ist, eine Gefahr für die öffentliche Sicherheit und Ordnung[602] abzuwehren. Klärungsbedürftig ist demnach, ob die Schutzgüter der öffentlichen Sicherheit und Ordnung von der Verfassung gewährleistet werden, so dass ihnen und damit auch dem Grundsatz der Effektivität der Abwehr von Gefahren für eben diese Rechtsgüter auf diese Weise verfassungsrechtliches Gewicht zukommt.

(1) Öffentliche Sicherheit

Das Schutzgut der öffentlichen Sicherheit beinhaltet nach allgemeiner Ansicht die Unverletzlichkeit der Rechtsordnung, der subjektiven Rechte und Rechtsgüter des Einzelnen sowie der Einrichtungen des Staates oder sonstiger Träger der Hoheitsgewalt.[603] Fraglich ist mithin, ob die drei Unterfälle des Schutzgutes der öffentlichen Sicherheit allesamt unter dem Schutz der Verfassung stehen.

(a) Unverletzlichkeit der Rechtsordnung

Die Unverletzlichkeit der Rechtsordnung beinhaltet den Schutz sämtlicher Rechtsnormen.[604] Die so verstandene Rechtsordnung reicht somit von der Verfassung bis zur Rechtsverordnung und Satzung und schließt das allgemeine und besondere Verwaltungsrecht ebenso ein wie das Straf- und Ordnungswidrigkeitenrecht sowie das Privatrecht und nicht zuletzt auch das Europarecht.[605]

Der generelle staatliche Schutz der Rechtsordnung durch die Verfassung ist heute zu Recht allgemein anerkannt und lässt sich namentlich aus dem Rechtsstaatsprinzip des Art. 20 Abs. 3 GG als einem der „elementaren Prinzipien des Grundgesetzes“[606] herleiten.[607] Es setzt nach allgemeiner Ansicht den generellen Schutz der Rechtsordnung voraus und verkörpert daher eine Schutzfunktion für

602 Die öffentliche Ordnung ist in manchen Bundesländern nicht aufgeführt, vgl. beispielsweise für Bremen § 1 Abs. 1 BremPolG.

603 Statt aller BVerfGE 69, 315, 352; VerfG Mecklenburg-Vorpommern, LKV 2000, 345, 350; VGH Mannheim, NVwZ 1994, 1233, 1234; *Drews/Wacke/Vogel/Martens,* Gefahrenabwehr, S. 232; *Lisken/Denninger*, Handbuch des Polizeirechts, D, Rn. 16; *Schoch*, Jura 2003, 177, 178; *Waechter*, NVwZ 1997, 729, 733.

604 BVerwGE 82, 34, 40; *Lisken/Denninger*, Handbuch des Polizeirechts, D, Rn. 17.

605 *Lindner*, JuS 2005, 302, 305; *Pieroth/Schlink/Kniesel*, Polizei- und Ordnungsrecht, § 8, Rn. 11.

606 BVerfGE 20, 323, 331.

607 *Bockwoldt*, Rechtmäßigkeit und Kostentragungspflicht, S. 49; *Möstl*, Sicherheitsgewährleistung, S. 63 ff.

alle verfassungskonformen Gesetze und somit auch für die Rechtsordnung als Ganzem.[608]

(b) Individualrechtsgüter

Die Individualrechtsgüter umfassen die Menschenwürde, die Ehre, das Leben, die Gesundheit und die Freiheit.[609] All diese Rechtsgüter sind im Grundrechtskatalog des Grundgesetzes enthalten, stellen also Grundrechte dar. Demnach besteht für diese Güter insofern ebenfalls bereits begrifflich ein grundsätzlicher[610] Schutz durch das Grundgesetz, der – wie allgemein anerkannt ist – durch die staatlichen Schutzpflichten für das Individuum gewährt wird.[611] Das Bundesverfassungsgericht hat diese staatlichen Schutzpflichten aus dem Menschenwürdegehalt eines jeden Grundrechts hergeleitet.[612] Ferner wird erwogen, die staatliche Schutzpflicht als Ausfluss der in den Grundrechten enthaltenen objektiv-rechtlichen Wertentscheidungen anzusehen.[613] Schließlich wird vertreten, sie aus dem Gewaltmonopol des Staates abzuleiten.[614]

Welcher dieser Ansichten der Vorzug zu geben ist, kann für diese Untersuchung offen bleiben, da nach jeder Ansicht die Schutzpflichten für die Individualrechtsgüter aus der Verfassung hergeleitet werden, so dass diese Individual-

---

608 *Bockwoldt*, Rechtmäßigkeit und Kostentragungspflicht, S. 49; dazu auch *Möstl*, Sicherheitsgewährleistung, S. 65; im Ergebnis jedenfalls ähnlich auch *Scholz*, NJW 1983, 705, 707.

609 *Drews/Wacke/Vogel/Martens,* Gefahrenabwehr, S. 235; *Lisken/Denninger*, Handbuch des Polizeirechts, D, Rn. 28.

610 Im Folgenden nicht vertieft werden soll die Frage, ob eine Einschränkung dieses Schutzes möglich ist, wenn an den Individualrechtsgütern kein öffentliches Interesse besteht, dazu *Schenke*, Polizei- und Ordnungsrecht, Rn. 56; a.A. *Pieroth/Schlink/Kniesel*, Polizei- und Ordnungsrecht, § 5, Rn. 15. Zwar sei nach *Schenke* das öffentliche Interesse in der Regel zu bejahen. Anders stelle sich die Sachlage indes dar, wenn der Bürger durch sein Handeln lediglich eigene Rechtsgüter gefährdet – als Beispiel seien hier gefährliche Extremsportarten genannt. Da sich die vorliegende Untersuchung anderen Problemschwerpunkten widmet, wird vom Regelfall des grundgesetzlichen Schutz der Güter der öffentlichen Sicherheit ausgegangen.

611 BVerfGE 39, 1, 41 ff.; 46, 160, 164; 49, 89, 142; *Bockwoldt*, Rechtmäßigkeit und Kostentragungspflicht, S. 47; *Jaeckel*, Schutzpflichten, S. 100; *Jarass/Pieroth-Jarass*, GG, Vorb. vor Art. 1, Rn. 6 f.; *Klein*, NJW 1989, 1633, 1633; *Ossenbühl*, DÖV 1981, 1, 4; *Schmidt-Bleibtreu/Hofmann/Hopfauf-Hopfauf*, GG, Einleitung, Rn. 142; vertiefend *Hermes*, Schutz von Leben und Gesundheit, S. 43 ff. m.w.N.

612 BVerfGE 39, 1, 41 ff.; 46, 160, 164; 49, 89, 141; *Bockwoldt*, Rechtmäßigkeit und Kostentragungspflicht, S. 47.

613 *Böckenförde*, NJW 1974, 1529, 1534; *Bockwoldt*, Rechtmäßigkeit und Kostentragungspflicht, S. 47; *Dietlein*, Schutzpflichten, S. 21 ff.; *Köck*, AöR 121, 1, 14.

614 Dazu *Bockwoldt*, Rechtmäßigkeit und Kostentragungspflicht, S. 47 m.w.N.; *Lindner*, Adressatenpflichten, S. 39 f.; im Ansatz ähnlich auch *Martensen*, DVBl. 1996, 286, 287.

rechtsgüter auch unbestrittener Weise unter verfassungsrechtlichem Schutz stehen.[615]

(c) Schutz des Bestandes des Staates sowie seiner Einrichtungen und Veranstaltungen

Der Bestand des Staates meint die territoriale Unversehrtheit und politische Unabhängigkeit der Bundesrepublik Deutschland.[616] Unter den Einrichtungen des Staates sind sämtliche Hoheitsträger einschließlich ihrer Organe und Behörden (Parlamente, Regierungen, Verwaltungsbehörden, Gerichte und kommunale Behörden) erfasst.[617] Geschützt wird der ordnungsmäßige Betrieb dieses staatlichen Apparates.[618] Die Veranstaltungen des Staates und anderer Hoheitsträger umfassen deren ad hoc gebildeten Handlungskomplexe.[619]

Der Verfassungsrang dieses Schutzgutes lässt sich aus mehreren Normen und Prinzipien der Verfassung herleiten. Zum einen setzt das Grundgesetz allgemein den Bestand des Bundes und der Bundesländer bereits nach dem Bundesstaatsprinzip des Art. 20 Abs. 1 GG voraus.[620]

Ferner ist auch hier das Rechtsstaatsprinzip des Art. 20 Abs. 2 S. 2 i.V.m. Art. 20 Abs. 3 GG zu nennen. Denn eine Verwirklichung und Umsetzung des Rechtsstaatsprinzips kann nur erfolgen, wenn die grundlegenden staatlichen Einrichtungen auch tatsächlich bestehen und funktionsfähig sind. Diese Funktionsfähigkeit muss daher – um effektiv gewährleistet werden zu können – unter dem Schutz der Verfassung stehen.[621]

(d) Zwischenergebnis

Sämtliche Schutzgüter der öffentlichen Sicherheit werden von der Verfassung garantiert bzw. lassen sich in ihr verankern, so dass ihnen und damit auch dem Grundsatz der Effektivität der Abwehr sie betreffender Gefahren verfassungsrechtliches Gewicht zukommt.

---

615 So im Ergebnis bereits *Bockwoldt*, Rechtmäßigkeit und Kostentragungspflicht, S. 47 f.

616 *Pieroth/Schlink/Kniesel*, Polizei- und Ordnungsrecht, § 8, Rn. 34; so auch *Bockwoldt*, Rechtmäßigkeit und Kostentragungspflicht, S. 49.

617 *Drews/Wacke/Vogel/Martens,* Gefahrenabwehr, S. 233; *Lisken/Denninger*, Handbuch des Polizeirechts, D, Rn. 20; *Schoch*, Jura 2003, 177, 179.

618 *Drews/Wacke/Vogel/Martens,* Gefahrenabwehr, S. 234.

619 *Pieroth/Schlink/Kniesel*, Polizei- und Ordnungsrecht, § 8, Rn. 34.

620 So statt aller *Bockwoldt*, Rechtmäßigkeit und Kostentragungspflicht, S. 49.

621 So auch *Möstl*, Sicherheitsgewährleistung, S. 55 ff.; im Ergebnis auch *Bockwoldt*, Rechtmäßigkeit und Kostentragungspflicht, S. 49.

(2) Öffentliche Ordnung

Fraglich ist, ob auch das Schutzgut der öffentlichen Ordnung aus der Verfassung hergeleitet werden kann. Dieses Schutzgut wird als Inbegriff aller ungeschriebenen Regeln für das Verhalten des Einzelnen in der Öffentlichkeit verstanden, deren Befolgung nach den jeweils herrschenden sozialen und ethischen Anschauungen als unentbehrliche Voraussetzungen für ein gedeihliches und geordnetes staatsbürgerliches Gemeinschaftsleben betrachtet wird.[622]

(a) Verfassungsmäßigkeit der öffentlichen Ordnung

Seit jeher umstritten ist die Frage, ob das Schutzgut der öffentlichen Ordnung überhaupt mit der Verfassung in Einklang zu bringen ist. Nach der Ansicht vieler Autoren ist insbesondere problematisch, ob es aufgrund seiner Vagheit dem verfassungsrechtlichen Gebot der Bestimmtheit entspricht.[623] Denn was genau unter „herrschenden sozialen und ethischen Anschauungen“ zu verstehen ist, sei ebenso schwer zu klären wie die genaue Ermittlung dieser Anschauungen.[624] Da noch nicht einmal genau geklärt sei, was sie überhaupt bezwecke bzw. was sie genau schütze, dürfe die Exekutive aufgrund der Gefahr für die öffentliche Ordnung keine Maßnahmen erlassen.[625] Andernfalls drohe die nicht hinzunehmende Gefahr einer „Verquickung von Recht und Moral“.[626]

Vor diesem Hintergrund wird eine Gefahr für die allgemeine Handlungsfreiheit des Art. 2 Abs. 1 GG sowie für den Minderheitenschutz[627] gesehen, wenn eine Mehrheit durch ungeschriebene Grundsätze den Minderheiten ihre sozialethischen Auffassungen außerhalb von verfassungsmäßigen Gesetzen gewissermaßen aufzwingen könnte.[628] Im schlimmsten Fall könnte einem Individuum gegebenenfalls ein Verhalten untersagt werden, wenn es nicht den allgemeinen moralischen Vorstellungen entsprechen würde – auch wenn sich dieses Individuum dabei an die Gesetze der Rechtsordnung hielte, also keinen Rechtsverstoß begin-

622 BVerwG, NJW 1980, 1640, 1641; VGH München, NVwZ 1984, 254, 254; PrOVGE 91, 139, 140; *Drews/Wacke/Vogel/Martens,* Gefahrenabwehr, S. 245; *Erbel*, DVBl. 2001, 1714, 1717; *Hebeler*, JA 2002, 521, 521; *Schoch*, Jura 2003, 177, 180.

623 *Finger*, DV 2007, 105, 109; *Hebeler*, JA 2002, 521, 523; dazu auch *Lisken/Denninger*, Handbuch des Polizeirechts, D, Rn. 36 ff.

624 Dazu *Bockwoldt*, Rechtmäßigkeit und Kostentragungspflicht, S. 50.

625 *Pieroth/Schlink/Kniesel*, Polizei- und Ordnungsrecht, § 8, Rn. 48 ff.; *Schoch*, Jura 2003, 177, 180.

626 So *Schoch*, Jura 2003, 177, 180.

627 Dazu auch *Pieroth/Schlink/Kniesel*, Polizei- und Ordnungsrecht, § 8, Rn. 50; allgemein zum Minderheitenschutz siehe *Sachs-Osterloh*, GG, Art. 3, Rn. 244 ff. m.w.N.

628 So *Störmer*, DV 1997, 233, 233.

ge. Dies stelle eine schwerwiegende Gefährdung des verfassungsrechtlich verankerten Minderheitenschutzes dar, die aufgrund des freiheitswahrenden Integrations- und Identitätsschutzes[629] schwer zu erklären sei.[630] Durch das Schutzgut der öffentlichen Ordnung werde die Gefahr heraufbeschworen, dass sich die Polizei- und Ordnungsbehörden als „Moralapostel" oder „Sittenwächter" jenseits der Gesetze aufschwingen könnten.[631]

Hieraus folgend wird schließlich eine Gefahr für das Demokratie- und Rechtsstaatsprinzip gesehen, weil bezüglich des Schutzgutes der öffentlichen Ordnung auf ungeschriebene Normen abgestellt werde.[632] Aber die Freiheit der Bürger dürfe in einem demokratischen Rechtsstaat nach dem grundrechtlichen Vorbehalt des Gesetzes nur durch parlamentarisch legitimiertes Recht eingeschränkt werden.[633] Dies sei eine zwingende Konsequenz der Wesentlichkeitstheorie, wonach jeder Eingriff die Grundrechte auf ein Parlamentsgesetz rückführbar sein müsse.[634]

Die Rechtsprechung hingegen sieht den Rechtsbegriff der öffentlichen Ordnung mittlerweile als hinreichend bestimmt an.[635] Das Bundesverfassungsgericht hat schon früh deutlich gemacht, dass auch im Recht der Eingriffsverwaltung nicht völlig darauf verzichtet werden könne, allgemeine Begriffe zu verwenden, die nicht eindeutig und allgemeingültig umschrieben werden könnten und daher im besonderen Maß der Auslegung und vor allem der Ausfüllung durch den Richter bedürften.[636] Der unbestimmte Rechtsbegriff der öffentlichen Ordnung erfordere somit zwar eine richterliche Ausfüllung; dies sei aber zum einen nicht grundsätzlich zu beanstanden.[637] Ferner sei diese ausfüllende Konkretisierung infolge der nunmehr Jahrzehnte währenden Entwicklung auch erfolgt, so dass

---

629 Diese Begriffe nennt auch *Bothe*, VVDStRL 54, 7, 36 f., siehe auch *Sachs-Osterloh*, GG, Art. 3 Rn. 245.

630 *Pieroth/Schlink/Kniesel*, Polizei- und Ordnungsrecht, § 8, Rn. 50.

631 So ausdrücklich *Pieroth/Schlink/Kniesel*, Polizei- und Ordnungsrecht, § 8, Rn. 50.

632 *Lisken/Denninger*, Handbuch des Polizeirechts, D, Rn. 36; *Pieroth/Schlink/Kniesel*, Polizei- und Ordnungsrecht, § 8, Rn. 50.

633 *Pieroth/Schlink/Kniesel*, Polizei- und Ordnungsrecht, § 8, Rn. 50.

634 *Fechner*, JuS 2003, 734, 738; *Pieroth/Schlink/Kniesel*, Polizei- und Ordnungsrecht, § 8, Rn. 50.

635 BVerfGE 54, 143, 144 f.; BVerwG, DÖV 2002, 479, 480; das OVG Münster, NWVBl. 1995, 473, 474 subsumiert ebenso wie der VGH München, NJW 1981, 1001, 1002 den zugrunde liegenden Sachverhalt unter das Schutzgut der öffentlichen Ordnung, ohne dessen Verfassungsmäßigkeit überhaupt in Frage zu stellen.

636 BVerfGE 26, 41, 42, wo es um die Strafbestimmung des groben Unfugs gemäß § 360 Abs. 1 Nr. 11 StGB a.F. ging.

637 So im Ergebnis BVerfGE 54, 143, 144 f.; BVerwG, DÖV 2002, 479, 480.

mittlerweile die Präzisierung in Bezug auf Zweck und Inhalt dieses Rechtsbegriffes in hinreichendem Maße gegeben sei.[638]

Auch wenn dies mehr eine Behauptung als eine überzeugende Begründung darstellt, so ist der Rechtsprechung doch darin beizupflichten, dass die Diskussion der vergangenen Jahre dem Begriff der öffentlichen Ordnung in der Tat festere Konturen gegeben hat, so dass im konkreten Einzelfall eine freilich sensible Subsumtion nicht unmöglich erscheint.[639]

Darüber hinaus muss bedacht werden, dass die Verfassung selbst den Begriff der öffentlichen Ordnung verwendet, so etwa in Art. 13 Abs. 7 GG sowie in Art. 35 Abs. 2 GG. Wenn das Grundgesetz selbst die öffentliche Ordnung nennt und verwendet, dann bedeutet das nicht nur, dass die Verfassung selbst diesen Rechtsbegriff anerkennt,[640] sondern dass sie darüber hinaus Grundrechtseingriffe zum Schutz der öffentlichen Ordnung zulässt.[641] Wenn dies bereits durch die Verfassung legitimiert ist, darf diese Möglichkeit auch dem Gesetzgeber in Bezug auf die Parlamentsgesetze nicht grundsätzlich und pauschal verschlossen sein.[642]

Ferner darf nicht außer acht gelassen werden, dass auch in anderen Rechtsgebieten an gesellschaftliche Anschauungen angeknüpft wird, ohne dass rechtliche Bedenken angemeldet werden.[643]

Ein weiteres gewichtiges Argument, das gerade von der Literatur[644] immer wieder herangezogen wird, ist die Auffangfunktion[645] der öffentlichen Ordnung. Auch wenn in der heutigen Zeit immer mehr Lebensbereiche gesetzlich geregelt sind, so liegt es gleichwohl auf der Hand, dass es eine vollständige Verrechtlichung und Durchnormierung sämtlicher Lebensbereiche niemals geben kann und wird. Will man in Konsequenz dessen keine Regelungslücken entstehen lassen, so ist ein Rückgriff auf die öffentliche Ordnung sogar geradezu unverzichtbar. Anders könnten Störungen des sozialen Friedens, die vom Gesetz – noch – nicht erfasst sind, nicht wirksam begegnet werden, die Polizei- und Ordnungsbehörden könnten ihrem Ordnungsauftrag nur unvollständig nachkommen.

---

638 BVerfGE 54, 143, 144 f.; BVerwG, DÖV 2002, 479, 480.

639 Dazu auch *Pieroth/Schlink/Kniesel*, Polizei- und Ordnungsrecht, § 9, Rn. 54.

640 *Schenke*, Polizei- und Ordnungsrecht, Rn. 65; so auch *Schoch*, Jura 2003, 177, 180.

641 So bereits *Schenke*, Polizei- und Ordnungsrecht, Rn. 65.

642 So im Ergebnis auch *Bockwoldt*, Rechtmäßigkeit und Kostentragungspflicht, S. 51.

643 So bereits *Schenke*, Polizei- und Ordnungsrecht, Rn. 65, wo auf § 33a Abs. 2 Nr. 2 der Gewerbeordnung verwiesen wird.

644 *Erbel*, DVBl. 2001, 1714, 1717; *Fechner*, JuS 2003, 734, 735; *Schoch*, Jura 2003, 177, 180.

645 *Schoch*, Jura 2003, 177, 180 spricht dem Schutzgut der öffentlichen Ordnung eine unverzichtbare Reservefunktion zu, um auf unvorhersehbare und unerträgliche Störungen des sozialen Friedens reagieren zu können.

Aber gerade in diesem Argument für die Verfassungsmäßigkeit der öffentlichen Ordnung liegt die Wurzel für den wohl schwerwiegendsten Kritikpunkt dagegen, nämlich der Gedanke der Wesentlichkeitstheorie. Wenn ein Verhalten nicht gesetzlich geregelt ist, so liegt es nahe, dass es auch – noch – nicht von der Rechtsordnung „geächtet" ist. Es spricht vieles dafür, zu überlegen, ob dann ein hoheitliches Eingreifen gerade nicht gewollt ist und auch nicht gewollt sein kann und darf, ob also eine nur „unvollständige" Erfüllung des Ordnungsauftrages überhaupt gegeben bzw. in Kauf zu nehmen ist.

Mit anderen Worten: Man kann sehr wohl die Frage aufwerfen, ob Störungen des sozialen Friedens, die nicht gesetzlich geregelt sind, gerade deswegen hinzunehmen sind.

Gleichwohl erscheint ein hoheitliches Eingreifen auch in diesen Situationen aufgrund der ausdrücklichen Normierung im Grundgesetz gerechtfertigt. Erforderlich ist aber die Vergegenwärtigung der sensiblen Situation, in welcher sich die Exekutive hier befindet. Da es sich auf der einen Seite um ungeschriebene Rechtsgrundsätze handelt, also die Wesentlichkeitstheorie grundsätzlich Beachtung finden muss, andererseits aber die Verfassung selber hoheitliche Eingriffe aufgrund einer Gefahr für die öffentliche Ordnung zulässt, ist das Spannungsfeld, in der sich die Exekutive in solchen Konstellationen befindet, besonders groß. Um hier zu sachgerechten Ergebnissen zu gelangen, ist eine restriktive Anwendung sowie die von *Schenke* und *Pieroth/Schlink/Kniesel* geforderte „restriktive Praxis" bei der Feststellung von Wertevorstellungen im konkreten Einzelfall geboten.[646]

Nach alledem sprechen die besseren Argumente dafür, von einer Verfassungsmäßigkeit des Begriffes der öffentlichen Ordnung auszugehen. Den nicht von der Hand zu weisenden diesbezüglichen Bedenken ist bei der konkreten Rechtsanwendung im Einzelfall die ihnen gebührende Gewichtung beizumessen.[647] Gerade im sensiblen Bereich der Eingriffsverwaltung sind die zuständigen Polizei- und Ordnungsbehörden wie gesagt angehalten, bei Maßnahmen zur Abwehr einer Gefährdung für die öffentliche Ordnung restriktiv vorzugehen.[648] Dass diese Aufgabe von den Polizei- und Ordnungsbehörden im Einzelfall nicht immer leicht zu bewältigen ist, soll an dieser Stelle nicht geleugnet werden. Gleichwohl

---

646 *Pieroth/Schlink/Kniesel*, Polizei- und Ordnungsrecht, § 9, Rn. 54; *Schenke*, Polizei- und Ordnungsrecht, Rn. 65.

647 So im Ergebnis bereits *Schoch*, Jura 2003, 177, 180, der weniger die Legitimität und Verfassungsmäßigkeit des Schutzgutes der öffentlichen Ordnung als problematisch ansieht, als vielmehr dessen praktische Handhabung; ähnlich auch *Bockwoldt*, Rechtmäßigkeit und Kostentragungspflicht, S. 51.

648 *Pieroth/Schlink/Kniesel*, Polizei- und Ordnungsrecht, § 9, Rn. 54.; ähnlich *Fechner*, JuS 2003, 734, 738; Direktiven diesbezüglich nennt *Schoch*, Jura 2003, 177, 180.

erscheint dieser Weg als der sinnvollste, da so die Behörden einerseits ihrem Ordnungsauftrag umfassend nachkommen können, der Bürger aber andererseits letzten Endes nicht rechtlos gestellt ist und das Verhalten der Exekutiven im Gerichtsverfahren auf dessen Rechtmäßigkeit überprüfen kann. Auf diese Weise wird auch die befürchtete Gefahr des Missbrauches gegenüber den Minderheiten gebannt.

(b) Zur Verankerung der öffentlichen Ordnung in der Verfassung

Mit der Verfassungsmäßigkeit des Begriffes der öffentlichen Ordnung ist indes noch nicht geklärt, ob die Abwehr von Gefahren für die öffentliche Ordnung auch stets verfassungsrechtlich erforderlich ist bzw. ob das Gebot der effektiven Abwehr von Gefahren für die öffentliche Ordnung aus der Verfassung herzuleiten ist.[649]

Ausgangspunkt zur Klärung dieser Frage ist auch hier die Verfassung selbst. Wie bereits erwähnt, wird die Abwehr von Gefahren für die öffentliche Ordnung in der Verfassung genannt, nämlich in Art. 13 Abs. 7 GG sowie in Art. 35 Abs. 2 GG. Man könnte daher erwägen, das Gebot der Abwehr von Gefahren für die öffentliche Ordnung pauschal aus der Verfassung selber herzuleiten. Dies geht allerdings – wie bereits oben[650] bezogen auf die verfassungsrechtliche Verankerung des Grundsatzes der Effektivität für die Abwehr sämtlicher Gefahren dargestellt – zu weit. Alleine aufgrund der Tatsache, dass in der Verfassung vereinzelt bestimmte Sachverhalte geregelt sind, welche eine Abwehr von Gefahren für die öffentliche Ordnung rechtfertigen, lässt sich nicht allgemein das verfassungsrechtliche Gewicht der öffentlichen Ordnung herleiten. Vielmehr handelt es sich bei diesen Fällen um die Abwehr von ganz bestimmten, qualifizierten Gefahren. Diesbezüglich mag das Gebot der Gefahrenabwehr für die öffentliche Ordnung aus der Verfassung herzuleiten sein, in allen anderen Fälle, in denen dieses Qualifikationsniveau nicht erreicht wird, kann dies nicht gelten.[651]

Bezüglich dieser Fälle ist anzumerken, dass bereits die Verfassungsmäßigkeit des Schutzgutes der öffentlichen Ordnung nicht unumstritten ist und auch in der vorliegenden Untersuchung nur unter der Bedingung befürwortet wurde, dass bezüglich der Abwehr von Gefahren für die öffentliche Ordnung eine sensible und restriktive Rechtsanwendung gerade unter besonderer Berücksichtigung der Grundrechte der Bürgers zu erfolgen hat. Wenn aber die öffentliche Ordnung selber Verfassungsrang hätte, würde das Erfordernis der restriktiven Auslegung

649 So auch *Bockwoldt*, Rechtmäßigkeit und Kostentragungspflicht, S. 51.
650 Siehe oben Kapitel 6, A, I., 1., b), aa).
651 So bereits *Bockwoldt*, Rechtmäßigkeit und Kostentragungspflicht, S. 51.

und Rechtsanwendung relativiert werden, weil dann beide Abwägungskriterien – die Grundrechte einerseits und die öffentliche Ordnung andererseits – Verfassungsrang hätten. Die Stellung des Bürgers würde zugunsten des Rechtsgutes der öffentlichen Ordnung geschwächt.

Darüber hinaus erscheint es zumindest nicht unproblematisch, den Grundsatz der Effektivität der Abwehr von Gefahren für ein Schutzgut, welches bereits verfassungsrechtlich – in jedem Fall aber rechtspolitisch – bedenklich ist, pauschal aus der Verfassung herzuleiten.[652]

Schließlich soll daran anknüpfend an dieser Stelle noch einmal der Gedanke der Wesentlichkeitstheorie genannt werden, der ebenfalls bereits bei der Frage der Verfassungsmäßigkeit der Abwehr von Gefahren für die öffentliche Ordnung problematisiert wurde. Das Schutzgut der öffentlichen Ordnung schützt nur etwas, was außerhalb der Rechtsordnung steht und eben nur mittels des Schutzgutes der öffentlichen Ordnung doch zum Gegenstand der Rechtsordnung gemacht wird.[653] Wenn auch das Schutzgut der öffentlichen Ordnung nach dem oben Gesagten noch als verfassungsgemäß angesehen werden kann, so ginge es doch zu weit, ihm verfassungsrechtliches Gewicht zukommen zu lassen.

(c) Zwischenergebnis

Mithin ist das Schutzgut der öffentlichen Ordnung – mit Ausnahme der in der Verfassung selbst geregelten Fälle – nicht aus der Verfassung herzuleiten.[654]

(3) Zusammenfassung

Es wurde festgestellt, dass der Grundsatz der Effektivität der Gefahrenabwehr einen Spezialfall des Grundsatzes der Verwaltungseffizienz in Form der „Zielerreichungseffizienz“ darstellt. Die Frage, ob der Effizienzgrundsatz verfassungsrechtliches Gewicht genießt, muss an dieser Stelle der Untersuchung nur bezogen auf die „Zielerreichungseffizienz“ beantwortet werden. Diese lässt sich nicht pauschal aus der Verfassung herleiten. Vielmehr ist auf den Zweck des zugrundeliegenden Gesetzes abzustellen – im allgemeinen Polizei- und Ordnungsrechts also auf den Zweck der Gefahrenabwehr bezüglich der zu schützenden Rechtsgüter – und zu klären, ob die zu schützenden Rechtsgüter von der Verfas-

---

652 Diese Bedenken äußert auch *Hebeler*, JA 2002, 521, 524.

653 *Hebeler*, JA 2002, 521, 522; nach *Mußgnug*, FS-*Quaritsch*, 349, 353 verrechtliche die öffentliche Ordnung das Nichtrecht.

654 So im Ergebnis bereits *Bockwoldt*, Rechtmäßigkeit und Kostentragungspflicht, S. 52.

sung geschützt bzw. gewährleistet werden. Sollte dies so sein, so kommt auch dem Effektivitätsgrundsatz verfassungsrechtliches Gewicht zu.

Bezüglich der Schutzgüter der öffentlichen Sicherheit ist dies der Fall. Der Schutz der Individualrechtsgüter wird genauso von der Verfassung gewährleistet wie der Schutz der Einrichtungen, Veranstaltungen und des Bestandes des Staates und der Schutz der gesamten Rechtsordnung.

Bezüglich der öffentlichen Ordnung wurde festgestellt, dass sie zwar nicht verfassungswidrig ist, aber – außer in den von der Verfassung selbst geregelten Fällen – nicht aus der Verfassung hergeleitet werden kann.

bb) Herleitung aus dem materiellen Recht

Der Grundsatz der Effektivität der Gefahrenabwehr lässt sich indes in Gänze, also auch bezüglich des Schutzgutes der öffentlichen Ordnung, aus dem materiellen Polizei- und Ordnungsrecht herleiten. Aus § 8 Abs. 1 MEPolG und in der Generalklausel nahezu jedes Polizei- und Ordnungsgesetzes der Länder[655] geht hervor, dass die Polizei- und Ordnungsbehörden Gefahren sowohl für die öffentliche Sicherheit als auch für die öffentliche Ordnung abzuwehren haben. Daher genießt das Schutzgut der öffentlichen Ordnung in diesen Fällen einfachgesetzliches Gewicht.

2 Aussage des Grundsatzes der Effektivität der Gefahrenabwehr bezogen auf den Umfang der materiellen Polizeipflicht auf der Primärebene

Setzt man ausschließlich die Grundaussage des Effektivitätsgrundsatzes in Bezug auf den Umfang der materiellen Polizeipflicht auf der Primärebene, so hat dies zur Folge, dass diese Pflicht stets eine vollumfängliche sein muss. Nur wenn ein Störer durch die materielle Polizeipflicht in vollem Umfang zur Gefahrenabwehr verpflichtet wird, kommt es zu der umfangreichen Gewährleistung des Effektivitätsgrundsatzes. Eine wie auch immer zu ermittelnde anteilige materielle Polizeipflicht würde dem zuwiderlaufen.

3. Zwischenergebnis

Dem Grundsatz der Effektivität der Gefahrenabwehr kommt auf der Primärebene ein überragendes Gericht zu. Er ist nach nahezu allen Stimmen in der Litera-

655 Dies gilt freilich nicht für die Länder, in denen die öffentliche Ordnung nicht normiert ist.

tur und Rechtsprechung der beherrschende Rechtsgrundrundsatz auf dieser Ebene.[656]

Der Effektivitätsgrundsatz ist als Unterfall des Effizienzgrundsatzes in Form der „Zielerreichungseffizienz" in der Regel auch ein Grundsatz mit verfassungsrechtlichem Gewicht. Denn sämtliche Schutzgüter der öffentlichen Sicherheit, auf dessen schnelle Gewährleistung bzw. Wiederherstellung der Effektivitätsgrundsatz abzielt, haben ihrerseits verfassungsrechtliches Gewicht. Unter diese Schutzgüter lassen sich die allermeisten Fälle möglicher Gefahrenabwehrkonstellationen subsumieren, zumal in der heutigen Zeit immer mehr Bereiche gesetzlich „durchnormiert" werden – ein Trend, der sich in der Zukunft noch weiter fortsetzen dürfte.

Da aber keine Rechtsordnung jeden Fall erfassen kann, werden Situationen, die einer gesetzlichen Regelung entbehren, nicht zu vermeiden sein. Greift in diesen Ausnahmefällen kein Schutzgut der öffentlichen Sicherheit, ist es als vertretbar zu erachten, auf die öffentliche Ordnung zurückzugreifen. Das rechtliche Gewicht dieses Schutzgutes lässt sich indes grundsätzlich nicht aus der Verfassung, sondern lediglich aus einfachgesetzlichen Regelungen des materiellen Polizei- und Ordnungsrechts herleiten.

II. Verhältnismäßigkeitsgrundsatz

Neben dem sich aus der historischen Entwicklung des Polizeibegriffes herauskristallisierten Grundsatz der Effektivität der Gefahrenabwehr hat sich auch der Grundsatz der Verhältnismäßigkeit[657] entwickelt. Ging es wie gezeigt im Zeitalter des Polizei- und Wohlfahrtstaates lediglich um die Durchsetzung und Sicherung der Macht des unumschränkten Herrschers ohne Rücksicht auf die Untertanen, hat sich aufgrund der Ideen der Aufklärung nicht nur der Gedanke der Effektivität der Gefahrenabwehr durchgesetzt, auch die Intention der Schonung der Bürger hat ebenso wie das Bestreben nach einem gerechten Handeln des Staates eine immer größer werdende Bedeutung erlangt.

---

656 Statt aller VGH München, BayVBl. 1984, 16, 16; *Drews/Wacke/Vogel/Martens,* Gefahrenabwehr, S. 1 ff., S. 304 f. und S. 312; *Martensen*, DVBl. 1996, 286, 287.

657 Im Folgenden wird in dieser Untersuchung stets vom Grundsatz der Verhältnismäßigkeit gesprochen, wenngleich die Terminologie nicht immer einheitlich ist. So wird vereinzelt auch vom „Übermaßverbot", von der „Verhältnismäßigkeit im engeren Sinn" oder auch von der „Angemessenheit" gesprochen, vgl. *Ipsen*, Staatsrecht II, Rn. 182 ff., *Merten/Merten*, Hamburgisches Polizei- und Ordnungsrecht, § 4, Rn. 1; eine ausführliche Auflistung nahezu aller in der rechtlichen Praxis verwendeten Synonyme des Verhältnismäßigkeitsgrundsatzes findet sich bei *Jakobs*, Verhältnismäßigkeit, S. 8 ff.; Unterschiede in der Sache bestehen trotz dieser terminologischen Unterschiede indes nicht.

Diese Gedanken sind heute namentlich im Verhältnismäßigkeitsgrundsatz verkörpert. Nach diesem Grundsatz dürfen die von einem Bürger verlangten Handlungen zur Erreichung eines konkreten Gesetzeszwecks diesen Bürger nicht in unverhältnismäßiger Weise belasten.[658] Nicht zuletzt aufgrund der Bedeutung der Grundrechte kommt dem Verhältnismäßigkeitsgrundsatz gerade im Recht der Eingriffsverwaltung ein kaum zu überschätzender Stellenwert zu.[659]

Nahezu unstreitig und gewissermaßen allgemein anerkannt ist die Tatsache, dass dem gegenüber der gesamten Staatsgewalt wirkenden[660] Grundsatz der Verhältnismäßigkeit verfassungsrechtliches Gewicht zukommt und dieser damit heute als verfassungsrechtliches Prinzip weitestgehend anerkannt ist.[661]

Uneinheitlich wird indes die Frage beantwortet, was als die genaue Rechtsgrundlage für das Verhältnismäßigkeitsprinzip im Grundgesetz anzusehen ist. Vereinzelt wird es vom Bundesverfassungsgericht und Teilen der Literatur im Rechtsstaatsprinzip verankert,[662] andere wollen es aus dem Prinzip der Freiheit ableiten,[663] wieder andere stellen auf den Abwehrbereich der Grundrechte ab.[664]

---

658 Nicht wenige Stimmen in der Literatur vertreten die Ansicht, dass – wie auch der polizei- und ordnungsrechtsspezifische Grundsatz der Effektivität der Gefahrenabwehr – der Grundsatz der Verhältnismäßigkeit sogar zuerst im Polizeirecht herausgebildet wurde, vgl. *Pieroth/Schlink/Kniesel*, Polizei- und Ordnungsrecht, § 1, Rn. 13.

659 Nach *Merten/Merten* gehöre er zum „eisernen Bestand polizeirechtlichen Instrumentariums", siehe *Merten/Merten*, Hamburgisches Polizei- und Ordnungsrecht, § 4, Rn. 1.

660 *Jarass/Pieroth-Jarass*, GG, Art. 20, Rn. 81; *Lerche*, Übermaß, S. 24; *Sachs-Sachs*, GG, Art. 20, Rn. 145.

661 BVerfGE 7, 377, 407; 19, 342, 348; 89, 69, 84; BVerwGE 5, 50, 50 ff.; 26, 305, 309; *Drews/Wacke/Vogel/Martens,* Gefahrenabwehr, S. 390 m.w.N.; *Groß*, DÖV 2006, 856, 858, der allerdings auch leise Töne der Kritik anklingen lässt, da das BVerfG dem Grundsatz der Verhältnismäßigkeit „ohne jede Herleitung" verfassungsrechtliches Gewicht verliehen habe; *Merten/Merten*, Hamburgisches Polizei- und Ordnungsrecht, § 4, Rn. 1; *Michael*, JuS 2001, 654, 655 f.; *Sachs-Sachs*, GG, Art. 20, Rn. 145; *Würtenberger*, JuS 1974, 320, 324; *Wahl*, DV 1980, 273, 279 f.; a.A. wohl *Peters*, Beförderung von Massengütern, S. 12 ff., der einen Widerspruch zwischen Demokratieprinzip und Verhältnismäßigkeitsgrundsatz sieht, da aufgrund letzterem eine Vorrangstellung der Verfassungsgerichtsbarkeit gegenüber dem Parlament resultiere; vgl. auch *Jakobs*, Verhältnismäßigkeit, S. 29.

662 BVerfGE 19, 342, 349; 23, 127, 133; 86, 288, 347; *Jarass/Pieroth-Jarass*, GG, Art. 20, Rn. 80; *Kniesel*, Die Polizei 1989, 179, 182; *Sachs-Sachs*, GG, Art. 20, Rn. 145; *Würtenberger/Heckmann*, Polizeirecht, Rn. 521; differenzierend *Lerche*, Übermaß, S. 32 ff.

663 *Merten*, FS-Schambeck, 349, 372 ff.

664 BVerfGE 19, 342, 348; *Bockwoldt*, Rechtmäßigkeit und Kostentragungspflicht, S. 56; *Krebs*, Jura 2001, 228, 234; *Jarass/Pieroth-Jarass*, GG, Art. 20, Rn. 80 führen mit Verweis auf BVerfGE 19, 342, 348 f. aus, dass sich der Grundsatz der Verhältnismäßigkeit auch aus dem Wesen der Grundrechte selbst ergeben würde, die als Ausdruck des allgemeinen Freiheitsanspruches des Bürgers gegen den Statt nur so weit beschränkt werden dürfen, als es zum Schutze öffentlicher Interessen unerlässlich sei.

Für die vorliegende Abhandlung kann eine vertiefende Erörterung diesbezüglich unterbleiben, da nach allen Ansätzen die verfassungsrechtliche Herleitung und somit auch das verfassungsrechtliche Gewicht des Verhältnismäßigkeitsgrundsatzes außer Frage stehen. *Wolff* weist demnach auch völlig zu Recht auf die vergleichsweise geringe Relevanz der Ableitung hin, da der Verhältnismäßigkeitsgrundsatz mittlerweile in jedem Falle auf das Verfassungsgewohnheitsrecht als Rechtsquelle zurückgeführt werden könne.[665]

Der Verfassungsrang des Grundsatzes der Verhältnismäßigkeit ist demnach heute zu Recht allgemein anerkannt.

1. Aussage des Verhältnismäßigkeitsgrundsatzes

Der Grundsatz der Verhältnismäßigkeit hat seine Wurzeln im Gerechtigkeitsgedanken bzw. stellt eine Ausprägung des Postulats der Gerechtigkeit dar.[666] In Konsequenz dessen verkörpert er bis heute das Streben nach der Verwirklichung eines gerechten Ausgleiches von widerstreitenden Interessen in einem konkreten Einzelfall.[667]

Um diesen gerechten Ausgleich zu gewährleisten verlangt, der Verhältnismäßigkeitsgrundsatz nach der gefestigten und allgemein anerkannten Rechtsprechung des Bundesverfassungsgerichts, dass der Staat mit einem Grundrechtseingriff einen legitimen Zweck mit geeigneten, erforderlichen und angemessenen Mitteln verfolgen muss.[668]

Die Prüfung des Grundsatzes der Verhältnismäßigkeit erfolgt infolge dessen nach den schon fast als klassisch zu bezeichnenden und allgemein anerkannten Prüfungspunkten der Geeignetheit, Erforderlichkeit und Verhältnismäßigkeit im engeren Sinn bzw. Angemessenheit in Bezug auf ein zulässiges Ziel.[669] Kernge-

---

665 *Wolff*, Verfassungsrecht, S. 228 ff. und S. 465; ähnlich *Wittig*, DÖV 1968, 817, 817 ff.

666 Dazu statt vieler *Albrecht*, Zumutbarkeit, S. 66; *Clerico*, Struktur der Verhältnismäßigkeit, S. 19; *Gentz*, NJW 1968, 1600, 1601; *Kraft*, BayVBl. 2007, 577, 577.

667 Dazu auch *Gentz*, NJW 1968, 1600, 1601 und *Jakobs*, Verhältnismäßigkeit, S. 7 f., die aber vor einer pauschalen Gleichsetzung von Verhältnismäßigkeitsgrundsatz und Gerechtigkeit warnen. Andernfalls würde die Möglichkeit der Relativierung einer jeden Rechtsnorm ebenso wie die Gefahr eines Einfallstores für ein unkontrollierbares Gerechtigkeitsgefühl drohen. Gleichwohl widersprechen sie letztlich der Tatsache, dass der Verhältnismäßigkeitsgrundsatz zumindest Elemente des Gerechtigkeitsgedanken in sich trägt und daher als Ausfluss des Gerechtigkeitsgedankens zu werten ist, nicht.

668 BVerfGE 109, 279, 335; BVerfG, DVBl. 2006, 899, 900; *Kraft*, BayVBl. 2007, 577, 579.

669 BVerfGE 30, 292, 316; *Heusch*, Verhältnismäßigkeit, S. 37 f.; *Ipsen*, Staatsrecht II, Rn. 184; *Jakobs*, DVBl. 1985, 97, 99; *Ossenbühl*, Jura 1997, 617, 617; *Pieroth/Schlink/Kniesel*, Polizei- und Ordnungsrecht, § 10, Rn. 15 ff.; *Schenke*, Polizei- und Ordnungsrecht, Rn. 331 ff., *Würten-*

danke dieses Grundsatzes ist somit die sogenannte Zweck-Mittel-Relation, welche besagt, dass ein angemessenes Verhältnis zwischen dem zulässigen Ziel und der zur Zielerreichung ergriffenen Maßnahme gewährleistet sein muss.[670]

Auch im Polizei- und Ordnungsrecht hat demnach die Prüfung des Verhältnismäßigkeitsgrundsatzes anhand dieser Prüfung in Bezug auf den Zweck dieses Rechtsgebietes zu erfolgen. Im Folgenden soll daher die Aussage des Grundsatzes der Verhältnismäßigkeit speziell im Polizei- und Ordnungsrecht dargestellt werden.

a) Zulässiges Ziel

Bevor die Prüfung des Verhältnismäßigkeitsgrundsatzes entsprechend des dargestellten Dreiklangs bzw. der Zweck-Mittel-Relation erfolgen kann, muss zunächst das zulässige Ziel bzw. der legitime Zweck bestimmt werden.[671] Vor dem Hintergrund der historischen Entwicklung des Polizei- und Ordnungsrechts, der Intention des Gesetzgebers sowie der Aussagen und Anforderungen des Grundgesetzes ist heute richtigerweise allgemein anerkannt, dass der Hauptweck des Polizei- und Ordnungsrecht in allererster Linie darin liegt, Gefahren für die öffentliche Sicherheit oder Ordnung effektiv abzuwehren.[672] Die effektive Gefahrenabwehr ist demnach das zulässige Ziel der Polizei- und Ordnungsgesetze.

b) Zweck-Mittel-Relation (Geeignetheit, Erforderlichkeit, Angemessenheit)

Bezogen auf dieses Ziel erfolgt die Prüfung der Zweck-Mittel-Relation. Das Mittel, mit dem der Gesetzeszweck erreicht werden soll, ist dann verhältnismäßig, wenn es bezogen auf das Ziel geeignet, erforderlich und angemessen ist.

---

berger/Heckmann, Polizeirecht, Rn. 523; ähnlich, wenn auch aus der Sicht eines anderen Rechtsgebietes, *Gawlick*, Wiedereingliederung, S. 193 f.

670 Dazu BVerfGE 30, 292, 316; *Heusch*, Verhältnismäßigkeit, S. 37 f.; *Ipsen*, Staatsrecht II, Rn. 184; *Jakobs*, DVBl. 1985, 97, 99; *Ossenbühl*, Jura 1997, 617, 617; *Pieroth/Schlink/Kniesel*, Polizei- und Ordnungsrecht, § 10, Rn. 17 ff.; *Schenke*, Polizei- und Ordnungsrecht, Rn. 331 ff.

671 Dazu *Ipsen*, Staatsrecht II, Rn. 185 ff.

672 *Drews/Wacke/Vogel/Martens*, Gefahrenabwehr, S. 1 ff. und S. 304 f.; *Pieroth/Schlink/Kniesel*, Polizei- und Ordnungsrecht, § 5, Rn. 1; *Schenke*, Polizei- und Ordnungsrecht, Rn. 36 und Rn. 333; die Vorrangigkeit dieser Aufgabe geht schon aus dem Wortlaut der entsprechenden Polizei- und Ordnungsgesetze hervor, vgl. stellvertretend für alle § 1 Abs. 1 MEPolG; § 1 Abs. 1 und § 3 Abs. 1 HmbSOG.

aa) Geeignetheit

Die Geeignetheit des Mittels erfordert, dass das Mittel zur Erreichung des jeweiligen Gesetzeszweckes objektiv tauglich ist.[673] Das Mittel muss den Zweck des Gesetzes zumindest fördern können, es muss gewissermaßen ein Schritt in die richtige Richtung sein.[674]

Bezogen auf das Polizei- und Ordnungsrecht bedeutet dies, dass konkrete Gefahrenabwehrverfügungen der Polizei- und Ordnungsbehörden an bestimmte Personen bzw. das von der materiellen Polizeipflicht geforderte Verhalten des Störers den Zweck der Gefahrenabwehr tatsächlich fördern muss.[675] Nur ein Mittel, das eine Gefahr abzuwehren vermag, erfüllt demnach die Voraussetzung der Geeignetheit.

bb) Erforderlichkeit

Nach dem Unterpunkt der Erforderlichkeit[676] ist das Mittel zu wählen, welches den Einzelnen und die Allgemeinheit voraussichtlich am wenigsten belastet.[677] Sind vor diesem Hintergrund mehrere Mittel zur Zielerreichung ersichtlich, so ist auf das mildeste Mittel zurückzugreifen, sofern es zur Zweckerreichung in gleicher Weise geeignet ist.[678] Die Erforderlichkeitsprüfung ist also auf den Vergleich mehrerer Mittel angelegt.[679] Der Grundsatz der Erforderlichkeit ist demnach verletzt, wenn ein milderes, gleich wirksames Mittel zur Erreichung des zulässigen Ziels gegeben ist, dieses aber nicht gewählt wird.[680]

Im Polizei- und Ordnungsrecht verlangt das Merkmal der Erforderlichkeit demnach, dass konkrete Verfügungen zur Gefahrenabwehr das jeweils mildeste Mittel zur Erreichung des Ziels der Gefahrenabwehr darstellen müssen.[681]

Bezogen auf die materielle Polizeipflicht führt das Merkmal der Erforderlichkeit dazu, dass sie vom Störer nur das Verhalten fordern kann, welches das mildeste Mittel zur Gefahrenabwehr darstellt.

---

673 BVerfGE 96, 10, 23; *Hirschberg*, Verhältnismäßigkeit, S. 50.

674 BVerfGE 33, 171, 187; *Pieroth/Schlink/Kniesel*, Polizei- und Ordnungsrecht, § 10, Rn. 17; *Merten/Merten*, Hamburgisches Polizei- und Ordnungsrecht, § 4, Rn. 4.

675 *Pieroth/Schlink/Kniesel*, Polizei- und Ordnungsrecht, § 10, Rn. 17 ff.

676 Hierzu ausführlich *Dechsling*, Verhältnismäßigkeitsgebot, S. 51 ff.

677 BVerfGE 53, 135, 145; *Gentz*, NJW 1968, 1600, 1603; *Giesberts*, Lastenverteilung, S. 74 f.

678 BVerwGE 13, 258, 259; *Gusy*, Polizei- und Ordnungsrecht, Rn. 398.

679 *Jakobs*, DVBl. 1985, 97, 99.

680 BVerfGE 53, 135, 145.

681 *Pieroth/Schlink/Kniesel*, Polizei- und Ordnungsrecht, § 10, Rn. 17.

cc) Angemessenheit bzw. Verhältnismäßigkeit im engeren Sinne

Schließlich erfordert die Angemessenheit bzw. die Verhältnismäßigkeit im engeren Sinne eine Abwägung zwischen dem öffentlichen Interesse an der Erfüllung des zulässigen Ziels einerseits und der Schwere der Belastung des Bürgers andererseits in der Weise, dass die Wahl des Mittels zur Erreichung des zulässigen Ziels keine Auswirkungen auf ein geschütztes Rechtsgut des Individuums haben darf, die erkennbar außer Verhältnis zur Bedeutung der Sache stehen.[682] Es ist also eine Güterabwägung zwischen den Belangen des einzelnen Bürgers einerseits und denen der Allgemeinheit andererseits dahingehend vorzunehmen, dass – salopp gesagt – „nicht mit Kanonen auf Spatzen geschossen wird."[683] Vor diesem Hintergrund erfolgt eine Abwägung der gegenläufigen Interessen des Individuums und der Allgemeinheit, wobei es in Bezug auf das Ergebnis dieser Abwägung stets entscheidend auf die Konstellation des jeweiligen Einzelfalles ankommt.

In Bezug auf das Polizei- und Ordnungsrecht bedeutet dies, dass die zur Gefahrenabwehr erlassene Verfügung bzw. das von der materiellen Polizeipflicht geforderte Verhalten im konkreten Einzelfall nicht außer Verhältnis zu den Grundrechten des Individuums stehen darf.[684]

2. Aussage des Verhältnismäßigkeitsgrundsatzes bezogen auf den Umfang der materiellen Polizeipflicht auf der Primärebene

Zur Beantwortung der Frage, welche Auswirkungen der Grundsatz der Verhältnismäßigkeit auf den Umfang der materiellen Polizeipflicht auf der Primärebene hat, ist von der Grundintention dieses Rechtsgrundsatzes auszugehen. Diese besteht wie gezeigt darin, einen gerechten Ausgleich bei widerstreitenden Interessen im Einzelfall zu gewährleisten. Er darf aber nicht lediglich als ein pauschales Prinzip der Gerechtigkeit verstanden werden,[685] da andernfalls in der Tat die namentlich von *Gentz* und *Jakobs* betonte Gefahr der Relativierung einer jeden Rechtsnorm ebenso drohen würde wie die Möglichkeit, dass aufgrund des bloßen Gerechtigkeitsempfindens ein Einfallstor für ein juristisch nicht mehr greifbares und somit rechtlich nicht mehr kontrollierbares Gerechtigkeitsgefühl aufgestoßen werden könnte.[686]

---

682 BVerfGE 65, 1, 54; 80, 297, 312; dazu auch *Drews/Wacke/Vogel/Martens,* Gefahrenabwehr, S. 389.

683 So ausdrücklich *Pieroth/Schlink/Kniesel*, Polizei- und Ordnungsrecht, § 10, Rn. 30.

684 Ähnlich *Pieroth/Schlink/Kniesel*, Polizei- und Ordnungsrecht, § 10, Rn. 30.

685 So überzeugend bereits *Gentz*, NJW 1968, 1600, 1601; *Jakobs*, Verhältnismäßigkeit, S. 7.

686 *Gentz*, NJW 1968, 1600, 1601; *Jakobs*, Verhältnismäßigkeit, S. 7 f.

Die Prüfung des Verhältnismäßigkeitsgrundsatzes hat daher wie dargestellt stets – und somit auch bezüglich seiner Einwirkung auf den Umfang der materiellen Polizeipflicht auf der Primärebene – anhand einer Zweck-Mittel-Relation vor dem Hintergrund des zulässigen Ziels der effektiven Gefahrenabwehr zu erfolgen.

Wie sich eine entsprechende Anwendung des Verhältnismäßigkeitsgrundsatzes in Bezug auf den Umfang der materiellen Polizeipflicht darstellt, scheint sich daher – jedenfalls an dieser Stelle der Untersuchung – nicht pauschal festlegen zu lassen, da stets die Gegebenheiten des konkreten Einzelfalles ausschlaggebend sind. Diesbezüglich müssen alle in Frage kommenden Aspekte berücksichtigt werden, insbesondere die Wertigkeit der zu schützenden Rechtsgüter, die konkrete Situation – vor allem die zeitlichen und räumlichen Gegebenheiten – sowie die Grundrechte des materiell Polizeipflichtigen vor dem Hintergrund des von ihm in der konkreten Situation geforderten Verhaltens und dessen Konsequenzen für ihn.

Da es also die Intention des Verhältnismäßigkeitsgrundsatzes ist, einen gerechten Ausgleich der widerstreitenden Interessen im Einzelfall sicherzustellen, er dabei andererseits immer das gesetzliche Ziel der effektiven Gefahrenabwehr im Auge behält,[687] sind im Rahmen seiner Anwendung bezüglich des Umfangs der materiellen Polizeipflicht auf der Primärebene jedenfalls dem Grunde nach verschiedene Ergebnisse – jeweils abhängig vom konkreten Einzelfall – denkbar.

Im Regelfall dürfte es nach dem bisherigen Erkenntnisstand vor dem Hintergrund der Zweck-Mittel-Relation indes verhältnismäßig sein, die materielle Polizeipflicht auf der Primärebene als eine vollumfängliche Verpflichtung des Störers zur Gefahrenabwehr anzusehen. Wem als Handlungs- bzw. Zustandsstörer eine Gefahr zugerechnet werden kann, der wird durch die materielle Polizeipflicht grundsätzlich in verhältnismäßiger Weise dazu verpflichtet, diese Gefahr in Gänze abzuwehren.[688]

Denn die materielle Polizeipflicht ist geeignet, das zulässige Ziel der Gefahrenabwehr zu ermöglichen.

Da die Art und Weise der von der materiellen Polizeipflicht geforderten Gefahrenabwehr dem alleinigen Willen des Störers unterliegt, kann dieser die für

---

687 Dazu BGH, MDR 2005, 25, 25; *Bockwoldt*, Rechtmäßigkeit und Kostentragungspflicht, S. 60 f.; *Götz*, Allgemeines Polizei- und Ordnungsrecht, § 9, Rn. 86; dazu auch *Schenke*, Polizei- und Ordnungsrecht, Rn. 285 und Rn. 383, der behauptet, dass an die Verhältnismäßigkeitsprüfung im Hinblick auf die häufig gebotene Raschheit des polizeilichen Handelns keine allzu großen Anforderungen gestellt werden dürften. Dies scheint auf eine Prüfung des Verhältnismäßigkeitsgrundsatzes im Lichte der Effektivität der Gefahrenabwehr hinzuweisen.

688 So im Ergebnis neben vielen BVerwG, NJW 1998, 3582, 3582; *Felix/Nitschke*, NordÖR 2004, 469, 470 f.

ihn mildeste Gefahrenabwehrmaßnahme wählen. Auf diese Weise wird auch dem Erfordernis der Erforderlichkeit auf diese Weise entsprochen.

Gerade weil die entstandene Gefahr dem Störer durch eine eigene Handlung oder durch den Zustand einer von ihm tatsächlich beherrschten bzw. in seinem Eigentum stehenden Sache zurechenbar ist, er also der Gefahr aufgrund dieser Tatsache näher steht als die Allgemeinheit, erscheint es im Regelfall – gerade vor dem Hintergrund, dass die materielle Polizeipflicht als verfassungsrechtliche Grundpflicht qualifiziert wurde, die als solche zum Wohle der Allgemeinheit gerade die vollumfängliche Gefahrenabwehr fordert – auch angemessen, ihn gesetzlich vollumfänglich zur Gefahrenabwehr zu verpflichten.

Diese Ausführungen beziehen sich wie gesagt nur auf den Regelfall. Daneben sind bestimmte Ausnahmesituationen jedenfalls denkbar, in denen der Verhältnismäßigkeitsgrundsatz eine nur begrenzte materielle Polizeipflicht eines Störers fordern könnte. Denkbar sind diesbezüglich beispielsweise Situationen, in denen sich der materiell Polizeipflichtige in einer Art „Opfersituation"[689] befindet. Auch die Fälle einer Mehrheit von materiell Polizeipflichtigen sind diesbezüglich zu nennen, wird doch gerade in diesen Situationen vertreten, dass nur eine anteilige Polizeipflicht eines jeden Störers verhältnismäßig sei.[690]

In solchen Fällen wird erwogen, dass die Abwehr der ganzen Gefahr für den bzw. im Falle einer Störermehrheit für jeden materiell Polizeipflichtigen unzumutbar sei, also dem Verhältnismäßigkeitsgrundsatz nicht mehr entsprechen würde.[691] Es sei daher erforderlich, die materielle Polizeipflicht in diesen Ausnahmefällen entsprechend zu begrenzen.[692]

Auf diese Ansätze soll an dieser Stelle noch nicht vertiefend eingegangen werden. Diesbezüglich kann vielmehr erst dann ausführlich Stellung genommen werden, wenn sämtliche auf der Primärebene wirkenden Rechtsgrundsätze erörtert worden sind, so dass ihr Zusammenwirken und die Konsequenz dieses Zusammenwirkens auf den Umfang der materiellen Polizeipflicht auf der Primärebene untersucht werden kann.[693]

689 Zu diesen „Opferfällen" siehe unten Kapitel 6, B, II., 1.

690 Dazu Kapitel 6, B, II., 2.

691 So beispielsweise *Jochum*, NVwZ 2003, 526, 526 ff.

692 Dazu beispielsweise *Giesberts*, Lastenverteilung, S. 79 ff.; *Pieroth/Schlink/Kniesel*, Polizei- und Ordnungsrecht, § 9, Rn. 62 ff.

693 Siehe unten Kapitel 6, B.

3. Zwischenergebnis

Es wurde festgestellt, dass der Grundsatz der Verhältnismäßigkeit aufgrund der historischen Entwicklung des Polizei- und Ordnungsrechtes auch und gerade in diesem Rechtsgebiet eine gewichtige Rolle spielt.

Auch wenn bezüglich der Herleitung unterschiedliche Ansätze vertreten werden, so ist das verfassungsrechtliche Gewicht dieses Grundsatzes im Ergebnis mittlerweile zu Recht allgemein anerkannt.

Der Verhältnismäßigkeitsgrundsatz verkörpert einen Rechtsgrundsatz, der die Einzelfallgerechtigkeit und größtmögliche Schonung der Bürger vor dem Hintergrund einer Zweck-Mittel-Relation bezogen auf ein zulässiges Ziel gewährleisten soll. Im Polizei- und Ordnungsrecht ist dieses Ziel die effektive Gefahrenabwehr.

Dies bedeutet für den Einfluss des Verhältnismäßigkeitsgrundsatzes auf die Frage nach dem Umfang der materiellen Polizeipflicht auf der Primärebene, dass zwar alle Umstände des Einzelfalles zu berücksichtigen sind, dass aber die unbeschränkte materielle Polizeipflicht eines Störers im Regelfall als verhältnismäßig anzusehen sein wird, ist dem Störer doch die Gefahr stets zurechenbar, so dass er aufgrund dieser Tatsache der Gefahr näher steht als die Allgemeinheit. Seine unbeschränkte materielle Polizeipflicht erscheint infolge dessen gerade aufgrund ihres Grundpflichtencharakters nur konsequent und im Ergebnis jedenfalls grundsätzlich auch verhältnismäßig.

Gleichwohl ist es zumindest denkbar, dass sie in bestimmten Ausnahmesituationen aufgrund des Verhältnismäßigkeitsgrundsatzes zu begrenzen ist. Die abschließende Beurteilung der Frage, ob und wann dies tatsächlich der Fall ist, erfordert indes die Einbeziehung sämtlicher auf der Primärebene wirkenden Rechtsgrundsätze und kann daher erst im Rahmen der Erörterung ihres Zusammenspiels abschließend beantwortet werden.

III. Grundsatz der Lastengleichheit

Auf der Primärebene wird neben dem Grundsatz der effektiven Gefahrenabwehr und dem der Verhältnismäßigkeit als relevanter Rechtsgrundsatz bei einer Mehrheit von materiell Polizeipflichtigen[694] auch der Grundsatz der Lastengleichheit thematisiert.[695]

1. Aussage und Herleitung des Grundsatzes der Lastengleichheit

Die Aussage bzw. die Forderung des Grundsatzes der Lastengleichheit ist ebenso einfach wie einleuchtend: Der Grundsatz der Lastengleichheit verlangt eine gleichmäßige Behandlung gleichmäßiger Beteiligter dahingehend, dass die Lasten entsprechend zu verteilen sind.[696]

Zur rechtlichen Herleitung des Grundsatzes der Lastengleichheit werden verschiedene Positionen vertreten.

a) Erwägungen der Gerechtigkeit

Einige Autoren in der Literatur deuten an, den Grundsatz der Lastengleichheit aus Gesichtspunkten der Gerechtigkeit ableiten zu wollen.[697] Um eine gleichmä-

---

694 Der Grundsatz der Lastengleichheit meint in dieser Ausarbeitung bezogen auf den Umfang der materiellen Polizeipflicht stets die Lastenverteilung zwischen mehreren materiell polizeipflichtigen Störern. Die Lastenverteilung zwischen Störer und Staat wird vom Grundsatz der Verhältnismäßigkeit erfasst; a.A. wohl *Bockwoldt*, Rechtmäßigkeit und Kostentragungspflicht, S. 204, Fn. 866, wo angedeutet wird, dass ihrer Ansicht nach der Grundsatz der Lastengleichheit auch das Verhältnis zwischen Staat und Bürger betreffe.

695 Stellvertretend für viele *Garbe*, DÖV 1998, 632, 632 ff.; *Giesberts*, Lastenverteilung, S. 45 ff., wo in diesem Zusammenhang von Lastengerechtigkeit bzw. gerechter Lastenverteilung gesprochen wird; *Bockwoldt* spricht ebenfalls von den Grundsätzen der gerechten Lastenverteilung, welche sowohl das Verhältnismäßigkeitsprinzip als auch den allgemeinen Gleichheitssatz beinhalten würden, vgl. *Bockwoldt*, Rechtmäßigkeit und Kostentragungspflicht, S. 53 ff. und S. 204; ähnlich *Würtenberger/Heckmann*, Polizeirecht, Rn. 504.
Vom Rechtsbegriff der Lastengleichheit wird auch in anderen Teilbereichen der Eingriffsverwaltung gesprochen. So wird im Steuerrecht der Maßstab der Lastengleichheit als Fundamentalnorm staatlicher Verteilungsgerechtigkeit angesehen, welche eine konsequente Gleichbehandlung des wesentlich Gleichen und die Ungleichbehandlung des wesentlich Ungleichen gebiete, vgl. *Birk*, Steuerrecht, Rn. 186 ff.

696 So *Schink*, DVBl. 1986, 161, 168, der eine gleichmäßige Belastung gleichmäßig Verantwortlicher fordert; dazu auch *Bockwoldt*, Rechtmäßigkeit und Kostentragungspflicht, S. 58 ff.

697 Vgl. *Kloepfer*, NuR 1987, 7, 18; *Kloepfer/Thull*, DVBl. 1989, 1121, 1121; *Kormann*, UPR 1983, 281, 285; *Schink*, GewArch 1996, 50, 61; *Schink*, DVBl. 1986, 161, 168; ähnlich auch *Schwabe*, UPR 1984, 7, 7 f., der – in Anlehnung an *Kormann*, UPR 1983, 281 ff. – postuliert, dass Ziel und Ausgangspunkt der Lastenverteilung Erwägungen der Gerechtigkeit sein müssten; im Ansatz ähnlich wohl auch OVG Schleswig, UPR 1996, 194, 194 und *Kohl*, JuS 1992, 864, 868; dagegen spricht *Lindner*, Adressatenpflichten, S. 115 zwar von einem „gerechtigkeitsorientierten Strukturierungskriterium", stützt sich in den folgenden Ausführungen allerdings eher auf Art. 3 Abs. 1 GG als Aufhänger für den Grundsatz der Lastengleichheit (er nennt ihn aller-

ßige Behandlung und Belastung aller zu ermöglichen, sei in erster Linie auf das Postulat der Gerechtigkeit abzustellen.[698] Bereits *Aristoteles* habe postuliert, dass die staatlicherseits auferlegten Lasten gerecht zu verteilen seien.[699] Dieser von *Aristoteles* vertretene rechtsethische Grundsatz aus der Antike müsse auch und gerade in der heutigen Zeit, wo der Rechtsstaat als allgemein anerkannte Institution dem Gerechtigkeitsgedanken verpflichtet ist, beachtet werden.[700]

Vertiefende Ausführungen oder eine Festmachung dieses Grundsatzes an der Verfassung oder an materiell-rechtlichen Normen werden indes häufig nicht getätigt und wohl auch gar nicht für notwendig erachtet. Nach den Vertretern dieser Ansicht bleiben der pauschale Verweis auf das Rechtsgefühl sowie auf die rechtshistorischen und rechtsethischen Entwicklungen die einzig erforderlichen Rechtsquellen zur Herleitung dieses Grundsatzes.

Dieser Ansatz vermag indes nicht zu überzeugen. Zwar ist den Vertretern dieser Ansicht zuzugestehen, dass bereits das bloße Rechtsempfinden neben dem Grundsatz der Effektivität der Gefahrenabwehr ein Korrektiv, welches den Gerechtigkeitserwägungen Geltung verschafft, geradezu zwingend verlangt. Aber das bloße Rechtsempfinden als Grundlage für einen Rechtsgrundsatz anzusehen, erscheint jedenfalls nicht ohne weiteres überzeugend. Auch der Verweis auf *Aristoteles* und die Darlegung von rechtsphilosophischen Erwägungen genügen alleine grundsätzlich nicht, um einen Rechtsgrundsatz zu statuieren. Denn diesem Rechtsgrundsatz würde immer die Gefahr anhaften, schwer greifbar zu sein und den Rechtsanwender sowie die Gerichte in der Praxis vor große Probleme bei der Umsetzung, der rechtlichen Prüfung sowie der Begründung im jeweiligen Einzelfall zu stellen. Um diese Gefahr zu vermeiden, sind daher vorrangig stets konkrete Grundsätze aus der Verfassung heranzuziehen, um den Grundsatz der Lastengleichheit herzuleiten.[701] Rechtsethische Gerechtigkeitserwägungen sind dann freilich – gewissermaßen im zweiten Schritt – bei der Anwendung, Auslegung und Prüfung des Rechtsgrundsatzes zu beachten. Aber eine hinreichende Basis für eine Herleitung des Grundsatzes der Lastengleichheit selbst, also ge-

---

dings ein Prinzip der gerechten Lastenverteilung und nicht ein Prinzip der Lastengleichheit) und legt die Erwägungen der Gerechtigkeit lediglich „flankierend" dar; zu diesem Ansatz *Bockwoldt*, Rechtmäßigkeit und Kostentragungspflicht, S. 56.

698 So im Ergebnis wohl *Kloepfer*, NuR 1987, 7, 18, der von gerechtigkeitsorientierten Kriterien spricht; ähnlich *Kloepfer/Thull*, DVBl. 1989, 1121, 1121; *Kormann*, UPR 1983, 281, 285; *Schink*, GewArch 1996, 50, 61.

699 *Aristoteles*, Ethik, 5. Buch, 6. Kapitel, wo Ausführungen zu der Gerechtigkeit im Verteilen gemacht werden, aber aufgrund der Aussage, dass das Ungerechte ungleich sei, während das Gerechte gleich sei, bereits Gedanken des insoweit vorrangigeren Gleichheitssatzes des Art. 3 Abs. 1 GG angedeutet werden; vgl. auch *Lindner*, Adressatenpflichten, S. 115.

700 Ähnlich *Giesberts*, Lastenverteilung, S. 49, der sich ausdrücklich auf *Aristoteles* bezieht.

701 So auch *Bockwoldt*, Rechtmäßigkeit und Kostentragungspflicht, S. 56.

wissermaßen schon im ersten Schritt, vermögen die Gerechtigkeitserwägungen jedenfalls dann nicht zu bilden, wenn ein Verfassungsgrundsatz gegeben ist, an dem sich der Grundsatz der Lastengleichheit vorrangig festmachen lässt.[702]

Da mit dem allgemeinen Gleichheitssatz gemäß Art. 3 Abs. 1 GG ein Verfassungsgrundsatz gegeben ist, der eine Gleichbehandlung gleichmäßig Beteiligter fordert, der also zur Herleitung des Grundsatzes der Lastengleichheit in Frage kommt, besteht für den Ansatz der Herleitung dieses Grundsatzes aus Erwägungen der Gerechtigkeit kein Bedürfnis.

b) Art. 3 Abs. 1 GG

Infolge dessen vertritt die herrschende Ansicht in Literatur und Rechtsprechung, das Prinzip der Lastengleichheit aus dem allgemeinen Gleichheitssatz des Art. 3 Abs. 1 GG herzuleiten.[703] Die vom Grundsatz der Lastengleichheit in dessen Grundaussage geforderte Gleichbehandlung könne nur durch den Gleichheitssatz gewährleistet werden.[704]

Die Richtigkeit dieses Ansatzes ergibt sich bereits aus dem Wortlaut der Verfassung. Auch die Rechtsprechung des Bundesverfassungsgericht[705] und die allgemein anerkannte Ansicht in der Literatur[706] stützen diesen Ansatz, erfolgt danach doch die Prüfung des Gleichheitssatzes stets anhand der Prämisse, dass alle Menschen vor dem Gesetz gleich zu behandeln sind.[707]

Vor diesem Hintergrund ist unstreitig, dass die Prüfung des Art. 3 Abs. 1 GG in der Art und Weise zu erfolgen hat, dass zunächst ein Vergleichspaar bzw. eine Vergleichsgruppe unter einem gemeinsamen Oberbegriff gebildet werden

---

702 *Bockwoldt*, Rechtmäßigkeit und Kostentragungspflicht, S. 56.; ähnlich auch *Albers*, JuS 2008, 945, 945; *Coing*, Grundzüge der Rechtsphilosophie, S. 15 und S. 221; *Henkel*, Einführung in die Rechtsphilosophie, S. 395 f.; *Kallina*, Willkürverbot, S. 3, wo stets der Aspekt der Gerechtigkeit in Verbindung mit Art. 3 Abs. 1 GG genannt wird.

703 Vgl. VGH Kassel, NJW 1984, 1197, 1199; VG Karlsruhe, NVwZ 1993, 1018, 1019; *Bockwoldt*, Rechtmäßigkeit und Kostentragungspflicht, S. 59; *Drews/Wacke/Vogel/Martens,* Gefahrenabwehr, S. 383 ff.; *Garbe*, DÖV 1998, 632, 634; *Giesberts*, Lastenverteilung, S. 52; *Haller*, ZUR 1996, 21, 22; *Martensen*, Erlaubnis, S. 140 f.; *Papier*, Altlasten. S. 69; *Papier*, NVwZ 1986, 257, 263; *Ruder/Schmitt*, Polizeirecht, Rn. 280; *Schwerdtner*, NVwZ 1992, 141, 142; *Ule/Rasch*, Verwaltungsgesetze III, S. 42 und S. 54; *Waechter*, VerArch 1997, 298, 328.

704 *Birk*, Steuerrecht, Rn. 184 ff.

705 Ständige Rechtsprechung des BVerfG seit BVerfGE 1, 14, 52.

706 Stellvertretend für viele vgl. nur *Albers*, JuS 2008, 945, 945 m.w.N.; *Bryde*, Jura 1999, 36, 37 ff.; *Pieroth/Schlink*, Staatsrecht II, Rn. 460 ff.; *Sachs*, JuS 1997, 124, 124 m.w.N.

707 BVerfG, NJW 2010, 2783, 2784; BVerfGE 55, 72, 88; 88, 87, 96; *Leibholz*, Gleichheit, S. 30 ff.; *Jochum/Müller*, SteuerStud 2010, 537, 539 sprechen von der Rechtsanwendungsgleichheit.

muss.[708] Ist dies möglich, kann also ein unter einen bestimmten Oberbegriff zu fassendes Vergleichspaar bzw. eine entsprechende Vergleichsgruppe gebildet werden, so erfordert der allgemeine Gleichheitssatz seiner Grundintention nach zunächst, dass innerhalb dieses Vergleichspaares alle Personen oder Sachverhalte auch gleich zu behandeln sind.[709]

Im Falle von Ungleichbehandlungen ist hingegen zu prüfen, ob sie verfassungsrechtlich gerechtfertigt sind.[710]

Diesbezüglich galt aufgrund der ständigen Rechtsprechung des ersten Senates des Bundesverfassungsgerichts von 1951 bis 1980 das sogenannte „Willkürverbot".[711] Nach dieser Rechtsprechung lag eine Verletzung und damit eine nicht durch die Verfassung gerechtfertigte Ungleichbehandlung von wesentlich Gleichem im Sinne des allgemeinen Gleichheitssatzes gemäß Art. 3 Abs. 1 GG immer dann vor, wenn sich unter Beachtung des jeweiligen Gesetzeszweckes keine vernünftige Erwägung und kein sich aus der Natur der Sache ergebender oder sonst wie sachlich einleuchtender Gesichtspunkt für die getroffene Differenzierung finden ließ, so dass eine erfolgte Ungleichbehandlung in Konsequenz dessen als willkürlich zu bezeichnen war.[712]

Mit Beschluss vom 7.10.1980 prägte der erste Senat des Bundesverfassungsgerichtes die sogenannte „neue Formel", wonach der Gleichheitssatz vor allem dann verletzt sei, wenn eine Gruppe von Normenadressaten im Vergleich zu einer anderen Gruppe von Normenadressaten anders behandelt wird, obwohl zwischen beiden Gruppen keine Unterschiede von solcher Art und solchem Gewicht bestehen, dass sie eine Ungleichbehandlung rechtfertigen könnten.[713] Entsprechende Ungleichbehandlungen seien nur gerechtfertigt, sofern sie verhältnismäßig sind.[714] Dieser „neuen Formel" hat sich im Laufe der Zeit auch der zweite Senat angenähert.[715]

---

708 Ausführlich zur Prüfung des allgemeinen Gleichheitssatzes und damit auch zum Erfordernis der Bildung einer Vergleichsgruppe vgl. *Jochum/Müller*, SteuerStud 2010, 537, 540 ff. m.w.N.

709 BVerfGE 1, 13, 52; 76, 256, 329; *Jarass/Pieroth-Jarass*, GG, Art. 3, Rn. 1.

710 Stellvertretend für alle *Ipsen*, Staatsrecht II, Rn. 805 ff.; *Pieroth/Schlink*, Staatsrecht II, Rn. 463 ff.

711 BVerfGE 1, 14, 52; 18, 38, 46; 23, 98, 107.

712 BVerfGE 1, 14, 52; 11, 245, 253; 18, 121, 124; *Epping*, Grundrechte, Rn. 796; *Hesse*, AöR 109, 174, 175 ff; *Maaß*, NVwZ 1988, 14, 18; entsprechendes gilt konsequenterweise wie gesagt auch für eine Gleichbehandlung von wesentlich Ungleichem.

713 BVerfGE 55, 72, 88; 60, 123, 133 f.; 65, 104, 112 f.; 68, 287, 301; *Epping*, Grundrechte, Rn. 797; *Jochum/Müller*, SteuerStud 2010, 537, 539; *Maaß*, NVwZ 1988, 14, 18 ff.

714 *Jarass/Pieroth-Jarass*, GG, Art. 3, Rn. 27.

715 BVerfGE 76, 256, 329, wo mit der "Zweckmäßigkeit" ein Element des Verhältnismäßigkeitsgrundsatz angesprochen wird; BVerfGE 78, 249, 287, wo die „Angemessenheit" genannt wird; *Jochum/Müller*, SteuerStud 2010, 537, 539.

Heute ist allgemein anerkannt, dass grundsätzlich beide Formeln nebeneinander bestehen,[716] dass aber bezüglich der Frage der Anwendung im jeweiligen Einzelfall eine differenzierende Prüfung dahingehend zu erfolgen hat, dass sich die verfassungsrechtliche Rechtfertigung einer Ungleichbehandlung nach der Intensität der Beeinträchtigung zu richten habe.[717] Die Frage nach der verfassungsrechtlichen Rechtfertigung entsprechend den Anforderungen des Willkürverbotes einerseits oder der „neuen Formel" andererseits, steht und fällt danach mit der Frage nach der Intensität der Beeinträchtigung.[718] Danach sind Ungleichbehandlungen von geringer Intensität nach wie vor bereits dann gerechtfertigt, wenn irgendein sachlicher Grund für die Differenzierung vorliegt.[719] Insofern bleibt es also in solchen Konstellationen bei der Prüfung des Willkürverbotes. Intensivere Eingriffe in Art. 3 Abs. 1 GG sind dagegen erst dann gerechtfertigt, wenn sie aufgrund eines gewichtigen sachlichen Grundes erfolgen und bezogen auf diesen Zweck verhältnismäßig sind.[720] Hier erfolgt dann eine Verhältnismäßigkeitsprüfung, welche entsprechend höhere Klippen überwinden muss als das Willkürverbot vorgibt, um eine Ungleichbehandlung rechtfertigen zu können.[721]

Die Intensität wächst, je mehr das unterscheidende Kriterium einem der nach Art. 3 Abs. 3 GG verbotenen personenbezogenen Kriterien ähnelt, je weniger der Betroffene dies beeinflussen kann und je mehr die Ungleichbehandlung den Gebrauch grundrechtlich geschützter Freiheiten erschwert.[722] Immer dann, wenn Personengruppen unterschiedlich behandelt werden, ist demnach die Intensität hoch, bei sachverhaltsbezogenen Ungleichbehandlungen ist die Intensität entsprechend geringer.[723] Bei der Ungleichbehandlung von Personen ist die Intensität deswegen als hoch einzustufen, weil von dem Grundsatz der Verfassung abgewichen wird, wonach alle Menschen vor dem Gesetz gleich sind und eine Verschiedenbehandlung von Personen gerade verhindert werden soll.[724] Dass Ab-

---

716 Dazu *Albers*, JuS 2008, 945, 949.

717 BVerfGE 82, 126, 146; 88, 87, 96; 91, 389, 401; 95, 267, 316; 99, 367, 388; 107, 27, 46; dazu auch *Pieroth/Schlink*, Staatsrecht II, Rn. 470.

718 *Jochum/Müller*, SteuerStud 2010, 537, 539 m.w.N.

719 *Bockwoldt*, Rechtmäßigkeit und Kostentragungspflicht, S. 59; *Jarass/Pieroth-Jarass*, GG Art. 3, Rn. 26.

720 BVerfGE 99, 367, 388; *Pieroth/Schlink*, Staatsrecht II, Rn. 472.

721 BVerfGE 99, 367, 388; *Epping*, Grundrechte, Rn. 798; *Jarass*, NJW 1997, 2545, 2547; ausführlich und vertiefend hierzu *Brüning*, JZ 2001, 669, 669 ff.

722 *Bockwoldt*, Rechtmäßigkeit und Kostentragungspflicht, S. 59; *Jarass*, NJW 1997, 2545, 2547; *Jarass/Pieroth-Jarass*, GG, Art. 3, Rn. 18 ff.; *Pieroth/Schlink*, Staatsrecht II, Rn. 470; *Michael/Morlok*, Grundrechte, Rn. 785.

723 BVerfGE 99, 367, 388; *Jarass/Pieroth-Jarass*, GG, Art. 3, Rn. 19; *Pieroth/Schlink*, Staatsrecht II, Rn. 470.

724 BVerfGE 99, 367, 388.

weichungen von Verfassungsgrundsätzen zwingend von großer Intensität sind, erscheint einleuchtend.

Betrachtet man also die Art und Weise der Prüfung des allgemeinen Gleichheitssatzes gemäß Art. 3 Abs. 1 GG, so ist dem Ansatz beizupflichten, welcher den Grundsatz der Lastengleichheit in Art. 3 Abs. 1 GG verankert. Der Gleichheitssatz gebietet in seiner Ausgangsforderung stets die Gleichbehandlung von wesentlich Gleichem, also dementsprechend auch die gleichmäßige Verteilung von Lasten unter gleichmäßig Betroffenen. Erst wenn diese Grundforderung nicht erfüllt wird, es also zu einer Ungleichbehandlung kommt, ist zu prüfen, ob diese Ungleichbehandlung verfassungsrechtlich gerechtfertigt ist.

2. Aussage des Grundsatzes des Lastengleichheit bezogen auf den Umfang der materiellen Polizeipflicht auf der Primärebene

Nach den eben dargestellten Ausführungen fordert der Grundsatz der Lastengleichheit in Bezug auf den Umfang der materiellen Polizeipflicht bei einer Störermehrheit, dass jeder materiell Polizeipflichtige bezüglich der Abwehr einer Gefahr bzw. der Beseitigung einer Störung grundsätzlich nur entsprechend seines jeweiligen Anteils an der Gefahrenverursachung verpflichtet ist,[725] also nur insoweit materiell polizeipflichtig sein darf. Denn die materiell Polizeipflichtigen bilden, da jedem von ihnen eine gemeinsame Gefahr zugerechnet werden kann, eine Vergleichsgruppe im Sinne des Art. 3 Abs. 1 GG.

Wollte man demgegenüber die unbeschränkte materielle Polizeipflicht eines jeden materiell Polizeipflichtigen fordern, sich also gegen eine Begrenzung des Umfangs der materiellen Polizeipflicht auf der Primärebene aussprechen, so wäre dies rechtlich nur dann möglich, wenn diese Ungleichbehandlung verfassungsmäßig gerechtfertigt wäre. Da bezüglich des Umfangs der materiellen Polizeipflicht die Verpflichtung zur Gefahrenabwehr in Rede steht, welche Personen zu einem gefahrenabwehrenden Verhalten verpflichtet, stünde eine unterschiedliche Behandlung von Personengruppen in Rede – nämlich die von materiell polizeipflichtigen Störern. Bezüglich einer solchen Ungleichbehandlung würde nach den eben dargestellten Ausführungen die Frage nach der verfassungsrechtlichen Rechtfertigung entsprechend der heute allgemein anerkannten Ansicht nicht mehr anhand der Prüfung des Willkürverbotes beantwortet werden können. Vielmehr wäre bei einer Ungleichbehandlung von Personengruppen die Intensität als so hoch einzustufen, dass nach dem Bundesverfassungsgericht die Frage nach der Rechtmäßigkeit der Ungleichbehandlung der „neuen Formel“ entsprechend anhand des Verhältnismäßigkeitsgrundsatzes zu erfolgen hätte. Die Un-

725 *Schink*, DVBl. 1986, 161, 168; *Giesberts*, Lastenverteilung, S. 79.

gleichbehandlung – also die unbeschränkte materielle Polizeipflicht eines jeden Störers – wäre demnach nur dann gerechtfertigt, wenn sie geeignet wäre, die Gefahr oder Störung am effektivsten abzuwenden, wenn sie dem Gebot der Erforderlichkeit genügen würde und angemessen, also verhältnismäßig im engeren Sinne, wäre. Hierauf soll im Rahmen des Zusammenspiels aller Rechtsgrundsätze in Bezug auf die Frage nach einer möglichen Begrenzung der materiellen Polizeipflicht eingegangen werden.[726]

3. Zwischenergebnis

Es wurde festgestellt, dass neben dem Gebot der Effektivität der Gefahrenabwehr und dem Grundsatz der Verhältnismäßigkeit auf der Primärebene auch der Grundsatz der Lastengleichheit Wirkung entfaltet. Ähnlich dem Grundsatz der Verhältnismäßigkeit soll er neben dem Effektivitätsgrundsatz als ein Korrektiv für die Gewährleistung der Einzelfallgerechtigkeit fungieren, indem er in seiner Grundaussage fordert, dass eine Last unter mehreren Personen gleichmäßig zu verteilen ist.

Der Grundsatz der gerechten Lastenverteilung hat verfassungsrechtliches Gewicht. Uneinheitlich bewertet wird nur die genaue Herleitung. Eine Ableitung aus dem bloßen Gerechtigkeitsempfinden überzeugt nicht. Hier steht mit dem allgemeinen Gleichheitssatz gemäß Art. 3 Abs. 1 GG ein eigenständiger Verfassungsgrundsatz zur Verfügung, der den Gerechtigkeitsgedanken ebenfalls in sich trägt und daher spezieller und somit vorrangig gegenüber den bloßen Gerechtigkeitserwägungen ist.

Nach der Ausgangsforderung dieses Grundsatzes ist demnach jeder materiell Polizeipflichtige nur entsprechend seines Verursachungsanteils an der Gefahr materiell polizeipflichtig. Ungleichbehandlungen können im Einzelfall gerechtfertigt sein, wenn sie der „neuen Formel" entsprechend den Anforderungen des Verhältnismäßigkeitsgrundsatzes genügen.

IV. Zusammenfassung

Die historische Entwicklung des allgemeinen Polizei- und Ordnungsrechts hat dazu geführt, dass sich auf der Primärebene mehrere Rechtsgrundsätze herauskristallisiert haben, denen auch bezüglich der Frage nach dem Umfang der materiellen Polizeipflicht Bedeutung zukommt. Hierbei handelt es sich um den

726 Siehe unten Kapitel 6, B.

Grundsatz der Effektivität der Gefahrenabwehr, den Grundsatz der Verhältnismäßigkeit sowie im Falle einer Störermehrheit den der Lastengleichheit.

B. Konsequenzen

Nachdem sämtliche auf der Primärebene wirkenden Rechtsgrundsätze dargestellt wurden, soll im Folgenden zur Ausgangsfrage zurückgekehrt werden, inwiefern diese Grundsätze in Bezug auf den Umfang der materiellen Polizeipflicht auf der Primärebene unter besonderer Berücksichtigung des Einflusses der Qualifizierung der materiellen Polizeipflicht als einer verfassungsrechtlichen Grundpflicht zusammen wirken.

I. Grundsatz der unbeschränkten materiellen Polizeipflicht auf der Primärebene

Im Lichte des Grundsatzes der Effektivität der Gefahrenabwehr und dessen Gewicht auf der Primärebene hat sich im Laufe der Zeit in der herrschenden Literatur und Rechtsprechung die Ansicht herauskristallisiert, dass grundsätzlich jeder Störer – unabhängig von der Eigenschaft als Verhaltens- oder Zustandsstörer – vollumfänglich und uneingeschränkt für die gesamte Gefahr verantwortlich ist.[727] Das bedeutet bezogen auf die materielle Polizeipflicht auf der Primärebene, dass sie den Störer in unbeschränkter Höhe trifft.[728]

---

727 BVerwG, NVwZ 2006, 928, 929; BVerwGE 10, 282, 283; BVerwG, UPR 1983, 157, 158; VGH München, NJW 1993, 81, 81; VGH München, NVwZ 1986, 942, 944; OVG Berlin, DÖV 1954, 214, 214; OVG Münster, NWVBl. 1998, 64, 65; VG Freiburg, DVBl. 1967, 787, 788; *Bickel*, NVwZ 2004, 318, 318; *Drews/Wacke/Vogel/Martens*, Gefahrenabwehr, S. 320 f.; *Felix/Nitschke*, NordÖR 2004, 469, 470; *Giesberts*, Lastenverteilung, S. 95 ff.; *Jochum*, NVwZ 2003, 526, 530; *Merten/Merten*, Hamburgisches Polizei- und Ordnungsrecht, § 9, Rn. 8; *Schoch*, Jura 2012, 685, 685; eindeutig auch *Scheerbarth*, Bauordnungsrecht, S. 17, der ausführt, dass jeder Polizeipflichtige in vollem Umfang zur Wiederherstellung ordnungsgemäßer Zustände verpflichtet sei; mit zahlreichen Verweisen auf die herrschende Ansicht *Friauf*, FS-Wacke, 293, 294; ähnlich auch *Berner/Köhler/Käß*, Polizeiaufgabengesetz, Art. 7, Rn. 9; differenzierend *Schenke*, der in seinem Lehrbuch zum Polizei- und Ordnungsrecht einerseits unter Rn. 284 f. ausführt, dass eine nur anteilige Verantwortlichkeit abzulehnen sei, aber andererseits unter Rn. 276 von einer Beschränkung der materiellen Polizeipflicht des Zustandsverantwortlichen spricht. Die Beantwortung der Frage nach einer möglichen Begrenzung der Zustandsverantwortlichkeit in den Opferfällen wird in der Rechtsprechung vereinzelt offengelassen, vgl. BVerwG, NJW 1998, 3582, 3582; BVerwG, NVwZ 1991, 475, 475.

728 Ähnlich im Ergebnis auch *Schoch*, Jura 2012, 685, 685.

Begründet wird diese Ansicht mit dem Wortlaut der allgemeinen Polizei- und Ordnungsgesetze sowie der Intention des Gesetzgebers. Dieser habe eine Freistellung von der Polizeipflicht ebenso wie dessen Begrenzung – außer in den im Gesetz ausdrücklich normierten Fällen – nämlich gerade nicht beabsichtigt.[729]

Dass diese Sichtweise zu Ergebnissen führen kann, die stellenweise als unbillig empfunden werden mögen, wird von den Vertretern dieser Ansicht nicht bestritten. Diesen Unbilligkeiten sei aber nicht im Rahmen der materiellen Polizeipflicht zu begegnen, vielmehr müssten sie auf der Sekundärebene bzw. im Rahmen der Ermessensentscheidung vor Erlass einer Gefahrenabwehrverfügung korrigiert werden.[730]

Dieses Ergebnis überzeugt jedenfalls für den Regelfall insbesondere vor dem Hintergrund, dass der Grundsatz der Effektivität der Gefahrenabwehr, welcher auf dieser Ebene den überragenden Rechtsgrundsatz darstellt, im Falle der Begrenzung der materiellen Polizeipflicht eine spürbare Einschränkung erfahren würde.[731] Solche Einschränkungen des Effektivitätsgrundsatzes erscheinen gerade vor dem Hintergrund der Tatsache, dass die materielle Polizeipflicht als verfassungsrechtliche Grundpflicht zu werten ist, jedenfalls auf der Primärebene als nicht vertretbar. Denn Grundpflichten verlangen zum Wohle der Allgemeinheit von dem durch sie Verpflichteten auch Handlungen, die dieser als Opfer empfinden mag. Dies ist aber jedenfalls dann grundsätzlich hinzunehmen, wenn das durch das geforderte Verhalten geschützte Gut ein für das Gemeinwohl überragenden Stellenwert hat. Dies ist in Bezug auf den Zustand der Gefahrenfreiheit im Staat bzw. auf die schnelle Wiederherstellung dieses Zustandes der Fall.

II. Zu den Möglichkeiten der Begrenzung der materiellen Polizeipflicht auf der Primärebene in bestimmten Konstellationen

Da aber eine vollumfängliche materielle Polizeipflicht auf der Primärebene für den Störer nicht selten mit als unbillig empfundenen Härten verbunden ist, wird wie gesagt in bestimmten Fällen eine Begrenzung dieser Pflicht erwogen.[732]

729 *Drews/Wacke/Vogel/Martens,* Gefahrenabwehr, S. 320.

730 So im Ergebnis beispielsweise *Drews/Wacke/Vogel/Martens,* Gefahrenabwehr, S. 321.

731 Vgl. dazu auch die Ausführungen im Rahmen der Erörterung des Verhältnismäßigkeitsgrundsatzes, siehe oben Kapitel 6, A, II., 2.

732 So beispielsweise *Friauf,* FS-Wacke, 293, 300 ff.; *Jochum,* NVwZ 2003, 526, 526 ff.; *Giesberts,* Lastenverteilung, S. 79.

1. Begrenzung der materiellen Polizeipflicht in den sogenannten Opferfällen

So wird nach der sogenannten „Opferlehre“[733] in den Fällen von Zufall, höherer Gewalt, Naturkatastrophen[734] sowie in den Fällen von Handlungen Dritter[735] gefordert, die Verantwortlichkeit bzw. die materielle Polizeipflicht speziell des Grundstückseigentümers als Zustandsstörer bezüglich der von seinem Grundstück ausgehenden Gefahren zu begrenzen.[736] Denn in diesen Fällen komme es zu einer Gefahr, ohne dass der Eigentümer eines Grundstückes an der Entstehung dieser Gefahr beteiligt war, etwas von ihr wusste oder in irgendeiner Weise auf sie Einfluss nehmen konnte.[737]

So wird beispielsweise in den sogenannten Trümmergrundstücksfällen argumentiert, dass es unzumutbar sein könne, wenn derjenige, der schon sein Haus durch Bomben verloren habe, sich also insoweit in einer Opfersituation befände, aufgrund der ihn treffenden materiellen Polizeipflicht auch noch bezüglich der aufwendigen und gegebenenfalls seine wirtschaftliche Leistungsfähigkeit überschreitenden Sicherung der verbliebenen Trümmerreste polizeipflichtig sein soll.[738] Entsprechend ließe sich bei Bombenfunden, in den Fällen eines umgestürzten Tankwagens, dessen Öl oder ähnliche Substanzen im Boden versickern, bei technischen Katastrophen, Naturkatastrophen sowie insbesondere bei den heutzutage besonders relevanten Altlasten argumentieren.[739] In all diesen Fällen wird von Teilen der Literatur unter dem Gesichtspunkt der „Opferlehre“ eine Beschränkung der Zustandsverantwortlichkeit und damit auch der materiellen Poli-

733 BVerfGE 102, 1, 12.

734 *Drews/Wacke/Vogel/Martens,* Gefahrenabwehr, S. 320.

735 *Merten/Merten,* Hamburgisches Polizei- und Ordnungsrecht, § 9, Rn. 8.

736 *Breuer*, JuS 1986, 359, 363; *Breuer*, NVwZ 1987, 751, 756; *Friauf,* FS-Wacke, 293, 300 ff.; *Papier*, NVwZ 1986, 256, 261; *Pieroth/Schlink/Kniesel*, Polizei- und Ordnungsrecht, § 9, Rn. 68 ff.; *Schink*, DVBl. 1986, 161, 169 f.; *Tollmann*, DVBl. 2008, 616, 616 ff.; im Ansatz ähnlich bereits *Baur*, JZ 1964, 354, 356, der ausführt, dass es in solchen Konstellationen dem Rechtsgefühl widerspräche, den Eigentümer, dessen Grundstück beispielsweise mit Öl überschwemmt wurde, auch noch „für die Beseitigung der Bescherung“ heranzuziehen.

737 Vertiefend *Friauf,* FS-Wacke, 293, 300 ff.

738 *Pieroth/Schlink/Kniesel*, Polizei- und Ordnungsrecht, § 9, Rn. 68.

739 *Pieroth/Schlink/Kniesel*, Polizei- und Ordnungsrecht, § 9, Rn. 68; dazu ferner *Schenke*, Polizei- und Ordnungsrecht, Rn. 273; *Lisken/Denninger*, Handbuch des Polizeirechts, D, Rn. 119; *Friauf* verneint indes eine Begrenzung bei Naturkatastrophen und ähnlichen Fällen höherer Gewalt, da derjenige, der sich ein Grundstück als Teil der Natur nutzbar mache, auch das Risiko für alle Naturgewalten trage, die auf dieses Grundstück einwirken, vgl. *Friauf*, FS-Wacke, 293, 301.

zeipflicht vertreten.[740] Unterschiedliche Sichtweisen bestehen indes darin, was unter dieser Begrenzung zu verstehen ist.

a) Begrenzung der materiellen Polizeipflicht im Sinne eines Ausschlusses bzw. einer Reduktion dem Grunde nach

Namentlich *Friauf* machte sich früh für einen Ausschluss der Zustandsverantwortlichkeit des Grundstückseigentümers in den eben aufgeführten Fällen auf der Primärebene schon dem Grunde nach stark, um auf diese Wiese den als unbillig empfundenen Ergebnissen zu begegnen.[741] Anknüpfungspunkt für seine Argumentation ist der Grundsatz der Verhältnismäßigkeit einerseits sowie die Eigentumsgarantie des Art. 14 GG und dessen Einstrahlung in die Problematik der Risikoverteilung zwischen dem jeweiligen Eigentümer als Individuum einerseits und der Gesamtheit der Steuerzahler als der Allgemeinheit andererseits. Folge der Sozialbindung des Eigentums nach Art. 14 Abs. 2 GG sei, dass eine abzuwehrende Gefahr in irgendeiner Beziehung zu der dem Eigentümer zustehenden Sachherrschaft und den aus ihr gezogenen Vorteilen stehen müsse.[742] Kehrseite dieser Sachherrschaft sei damit die Tatsache, dass der Eigentümer auch alle mit der Sache verbundenen Nachteile – einschließlich der Last der Gefahrenbeseitigung – zu tragen habe.[743] Dieser könne daher Nachteile auch nicht in sozialwidriger Weise auf die Allgemeinheit abwälzen.[744] Dieses Ergebnis verkörpere eine angemessene Konsequenz der Tatsache, wonach das Eigentum entsprechend der Formulierung des Grundgesetzes auch verpflichtenden Charakter habe.[745]

Andererseits könne dem Eigentümer aber eine die Allgemeinheit betreffende Gefahrenlage gerade nicht aufgebürdet werden, da dieser kein spezifischer Nutzen des Eigentümers gegenüberstehe.[746] Diese Gefahren müssten in den Opferfällen daher – zur Korrektur der „uferlosen Weite des Tatbestandes“[747] der Zustandsverantwortlichkeit – der Sphäre der Allgemeinheit zugerechnet werden

740 *Breuer*, JuS 1986, 359, 363; *Breuer*, NVwZ 1987, 751, 756; *Friauf*, FS-Wacke, 293, 300 ff., mit den in der vorangegangenen Fußnote genannten Einschränkungen; dazu auch *Papier*, NVwZ 1986, 256, 261; *Pieroth/Schlink/Kniesel*, Polizei- und Ordnungsrecht, § 9, Rn. 68 ff.; *Schink*, DVBl. 1986, 161, 169 f.; *Seibert*, DVBl. 1985, 328, 328 f.

741 *Friauf*, FS-Wacke, 293, 300 ff., der von den Grenzen der Zustandshaftung spricht; ihm folgend *Tollmann*, DVBl. 2008, 616, 624.

742 *Friauf*, FS-Wacke, 293, 301.

743 *Friauf*, FS-Wacke, 293, 301.

744 *Friauf*, FS-Wacke, 293, 301.

745 Dies ist die Konsequenz aus den Ausführungen *Friaufs*, vgl. *Friauf*, FS-Wacke, 293, 300 ff.

746 *Friauf*, FS-Wacke, 293, 301 f.

747 *Tollmann*, DVBl. 2008, 616, 617.

und nicht der des Eigentümers.[748] Demnach könne in den Opferfällen die Gefahr dem Eigentümer nicht zugerechnet werden, was wiederum zur Folge habe, dass die Zustandsverantwortlichkeit bereits dem Grunde nach nicht gegeben sein könne.[749]

Friaufs sogenannte „Risikosphärentheorie“[750] geht also von einer Unterscheidung der Risiken aus. Stehen die Risiken in einem wie auch immer gearteten Zusammenhang zu dem Grundstück des Eigentümers, dann habe dieser auch die von dem Grundstück ausgehenden Gefahren abzuwehren.[751]

Immer dann, wenn die Risiken indes lediglich die Allgemeinheit betreffen, befinde sich der Eigentümer indes in einer Opferlage, da er keinen Einfluss auf die Gefahr habe; hn dürfe daher in solchen Fällen auch keine materielle Polizeipflicht zur Abwehr der von seinem Grundstück ausgehenden Gefahren treffen.[752]

Gerade bei den erwähnten Kriegstrümmerfällen – Krieg wäre dann also als ein Ereignis zu werten, dessen Risiken wie beispielsweise Bombenabwürfe der Allgemeinheit zugerechnet werden müssten – und den Folgen des modernen Massenverkehrs – wie Tanklast-, Flugzeug-, Eisenbahnunfälle – würden daher nach *Friauf* die Ursachen dieser Schädigungen in die Risikosphäre der Allgemeinheit fallen.[753] Der Eigentümer, dessen Grundstück durch Einwirkungen des von staatlichen Instanzen zugelassenen Verkehrs betroffen wird, stünde in diesen Fällen der von seinem Grundstück ausgehenden Gefahr somit nicht näher als ein beliebiger Dritter; das Risiko derartiger Gefahren habe er mit dem Erwerb und der Nutzung des Grundstückes gerade nicht übernommen und brauche es gerechterweise auch nicht zu übernehmen.[754]

Konsequenz all dessen sei, dass der Eigentümer nicht als materiell polizeipflichtiger Zustandsstörer zu qualifizieren sei, so dass seine Inanspruchnahme allenfalls im Wege des polizeilichen Notstandes erfolgen könne.[755]

Genaugenommen fordert die Ansicht *Friaufs*, der im Laufe der Jahre auch andere Autoren – insbesondere sollen hier *Papier* und *Tollmann* genannt werden – gefolgt sind,[756] also keine Begrenzung einer dem Grunde nach zu bejahenden Zustandsverantwortlichkeit hinsichtlich ihres Umfangs, sondern vielmehr einen

---

748 So – bezugnehmend auf *Friauf* – *Tollmann*, DVBl. 2008, 616, 617.

749 *Friauf*, FS-Wacke, 293, 303.

750 So ausdrücklich *Tollmann*, DVBl. 2008, 617, 623.

751 *Friauf*, FS-Wacke, 293, 301 ff.

752 *Friauf*, FS-Wacke, 293, 301.

753 *Friauf*, FS-Wacke, 293, 301 f.

754 *Friauf*, FS-Wacke, 293, 302.

755 *Friauf*, FS-Wacke, 293, 303.

756 *Breuer*, JuS 1986, 359, 363; *Breuer*, NVwZ 1987, 751, 756; *Papier*, NVwZ 1986, 256, 261; *Papier*, Altlasten, S. 50 ff.; *Papier*, DVBl. 1985, 873, 878; eine tatbestandsmäßige Begrenzung als Folge des allgemeinen Willkürverbotes fordert *Tollmann*, DVBl. 2008, 716, 723.

kompletten Ausschluss der Zustandsverantwortlichkeit – und damit auch der materiellen Polizeipflicht – auf der Primärebene bei Vorliegen einer entsprechenden Opfersituation.

b) Begrenzung der materiellen Polizeipflicht der Höhe nach

Demgegenüber finden sich in der Literatur auch Stimmen, die keine „Ganz-oder-gar-nicht-Entscheidung“ bezüglich der Frage nach einer möglichen Begrenzung der materiellen Polizeipflicht fordern, sondern auch in den angesprochenen „Opferfällen“ die materielle Polizeipflicht dem Grunde nach zwar bejahen, diese aber entsprechend den Argumenten *Friaufs* bezüglich des Umfangs einzugrenzen versuchen.[757]

Nach diesem Ansatz sei der Eigentümer zwar auch in den „Opferfällen“ dem Grunde nach als Zustandsstörer zu qualifizieren. Er werde durch seine Opferlage gerade nicht zum Nichtstörer.[758] Aber der Verhältnismäßigkeitsgrundsatz gebiete bereits auf der Primärebene eine Einschränkung der Zustandsverantwortlichkeit dahingehend, dass der Eigentümer als Zustandsstörer nur bis zu einer bestimmten Höhe der Kosten materiell polizeipflichtig sein könne.[759]

c) Ansicht des Bundesverfassungsgerichts

Interpretationsbedürftig ist die Ansicht des Bundesverfassungsgerichts. Am 16.2.2000 erging durch den ersten Senat ein Beschluss, der ausführlich die aus Art. 14 Abs. 1 GG und dem Verhältnismäßigkeitsgrundsatz folgenden „Grenzen der Zustandshaftung“[760] des Eigentümers für die Grundstückssanierung bei Altlasten behandelte.[761] Diese Entscheidung führte zu einem „Rauschen im Fachblätterwald“[762] und bewirkte eine weitere Vertiefung der Diskussion über die Begrenzung der Zustandsverantwortlichkeit, die bis heute nicht abgeschlossen

---

757 *Jochum*, NVwZ 2003, 526, 530 ff.; *Schink*, DVBl. 1986, 161, 169 f.; ähnlich *Pietzcker*, DVBl. 1984, 457, 463; auch *Schenke*, Polizei- und Ordnungsrecht, Rn. 271 spricht sich für diesen Gedanken aus, indem er ausführt, dass es für das Bestehen einer Zustandsverantwortlichkeit ohne Bedeutung sei, auf welche Weise eine Sache in einen die Gefahr verursachenden Zustand gekommen sei. Im Falle einer unzumutbaren Belastung für den Eigentümer müssten indes die materiellen Polizeipflichten begrenzt werden.

758 *Schenke*, Polizei- und Ordnungsrecht, Rn. 271.

759 *Schenke*, Polizei- und Ordnungsrecht, Rn. 271 und Rn. 276.

760 BVerfGE 102, 1, 1.

761 BVerfGE 102, 1, 1 ff.

762 *Mohr*, NVwZ 2003, 868, 868 mit ausführlichen Nachweisen.

ist. Vielmehr zählt diese Thematik nach *Tollmann* „nach wie vor zu den großen, ungelösten Fragen des Gefahrenabwehrrechts".[763]

Im Folgenden soll zunächst der Sachverhalt, dem dieser Beschluss zugrunde lag, dargestellt werden. Im Anschluss daran wird auf die rechtlichen Erwägungen des Bundesverfassungsgerichts eingegangen werden, welche schließlich bezogen auf den Umfang der materiellen Polizeipflicht interpretiert werden sollen.

aa) Sachverhalt des Beschlusses

Dem Beschluss lagen zwei Sachverhalte zugrunde, die kurz zusammengefasst werden sollen.[764]

Im ersten Fall erwarb die Beschwerdeführerin im Jahre 1982 ein Grundstück, das sich in unmittelbarer Nachbarschaft zu ihrem eigenen Grundstück befand. Auf diesem Grundstück stellte ein Unternehmen bis zum Jahre 1981 Hutstoffe her. Bei der Herstellung dieser Stoffe wurden chlorierte Kohlenwasserstoffe verwendet. Dieser Umstand war der Beschwerdeführerin auch bekannt. Auch nahm sie wahr, dass es auf diesem Grundstück oftmals stark nach Lösungsmitteln roch.

Im Jahr 1983 wurden schwere Verunreinigungen des Bodens und des Grundwassers mit chlorierten Wasserstoffen festgestellt, die auf die Verwendung dieser Stoffe bei der Hutproduktion zurückzuführen waren. Die zuständige Behörde gab der Beschwerdeführerin durch diverse Bescheide umfangreiche Maßnahmen zur Überprüfung des Bodens sowie zur Beseitigung der Verunreinigungen auf. Für die Sanierung wandte die Beschwerdeführerin nach eigenen Angaben 1,1 Millionen DM auf. Dem gegenüber stand ein Verkehrswert des Grundstücks von rund 350.000 DM.

Die Beschwerdeführerin focht die behördlichen Anordnungen an und wandte sich gegen die Ermessensentscheidung bei der Störerauswahl, insbesondere vor dem Hintergrund der Unverhältnismäßigkeit der Zustandshaftung im Blick auf Art. 14 GG.

Im zweiten Fall waren die Beschwerdeführer Eigentümer umfänglicher forstwirtschaftlicher Flächen. Einen Teil dieser Flächen verpachteten sie an einen Verein zur Unterrichtung und Erhaltung einer Tontaubenschießanlage für eine Jahrespacht in Höhe von 12.000 DM jährlich. Die Schießanlage wurde genehmigt und ab dem Jahr 1971 betrieben. Im Jahr 1972 wurde nahezu das gesamte Gelände in ein Wasserschutzgebiet für Trinkwasserversorgung einbezogen. Auf diese beabsichtigte Schutzgebietsausweisung war bereits vor der Verpachtung im

763 *Tollmann*, DVBl. 2008, 616, 616.
764 Ausführlich BVerfGE 102, 1, 1 ff.

Amtsblatt hingewiesen worden. Eine in den folgenden Jahren aufgrund wasserwirtschaftlicher Bedenken durchgeführte Untersuchung des Geländes ergab, dass mit dem auf die Tontauben abgefeuerten Bleischrot eine Bleimenge von insgesamt 200 bis 300 Tonnen auf dem Schießplatz verschossen worden war. Bodenuntersuchungen ergaben zudem, dass die oberste Bodenschicht nicht nur mit Bleischrot, sondern auch durch gelöstes Blei stark belastet war.

Die zuständige Behörde forderte deshalb mit wasserrechtlicher Anordnung aus dem Jahr 1988 vom Verein die Sanierung des Geländes durch Abtragung und Entsorgung der obersten 20 cm starken Bodenschicht. Im Jahr 1989 wurde über das Vermögen des Vereins der Konkurs eröffnet. Daraufhin richtete die Behörde die Sanierungsanordnung an die Beschwerdeführer als Zustandsstörer.

Hiergegen gingen die Beschwerdeführer vor. Sie vertraten die Rechtsauffassung, dass die Sanierungsanordnung rechtswidrig gewesen sei, da hierdurch das Grundeigentum letzten Endes vollständig entwertet worden sei. Den kumulierten Pachteinnahmen in Höhe von insgesamt 160.000 DM hätten Sanierungskosten in vielfacher, nämlich 20-facher Höhe gegenübergestanden. Zur Sanierung hätten die Beschwerdeführer auch ihr sonstiges Vermögen einsetzen müssen.

Dies hätte aus verfassungsrechtlichen Gründen haftungsbeschränkend in Bezug auf die Zustandsverantwortlichkeit berücksichtigt werden müssen. Aus der nach Art. 14 Abs. 1 GG zu gewährleistenden Privatnützigkeit des Eigentums folgten Grenzen der Zustandsverantwortlichkeit. Die Privatnützigkeit würde aufgehoben werden, wenn und soweit die Sanierungskosten im Verhältnis zum Wert der konkreten Sache unverhältnismäßig hoch seien, so dass die Mehrbelastung jeglichen wirtschaftlichen Nutzen an der Sache vereitele oder unzumutbar erschwere. In solchen Fällen läge im Endeffekt eine dauernde Verlustzuführung vor.

bb) Rechtliche Ausführungen des Bundesverfassungsgerichts

Das Bundesverfassungsgericht sah die Verfassungsbeschwerden als begründet an und bejahte jeweils eine Verletzung der Beschwerdeführer in ihrem Grundrecht aus Art. 14 Abs. 1 S. 1 GG.[765]

Eingangs stellt das Gericht klar, dass die Inanspruchnahme der Beschwerdeführer zur Sanierung der Grundstücke zum Zwecke der Gefahrenabwehr eine Maßnahme sei, die den Schutzbereich des Art. 14 GG berühre und keine Enteignung, sondern eine Inhalts- und Schrankenbestimmung des Eigentums darstelle, die an Art. 14 Abs. 1 S. 2 GG gemessen werden müsse.[766]

765 BVerfGE 102, 1, 14 ff.
766 BVerfGE 102, 1, 14 ff.

Im Folgenden wird ausgeführt, dass die sicherheitsrechtlichen Vorschriften über die Zustandshaftung des Eigentümers eine zulässige Inhalts- und Schrankenbestimmung im Sinne des Art. 14 Abs. 1 S. 2 GG darstellen würden.[767] Ziel dieser Vorschriften sei es, eine effektive Gefahrenabwehr auch durch den Eigentümer als Herrn der Sache sicherzustellen. Denn der Eigentümer habe zumeist die rechtliche und tatsächliche Möglichkeit, auf die Sache und damit auch auf die Gefahrenquelle einzuwirken.[768]

Gleichwohl stellt das Gericht klar, dass die Auslegung und Anwendung der sicherheitsrechtlichen Vorschriften über die Zustandsverantwortlichkeit in den zu beurteilenden Sachverhalten nicht den Anforderungen an die grundrechtliche Eigentumsgarantie genügen würden.[769] Diesbezüglich müsse stets der Bedeutung und der Tragweite der Eigentumsgarantie nach Art. 14 Abs. 1 und Abs. 2 GG dahingehend Rechnung getragen werden, dass sowohl die verfassungsrechtliche Anerkennung des Privateigentums als auch seine Sozialpflichtigkeit und schließlich insbesondere der Grundsatz der Verhältnismäßigkeit Berücksichtigung zu finden hätten.[770]

(1) Grundsatz: Verpflichtung aufgrund der Eigentümerstellung

Grundsätzlich würde es nach den Worten des Bundesverfassungsgerichts keinen grundsätzlichen verfassungsrechtlichen Bedenken begegnen, die Vorschriften über die Zustandsverantwortlichkeit dahingehend auszulegen und anzuwenden, dass der Eigentümer eines Grundstückes allein aufgrund dieser Rechtsstellung verpflichtet werden kann, von seinem Grundstück ausgehende Gefahren zu beseitigen – selbst dann, wenn er die Gefahrenlage weder verursacht noch verschuldet hat.[771] Dieses Ergebnis sei gerade vor dem Hintergrund von möglichen Gefahren für Leib und Leben (Art. 2 Abs. 1 S. 1 GG) sowie dem Staatsziel des Schutzes der natürlichen Lebensgrundlagen gerechtfertigt. Denn da dem Eigentümer die Vorteile der privaten Nutzung auch dann zufließen würden, wenn sie ohne sein Zutun entstehen, müsse er auch die Lasten tragen, wenn von seinem Grundstück ausgehende Gefahren nicht durch ihn verursacht worden seien.[772]

767 BVerfGE 102, 1, 17.
768 BVerfGE 102, 1, 17.
769 BVerfGE 102, 1, 18 ff.
770 BVerfGE 102, 1, 18.
771 BVerfGE 102, 1, 18.
772 BVerfGE 102, 1, 18 f.

(2) Ausnahme: Begrenzung der Zustandshaftung

In den folgenden Ausführungen stellt das Gericht aber auch klar, dass die Zustandsverantwortlichkeit des Grundstückseigentümers im Ausmaß dessen, was zur Gefahrenabwehr verlangt werden dürfe, begrenzt sein könne.[773] Dieses Ergebnis sei Ausfluss des Verhältnismäßigkeitsgrundsatzes unter Berücksichtigung der Bedeutung sowie der Tragweite der Eigentumsgarantie.[774] Der Grundsatz der Verhältnismäßigkeit sei auch bei der Belastung des Eigentümers mit den Kosten einer Sanierungsmaßnahme zu beachten.[775] Im Rahmen einer solchen Verhältnismäßigkeitsprüfung sei eine Abwägung der Belange des Eigentümers einerseits mit den betroffenen Gemeinwohlinteressen andererseits erforderlich.[776] Das Gericht betont, dass der Eigentümer im Regelfall eine Beeinträchtigung seines Eigentums als Folge dessen Sozialbindung hinzunehmen habe, wenn dies die Folge einer Maßnahme zur effektiven Beseitigung der von seinem Grundstück ausgehenden Gefahren sei.[777] Diese habe der Eigentümer aber nicht grenzenlos hinzunehmen. Vielmehr könne im jeweiligen Einzelfall hinsichtlich der Belastungen eine Grenze bezüglich der Zumutbarkeit erreicht sein.[778]

Zur Bestimmung dieser Grenze könne als Anhaltspunkt das Verhältnis des finanziellen Aufwandes der Sanierung zu dem Verkehrswert des Grundstückes nach Durchführung der Sanierung dienen.[779] Werde dabei der Verkehrswert des Grundstückes von den Kosten der Durchführung der Sanierung überschritten, so entfalle in der Regel auch das Interesse des Eigentümers an dem künftigen privatnützigen Gebrauch des Grundstückes.[780] Betont wird, dass der Verkehrswert lediglich einen Anhaltspunkt darstelle, da individuelle Interessen des Eigentümers an dem Grundstück dessen Verkehrswert im Einzelfall möglicherweise überschreiten können.[781]

Eine diese Grenze der Zumutbarkeit überschreitende Belastung könne insbesondere dann gegeben sein, wenn die von dem Grundstück ausgehende Gefahr aus Naturereignissen herrühre, wenn sie Ursachen habe, die der Allgemeinheit

773 BVerfGE 102, 1, 19.
774 BVerfGE 102, 1, 19 f.
775 BVerfGE 102, 1, 20.
776 BVerfGE 102, 1, 20.
777 BVerfGE 102, 1, 20.
778 BVerfGE 102, 1, 20.
779 BVerfGE 102, 1, 20.
780 BVerfGE 102, 1, 20.
781 BVerfGE 102, 1, 20.

zuzurechnen seien oder wenn sie von einem nichtnutzungsberechtigten Dritten herrühre.[782]

Ferner könne schon eine Belastung des Zustandsstörers mit den Kosten nur bis zur Höhe des Verkehrswertes unzumutbar sein. Dies sei namentlich dann der Fall, wenn das zu sanierende Grundstück den wesentlichen Teil des Vermögens des Eigentümers ausmache und die Grundlage für seine private Lebensführung darstelle.[783]

Umgekehrt könne indes eine Kostenbelastung über den Verkehrswert des Grundstückes hinaus dann zumutbar sein, wenn der Eigentümer das Risiko der entstehenden Gefahr bewusst in Kauf genommen hat – beispielsweise wenn er das Grundstück in Kenntnis der dort befindlichen Altlasten erwarb.[784] Dies gelte auch dann, wenn der Eigentümer die Risikoumstände zwar nicht gekannt hat, diese bei Erwerb aber für ihn erkennbar waren – er seinerzeit also in fahrlässiger Weise „die Augen davor geschlossen" hatte.[785]

Schließlich wird ausgeführt, dass auch in diesen Fällen, in denen eine Belastung über die Grundstückswert hinaus zumutbar sei, der Eigentümer gleichwohl nicht unbegrenzt für die Sanierung einstehen dürfe.[786] Die Kostenbelastung dürfe nicht auf die gesamte wirtschaftliche Leistungsfähigkeit des Eigentümers bezogen werden.[787] Mit dem Vermögen, das in keinem rechtlichen und wirtschaftlichen Zusammenhang mit dem zu sanierenden Grundstück stehe, habe der Eigentümer nicht einzustehen. Relevant dürfe nur das Vermögen sein, das mit dem Grundstück eine funktionale Einheit bilde.[788]

(3) Umsetzung der Begrenzung durch Behörden und Gerichte

Das Gericht stellt am Ende seines Beschlusses klar, dass der Eigentümer infolge der Verpflichtung zur Sanierung grundsätzlich auch die vollen Kosten der Sanierungsmaßnahme zu tragen habe.[789] In den Fällen freilich, in denen wegen fehlender Zumutbarkeit die Kostenbelastung von Verfassungs wegen begrenzt sei, müsse die Verwaltung auch über die Begrenzung der Kostenbelastung des Zustandsstörers im Sinne einer partiellen Freistellung entscheiden.[790] Dies habe be-

782 BVerfGE 102, 1, 21.
783 BVerfGE 102, 1, 21.
784 BVerfGE 102, 1, 21.
785 BVerfGE 102, 1, 22.
786 BVerfGE 102, 1, 22 f.
787 BVerfGE 102, 1, 23.
788 BVerfGE 102, 1, 23.
789 BVerfGE 102, 1, 24.
790 BVerfGE 102, 1, 24.

reits bei Erlass der Sanierungsverfügung zu geschehen. Für den Fall, dass der Eigentümer die Kostenbelastung für unzumutbar bzw. unverhältnismäßig halte, müsse er die Sanierungsverfügung anfechten, um eine Reduzierung oder teilweise Erstattung zu erreichen. Unterlasse er dies, werde der Verwaltungsakt bestandskräftig.[791]

Seien der Verwaltung die Gründe für die Unzumutbarkeit im Zeitpunkt des Erlasses der Sanierungsverfügung indes noch nicht oder noch nicht vollständig bekannt, so dass über die Kosten noch nicht – oder noch nicht vollständig – entschieden werden kann, müsse die Sanierungsverfügung mit dem Vorbehalt einer gesonderten Entscheidung über die Kostentragung verbunden werden.[792]

cc) Interpretation der Entscheidung des Bundesverfassungsgerichts

Wie eingangs ausgeführt, entfachte die Entscheidung des Bundesverfassungsgerichts eine große Diskussion in der juristischen Literatur. Nicht zuletzt aufgrund der Mehrdeutigkeit der vom Gericht gemachten Ausführungen wird sie bis heute unterschiedlich interpretiert. Im Folgenden sollen daher zunächst die Aussagen des Gerichts dargestellt werden, hinsichtlich derer Einigkeit besteht. Daran anschließend ist es unumgänglich, die verschiedenen Ansichten hinsichtlich der Punkte des Beschlusses anzuführen und zu bewerten, die uneinheitlich interpretiert werden.

(1) Keine Begrenzung der Zustandsverantwortlichkeit in Form eines Ausschlusses bzw. einer Reduktion dem Grunde nach

Eindeutig sind die Ausführungen des Bundesverfassungsgerichtes in Bezug auf die namentlich von *Friauf* vertretene Reduktion der Zustandsverantwortlichkeit dem Grunde nach. Aus den Ausführungen im Beschluss wird deutlich, dass nach Ansicht des Gerichtes auch in den sogenannten Opferfällen kein Ausschluss der Zustandsverantwortlichkeit dergestalt erfolgt, dass in diesen Fällen bereits die Störereigenschaft dem Grunde nach entfällt und der Eigentümer lediglich als Nichtstörer zu qualifizieren ist.

Das Bundesverfassungsgericht führt in deutlichen Worten aus, dass zwar die Kostenbelastung in den Fällen, in denen eine Opfersituation gegeben ist, wegen fehlender Zumutbarkeit von Verfassungs wegen begrenzt werden müsse, dass der Eigentümer in diesen Fällen gleichwohl nach wie vor dem Grunde nach als

791 BVerfGE 102, 1, 24.
792 BVerfGE 102, 1, 24.

Zustandsstörer zu qualifizieren sei.[793] Auch an vorangehender Stelle des Beschlusses spricht das Gericht davon, dass der Eigentümer in den Fällen der Opfersituation Zustandsverantwortlicher sei und bleibe, also gerade nicht zum Nichtstörer werde.[794]

Der Wortlaut des Beschlusses ist diesbezüglich somit eindeutig und erteilt dem hauptsächlich von *Friauf* und *Papier* vertretenen Ansatz, in den Fällen der Opfersituation bereits die Störereigenschaft dem Grunde auszuschließen, eine Absage. Das Bundesverfassungsgericht macht sich zwar in vielerlei Hinsicht die Argumentation *Friaufs* und *Papiers* zu eigen, zieht daraus aber eine andere Schlussfolgerung. Während *Friauf* und *Papier* unter der Begrenzung der Zustandsverantwortlichkeit in den Opferfällen bereits einen Ausschluss der Zustandsverantwortlichkeit dem Grunde nach verstehen, bejaht das Bundesverfassungsgericht die Zustandsverantwortlichkeit dem Grunde nach auch in diesen Fällen, spricht sich indes dafür aus, sie der Höhe nach zu begrenzen.

(2) Art und Weise der Begrenzung der Zustandsverantwortlichkeit

Steht demnach fest, dass die Zustandsverantwortlichkeit des Eigentümers nach der Ansicht des Bundesverfassungsgerichts auch in den Opferfällen dem Grunde nach besteht, diese aber im jeweiligen Einzelfall entsprechend der vom Gericht dargestellten Kriterien begrenzt werden muss, stellt sich die Frage, was unter dieser Begrenzung zu verstehen ist. Die Ausführungen des Gerichts sind in diesem Punkt mehrdeutig, so dass bezüglich seiner Interpretation verschiedene Ansätze denkbar sind und auch vertreten werden.

Zum einen heißt es im Beschluss gleich an mehreren Stellen, dass die „Zustandsverantwortlichkeit" in bestimmten Fällen begrenzt werden müsse.[795] Auf diese Formulierung kann sich die Ansicht stützen, welche fordert, die dem Grunde nach bestehende Zustandsverantwortlichkeit des Eigentümers in den Opferfällen bereits auf der Primärebene der Höhe nach dahingehend zu begrenzen, dass der Zustandsstörer bezogen auf die Verpflichtung zur Gefahrenabwehr nur in Höhe der vom Gericht dargestellten zumutbaren Wertgrenze als Störer zu qualifizieren sei.[796] Dies bedeutet konsequenterweise für die materielle Polizeipflicht, dass auch sie nur in diesem Umfang bestehen würde.

---

793 BVerfGE 102, 1, 24, wo das Gericht vom Zustandsverantwortlichen spricht.

794 BVerfGE 102, 1, 19.

795 BVerfGE 102, 1, 19 und 23, wo von den „Grenzen der Zustandsverantwortlichkeit" gesprochen wird.

796 *Schenke*, Polizei- und Ordnungsrecht, Rn. 271 und Rn. 276; im Ergebnis auch *Bockwoldt*, Rechtmäßigkeit und Kostentragungspflicht, S. 254 ff.; ähnlich auch *Pieroth/Schlink/Kniesel*, Polizei- und Ordnungsrecht, § 9, Rn. 72; im Ergebnis ähnlich ferner *Bickel*, NVwZ 2004, 318,

Begründet wird dieses Ergebnis namentlich von *Schenke* mit dem Grundsatz der Konnexität von materieller Polizeipflicht und sekundärer Haftung[797] bzw. von Gefahrenabwehr- und Kostentragungspflicht.[798] Die Polizeipflichtigkeit und dessen Umfang auf der Primärebene seien danach stets maßgebend für die Kostentragungspflicht auf der Sekundärebene. Wäre eine Person auf der Primärebene in vollem Umfang als Störer zu qualifizieren und damit auch unbeschränkt materiell polizeipflichtig, dann gelte dies auch für die Polizeipflichtigkeit auf der Sekundärebene, also für die Kostentragungspflicht. Nur im Falle einer lediglich anteiligen Polizeipflichtigkeit auf der Primärebene könne demnach eine Person auch auf der Sekundärebene nur anteilig zur Kostentragung herangezogen werden.[799]

Die Konstellation, in welcher ein Störer zwar auf der Primärebene als voll, auf der Sekundärebene hingegen nur als begrenzt polizeipflichtig anzusehen wäre – die Polizeipflichtigkeit also auf Primär- und Sekundärebene auseinanderfiele – würde nach diesem Ansatz dem sogenannten Konnexitätsgrundsatz[800] widersprechen und sei daher nicht denkbar.[801]

Im Lichte dieses Konnexitätsgrundsatzes, wonach sich Gefahrenabwehr- und Kostentragungspflicht stets der Höhe nach entsprechen müssen,[802] kann eine Begrenzung der Zustandsverantwortlichkeit nach dieser Ansicht nur einheitlich dahingehend vorgenommen werden, dass in den Fällen der Opfersituation der Zustandsstörer bereits auf der Primärebene nur bis zur Höhe der zumutbare Wertgrenze als Störer zu qualifizieren ist, weil nur auf diese Weise eine entsprechende Begrenzung der Kostenbelastung gewährleistet werden kann.[803]

Andererseits wird im Beschluss nicht durchgehend von der Begrenzung der Zustandsverantwortlichkeit gesprochen, sondern auch von den „Grenzen der Zustandshaftung“[804] und davon, dass „die Kostenbelastung (…) wegen fehlender Zumutbarkeit von Verfassungs wegen begrenzt“[805] sein könne. Nicht zuletzt auf-

---

318, der ausführt, dass zwar die Verantwortlichkeit auf der Primärebene nach Ansicht des Bundesverfassungsgerichts unbegrenzt bleiben müsse, dass aber die Pflicht des verantwortlichen Eigentümers zur Gefahrenabwehr nicht in voller Höhe durchgesetzt werden dürfe; ferner scheinen *Ruder/Schmitt*, Polizeirecht, Rn. 271 den Beschluss in dieser Richtung zu deuten, führen aber zugleich kritische Anmerkungen bezüglich der Konsequenzen einer solchen Deutung an.

797 Dazu *Schenke*, Polizei- und Ordnungsrecht, Rn. 275.

798 Dazu auch *Seibert*, DVBl. 1985, 328, 328 f.; *Dienelt*, NVwZ 1994, 355, 355 f.

799 *Schenke*, Polizei- und Ordnungsrecht, Rn. 275 f.

800 Dazu siehe unten Kapitel 7, C, I.

801 So *Schenke*, Polizei- und Ordnungsrecht, Rn. 275 f.

802 Dazu siehe unten Kapitel 7, C, I.

803 So wie gesagt *Schenke*, Polizei- und Ordnungsrecht, Rn. 275 f.

804 BVerfGE 102, 1, 1.

805 BVerfGE 102, 1, 24.

grund dieser Formulierung wird von vielen Vertretern in der Literatur erwogen, den Beschluss so auszulegen, dass die Zustandsverantwortlichkeit auch in den Opferfällen auf der Primärebene eine unbeschränkte sei.[806] Eine wie auch immer zu verstehende und zu bewerkstelligende Begrenzung der Zustandsverantwortlichkeit könne erst auf der Sekundärebene erfolgen.[807] Namentlich *Jochum* macht deutlich, dass die Kostenlast isoliert und unabhängig von der unumschränkten Handlungspflicht auf der Primärebene bestehen müsse – und dass diese Sichtweise auch vom Bundesverfassungsgericht vertreten werde.[808]

Begründet wird diese Sichtweise mit der überragenden Bedeutung des Grundsatzes der Effektivität der Gefahrenabwehr. Nur durch eine umfassende Zustandsverantwortlichkeit auf der Primärebene könne eine effektive und vollumfängliche Gefahrenabwehr gewährleistet werden. Die abschließende Beurteilung der zur Beantwortung der Frage der Zumutbarkeit zu berücksichtigenden Aspekte würde einen Zeitaufwand verursachen, der mit den Belangen einer effektiven Gefahrenabwehr nicht mehr in Einklang zu bringen sei.[809]

Zusammenfassend lässt sich demnach festhalten, dass die Ausführungen des Gerichts zur Klärung der Frage nach der Art und Weise der Begrenzung der Zustandsverantwortlichkeit in den Opferfällen wenig aufschlussreich sind. Eindeutig lässt sich aus ihnen lediglich die Erkenntnis gewinnen, dass eine Begrenzung erreicht werden soll. Was aber auf welche Art und Weise und vor allem auf welcher Ebene begrenzt werden soll, bleibt vage. Vor dem Hintergrund sämtlicher zu berücksichtigender Aspekte spricht indes vieles dafür, dass das Bundesverfassungsgericht von einer unbegrenzten Zustandsverantwortlichkeit auf der Primärebene auch in den Opferfällen ausgeht.[810]

So stellt das Gericht klar, dass ein Zustandsstörer auch in den Opferfällen gerade kein Nichtstörer sein soll.[811] Genau zu dieser Konsequenz würde es aber jedenfalls teilweise kommen, wenn man eine höhen- bzw. quotenmäßige Begrenzung des Umfangs der Zustandsverantwortlichkeit auf Primärebene befürworten wollte. Denn der Zustandsstörer wäre dann nur bis zur Höhe der zumutbaren Wertgrenze als Störer zu betrachten, bezüglich des die zumutbare Wertgrenze überschreitenden Teiles könnte er nur als Nichtstörer bzw. Notstandsverantwort-

---

806 *Klüppel*, Jura 2001, 26, 28; *Merten/Merten*, Hamburgisches Polizei- und Ordnungsrecht, § 9, Rn. 8; *Würtenberger/Heckmann*, Polizeirecht, Rn. 440; im Ergebnis auch *Hösch*, VBlBW 2004, 7, 14; ähnlich *Jochum*, NVwZ 2003, 526, 530.

807 *Jochum*, NVwZ 2003, 526, 530.

808 *Jochum*, NVwZ 2003, 526, 530, wo ausdrücklich von einer „differenzierenden Betrachtung" des Gerichts gesprochen wird.

809 So im Ergebnis *Jochum*, NVwZ 2003, 526, 530 f.

810 So im Ergebnis wie gesagt auch *Jochum*, NVwZ 2003, 526, 528.

811 BVerfGE 102, 1, 19.

licher qualifiziert werden. Unabhängig von der an dieser Stelle noch nicht zu entscheidenden Frage, ob eine Person überhaupt zugleich Störer und Nichtstörer in einer Person sein kann,[812] bestünden wenigstens Bedenken, ob dieses Ergebnis der Aussage des Gerichtes entspricht, wonach davon auszugehen ist, dass der Eigentümer in den Opferfällen gerade kein, also gegebenenfalls auch kein nur anteiliger Nichtstörer sein dürfe.[813]

Auch die Nachfolgeentscheidungen der Instanzgerichte, die sich an den Vorgaben des Bundesverfassungsgerichts orientieren, sprechen für eine Auslegung des Beschlusses dahingehend, dass auf der Primärebene eine volle und unbegrenzte Zustandsverantwortlichkeit gewollt sein muss.

So nahm das Oberverwaltungsgericht Lüneburg in einem Beschluss vom 3.11.2005 bezüglich eines Falles Stellung, in welchem dem Eigentümer eines Grundstückes durch entsprechende Verfügung aufgeben wurde, dieses Grundstück von Kampfmitteln zu räumen.[814] Der Eigentümer wehrte sich im Wege des vorläufigen Rechtsschutzes gegen diese Räumungsverfügung. In diesem Fall kam neben dem Eigentümer als Zustandsverantwortlichem noch die Bundesrepublik Deutschland als Rechtsnachfolger des Deutschen Reiches, das seiner Zeit die Kampfmittel dort lagerte, als Handlungsstörer in Betracht.[815] Gleichwohl wurde der Eigentümer wegen der Ortskenntnis und räumlichen Nähe aus Effektivitätsgründen in Anspruch genommen. Die Kosten der Räumung überstiegen nach den Nachforschungen des Gerichts den Verkehrswert des Grundstückes nach der Räumung.

Das Gericht führt in dem Beschluss zunächst – anknüpfend an die Ausführungen des Bundesverfassungsgerichts – aus, dass der Eigentümer in diesem Fall grundsätzlich als Zustandsstörer in Anspruch genommen werden könne.[816] Die Inanspruchnahme sei aber im Lichte einer „Opfersituation" dem Grundsatz der Verhältnismäßigkeit entsprechend zu begrenzen.[817] Diese Grenze der Zumutbarkeit richte sich – wiederum in Anlehnung an die Vorgaben des Bundesverfassungsgerichts – nach dem Verhältnis des Verkehrswerts des Grundstücks nach der Räumung zu den Gesamtkosten der Räumung.[818]

Ausgehend von diesen Vorgaben war nach Ansicht des Gerichts die Grenze der Zumutbarkeit in dem vorliegenden Fall überschritten. Weil der Ausgangsbe-

---

812 Dazu *Bockwoldt*, Rechtmäßigkeit und Kostentragungspflicht, S. 257.

813 Diese Problematik soll auf der Sekundärebene vertieft werden, siehe unten Kapitel 7, C, III., 2., b, aa), (1).

814 OVG Lüneburg, NdsVBl. 2006, 170, 170 ff.

815 OVG Lüneburg, NdsVBl. 2006, 170, 171.

816 OVG Lüneburg, NdsVBl. 2006, 170, 170.

817 OVG Lüneburg, NdsVBl. 2006, 170, 170.

818 OVG Lüneburg, NdsVBl. 2006, 170, 170.

scheid keine Begrenzung der Kosten vorsah, so dass der Eigentümer zur vollständigen Kostentragung verpflichtet war, ging das Gericht nach summarischer Prüfung davon aus, dass erhebliche Zweifel an der Rechtmäßigkeit der Räumungsverfügung bestanden. Am Ende des Beschlusses führte das Gericht aus, dass in einem neu zu erlassenden Bescheid der Eigentümer zwar erneut dazu herangezogen werden könne, sein Grundstück insgesamt von Kampfmitteln räumen zu lassen.[819] Zwingend erforderlich sei aber insofern, in den Bescheid einen Vorbehalt hinsichtlich der Kostentragung aufzunehmen. Denn eine gesonderte Entscheidung über die anteilige Kostentragung könne erst nachträglich erfolgen, und zwar erst dann, wenn nach durchgeführter Räumung die Höhe der entstandenen Kosten definitiv feststehe.[820]

Insbesondere die Ausführungen des Oberverwaltungsgerichts bezüglich der erneuten Inanspruchnahme des Eigentümers machen deutlich, dass seiner Ansicht nach die Entscheidung des Bundesverfassungsgerichts so zu interpretieren ist, dass eine unbeschränkte Polizeipflicht auf der Primärebene besteht. Nur so kann die Klarstellung durch das Gericht verstanden werden, dass ein neuer Bescheid den Eigentümer nach wie vor dazu verpflichten könne, das Grundstück „insgesamt“[821] räumen zu lassen.

Daher erfolgt die Begrenzung der Pflichten des Eigentümers auch nach Ansicht des Oberverwaltungsgerichts Lüneburg lediglich im Rahmen der Kostenbelastung. Eine Beschränkung der Räumungspflicht als solcher wird indes vom Gericht in Anlehnung an das Bundesverfassungsgericht gerade nicht verlangt.[822]

---

819 OVG Lüneburg, NdsVBl. 2006, 170, 172.

820 OVG Lüneburg, NdsVBl. 2006, 170, 172.

821 OVG Lüneburg, NdsVBl. 2006, 170, 172.

822 In ähnlicher Weise argumentiert das OVG Münster, vgl. NJW 2010, 1988, 1988 f. Unter Betonung des Grundsatzes der effektiven Gefahrenabwehr führt das Gericht in Anlehnung an den Beschluss des Bundesverfassungsgerichts aus, dass in den Opferfällen eine Inanspruchnahme des Zustandsstörers möglich sei, diese aber unter dem Vorbehalt einer gesonderten Entscheidung über die Kosten erfolgen müsse. Da das Gericht mit keinem Wort ausführt, dass bereits die Inanspruchnahme beschränkt sei – so dass eine Inanspruchnahme über den zumutbaren Teil hinaus nur im Wege der Inanspruchnahme als Notstandsverantwortlicher möglich wäre –, sondern lediglich klarstellt, dass die Kostentragung auf Seiten des Zustandsverantwortlichen nicht unbeschränkt erfolgen dürfe, lässt sich folgern, dass auch nach Ansicht dieses Gerichtes auf der Primärebene die volle Zustandsverantwortlichkeit des Eigentümers auch in den Opferfällen zu bejahen ist und eine Beschränkung lediglich in kostentechnischer Hinsicht auf der Sekundärebene erfolgt.

(3) Zwischenergebnis

Der Beschluss des Bundesverfassungsgerichts ist demnach so zu verstehen, dass nach Ansicht des Gerichts auch in den Opferfällen nicht von einer Reduktion der Zustandsverantwortlichkeit auf der Primärebene auszugehen ist. Vielmehr bleibt der Eigentümer nach Auffassung des Gerichts auch in den Opferfällen dem Grunde nach Zustandsstörer mit entsprechenden materiellen Polizeipflichten.

Darüber hinaus ist der Beschluss so zu interpretieren, dass nach Ansicht des Bundesverfassungsgerichts die Zustandsverantwortlichkeit in den Opferfällen jedenfalls auf der Primärebene auch nicht beschränkt ist. Vielmehr sieht das Gericht den Zustandsstörer auch in diesen Fällen als voll für die gesamte Gefahr verantwortlich an,[823] so dass er der materiellen Polizeipflicht entsprechend auch die gesamte Gefahr abzuwehren hat.

d) Wertung vor dem Hintergrund der Qualifizierung der materiellen Polizeipflicht als verfassungsrechtliche Grundpflicht

Im Folgenden sollen die verschiedenen Ansätze im Lichte der auf der Primärebene wirkenden Rechtsgrundsätze unter besonderer Berücksichtigung der Qualifizierung der materiellen Polizeipflicht als einer verfassungsrechtlichen Grundpflicht untersucht werden.

aa) Kein Ausschluss der Zustandsverantwortlichkeit dem Grunde nach

Vor diesem Hintergrund ist zunächst der Ansicht beizupflichten, wonach der Grundstückseigentümer auch in den Fällen, in denen eine Opfersituation gegeben ist, gleichwohl dem Grunde nach Zustandsstörer bleibt. Die namentlich von *Friauf* und *Tollmann* vertretene Ansicht, welche in diesen Fällen einen Ausschluss der Zustandsverantwortlichkeit bereits dem Grunde nach fordert, kann nicht überzeugen.

Zum einen sprechen – wie *Drews/Wacke/Vogel/Martens* zu Recht betonen – bereits der Wortlaut der Polizei- und Ordnungsgesetze sowie deren Entstehungsgeschichte auch in den Opferfällen gegen einen Ausschluss der Zustandsverantwortlichkeit dem Grunde nach.[824] Es wird gesetzlich klar geregelt, dass der Ei-

823 Anders *Bockwoldt*, die – wie bereits dargestellt wurde – das Bundesverfassungsgericht in unzutreffender Weise so versteht, dass bereits die Polizeipflicht auf der Primärebene eingeschränkt sein soll, vgl. *Bockwoldt*, Rechtmäßigkeit und Kostentragungspflicht, S. 254.

824 *Drews/Wacke/Vogel/Martens*, Gefahrenabwehr, S. 320 f.; so auch BGH, DVBl. 1953, 367, 368; OVG Münster, NWVBl. 1998, 64, 65; *Pischel*, JA 1999, 43, 44; *Giesberts*, Lastenverteilung, S. 95; *Oerder*, NVwZ 1992, 1031, 1036 f.; *Pape*, NJW 1992, 2661, 2666 f.

gentümer allein aufgrund der Eigentümerstellung Zustandsstörer ist.[825] Ein Ausschluss ist nur in den Fällen gesetzlich vorgesehen, in denen ein Dritter die Sachherrschaft ohne den Willen des Eigentümers ausübt.[826] In allen übrigen Fällen ist offenbar kein Ausschluss gewollt. Die Verfassungsmäßigkeit dieser Art und Weise der Normierung der Zustandsverantwortlichkeit hat das Bundesverfassungsgericht in seinem Beschluss vom 16.2.2000 ausdrücklich bestätigt.[827]

Ferner spricht unter historischen Gesichtspunkten auch die Rechtsprechung des Preußischen Oberverwaltungsgerichts gegen einen Ausschluss der Zustandsverantwortlichkeit bereits dem Grunde nach. Das Gericht hat wiederholt hervorgehoben, dass der Zustandsstörer gegen seine Heranziehung zur Abwehr einer von seiner Sache ausgehenden Gefahr nicht einwenden könne, er habe den gefährlichen Zustand weder verursacht noch verschuldet.[828] Es könne also gerade nicht zum Ausschluss der Haftung des Eigentümers führen, wenn die Gefahr auf Zufällen oder dem rechtswidrigen Verhalten Dritter beruhe.[829] Um den Wirkungen dieses Ergebnisses für den Zustandsstörer im Falle eines rechtswidrigen Verhaltens Dritter zu begegnen, wies das Preußische Oberverwaltungsgericht auf zivilrechtliche Ausgleichsansprüche gegen den Verursacher hin.[830]

Am gewichtigsten wiegt aber das Ergebnis einer Auslegung der Normen über die Zustandsverantwortlichkeit vor dem Hintergrund von Sinn und Zweck des Polizei- und Ordnungsrechts im Lichte des Effektivitätsgrundsatzes einerseits und des Verhältnismäßigkeitsgrundsatzes sowie des Schutzbereiches der Eigentumsgarantie gemäß Art. 14 GG andererseits[831] im Lichte der Tatsache, dass die materielle Polizeipflicht eine verfassungsrechtliche Grundpflicht darstellt. Denn der Eigentümer eines Grundstückes kann aufgrund seiner Rechtsposition als Eigentümer, der Nähe zur Gefahr und der tatsächlichen Einwirkungsmöglichkeit auf das Grundstück eine von seinem Grundstück ausgehende Gefahr im Regelfall am effektivsten abwehren.

Auch in den Fällen höherer Gewalt oder anderen Konstellationen, in denen er als Opfer erscheinen mag, steht er alleine kraft seiner Eigentümerposition trotz des Verweises auf die Risikosphäre der Allgemeinheit der Gefahr letzten Endes

825 Vgl. § 5 Abs. 2 S. 1 MEPolG; für das Landesrecht vgl. § 9 Abs. 1 HmbSOG; für das Bodenrecht vgl. § 4 Abs. 3 BBodSchG.

826 Vgl. § 5 Abs. 2 S. 2 MEPolG.

827 BVerfGE 102, 1, 17 f.

828 Dazu PrOVGE 7, 348, 351 f.; 36, 400, 401; 77, 484, 486 f.

829 So im Ergebnis PrOVGE 7, 348, 351 f.; 36, 400, 401; 77, 484, 486 f.

830 PrOVGE 7, 348, 351 ff.; allerdings hat das PrOVG diese Linie nicht immer mit letzter Konsequenz verfolgt. So wurde in Einzelfällen bei Naturereignissen die Verantwortlichkeit des Zustandsstörers verneint, vgl. PrOVGE 30, 213, 216 ff.

831 Im Ergebnis ähnlich bereits VGH München, NJW 1993, 81, 82; *Jochum*, NVwZ 2003, 526, 526.

gleichwohl näher als die Allgemeinheit.[832] Die Risikosphärentheorie *Friaufs* würde im Ergebnis dazu führen, dass in den Opferfällen der Staat zur Gefahrenabwehr verpflichtet wäre. Dies ist aber nur dann folgerichtig, wenn Eigentümer und Allgemeinheit tatsächlich identisch sind. Genau dies ist aber in den Opferfällen nach dem eben Ausgeführten gerade nicht der Fall. Allein die Eigentümerstellung, die im Regelfall dazu führt, die Vorteile aus dem Eigentum zu ziehen, führt dazu, dass der Eigentümer der Gefahr nähersteht als die Allgemeinheit.[833]

Wollte man dies anders sehen und im Fall einer Opfersituation die Zustandsverantwortlichkeit bereits dem Grunde nach verneinen, würde dies zu Rechtsunsicherheiten sowie zu schwerwiegenden Konsequenzen für den Grundsatz der Effektivität der Gefahrenabwehr führen. Denn die Verneinung der Zustandsverantwortlichkeit in den Opferfällen dem Grunde nach setzt zunächst denklogisch voraus, dass überhaupt eine entsprechende Opfersituation vorliegt. Dies müsste demnach zunächst in jedem Einzelfall überprüft werden, da nur auf diese Weise verlässlich geklärt werden kann, ob eine Person als Störer anzusehen ist oder nur unter den qualifizierten Anforderungen der Inanspruchnahme des Nichtstörers in Anspruch genommen werden kann.[834] Wollte man dies aber wirklich fordern, wäre die zu schnellem Einschreiten verpflichtete Polizei- oder Ordnungsbehörde in den Opferfällen zunächst stets verpflichtet, eine ggf. äußerst umfangreiche Prüfung komplizierter Kriterien durchzuführen, um zu klären, ob eine die Zustandsverantwortlichkeit ausschließende Opferlage im jeweiligen Einzelfall auch tatsächlich gegeben ist.[835] Sollte eine Opfersituation nach entsprechender Prüfung tatsächlich bejaht werden, so würde sich daran eine zweite Prüfung anschließen, nämlich die der Voraussetzungen der Inanspruchnahme des Nichtstörers. Dies alles würde jedenfalls zu einer einschneidenden zeitlichen Verzögerung in Bezug auf die Abwehr der Gefahr auf der Primärebene führen.

Darüber hinaus darf auch die Gefahr der Überforderung der Behörden nicht aus dem Auge verloren werden.[836] Denn die Beantwortung der Frage nach dem Vorliegen einer Opferlage ist nicht nur von ggf. äußerst zeitaufwendigen Untersuchungen abhängig, sondern erfordert auch immer eine wertende juristische Betrachtung. Die Behörde stünde also in jeder in Frage kommenden Sachver-

832 Ähnlich auch VGH München, NVwZ 1986, 942, 944; *Merten/Merten*, Hamburgisches Polizei- und Ordnungsrecht, § 9, Rn. 8.

833 Vgl. dazu auch BVerfGE 102, 1, 11 ff.

834 So auch *Griesbeck*, Polizeipflicht, S. 72.

835 Ähnlich müsste sich auch der Eigentümer eines Grundstückes verhalten, der beispielsweise eine Altlast auf seinem Grundstück entdeckt. Er müsste ebenfalls zunächst feststellen, ob eine seine materielle Polizeipflicht ausschließende Opfersituation vorliegt oder nicht.

836 So auch *Bockwoldt*, Rechtmäßigkeit und Kostentragungspflicht, S. 252; ähnlich *Griesbeck*, Polizeipflicht, S. 72 f.; *Lindner*, Adressatenpflichten, S. 168.

haltskonstellation vor der Frage, ob eine Opferlage auch tatsächlich gegeben ist – mit anderen Worten, ob in dem konkreten Fall die Gefahr noch dem Eigentümer oder schon der Allgemeinheit zuzurechnen ist. Das bedeutet, dass selbst in den Fällen, in denen die stellenweise geforderte Ermittlungstätigkeit der Behörden schnell zu fundierten Ergebnissen führen sollte, in einem zweiten Schritt stets die Herausforderung verbliebe, diese Ergebnisse dahingehend juristisch zu prüfen, ob sie schon eine Opferlage begründen oder noch eine für den Eigentümer hinzunehmende Beeinträchtigung seines Eigentums darstellen. Das Bundesverfassungsgericht hat zwar in seinem Beschluss Konstellationen dargestellt, in denen eine Opferlage angenommen werden kann,[837] abschließend ist diese Aufzählung der Opferfälle indes nicht, was bereits durch die Verwendung des Wortes „insbesondere“ deutlich wird. Sie kann aufgrund der Komplexität der Lebensverhältnisse und des Wesens des Verhältnismäßigkeitsgrundsatzes auch gar nicht abschließend sein. Dieser Eindruck wird nicht zuletzt dadurch bestätigt, dass auch die Meinungen in der Literatur bezüglich der Frage, wann eine Opferlage anzunehmen ist, vielfältig sind.[838] Die Klärung solch komplexer und mit rechtlichen Unsicherheiten behafteten Fragestellungen kann aber im Lichte der Effektivität der Gefahrenabwehr nicht auf der Primärebene, sondern richtigerweise erst auf der Sekundärebene verlangt werden.

bb) Uneingeschränkte Zustandsverantwortlichkeit auf der Primärebene

Ähnlich stellt sich die Argumentation bezüglich der Frage dar, ob der Zustandsstörer auf der Primärebene voll oder nur eingeschränkt zustandsverantwortlich – und damit materiell polizeipflichtig – ist. Auch diese Frage ist vor dem Hintergrund der auf der Primärebene wirkenden Rechtsgrundsätze – namentlich des Grundsatzes der Effektivität der Gefahrenabwehr und des Verhältnismäßigkeitsgrundsatzes – zu beantworten.

Für die Richtigkeit des Ergebnisses der uneingeschränkten Zustandsverantwortlichkeit spricht auch hier zunächst der bereits angesprochene Wortlaut der Polizei- und Ordnungsgesetze, der eine Begrenzung der Zustandsverantwortlichkeit nicht vorsieht.[839] Auch die Intention des Gesetzgebers, bewusst keine sol-

---

837 BVerfGE 102, 1, 21, wo das Gericht recht vage von Gefahren spricht, welche aus Naturereignissen, Risiken der Allgemeinheit oder von nicht nutzungsberechtigten Dritten herrühren.

838 Diesbezüglich sei nur auf die Ausführungen *Bockwoldts* verwiesen, die darlegt, dass über die Voraussetzungen und Rechtsfolgen einer Opfersituation gestritten wird, und im Folgenden Kriterien nennt, denen für das Vorliegen einer Opferlage Relevanz zukommen könne, vgl. *Bockwoldt*, Rechtmäßigkeit und Kostentragungspflicht, S. 242 ff.

839 Siehe oben Kapitel 6, B, I.; dies erkennt auch *Friauf*, FS-Wacke, 293, 294 an.

chen Begrenzungen aufzunehmen, unterstützt diese Argumentation.[840] Eine Begrenzung der Zustandsverantwortlichkeit hätte somit in gewisser Weise in der Tat den Charakter einer von *Giesberts* so bezeichneten „contra-legem-Rechtsentwicklung".[841]

Zwar ließe sich eine Begrenzung der Zustandsverantwortlichkeit auf der Primärebene namentlich aufgrund des Verhältnismäßigkeitsgrundsatzes als Ergebnis einer verfassungskonformen Auslegung der der polizei- und ordnungsrechtlichen Normen begründen. Die diesbezüglich in Frage kommenden Verfassungsgrundsätze sprechen aber ebenso wie die allgemeinen Auslegungskriterien im Ergebnis gerade für die unbegrenzte Zustandsverantwortlichkeit auf der Primärebene.

So spricht in systematischer Hinsicht als Argument für eine volle Zustandsverantwortlichkeit auf der Primärebene auch in den Opferfällen der im Beschluss des Bundesverfassungsgerichts angesprochene Verweis auf die zivilrechtliche Haftung.[842] Nach der ständigen Rechtsprechung des BGH haftet der Eigentümer eines Grundstückes, von dem Gefahren bzw. Störungen ausgehen, grundsätzlich uneingeschränkt.[843] Das gilt auch dann, wenn der Beeinträchtigungszustand von seinem Rechtsvorgänger herbeigeführt wurde.[844]

Wenn aber schon das Zivilrecht – in dem öffentliche Interessen wie beispielsweise der Grundsatz der effektiven Gefahrenabwehr zur Wiederherstellung der öffentlichen Sicherheit nur mittelbar Berücksichtigung finden – die uneingeschränkte Haftung des Eigentümers eines störenden Grundstückes anordnet, dann muss dies erst Recht für die Zustandsverantwortlichkeit im Polizei- und Ordnungsrecht gelten, in dem auf der Primärebene die effektive Gefahrenabwehr als öffentliches Interesse nicht nur eine gewisse Relevanz entfaltet, sondern aufgrund der Funktion dieses Rechtsgebiets, Gefahren abzuwehren, sogar im Vordergrund steht.

Das Hauptargument jedoch, welches für eine unbeschränkte Zustandsverantwortlichkeit und somit auch für eine unbeschränkte materielle Polizeipflicht auf der Primärebene streitet, knüpft an die andernfalls eintretende Beeinträchtigung des Effektivitätsgrundsatzes an und besteht somit in einer teleologischen Auslegung des Polizei- und Ordnungsrechts vor verfassungsrechtlichem Hintergrund. Eine Begrenzung des Umfangs der Zustandsverantwortlichkeit in den Opferfällen bereits auf der Primärebene wäre mit dem Ziel der Polizei- und Ordnungsge-

840 Siehe oben Kapitel 6, B, I.; dazu auch *Drews/Wacke/Vogel/Martens,* Gefahrenabwehr, S. 320 f.
841 *Giesberts*, Lastenverteilung, S. 95.
842 Dazu BVerfGE 102, 1, 13.
843 Ständige Rechtsprechung des BGH, vgl. nur BGHZ 126, 279, 282; dazu auch BVerfGE 102, 1, 13.
844 BGH, NJW 1989, 2541, 2542.

setze, die effektive Abwehr von Gefahren und Störungen zu gewährleisten, schwerlich zu vereinbaren.

Diesbezüglich soll auch noch einmal auf die im Rahmen der Ablehnung der Reduktion der Zustandsverantwortlichkeit in den Opferfällen dem Grunde nach angesprochenen Aspekte der Schnelligkeit und Effektivität hingewiesen werden.[845] Die auf die Gefahrenabwehr gerichteten Maßnahmen müssen, um effektiv wirken zu können, so schnell wie möglich ergriffen werden. Wollte man aber eine Begrenzung der Zustandsverantwortlichkeit in den Opferfällen auf bereits der Primärebene gemäß der vom Bundesverfassungsgericht geforderten Grenze der Zumutbarkeit fordern, so müssten vor Erlass einer Sanierungsverfügung wie gesagt gleich mehrere zeitaufwendige Prüfungsschritte durchlaufen werden, um zu klären, in welcher Höhe der Eigentümer als Zustandsstörer in noch zumutbarer Weise zur Gefahrenabwehr in Anspruch genommen werden kann. Zunächst müsste der richtige Verkehrswert des Grundstücks ermittelt werden. Dann wäre es erforderlich, das vom Grundstückseigentümer einzusetzende Vermögen zu bestimmen. Anschließend müssten Kenntnisse über die Gut- bzw. Bösgläubigkeit des Grundstückseigentümers gewonnen werden. Schließlich wären die Sanierungskosten vorauszuberechnen.[846] All diese Schritte müssten – wollte man die Begrenzung der Zustandsverantwortlichkeit auf der Primärebene ernst nehmen – bereits vor dem Erlass einer behördlichen Verfügung bzw. vor der Gefahrenabwehr des Eigentümers selbst bis zur begrenzten Höhe seiner materiellen Polizeipflicht erfolgen. Gerade vor dem Hintergrund, dass es bei Bodenverunreinigungen nicht selten um Gefahren für Leib und Leben gehen kann, die in der gebotenen Eile abgewehrt werden müssen, kann dieser Prüfungsaufwand vor dem Erlass einer Sanierungsverfügung, der zwangsläufig zu zeitlichen Beeinträchtigung bezüglich der Gefahrenabwehr führen muss, nicht gewollt sein.[847] Dies gilt umso mehr vor dem Hintergrund, dass die Frage, ob eine Opfersituation vorliegt – von den zeitaufwendigen Ermittlungen einmal abgesehen – wie dargestellt auch eine juristische Wertung erfordert.

Gerade die Qualifikation der materiellen Polizeipflicht als verfassungsrechtliche Grundpflicht spricht gegen die Begrenzung der Gefahrenabwehrpflicht in den Opferfällen. Grundpflichten sind wie gezeigt Pflichten des Staatsbürgers zum Wohle der Allgemeinheit. Dieses Wohl erfasst auch und gerade einen gefahrenfreien Zustand.[848] Dieser wiederum wird am effektivsten durch eine vollumfängliche Gefahrenabwehr gefördert. Wollte man demnach in den Opferfällen

---

845 Siehe oben Kapitel 6, B, I.

846 Genau diese Aspekte werden auch von *Ruder/Schmitt* genannt, siehe *Ruder/Schmitt*, Polizeirecht, Rn. 271.

847 Ähnlich *Lepsius*, JZ 2001, 22, 22 f.; *Sachs*, JuS 2000, 1219, 1219.

848 Siehe oben Kapitel 4, B, II., 1., e), dd) – ff).

bereits auf der Primärebene die Zustandsverantwortlichkeit mit der Folge begrenzen, dass auch die materielle Polizeipflicht nur anteilig bestehen würde, so würde ein solches Ergebnis der Intention der verfassungsrechtlichen Grundpflicht, die schnelle und umfängliche Wiederherstellung des gefahrenfreien Zustands zugunsten der Allgemeinheit zu gewährleisten, zuwiderlaufen.

(1) Eigentümer sowohl Zustands- als auch als Nichtstörer

Zwar könnte der Befürchtung, dass im Falle einer Beschränkung der Zustandsverantwortlichkeit die Effektivität der Gefahrenabwehr geschmälert werden würde, der Einwand entgegengehalten werden, dass es der zuständige Behörde – nachdem sie in dem jeweiligen Sanierungsbescheid entsprechend der Vorgaben des Bundesverfassungsgerichts mit dem Vorbehalt einer gesonderten Entscheidung über die Kostentragung verbunden hat – gleichwohl möglich wäre, den Eigentümer eines Grundstücks auch in den Opferfällen vollumfänglich zur Gefahrenabwehr heranzuziehen.[849] In der die Zumutbarkeitsgrenze nicht überschreitenden Höhe könnte er nämlich als Zustandsstörer qualifiziert werden, in der diesen Teil überschreitenden Höhe könnte er als Nichtstörer in Anspruch genommen werden. Auf diese Weise bliebe der Behörde die Möglichkeit, den Eigentümer effektiv zur Abwehr der ganzen Gefahr in Anspruch zu nehmen, ohne dass dieser in voller Höhe Zustandsverantwortlicher wäre.[850]

Dieser Ansatz scheint jedoch aufgrund mehrerer Aspekte bedenklich.

Zunächst ist es fraglich und auch umstritten, ob es überhaupt dem Grunde nach möglich ist, dass eine Person in Bezug auf eine bestimmte Gefahr zugleich Störer und Nichtstörer sein kann.[851] Diesbezüglich vertritt namentlich *Poscher* die Ansicht, dass dies nicht der Fall sein könne, da das Polizei- und Ordnungsrecht in Bezug auf die Verantwortlichkeit zur Eindeutigkeit dahingehend zwinge, dass eine Entscheidung für die Verantwortlichkeit automatisch zu einer Entscheidung gegen die Nichtverantwortlichkeit führe.[852] Eine Eingriffsrechtfertigung könne nach *Poscher* somit nur entweder gegenüber dem Störer oder gegenüber dem Nichtstörer bestehen,[853] nicht indes gegenüber Störer und Nichtstörer in einer Person zugleich. Dies würde bedeuten, dass beide Figuren scharf von-

849 So argumentiert beispielsweise *Bockwoldt*, Rechtmäßigkeit und Kostentragungspflicht, S. 257.

850 Zu diesem Ansatz *Bockwoldt*, Rechtmäßigkeit und Kostentragungspflicht, S. 257 ff.

851 Verneinend *Poscher*, Gefahrenabwehr, S. 17 ff.; bejahend *Bockwoldt*, Rechtmäßigkeit und Kostentragungspflicht, S. 257; differenzierend *Pietzcker*, DVBl. 1984, 457, 463.

852 *Poscher*, Gefahrenabwehr, S. 18.

853 *Poscher*, Gefahrenabwehr, S. 18.

einander abzugrenzen wären und nicht in einer Person zugleich auftreten könnten.[854]

Wollte man es aber rechtsdogmatisch als möglich erachten, dass eine Person zugleich sowohl Störer als auch Nichtstörer sein kann, so darf nicht aus dem Blick verloren werden, dass eine Inanspruchnahme als Nichtstörer nur ausnahmsweise möglich und an hohe Voraussetzungen geknüpft ist.[855] Diese Voraussetzungen wurden oben dargelegt.[856] Ob sie in jedem Opferfall erfüllt gegeben sind, erscheint zumindest fraglich;[857] jedenfalls würde – selbst wenn die Voraussetzungen in jedem Opferfall vorliegen sollten – die Prüfung dieser Voraussetzungen zeit- und personalaufwändig ausfallen und somit den Effektivitätsgrundsatz in jedem Fall beeinträchtigen.[858]

Das entscheidende Argument gegen den Ansatz, wonach in den Opferfällen der Eigentümer auf der Primärebene sowohl als Zustands- als auch als Nichtstörer zu qualifizieren ist, besteht vor dem Hintergrund des Effektivitätsgrundsatzes im Wesen der materiellen Polizeipflicht als einer verfassungsrechtlichen Grundpflicht. Sie verpflichtet den Störer unabhängig von einer entsprechenden behördlichen Verfügung dazu, ihm zuzurechnende Gefahren abzuwehren. Dies bedeutet auch in den Opferfällen, dass der Grundstückseigentümer als Zustandsstörer durch die materielle Polizeipflicht gesetzesunmittelbar verpflichtet wird, die von seinem Grundstück ausgehende Gefahr von sich aus abzuwehren.

Dass und warum die Effektivität der Gefahrenabwehr in den Opferfällen auf der Primärebene im Falle einer Befürwortung der Qualifizierung des Eigentümers teils als Zustands-, teils als Nichtstörer spürbar beeinträchtigt würde, wurde eben bereits dargestellt und soll im Folgenden anhand weiterer Aspekte gezeigt werden. Wollte man es befürworten, dass der Grundstückseigentümer bis zur Grenze der Zumutbarkeit als Störer zu qualifizieren wäre, über diese Grenze hinaus indes als Nichtstörer, so sind stets zwei Grundkonstellationen denkbar:

---

854 Diese Thematik soll auf der Sekundärebene vertiefend erörtert werden, siehe Kapitel 7, C, III., 2., b), aa), (1).

855 Zu diesen Bedenken auch *Bockwoldt*, Rechtmäßigkeit und Kostentragungspflicht, S. 252; *Pischel*, JA 1999, 43, 44.

856 Siehe oben Kapitel 3, B, I.

857 Problematisch ist namentlich die Voraussetzung, wonach der Nichtstörer nur dann in Anspruch genommen werden darf, wenn auch die öffentliche Hand die Gefahr nicht selber abwehren kann – ist es doch denkbar, dass auch die öffentliche Hand die Sanierung des Grundstückes, freilich nach einer vorher gegenüber dem Eigentümer zu erlassenden Duldungsverfügung, welche es der öffentlichen Hand erlaubt, dessen Grundstück zu betreten, entweder selbst durchzuführen in der Lage ist oder jedenfalls Dritte dazu beauftragen kann; skeptisch auch *Bockwoldt*, Rechtmäßigkeit und Kostentragungspflicht, S. 252.

858 So auch *Bockwoldt*, Rechtmäßigkeit und Kostentragungspflicht, S. 252 und S. 257 f.; *Pischel*, JA 1999, 43, 44.

Zum einen sind die Fälle zu betrachten, in denen eine Verfügung zur Gefahrenabwehr an den Eigentümer ergangen ist, und zum anderen gibt es die Fälle, in denen eine solche Verfügung gerade nicht ergangen ist.

In den Opferfällen, in denen der Eigentümer durch Verfügung zur Gefahrenabwehr teils als Zustands-, teils als Nichtstörer herangezogen wurde, weiß er, dass er – entgegen seiner nur beschränkten materiellen Polizeipflicht – die ganze Gefahr abzuwehren hat.

In den Fällen jedoch, in denen keine Verfügung an ihn ergangen ist, wäre er bezüglich des Umfangs seiner Gefahrenabwehrpflicht im Ungewissen. Wollte man also davon ausgehen, dass der Eigentümer in den Opferfällen teils Zustands-, teils Nichtstörer ist, dann wäre er durch die materielle Polizeipflicht konsequenterweise gesetzesunmittelbar auch nur anteilig dazu verpflichtet, die Gefahr von sich aus abzuwehren. Denn wenn der Eigentümer bereits auf der Primärebene nur bis zu einer bestimmten Höhe als Zustandsstörer zu qualifizieren wäre und an ihn keine Verfügung zur vollumfänglichen Gefahrenabwehr ergehen würde, dann müsste er auch nur den Teil der Gefahr abwehren, der ihm als Zustandsstörer zuzurechnen wäre. Hinsichtlich des anderen Teils wäre er als Nichtstörer gerade nicht durch die materielle Polizeipflicht zur Gefahrenabwehr verpflichtet. Diesbezüglich – also bezüglich des die Zumutbarkeitsgrenze überschreitenden Anteils – könnte er lediglich als Nichtstörer herangezogen werden. Solange diese Heranziehung aber nicht durch behördliche Verfügung erfolgt ist, braucht er auch nicht zur Gefahrenabwehr tätig zu werden – zumindest verpflichtet ihn die materielle Polizeipflicht nicht dazu.

Dies könnte in letzter Konsequenz dazu führen, dass der Zustandsstörer in den Opferfällen, in denen keine behördliche Verfügung an ihn ergangen ist, eine von seinem Grundstück ausgehende Gefahr auch nur zum Teil abwehren müsste, während der andere Teil der Gefahr von ihm entsprechend der nur anteiligen materiellen Polizeipflicht gerade nicht abzuwehren wäre und damit in Endeffekt fortbestehen würde – jedenfalls bis ein ihn in Gänze verpflichtender Verwaltungsakt ergeht.

Diese Konsequenz schmälert die Effektivität der Gefahrenabwehr empfindlich und geht somit zu Lasten des Zwecks und der Intention des allgemeinen Polizei- und Ordnungsrechts. Sie läuft damit dem staatlichen Interesse an der Aufrechterhaltung bzw. schnellen Wiederherstellung eines gefahrenfreien Zustandes zuwider und widerspricht damit auch und gerade dem Charakter der materiellen Polizeipflicht als einer verfassungsrechtlichen Grundpflicht.

Mithin kann die Ansicht, welche sich für eine eingeschränkte Zustandsverantwortlichkeit auf der Primärebene ausspricht, zumindest nicht mit der Argumentation begründet werden, wonach der Eigentümer in den Opferfällen teils Zustands-, teils Nichtstörer sei.

(2) Konnexität von Gefahrenabwehr- und Kostentragungspflicht

Auch die namentlich von *Schenke* vertretene Argumentation, wonach eine Begrenzung der Zustandsverantwortlichkeit in den Opferfällen bereits auf der Primärebene erfolgen müsse, da wegen der Konnexität von materieller Polizeipflicht und sekundärer Haftung nur auf diese Weise die erforderliche Kostenreduzierung des Eigentümers sichergestellt werden könne,[859] ist jedenfalls nicht zwingend.

Zunächst einmal ist zweifelhaft, ob es den von *Schenke* postulierten Grundsatz der Konnexität in dieser Form überhaupt gibt.[860] Darauf soll im Rahmen der Sekundärebene noch vertiefend eingegangen werden.[861]

Aber selbst wenn man von der von *Schenke* vertretenen Konnexität von Gefahrenabwehr- und Kostentragungspflicht ausgehen wollte, muss dies zumindest nicht zwingend zu einer Reduzierung der Zustandsverantwortlichkeit bereits auf der Primärebene führen. Vielmehr ließe sich auch eine andere Sichtweise vertreten, die sich zumindest im Ansatz aus den Ausführungen *Bickels* herleiten lässt und die im Folgenden kurz dargestellt werden soll.[862] Nach einem solchen Ansatz bestünde zumindest die Möglichkeit, den Eigentümer in den Opferfällen auf der Primärebene als unbeschränkt polizeipflichtig für die Gefahr anzusehen, ohne dass dies zwingend zur vollen Kostentragung auf der Sekundärebene führen muss.

Die volle Zustandsverantwortlichkeit des Eigentümers auf der Primärebene würde zwar nach dem von *Schenke* vertretenen Grundsatz der Konnexität dazu führen, dass er auch auf der Sekundärebene als in voller Höhe materiell polizei-, und damit auch kostenpflichtig anzusehen wäre.

Diese Konsequenz bestreitet auch *Bickel* in seinen Ausführungen nicht. Auch seiner Ansicht nach bestehe die Zustandsverantwortlichkeit und damit auch die materielle Polizeipflicht auf der Primärebene in voller Höhe, sie könne nur nicht über die vom Bundesverfassungsgericht festgelegten Grenzen hinausgehend durchgesetzt werden.[863]

Dieser Ansatz erscheint zwar bezogen auf die Primärebene vor dem Hintergrund der materiellen Polizeipflicht und der eben dargelegten Gründe zweifelhaft.

---

859 Dazu *Schenke*, Polizei- und Ordnungsrecht, Rn. 275 f.

860 Kritische Stimmen diesbezüglich finden sich in der Literatur zuhauf, vgl. nur *Bockwoldt*, Rechtmäßigkeit und Kostentragungspflicht, S. 70 f. m.w.N.

861 Siehe unten Kapitel 7, C, I.

862 Vgl. *Bickel*, NVwZ 2004, 318, 318 ff.

863 *Bickel*, NVwZ 2004, 318, 318.

Denn in den Fällen, in denen der Grundstückseigentümer die Gefahr von sich aus abwehren würde, würde die öffentliche Hand gar nicht dazu kommen, die Durchsetzung der Gefahrenabwehrpflicht zu begrenzen. Daher müsste der Eigentümer, gegen den keine Sanierungsverfügung erging, die Gefahr aufgrund der ihn treffenden materiellen Polizeipflicht in vollem Umfang abwehren.

Derjenige hingegen, gegen den eine Sanierungsverfügung erging, müsste dies nur innerhalb der vom Bundesverfassungsgericht festgelegten Zumutbarkeitsgrenzen tun, da nach *Bickels* Ansatz bereits die Durchsetzung der unbeschränkten materiellen Polizeipflicht auf der Primärebene nur eingeschränkt möglich sei. Dies würde eine Schlechterstellung des Störers bedeuten, der – seiner unbeschränkten materiellen Polizeipflicht entsprechend – die Gefahr ohne vorangehende Sanierungsverfügung in voller Höhe abwehren würde, da er – auch nach *Bickels* Ansatz – in voller Höhe materiell polizeipflichtiger Zustandsstörer bliebe.

Ein solches Ergebnis vermag vor dem Hintergrund der materiellen Polizeipflicht nicht zu überzeugen, da ansonsten jeder Grundstückseigentümer, der von der von seinem Grundstück ausgehenden Gefahren Kenntnis hat, als Zustandsstörer in den Opferfällen in die Versuchung geraten könnte, die Gefahr gerade nicht von sich aus abzuwehren, also seine materielle Polizeipflicht gewissermaßen zu ignorieren, sondern eine für ihn ggf. günstigere Sanierungsverfügung abzuwarten, in der die unbegrenzte materielle Polizeipflicht nur beschränkt durchsetzbar wäre. Dies wiederum widerspräche der Intention der materiellen Polizeipflicht, ihrer Eigenschaft als verfassungsrechtlicher Grundpflicht, dem Polizei- und Ordnungsrecht im Allgemeinen sowie dem Grundsatz der Effektivität der Gefahrenabwehr.

Aber es wäre zumindest denkbar, aus *Bickels* Ausführungen einen anderen Ansatz zu entwickeln, der zwar keine Begrenzung der Durchsetzung der materiellen Polizeipflicht auf der Primärebene zur Folge hätte, aber eine Begrenzung der Durchsetzung der – nach wie vor in vollem Umfang bestehenden – materiellen Polizeipflicht lediglich auf der Sekundärebene. Dies würde letztlich bedeuten, dass zwar auf beiden Ebenen die materielle Polizeipflicht dem Grunde nach in voller Höhe bestünde, so dass der Störer auf der Primärebene zur Abwehr der ganzen Gefahr verpflichtet und auf der Sekundärebene in voller Höhe kostenpflichtig bliebe, sie aber nur auf der Primärebene auch in vollem Umfang durchgesetzt werden dürfte, während eine Durchsetzbarkeit auf der Sekundärebene in kostentechnischer Hinsicht nur bis zur Zumutbarkeitsgrenze möglich wäre.

Ob dieser Ansatz letzten Endes überzeugend ist, kann an dieser Stelle der Untersuchung noch dahingestellt bleiben und soll im Rahmen der Erörterung der

Sekundärebene untersucht werden.[864] An dieser Stelle der Untersuchung genügt es festzuhalten, dass der von *Schenke* angeführte Grundsatz der Konnexität zumindest nicht zwingend eine eingeschränkte Zustandsverantwortlichkeit bzw. eine materielle Polizeipflicht bereits auf der Primärebene fordern muss. Vielmehr wäre es auch im Falle der Befürwortung des Konnexitätsgrundsatzes zumindest möglich, auf der Primärebene eine unbeschränkte Gefahrenabwehrpflicht zu bejahen, ohne dass dies zwingend zur vollen Kostentragung auf der Sekundärebene führen muss.[865]

Demnach vermögen die Argumente, die gegen die volle Zustandsverantwortlichkeit auf der Primärebene angeführt werden, im Ergebnis nicht zu überzeugen. Mithin ist auch in den hier behandelten Opferfällen von einer unbeschränkten materiellen Polizeipflicht auf der Primärebene auszugehen.

e) Zusammenfassung

Auch in den sogenannten Opferfällen führt auf der Primärebene das Wirken des Grundsatzes der Effektivität der Gefahrenabwehr und des Verhältnismäßigkeitsgrundsatzes unter Berücksichtigung Qualifizierung der materiellen Polizeipflicht als einer verfassungsrechtlichen Grundpflicht bezogen auf den Umfang der materiellen Polizeipflicht dazu, dass der Zustandsstörer in voller Höhe materiell polizeipflichtig ist. Eine Begrenzung der materiellen Polizeipflicht ist daher lediglich auf der Sekundärebene denkbar.[866]

2. Begrenzung der materiellen Polizeipflicht in den Fällen einer Störermehrheit

Eine Konstellation, in der eine Begrenzung der materiellen Polizeipflicht auf der Primärebene ebenfalls möglich erscheint und auch diskutiert wird, stellt die Störermehrheit dar. Im Falle einer solchen Mehrheit von materiell Polizeipflichtigen ist jedem Störer eine gemeinsame Gefahr zuzurechnen. Bestünde die materielle Polizeipflicht jedem Störer gegenüber in unbeschränkter Höhe, so wäre jeder

---

864 Siehe unten Kapitel 7, C, III., 2., b), aa), (1).

865 Ein anderer Ansatz könnte darin bestehen, im Rahmen der von *Schenke* geforderten Konnexität von einer unbeschränkten materiellen Polizeipflicht auf beiden Ebenen auszugehen, aber dem Störer in den Opferfällen auf der Sekundärebene trotz der unbeschränkten materiellen Polizeipflicht einen Anspruch gegen den Staat analog der Regelung über den Ausgleichsanspruch des Nichtstörers zuzugestehen. Dies erscheint aber gerade vor dem Hintergrund der dann in unbeschränkter Höhe bestehenden Polizeipflicht auf beiden Ebenen schwer vertretbar.

866 Dazu Kapitel 7, C, III., 2.

Störer bereits durch die materielle Polizeipflicht gesetzesunmittelbar dazu verpflichtet, diese Gefahr von sich aus und in vollem Umfang abzuwehren.

Denkbar ist in diesen Konstellationen aber auch, die materielle Polizeipflicht eines jeden Störers auf der Primärebene dahingehend zu begrenzen, dass jeder Störer nur anteilig, also ausschließlich in Höhe seines jeweiligen Verursachungsanteils, materiell polizeipflichtig ist. Diesbezüglich wird auch von der materiellen Polizeipflichtigkeit pro rata gesprochen.[867]

Die Konsequenz dieses Ansatzes besteht darin, dass die Polizei- und Ordnungsbehörde vor einer behördlichen Inanspruchnahme grundsätzlich entsprechende Nachforschungen anzustellen und zu ermitteln hätte, welcher Verursachungsanteil jedem der in Betracht kommenden Störer zukäme. Denn jeder Störer wäre dann auch nur in Höhe seines Verursachungsanteiles materiell polizeipflichtig und dürfte daher grundsätzlich auch nur in dieser Höhe als Störer zur Gefahrenabwehr verpflichtet werden.[868]

In den Fällen, in denen keine behördliche Gefahrenabwehrverfügung vorliegen würde, wäre jeder Störer nach der ihn dann nur in begrenztem Umfange treffenden materiellen Polizeipflicht lediglich bis zur Höhe seines Verursachungsanteils gesetzesunmittelbar dazu verpflichtet, die Gefahr von sich aus abzuwehren.

c) Herleitung des Grundsatzes der materiellen Polizeipflicht nach Verursachungsanteilen (materielle Polizeipflicht pro rata)

Im MEPolG und in den Polizei- und Ordnungsgesetzen der Länder lässt sich kein Hinweis dafür finden, dass bei einer Störermehrheit jeder Störer lediglich

---

867 Hierzu *Felix/Nitschke*, NordÖR 2004, 469, 470 ff.; *Giesberts*, Lastenverteilung, S. 79; eindeutig bezüglich einer Anwendbarkeit auf der Sekundärebene, aber wohl auch einer Anwendung bereits auf der Primärebene aufgeschlossen gegenüberstehend *Würtenberger/Heckmann*, Polizeirecht, Rn. 514 ff.; ähnlich *Merten/Merten*, Hamburgisches Polizei- und Ordnungsrecht, Vorbemerkungen zu Verantwortlichkeiten im Polizeirecht, Rn. 29; differenzierend VGH Mannheim, VBlBW 1991, 30, 31; differenzierend auch *Kormann*, UPR 1983, 281, 284, der behauptet, dass eine Polizeipflicht pro rata zwar möglich, aber nicht zwingend erforderlich sei; ebenfalls differenzierend *Franzen*, Lehrkommentar zum Polizeiverwaltungsgesetz, S. 233, der eine Polizeipflicht pro rata nur für den Fall andeutet, in dem die Störer nicht bewusst zusammengewirkt haben; ebenfalls nur angedeutet wird die materielle Polizeipflicht pro rata vom VG Karlsruhe, NVwZ 1993, 1018, 1020, wo es lediglich heißt, dass die Mitinanspruchnahme weiterer Störer neben einem materiell Polizeipflichtigen nicht von vorneherein ausgeschlossen sei, aber offen bleibt, wie und nach welchen Gesichtspunkten eine solche Inanspruchnahme zu erfolgen habe; ähnlich ebenfalls *Kothe*, UPR 1999, 96, 97.

868 Eine Inanspruchnahme als Nichtstörer wäre nur unter den oben dargelegten qualifizierten Anforderungen möglich; zu den Aufklärungspflichten vgl. *Kohler-Gehrig*, NVwZ 1992, 1049, 1051; *Würtenberger/Heckmann*, Polizeirecht, Rn. 514.

entsprechend seines Verursachungsanteils materiell polizeipflichtig ist. Eine nur anteilige materielle Polizeipflicht ergibt sich somit nicht aus den Polizei- und Ordnungsgesetzen.

Da auch die Gesetzesbegründung des MEPolG keine Erkenntnisse bietet,[869] werden zur Herleitung der materiellen Polizeipflicht pro rata daher verschiedene Ansätze diskutiert.

aa) § 254 BGB analog oder entsprechend des Rechtsgedankens

Vereinzelt wird in der Literatur angedacht, den Grundsatz der materiellen Polizeipflicht pro rata aus der analogen Anwendung des § 254 BGB bzw. aus dessen Rechtsgedanken abzuleiten.[870] § 254 BGB regelt im Zivilrecht das Mitverschulden. Hat danach bei der Entstehung eines Schadens ein Verschulden des Geschädigten mitgewirkt, so hängt die Verpflichtung zum Ersatz wie auch der eigentliche Umfang des zu leistenden Ersatzes von den Umständen ab, insbesondere davon, inwieweit der Schaden von dem einen oder dem anderen Teil verursacht worden ist. Es ließe sich erwägen, diese Grundsätze des Zivilrechtes auch entsprechend auf das Polizei- und Ordnungsrecht dahingehend zu übertragen, dass ein Störer nur insoweit materiell polizeipflichtig ist, als dies der Größe seines Verursachungsanteil im Verhältnis zu den Verursachungsanteilen der übrigen Störer entspricht.[871]

Begründen ließe sich diese Sichtweise mit die Tatsache, dass die Anwendung des § 254 BGB bereits in der Vergangenheit mehrfach im öffentlichen Recht bejaht worden ist, und zwar auch in Fallgestaltungen, in denen das Verschulden als Haftungsvoraussetzung – wie auch bei der materiellen Polizeipflicht – gerade keine Rolle spielt.[872] So wendet die herrschende Meinung den Rechtsgedanken des § 254 BGB etwa auch beim Folgenbeseitigungsanspruch an, obwohl bei diesem Anspruch das Verschulden keine Haftungsvoraussetzung darstellt.[873] Wenn dies beim Folgenbeseitigungsanspruch möglich ist, dann erscheint es jedenfalls nicht ausgeschlossen, dass dies auch in anderen Bereichen des öffentlichen Rechtes gelten kann – also auch im Bereich der polizei- und ordnungsrechtlichen Störermehrheit bezüglich des Umfangs der materiellen Polizeipflicht.

---

869 Vgl. *Heise/Riegel*, Musterentwurf, S. 33 ff.; ähnlich *Giesberts*, Lastenverteilung, S. 80.

870 Dazu *Giesberts*, Lastenverteilung, S. 81.

871 Dies wird wie gesagt jedenfalls erwogen von *Giesberts*, Lastenverteilung, S. 81.

872 BVerwG, DÖV 1971, 857, 859; BVerwG, DVBl. 1989, 876, 877 ff.; *Giesberts*, Lastenverteilung, S. 81.

873 BVerwG, DÖV 1989, 774, 774; *Giesberts*, Lastenverteilung, S. 81; *Maurer*, Verwaltungsrecht, § 30, Rn. 18; ausführlich hierzu und mit intensiver Durchleuchtung des Für und Wider *Schenke*, JuS 1990, 370, 370 ff.

(1) Analoge Anwendung des § 254 BGB

Eine analoge Anwendung des § 254 BGB kann indes von vorneherein nur in Betracht kommen, wenn die Voraussetzungen einer ergänzenden Rechtsfortbildung im Rahmen einer Analogie gegeben sind. Das Wesen einer Analogie besteht darin, dass ein für einen vergleichbaren Sachverhalt in einer Vorschrift enthaltener konkreter Gesetzeszweck auf einen ungeregelten Sachverhalt angewendet wird.[874] Nach der juristischen Methodenlehre gewissermaßen unstreitige Voraussetzung für eine ergänzende Rechtsfortbildung im Rahmen der Analogie ist dabei zunächst stets das Bestehen einer Gesetzeslücke.[875] Ob eine solche Lücke bejaht werden kann, muss dabei immer aus der Sicht des zu untersuchenden Gesetzes, der ihm zugrundeliegenden Regelungsabsicht und anhand des von ihm verfolgten Zweckes beurteilt werden.[876] Maßgebend gewissermaßen ist der gesetzgeberische „Plan".[877] Demnach wird eine Gesetzeslücke auch als „planwidrige Unvollständigkeit" des Gesetzes bezeichnet.[878]

Dies bedeutet für die hier in Frage stehende analoge Anwendung des § 254 BGB zur Begründung des Grundsatzes der materiellen Polizeipflicht pro rata, dass zu untersuchen ist, ob das Fehlen einer dem § 254 BGB entsprechenden Regelung in den Polizei- und Ordnungsgesetzen als Regelungslücke bzw. planwidrige Unvollständigkeit des Polizei- und Ordnungsrechts anzusehen ist oder nicht.

Die für eine analoge Anwendung erforderliche Feststellung einer Gesetzeslücke verlangt ein Werturteil dahingehend, dass nicht nur festgestellt wird, dass das Gesetz eine Norm nicht enthält, sondern vielmehr auch, dass es statt dessen eine entsprechende Norm beinhalten sollte.[879] Für dieses Urteil sind neben den Absichten und Entscheidungen des Normgebers auch und gerade die in das Gesetz eingegangenen objektiven Rechtszwecke und allgemeinen Rechtsprinzipien zu berücksichtigen.[880] Maßgebliche Bedeutung bei der Lückenfeststellung kommt dabei dem Sinn und Zweck der Vorschrift in Verbindung mit dem allgemeinen Gleichheitssatz zu.[881]

---

874 *Larenz/Wolf*, Allgemeiner Teil des BGB, § 4, Rn. 80.

875 Statt aller *Bydlinski*, Methodenlehre, S. 472 ff.; *Canaris*, Feststellung von Lücken im Gesetz, S. 25.

876 *Larenz*, Methodenlehre, S. 373.

877 *Larenz*, Methodenlehre, S. 373.

878 *Canaris*, Feststellung von Lücken im Gesetz, S. 16; *Elze*, Lücken im Gesetz, S. 6.

879 *Larenz*, Methodenlehre, S. 374; dies ist in der Methodenlehre allgemein anerkannt, vgl. auch *Canaris*, Feststellung von Lücken im Gesetz, S. 17 ff.

880 *Larenz*, Methodenlehre, S. 374.

881 Dazu *Canaris*, Feststellung von Lücken im Gesetz, S. 71.

Vor diesem Hintergrund ist zunächst festzuhalten, dass das allgemeine Polizei- und Ordnungsrecht im Rahmen der Regelung der Störereigenschaft keine Normen enthält, die mit § 254 BGB vergleichbar wären. Vielmehr wird in lediglich zwischen den verschiedenen Störern – Handlungs-, Zustands- sowie Nichtstörer – unterschieden und vorgegeben, dass die Polizei- und Ordnungsbehörden die verhältnismäßigen Maßnahmen zur Gefahrenabwehr erlassen sollen.

Darüber hinausgehende Vorgaben werden weder zur materiellen Polizeipflicht im Allgemeinen noch zu einer gegebenenfalls nur anteiligen materiellen Polizeipflicht im Speziellen unter Berücksichtigung des Mitverschuldens der jeweiligen Störer entsprechend den Voraussetzungen des § 254 BGB gemacht.

Steht danach also fest, dass sich im Polizei- und Ordnungsrecht in Bezug auf die materielle Polizeipflicht keine Normen finden, die mit § 254 BGB vergleichbar sind, so stellt sich die Frage, ob dieses Fehlen eine Regelungslücke darstellt.

Gerade vor dem Hintergrund des Hauptziels des Polizei- und Ordnungsrechts, Gefahren schnell und effektiv abzuwehren, spricht vieles dafür, dass eine Berücksichtigung eines Mitverschuldens nach § 254 BGB bzw. eine daraus resultierende nur anteilige materielle Polizeipflicht gerade nicht gewollt ist.

Dies ergibt sich mittelbar bereits aus der Begründung des MEPolG. Dort finden sich keine Ausführungen bezüglich einer entsprechenden Beschränkung der materiellen Polizeipflicht anhand der Vorgaben des § 254 BGB. Vielmehr wird ausgeführt, dass auch im Falle einer Störermehrheit die Polizei- und Ordnungsbehörden so vorzugehen haben, dass eine Gefahr auf die effektivste Weise abgewehrt wird.[882] Daraus folgt nach allgemeiner Ansicht, dass die Behörde im Falle einer Störermehrheit den Störer in vollem Umfang zur Gefahrenabwehr verpflichten kann, der die Gefahr am effektivsten abzuwehren vermag.[883]

Eine lediglich anteilige materielle Polizeipflicht pro rata würde dem Effektivitätsgrundsatz in diesen Konstellationen jedenfalls dahingehend zuwiderlaufen, dass die Polizei- und Ordnungsbehörden vor der Inanspruchnahme eines Störers stets zu prüfen hätten, ob bezüglich des seinen Anteil an der Gefahrenverursachung übersteigenden Anteils die Voraussetzungen bezüglich der Inanspruchnahme als Nichtstörer gegeben sind. In den Fällen, in denen diese Anforderungen erfüllt sein wollten, wäre jedenfalls ein Zeitverlust eingetreten, der sich gerade in Eilsituationen entscheidend auswirken kann. In den Fällen aber, in denen diese Anforderungen nicht erfüllt wären, dürfte die Behörde den nur anteilig materiell polizeipflichtigen Störer gerade nicht über seinen Anteil an der Gefah-

882 Dazu *Heise/Riegel*, Musterentwurf, S. 17, S. 33 und S. 35, wo der Zweck der Ermächtigung – also die effektive Gefahrenabwehr als Hauptaufgabe – in den Mittelpunkt gerückt wird.

883 Statt vieler *Felix/Nitschke*, NordÖR 2004, 469, 469 ff.; *Kloepfer/Thull*, DVBl. 1989, 1121, 1121.

renverursachung zur Gefahrenabwehr heranziehen. Sie müsste über diesen Anteil hinaus entweder selber tätig werden oder alle anderen Störer anteilig zur Gefahrenabwehr verpflichten. Dies ist ein auf der Primärebene vor dem Hintergrund des Effektivitätsgrundsatzes nicht zu rechtfertigendes Ergebnis.

Auch auf die Folgen in den Fällen, in denen keine behördliche Verfügung zur Gefahrenabwehr vorliegt, wurde im Rahmen der Erörterung der Opferfälle bereits hingewiesen. Da die materielle Polizeipflicht vom Störer gesetzesunmittelbar verlangt, eine ihm zuzurechnende Gefahr abzuwehren, würde eine nur anteilige materielle Polizeipflicht bedeuten, dass ein bestimmter Störer die Gefahr auch nur bis zur Höhe seines Verursachungsanteils abzuwehren hätte. Bezüglich des diesen Teils übersteigenden Anteils würde ihn die materielle Polizeipflicht gerade nicht dazu verpflichten, so dass die Gefahr insoweit fortbestehen würde. Auch diese Konsequenz ist mit dem Hauptzweck des Polizei- und Ordnungsrecht schwerlich in Einklang zu bringen.

Demnach führt eine wertende Betrachtung vor dem Hintergrund von Sinn und Zweck des Polizei- und Ordnungsrecht zu dem Ergebnis, dass zwar eine dem § 254 BGB vergleichbare Regelung in diesem Rechtsgebiet fehlt. Ein solches Fehlen ist indes nicht als Regelungslücke zu werten, die gefüllt werden müsste, sondern als bewusster Verzicht des Gesetzgebers.

(2) Rechtsgedanke des § 254 BGB

Auch eine Herleitung dieses Grundsatzes aus dem Rechtsgedanken des § 254 BGB überzeugt – abgesehen von den eben gemachten Ausführungen – nicht.

Zweifelhaft erscheint diesbezüglich bereits, ob es unter den Gesichtspunkten der Methodenlehre überhaupt möglich ist, ein Rechtsinstitut mit Hilfe des pauschalen Verweises auf den Rechtsgedanken einer Norm herzuleiten, wenn deren analoge Anwendung verneint worden ist.[884] Problematisch ist dies insbesondere aufgrund der dann drohenden Konsequenz der leichten Umgehung der Voraussetzungen der Analogie und der daraus resultierenden kaum mehr einzugrenzenden Möglichkeit der Heranziehung von Rechtsgedanken jeglicher Art zur Begründung von Rechtsgrundsätzen.

884 Diese Zweifel ergeben sich nicht zuletzt auch aus den Ausführungen zur Ausfüllung von Lücken im Gesetz im Wege der Analogie, die sich bei *Larenz* finden, vgl. *Larenz*, Methodenlehre, S. 370 ff.; vgl. auch seine Ausführungen zur analogen Anwendung des § 254 BGB, *Larenz*, Methodenlehre, S. 388 ff.

(3) Rechtsgrundsätze aus dem öffentlichen Recht

Aber selbst wenn man trotz dieser Zweifel auf die analoge Anwendung bzw. auf den Rechtsgedanken des § 254 BGB abstellen wollte,[885] so ist gleichwohl anzumerken, dass es dieser Konstruktion und des Verweises auf die Analogie bzw. auf den Rechtsgedanken des § 254 BGB zur Begründung der materiellen Polizeipflicht pro rata gar nicht bedarf. Denn hierfür besteht lediglich dann wirklich ein Bedürfnis, wenn es im öffentlichen Recht selbst keine Normen oder Rechtsgrundsätze gibt, die diese in Frage stehende Problemgestaltung zu regeln imstande wären.[886]

Vor diesem Hintergrund bleibt für eine analoge Anwendung bzw. Heranziehung des Rechtsgedankens des § 254 BGB kein Raum. Denn bezüglich der hier relevanten Problematik der anteiligen materiellen Polizeipflicht gibt es im öffentlichen Recht einen Grundsatz, der diese Fallgestaltung erfasst, so dass auf ihn abzustellen ist. Hierbei handelt es sich um den aus dem allgemeinen Gleichheitssatz des Art. 3 Abs. 1 GG herzuleitenden oben dargestellten Grundsatz der Lastengleichheit.[887]

bb) Gleichheitssatz des Art. 3 Abs. 1 GG

Von der herrschenden Meinung wird daher vertreten, den allgemeinen Gleichheitssatz des Art. 3 Abs. 1 GG als Grundlage für den Ansatz der materiellen Polizeipflicht pro rata anzusehen.[888] Da es der Gleichheitssatz gebiete, wesentlich Gleiches auch gleich zu behandeln, müsse auch bezüglich einer Störermehrheit gewährleistet sein, dass jeder Störer auch nur in Höhe seines Verursachungsanteiles an der Gefahr materiell polizeipflichtig ist.[889]

Diesem Ansatz ist nicht zuletzt aufgrund der im Rahmen der Erörterung des Grundsatzes der Lastengleichheit gemachten Ausführungen zuzustimmen.[890] Art. 3 Abs. 1 GG gebietet die Gleichbehandlung von Wesentlich Gleichem und

885 Dies wird jedenfalls angedacht von *Giesberts*, Lastenverteilung, S. 81.

886 Auch dieser Schluss ist letztlich die Konsequenz des Wesens der Analogie. Lücken im Gesetz müssen nur dann geschlossen werden, wenn sie auch tatsächlich bestehen. Wenn aber in einem in Rede stehenden Rechtsgebiet Rechtsgrundsätze durch vorhandene Gesetze dieses Rechtsgebietes konstruiert werden können, dann sind diese Gesetze gerade nicht lückenhaft, so dass auch kein Bedürfnis für eine Analogie besteht, vgl. *Larenz*, Methodenlehre, S. 370 ff.

887 Siehe oben Kapitel 6, A, III.

888 *Garbe*, DÖV 1998, 632, 634; *Giesberts*, Lastenverteilung, S. 82; *Kormann*, UPR 1983, 281, 284; *Ruder/Schmitt*, Polizeirecht, Rn. 280; *Würtenberger/Heckmann*, Polizeirecht, Rn. 508 ff.

889 So im Ergebnis *Bockwoldt*, Rechtmäßigkeit und Kostentragungspflicht, S. 204 ff.

890 Siehe oben Kapitel 6, A, III.

damit grundsätzlich auch die anteilige materielle Polizeipflicht der Störer in Höhe ihrer jeweiligen Verursachungsanteile.

cc) Zwischenergebnis

Eine Herleitung des Grundsatzes der materiellen Polizeipflicht pro rata aufgrund einer analogen Anwendung des § 254 BGB oder infolge des Ausflusses seines Rechtsgedankens überzeugt nicht. Dieses Ansatzes bedarf es letztlich auch gar nicht, da im öffentlichen Recht mit dem allgemeinen Gleichheitssatz ein eigenständiger Rechtsgrundsatz zur Konstituierung des Ansatzes der materiellen Polizeipflicht pro rata zur Verfügung steht. Dieser verlangt seiner Grundforderung entsprechend stets die Gleichbehandlung von wesentlich Gleichem. Demnach ist der Ansatz der materiellen Polizeipflicht pro rata aus Art. 3 Abs. 1 GG herzuleiten.

b) Konsequenz

Nach dem oben dargestellten Prüfungsmaßstab des allgemeinen Gleichheitssatzes muss zuerst eine Vergleichsgruppe gebildet werden.[891] Innerhalb dieser Vergleichsgruppe hat dann grundsätzlich eine Gleichbehandlung zu erfolgen.

Bei einer Mehrheit von mehreren materiell polizeipflichtigen Störern, denen eine gemeinsame Gefahr zugerechnet werden kann, besteht diese Vergleichsgruppe aus eben diesen Störern, die durch die gemeinsame Gefahr miteinander verbunden werden, also auch miteinander verglichen werden können. Insoweit ist in der Störereigenschaft bezogen auf die gemeinsame Gefahr der die Vergleichsgruppe kennzeichnende Oberbegriff zu sehen.

Innerhalb dieser Vergleichsgruppe sind grundsätzlich alle Gruppenmitglieder gleich zu behandeln. Dies bedeutet bezogen auf die materielle Polizeipflicht der Störer, dass sie gleichmäßig – und zwar anhand des jeweiligen Anteils der Verursachung der Gefahr – auf die einzelnen Störer zu verteilen ist, da nur auf diese Weise die von Art. 3 Abs. 1 GG innerhalb der Vergleichsgruppe geforderte Gleichbehandlung gewährleistet wird.

Nach Art. 3 Abs. 1 GG können aber bestimmte Ungleichbehandlungen verfassungsmäßig gerechtfertigt sein. Eine volle materielle Polizeipflicht eines jeden Störers würde eine solche Ungleichbehandlung darstellen. Da eine solche Ungleichbehandlung eine Ungleichbehandlung von Personen bzw. Personengruppen darstellt, kann sie nach der „neuen Formel" nur dann gerechtfertigt sein, wenn sie verhältnismäßig ist.[892]

891 Siehe oben Kapitel 6, A, III., 1., b).

892 Siehe oben Kapitel 6, A, III., 1., b).

Im Folgenden ist daher vor dem Hintergrund von Sinn und Zweck des Polizei- und Ordnungsrecht zu prüfen, ob im Falle einer Störermehrheit die volle materielle Polizeipflicht eines jeden Störers verhältnismäßig und damit verfassungsrechtlich gerechtfertigt ist.

aa) Zulässiges Ziel

Wie mehrfach betont, ist der Hauptzweck des Polizei- und Ordnungsrechts auf der Primärebene die effektive Gefahrenabwehr.[893] Dieser Zweck ist als zulässiges Ziel zu werten.[894]

bb) Geeignetheit

Durch die volle materielle Polizeipflicht eines jeden Störers wird die Erreichung des Ziels der effektiven Gefahrenabwehr gefördert. Denn wenn jeder Störer in voller Höhe materiell polizeipflichtig ist, führt bereits diese Tatsache zur gesetzesunmittelbaren Verpflichtung des Störers, eine ihm zuzurechnende Gefahr in vollem Umfang abzuwehren. Bereits dies bedeutet eine Förderung der Effektivität der Gefahrenabwehr.

Kommt ein Störer dieser Verpflichtung indes nicht nach, so kann er von der Polizei- und Ordnungsbehörde dem Grunde nach in voller Höhe zur Gefahrenabwehr verpflichtet werden, ohne dass bezüglich des über den Anteil des Störers an der Gefahrenverursachung hinausgehenden Anteils die Voraussetzungen der Inanspruchnahme als Nichtstörer vorliegen müssen. Auch dies fördert die Effektivität der Gefahrenabwehr.

cc) Erforderlichkeit

Mildere, aber gleich wirksame Mittel als die unbeschränkte materielle Polizeipflicht sind nicht ersichtlich, um das zulässig Ziel der effektiven Gefahrenabwehr zu fördern. Insbesondere würde ein Appell an das Verantwortungsgefühl der Bürger nicht die gleichen Wirkungen haben wie eine bereits gesetzlich unmittelbar wirkende Verpflichtung.

---

893 Statt aller *Heise/Riegel*, Musterentwurf, S. 17; *Pieroth/Schlink/Kniesel*, Polizei- und Ordnungsrecht, § 2, Rn. 45 und § 5, Rn. 1 sowie § 10, Rn. 32; *Merten/Merten*, Hamburgisches Polizei- und Ordnungsrecht, Vorbemerkungen zu Verantwortlichkeiten im Polizeirecht, Rn. 28; siehe oben Kapitel 6, A, I.

894 Siehe oben Kapitel 6, A, II, 1., a).

dd) Angemessenheit

Zu prüfen bleibt demnach, ob eine unbeschränkte materielle Polizeipflicht bei einer Störermehrheit auf der Primärebene auch angemessen ist. Die Beantwortung dieser Frage erfordert eine Abwägung der Interessen der Allgemeinheit einerseits und der Störer andererseits.[895]

Das Hauptargument, welches vor diesem Hintergrund für die materielle Polizeipflicht pro rata und damit für die Unverhältnismäßigkeit einer unbeschränkten materiellen Polizeipflicht auf der Primärebene streitet, sind die im allgemeinen Gleichheitssatz verkörperten Erwägungen der Gerechtigkeit[896] vor dem Hintergrund der Grundrechte des Störers. Sind mehrere Störer vorhanden, die jeweils zu einem gewissen Teil zur Gefahrenverursachung beigetragen haben, erscheint es in der Tat dem Gebot der materiellen Gerechtigkeit am ehesten zu entsprechen, auch jeden der Störer nur entsprechend seines Anteils an der Gefahrenverursachung als materiell polizeipflichtig anzusehen.

Gegen eine materielle Polizeipflicht pro rata und somit für die Verhältnismäßigkeit der vollen materiellen Polizeipflicht eines jeden Störers auf der Primärebene sprechen indes gewichtige Gründe.

(1) Effektivität der Gefahrenabwehr zum Wohle der Allgemeinheit

Eine unbeschränkte materielle Polizeipflicht fördert die Effektivität der Gefahrenabwehr, weil sie vom Störer in Form einer verfassungsmäßigen Grundpflicht fordert, dass er von sich aus die Gefahr abwehrt. Eine nur anteilige materielle Polizeipflicht würde dazu führen, dass ein Störer die Gefahr stets nur bis zur Höhe des ihm zurechenbaren Anteils an der Gefahrenverursachung abzuwehren hätte – was zu Lasten der Effektivität der Gefahrenabwehr ginge. Denn je größer die Anzahl der Störer ist, desto größer ist auch die Wahrscheinlichkeit, dass – sofern dies überhaupt möglich ist – gerade nicht jeder Störer „seinen" Anteil an der Gefahr auch tatsächlich beseitigt.

Im Falle der behördlichen Verfügung zur Gefahrenabwehr stünde es bei einer unbeschränkten materiellen Polizeipflicht eines jeden Störers im Ermessen der Behörde, den Störer zu verpflichten, der die Gefahr am effektivsten abzuwehren im Stande ist. Wollte man demgegenüber eine nur anteilige Polizeipflicht bejahen, dürfte die Behörde diesen Störer nur dann in vollem Umfang, also auch über seinen Anteil an der Gefahrenverursachung hinaus, zur Gefahrenabwehr verpflichten, wenn diesbezüglich die Voraussetzungen der Inanspruchnahme des

895 Dazu ausführlich Kapitel 6, A, II., 1., b), cc).
896 Dazu auch *Giesberts*, Lastenverteilung, S. 79.

Nichtstörers vorliegen. Auch dies ginge nach dem oben Ausgeführten zu Lasten des Effektivitätsgrundsatzes.

Die durch die Verfassung geschützten Rechtsgüter der Allgemeinheit werden durch eine vollumfängliche materielle Polizeipflicht eines jeden Störers auf der Primärebene auf umfassende Weise geschützt. Die Grundrechte des Störers, die durch eine nur begrenzte materielle Polizeipflicht geschützt werden würden, haben jedenfalls auf der hier in Rede stehenden Primärebene ein geringeres Gewicht als Rechtsgüter der Allgemeinheit Dies gilt nicht zuletzt vor dem Hintergrund der Tatsache, dass die materielle Polizeipflicht eine Grundpflicht darstellt, welche vom Verpflichteten gerade ein Verhalten zugunsten der Gemeinschaft fordert und sich für ihn als Opfer zugunsten der Allgemeinheit darstellt. Der Zustand der Gefahrenfreiheit ist ein so hochwertiges Gut, dass zur Aufrechterhaltung bzw. schnellen Wiederherstellung dieses Gutes auch eine materielle Polizeipflicht des Störers über seinen Verursachungsanteil hinaus als angemessen zu werten ist.

(2) Rechtsgedanke der §§ 830, 840 BGB

Auch der Rechtsgedanke des Haftungsrechts des BGB spricht für die Verhältnismäßigkeit der unbeschränkten materiellen Polizeipflicht auf der Primärebene.[897] In § 830 Abs. 1 S. 1 BGB wird festgelegt, dass, wenn mehrere Personen durch eine gemeinschaftlich begangene unerlaubte Handlung einen Schaden verursacht haben, jeder dieser Verursacher für den Schaden verantwortlich ist. Es wird also in solchen Konstellationen vom BGB gerade keine Begrenzung im Außenverhältnis in Form einer Quotelung vorgenommen, vielmehr ist jeder Verursacher für den gesamten Schaden verantwortlich.[898] Dies gilt nach § 830 Abs. 1 S. 2 BGB auch dann, wenn sich nicht ermitteln lässt, wer von mehreren Beteiligten den Schaden durch seine Handlung verursacht hat.

Die §§ 830, 840 BGB sind einschlägig bei Vorhandensein mehrerer Personen, die an einer unerlaubten Handlung beteiligt sind und normieren die Regulierung des Schadensersatzes in diesen Fällen.[899] Nach der Funktion dieser Vorschriften kann der Geschädigte die Beteiligten an einer unerlaubten Handlung, die jeweils voll für den entstandenen Schaden verantwortlich sind, nach § 840 BGB als Gesamtschuldner in Anspruch nehmen.

897 Dazu auch *Gornig/Hokema*, JuS 2002, 21, 22; *Schenke*, Polizei- und Ordnungsrecht, Rn. 284; *Schwabe*, UPR 1984, 7, 7.

898 BGHZ 72, 355, 357 ff.; *Benicke*, Jura 1996, 127, 127; *Palandt-Sprau*, BGB, § 830, Rn. 1; *Ries*, AcP 1977, 543, 558.

899 *Benicke*, Jura 1996, 127, 127.

Die Aussagen der §§ 830, 840 BGB, also des Zivilrechts, lassen sich zwar nicht pauschal auf das Polizei- und Ordnungsrecht übertragen.

So ist zum einen im Rahmen des § 830 BGB stets eine unerlaubte Handlung erforderlich, die ihrerseits grundsätzlich Verschulden voraussetzt.[900] Gerade dies ist im Polizei- und Ordnungsrecht, wo ein Verschulden zur Begründung der Störereigenschaft nicht nötig ist, entbehrlich.

Zum anderen ist im Polizei- und Ordnungsrecht eine Störermehrheit auch in vielen Fällen denkbar, in denen ein Störer gar nicht weiß, dass es neben ihm ggf. noch weitere Störer gibt. In § 830 BGB ist hingegen stets erforderlich, dass die Schadensverursacher gemeinschaftlich handeln. Dies bedeutet im Falle des § 830 Abs. 1 S. 1 BGB eine strafrechtliche Mittäterschaft, also eine bewusstes und gewolltes Zusammenwirken der Beteiligten.[901] Im Falle des § 830 Abs. 2 BGB werden die Anstifter und Gehilfen, die ebenfalls im strafrechtlichen Sinne zu verstehen sind, den Mittätern gleichgestellt.[902]

Insofern sind die §§ 830, 840 BGB also vom Anwendungsbereich her wesentlich enger und an höhere Voraussetzungen geknüpft als die Störermehrheit im Polizei- und Ordnungsrecht.

Gleichwohl erscheint die Berufung auf den Rechtsgedanken der §§ 830, 840 BGB zur Verneinung der materiellen Polizeipflicht pro rata auf der Primärebene überzeugend. Denn letzten Endes normieren die §§ 830, 840 BGB eine Haftung eines jeden Beteiligten für den ganzen Schaden, ohne dass festgestellt werden müsste, wie hoch der jeweilige tatsächliche Verursachungsanteil wäre. Im Polizei- und Ordnungsrecht ist die Ausgangslage eine ähnliche.[903] Hier wird lediglich normiert, dass es verschiedene Störer gibt, und dass einen Störer die materielle Polizeipflicht trifft. Aus den oben erwähnten Motiven bei der Schaffung des MEPolG[904] wird deutlich, dass eine anteilige materielle Polizeipflicht im Falle einer Störermehrheit gerade nicht bezweckt ist.

Die Frage, ob eine analoge Anwendung der §§ 830, 840 BGB zu erfolgen hat, muss auch nicht in der Art und Weise untersucht werden, wie die oben problematisierte Frage, ob § 254 BGB in analoger Anwendung zur Begründung der

---

900 Wenngleich bedacht werden muss, dass nach einhelliger Ansicht auch im Zivilrecht ein Verschulden nicht zwingend in allen Fällen erforderlich ist. Eine entsprechende Anwendung wird beispielsweise auch in Fällen der Gefährdungshaftung befürwortet, vgl. BGHZ 55, 96, 98; BGH, NJW 1999, 3633, 3635; *Palandt-Sprau*, BGB, § 830, Rn. 1 f. und Rn. 13.

901 *Palandt-Sprau*, BGB, § 830, Rn. 3 f.

902 BGH, NJW 1972, 40, 42; *Palandt-Sprau*, BGB, § 830, Rn. 4; dazu auch BGH, NJW 2005, 3137, 3139.

903 Man kann daher in der Tat – wie *Schenke* es tut – von einer strukturellen Verwandtschaft sprechen, siehe *Schenke*, Polizei- und Ordnungsrecht, Rn. 284.

904 Siehe oben Kapitel 6, B, I.

materiellen Polizeipflicht pro rata anzuwenden ist.[905] Denn während die analoge Anwendung des § 254 BGB nötig gewesen wäre, um den Grundsatz der materiellen Polizeipflicht pro rata zu begründen, geht es im Falle des Rechtsgedankens der §§ 830, 840 BGB nicht um einer Herleitung eines Rechtsinstitutes, sondern lediglich um ein Glied innerhalb einer Argumentationskette. Der Verweis auf den Rechtsgedanken der §§ 830, 840 BGB stellt damit lediglich ein weiteres Argument zur Stützung des Ergebnisses dar, wonach im Polizei- und Ordnungsrecht eine vollumfängliche materielle Polizeipflicht auf der Primärebene als verhältnismäßig anzusehen. Hierfür ist eine Analogie von vorneherein nicht nötig. Ausreichend ist es, den Rechtsgedanken der §§ 830, 840 BGB wertend zu berücksichtigen.

(3) Rechtsunsicherheiten und Praktikabilitätsgesichtspunkte im Lichte des Effektivitätsgrundsatzes

Schließlich sind die oben bereits angeklungenen Bedenken bezüglich der Definition sowie der technischen Ermittlung der Verursachungsanteile vor dem Hintergrund des Grundsatzes der effektiven Gefahrenabwehr zu berücksichtigen.

(a) Problem der Definition des Verursachungsanteils

So bestehen bereits Unsicherheiten bezüglich der Frage, was unter dem Begriff des Verursachungsanteils überhaupt zu verstehen ist.[906]

Namentlich im Umweltbereich sind hier verschiedene Ansätze denkbar. So könnte man erwägen, unter dem Begriff des Verursachungsanteils in Fällen von Luftverschmutzung die Emissionsquote bzw. in den Fällen der Gewässerverunreinigung die Einleitungsquote eines bestimmten Störers zu verstehen, die dann in Relation zu der Gesamtemission bzw. der Gesamteinleitung aller relevanten kommenden Störer zu setzen wäre.[907]

Andererseits könnte mit *Giesberts* darauf abgestellt werden, statt auf die Emissions- bzw. Einleitungsquote – also statt des Tatbeitrags aller in Frage kommenden Störer – auf den tatsächlichen Anteil an der Verursachung einer Ge-

905 Dazu Kapitel 6, B, II., 2., a), aa).

906 Diesbezüglich führte *Franzen*, Lehrkommentar zum Polizeiverwaltungsgesetz, S. 233 bereits im Jahr 1932 aus, dass im Fall des nicht bewussten Zusammenwirkens mehrerer Störer von jedem nur die Beseitigung des Teiles der Polizeipflichtigkeit verlangt werden könne, den er selbst gesetzt hat. Wie dies im Einzelfall geschehen solle – namentlich wie dieser Teil zu ermitteln sei – blieb freilich offen.

907 Dazu *Giesberts*, Lastenverteilung, S. 79, dort in Fn. 1.

fahr, also auf das Ergebnis, das aus dem jeweiligen Tatbeitrag der Störer hervorgeht, abzustellen.[908]

Die Problematik der Definition der Verursachungsanteile soll an dieser Stelle nicht weiter vertieft werden. Es soll lediglich aufgezeigt werden, mit wie vielen Problemen bereits die Definition des Verursachungsanteils behaftet ist.

Wie auch immer eine solche Definition aussehen mag, in jedem Fall müsste – um von einer anteiligen materiellen Polizeipflicht entsprechend der jeweiligen Verursachungsanteile ausgehen und diese Definition ansatzweise sicher anwenden zu können – diesbezüglich zunächst eindeutige Klarheit geschaffen werden. Dies dürfte aufgrund der Vielzahl der denkbaren und möglichen Fallkonstellationen bereits eine nur schwer zu lösende Problematik darstellen.

Da eine solche allgemein gültige Definition des Verursachungsanteils weder vom Gesetzgeber vorgegeben noch durch eine hinreichend gefestigte Rechtsprechung konkretisiert oder vorgegeben ist, besteht diesbezüglich jedenfalls ein hohes Maß an Rechtsunsicherheit.

(b) Problem der Ermittlung der Verursachungsanteile

Aber selbst wenn eindeutige Klarheit und Einigkeit bezüglich der Definition des Verursachungsanteils bestünde,[909] käme es daran anschließend zu einem weiteren Problem, nämlich dem der tatsächlichen Ermittlung dieser Verursachungsanteile. Es kann immer wieder Situationen geben, in denen eine Gefahr durch mehrere Störer herbeigeführt wurde, es aber technisch nur schwer oder sogar gar nicht möglich ist, die jeweiligen Verursachungsanteile der einzelnen Störer auch festzustellen.

---

908 Zur Veranschaulichung und den Problemen dieses Ansatzes sei auf *Giesberts* verwiesen. Er führt aus, dass nach dieser Sichtweise zum Beispiel im Fall einer Gewässerverunreinigung die Frage aufzuwerfen wäre, welche Abwässer von welchem Störer zu welchem Anteil im Vergleich zu den anderen Störern einen ehemals bestehenden Fischbestand vernichtet haben. Dies hätte in einem Fall zweier Störer, die zu 50 % den gleich schädlichen Stoff emittiert haben, zur Konsequenz, dass mit der hälftigen Emittierungsquote noch nichts darüber gesagt ist, ob auch tatsächlich jeder Störer exakt die Hälfte des eingetretenen Schadens verursacht hat. Hier wären weitere Feststellungen erforderlich, die sich oftmals gar nicht realisieren ließen. *Giesberts* stellt also nicht nur auf die einzelnen Tatbeiträge / Emittierungsquote der Störer ab, sondern zielt auf das Ergebnis, also die Vernichtung des Fischbestandes, ab und fragt, welcher Anteil an der Vernichtung dieses Bestandes den einzelnen Störern zuzurechnen ist, vgl. *Giesberts*, Lastenverteilung, S. 79, dort in Fn. 1.

909 Davon geht *Giesberts*, Lastenverteilung, S. 79 aus, der festlegt, was er unter dem Begriff des Verursachungsanteiles versteht, dabei aber auch auf eine mögliche andere Sichtweise hinweist. Seine weiteren Ausführungen basieren somit auf seiner Definition und stehen und fallen mit ihr. Würde nämlich bereits eine andere Definition befürwortet werden, müssten ggf. ganz andere Überlegungen angestellt werden.

In Konsequenz dessen kann es daher möglich sein, dass bereits die Frage, ob ein Fall vorliegt, indem es überhaupt technisch möglich ist, die jeweiligen Verursachungsanteile festzustellen oder nicht, nur schwer zu beurteilen ist. Schon diese Frage, gewissermaßen die Frage nach dem „Ob", die eigentlich nur eine Vorfrage für die eigentlich relevante Frage nach der Art und Weise dieser Feststellung – also die Frage nach dem „Wie" – ist, kann bereits eine gewisse Zeit und Ermittlungsaufwand in Anspruch nehmen.

Aber auch und gerade die eigentliche Ermittlung der Verursachungsanteile kann unter Umständen mit hohem zeitlichem und technischem Aufwand und unter Umständen erheblichen Beweisschwierigkeiten verbunden sein.[910] Dies ist freilich immer eine Frage des jeweiligen Einzelfalles.

Auch dieser Aspekt soll an dieser Stelle nicht vertiefend thematisiert werden. Vielmehr soll er lediglich verdeutlichen, wie aufwendig eine Ermittlung der jeweiligen Verursachungsanteile – die eine konsequente Anwendung des Grundsatzes der materiellen Polizeipflicht pro rata verlangt – im Einzelfall sein kann.

Werden vor diesem Hintergrund die Rechtsgüter der Allgemeinheit mit den Rechtsgütern der einzelnen Störer abgewogen, so erscheint es wie gesagt als angemessen, von einer unbeschränkten materiellen Polizeipflicht eines jeden Störers auszugehen. Zu groß wäre jedenfalls auf der Primärebene die Gefahr, dass eine Gefahr im Falle einer nur anteiligen materiellen Polizeipflicht eines jeden Störers jedenfalls zum Teil fortbestehen würde. Denn selbst wenn jeder Störer die genaue Höhe seines Verursachungsbeitrags kennen würde, erscheint es zumindest fraglich, ob auch jeder Störer seiner anteiligen Polizeipflicht nachkommt.

Auch im Falle einer behördlichen Verpflichtung eines der Störer würde es zu spürbaren Einschnitten des Effektivitätsgrundsatzes kommen, da im Falle einer Störermehrheit ein Störer nur dann vollumfänglich zur Gefahrenabwehr verpflichtet werden könnte, wenn bezüglich der seinen Verursachungsanteil übersteigenden Höhe die Voraussetzungen des polizeilichen Notstandes erfüllt wären.

Diese Konsequenzen stehen auch und gerade im Widerspruch zum Charakter der materiellen Polizeipflicht als einer verfassungsrechtlichen Grundpflicht, die als Pflicht des Staatsbürgers zum Wohle der Allgemeinheit eine vollumfängliche Gefahrenabwehr fordert.[911] So entspricht die materielle Polizeipflicht pro rata zwar der Grundforderung des allgemeinen Gleichheitssatzes gemäß Art. 3 Abs. 1 GG, sie kann aber jedenfalls auf der Primärebene mit dem dort alles überstrahlenden

910 Dazu *Giesberts*, Lastenverteilung, S. 79, dort in Fn. 2.

911 Eine Entlastung der Störer ließe sich gegebenenfalls durch eine Begrenzung der materiellen Polizeipflicht auf der Sekundärebene erreichen, siehe unten Kapitel 7, C, III., 2.

Grundsatz der effektiven Gefahrenabwehr nicht in Einklang gebracht werden.[912] Die unbeschränkte materielle Polizeipflicht ist daher auch im Falle einer Störermehrheit vor dem Hintergrund der Wertigkeit der Rechtsgüter der Allgemeinheit und der Tatsache, dass die materielle Polizeipflicht eine verfassungsrechtliche Grundpflicht zur Förderung des Gemeinwohls darstellt, verhältnismäßig.

c) Zwischenergebnis

Der Ansatz der materiellen Polizeipflicht pro rata im Rahmen einer Störermehrheit ist Ausfluss der Grundforderung des allgemeinen Gleichheitssatzes gemäß Art. 3 Abs. 1 GG.

Eine solche anteilige materielle Polizeipflicht bei Vorhandensein mehrerer materiell polizeipflichtiger Störer muss indes jedenfalls auf der Primärebene vor dem Hintergrund namentlich des Grundsatzes der Effektivität der Gefahrenabwehr und der Tatsache, dass die materielle Polizeipflicht eine verfassungsrechtliche Grundpflicht darstellt, im Ergebnis abgelehnt werden.

Die unbeschränkte materielle Polizeipflicht stellt zwar eine Ungleichbehandlung der Störer bezogen auf den Umfang der sie treffenden materiellen Polizeipflicht dar, da nach der Ausgangsforderung des Art. 3 Abs. 1 GG jeder Störer nur in Höhe seines individuellen Verursachungsanteils materiell polizeipflichtig sein dürfte. Diese Ungleichbehandlung ist aber verhältnismäßig und damit der neuen Formel entsprechend verfassungsrechtlich gerechtfertigt.

III. Zusammenfassung

Auf der Primärebene verkörpert die materielle Polizeipflicht mithin in jeder denkbaren Konstellation eine unbeschränkte Gefahrenabwehrverpflichtung des Störers. Auch in den sogenannten Opferfällen und in den Fällen einer Störermehrheit ändert sich an diesem Ergebnis nichts. Ein materiell polizeipflichtiger Störer ist demnach auf der Primärebene stets dazu verpflichtet, eine ihm zurechenbare Gefahr in Gänze abzuwehren.

Konsequenz dieser Sichtweise kann es freilich sein, dass es – abhängig vom jeweiligen Einzelfall – zu Ergebnissen kommen kann, die das Gerechtigkeitsgefühl des betroffenen Störers gewissermaßen „auf die Probe stellen" – namentlich

912 Letzten Endes erscheint dies für die Primärebene auch *Giesberts* anzuerkennen, vgl. *Giesberts*, Lastenverteilung, S. 92.

dann, wenn hohe Kosten in Rede stehen. Nicht selten wird es daher sogar zu Ergebnissen kommen, die schlicht als ungerecht empfunden werden.[913]

Dieses Ergebnis ist indes jedenfalls auf der Primärebene gerade vor dem Hintergrund des Grundsatzes des Effektivität der Gefahrenabwehr zum Wohle der Allgemeinheit und dem Charakter der materiellen Polizeipflicht als einer verfassungsrechtlichen Grundpflicht, die zugunsten des Gemeinwohls die schnelle Wiederherstellung eines gefahrenfreien Zustandes und damit eine vollumfängliche Gefahrenabwehrverpflichtung des Störers fordert, hinzunehmen.

Der für den Staat immanent wichtige Zustand der Gefahrenfreiheit ist also ein so wichtiges Gut, dass jedenfalls auf der Primärebene bezogen auf den Umfang der materiellen Polizeipflicht keine Beschränkung erfolgen kann.

Dass Grundpflichten – und damit auch die materielle Polizeipflicht – auch als ein Opfer des Individuums zugunsten der Allgemeinheit verstanden werden,[914] untermauert die Richtigkeit dieses Ergebnisses.

Die von Seiten der Literatur zunehmend geforderte Entlastung des Störers namentlich in den Opferfällen sowie in den Fällen einer Störermehrheit kann damit nicht im Rahmen einer Beschränkung der materiellen Polizeipflicht auf der Primärebene erfolgen. Sie kann bezogen auf mögliche gesetzesunmittelbare Pflichten allenfalls auf der Sekundärebene,[915] andernfalls auf der Ebene eines zivilrechtlichen Ausgleiches zwischen mehreren Störern möglich sein.[916]

---

913 *Willigmann*, DVBl. 1965, 761, 761 spricht beispielsweise von der Möglichkeit eines Falles von krasser Ungerechtigkeit.

914 Siehe oben Kapitel 4, B, II., 1., e), aa) – hh).

915 Dazu sogleich.

916 Dazu Kapitel 8.

Kapitel 7: Die materielle Polizeipflicht auf der Sekundärebene

Nachdem die materielle Polizeipflicht auf der Primärebene behandelt wurde, soll im Folgenden vertiefend auf die Polizeipflicht des Störers auf der Sekundärebene vor dem Hintergrund ihrer Einordnung als verfassungsrechtliche Grundpflicht eingegangen werden.

A. Inhalt der materiellen Polizeipflicht auf der Sekundärebene

Eingangs muss diesbezüglich geklärt werden, welchen Inhalt die materielle Polizeipflicht auf der Sekundärebene hat. Hierbei ist zunächst in Erinnerung zu rufen, dass die zeitliche Ausgangssituation auf dieser Ebene eine ganz andere als auf der Primärebene ist.[917] Gleiches gilt in Bezug auf die Zielsetzung auf beiden Ebenen. Während es auf der Primärebene in erster Linie um die Effektivität der Gefahrenabwehr bzw. Störungsbeseitigung geht, also um die Wiederherstellung eines gefahrenfreien Zustands, ist eine Gefahr bzw. Störung auf der Sekundärebene gerade nicht mehr existent. Vielmehr geht es auf dieser Ebene um die kostentechnische Abwicklung des Handelns zur Gefahrenabwehr, also pauschal formuliert um die Frage, wer letzten Endes diesbezüglich die Kosten zu tragen hat.[918]

Gerade weil die materielle Polizeipflicht eine verfassungsrechtliche Grundpflicht darstellt, die vom Störer auf der Primärebene Abwehr der Gefahr auf eigene Kosten verlangt, wird deutlich, dass die materielle Polizeipflicht auf der Sekundärebene die Pflicht des Störers zur Tragung der Kosten von Abwehrmaßnahmen bezüglich ihm zurechenbarer Gefahren beinhalten muss.[919] Da die Kostentragungspflicht damit ihren Rechtsgrund im Charakter der materiellen

917 Siehe oben Kapitel 5, A.

918 Dazu ausführlich neben vielen *Garbe*, DÖV 1998, 632, 634.

919 So im Ergebnis auch *Giesberts*, Lastenverteilung, S. 28 f.; *Schenke*, Polizei- und Ordnungsrecht, Rn. 275; im Ergebnis ähnlich *Pieroth/Schlink/Kniesel*, Polizei- und Ordnungsrecht, § 25, Rn. 1; vor dem Hintergrund, dass die materielle Polizeipflicht als Grundpflicht auch Vorgaben bezüglich der Kostentragung macht – Unentgeltlichkeit der Pflichterfüllung –, überzeugen auch die Ausführungen *Griesbecks* nicht, der die materielle Polizeipflicht wohl ausschließlich als eine Gefahrenabwehrpflicht zu interpretieren scheint, vgl. *Griesbeck*, Polizeipflicht, S. 104 ff.

Polizeipflicht als einer verfassungsrechtlichen Grundpflicht hat, entsteht auch die Kostentragungspflicht unabhängig von einer behördlichen Verfügung unmittelbar durch das Entstehen einer dem Störer zurechenbaren Gefahr. Der Störer schuldet damit auf der Primärebene die Abwehr der Gefahr und auf der Sekundärebene die Tragung der Kosten diesbezüglicher Gefahrenabwehrmaßnahmen unabhängig davon, ob im konkreten Fall er oder die öffentliche Hand die ihm zuzurechnende Gefahr abgewehrt hat.

B. Rechtliche Zulässigkeit der Qualifizierung der materiellen Polizeipflicht auf der Sekundärebene als eine Kostentragungspflicht

Fraglich ist indes, ob die Qualifizierung der materiellen Polizeipflicht als Kostentragungspflicht des Störers für Gefahrenabwehrmaßnahmen bezüglich ihm zuzurechnender Gefahren auf der Sekundärebene überhaupt rechtlich zulässig ist.

Diese Problematik soll einleitend am Beispiel der Gefahrenabwehr durch den materiell Polizeipflichtigen selbst verdeutlicht werden. Hat dieser eine ihm zurechenbare Gefahr auf eigene Kosten abgewehrt, so fordert die materielle Kostentragungspflicht des Störers, dass er die Kosten seiner Gefahrenabwehrmaßnahmen auch endgültig zu tragen hat. Dies entspricht auch der Gesetzeslage in den Polizei- und Ordnungsgesetzen, die nur dem Nichtstörer – nicht indes dem Störer – einen Ausgleichsanspruch gegen den Staat zugestehen.

Dieses Ergebnis wäre indes von vorneherein in dieser Konsequenz nicht haltbar, wenn der Staat auf dem Gebiet der Gefahrenabwehr, die ihm als Staatsaufgabe zugewiesen ist,[920] stets für sämtliche Kosten – gleichgültig, ob der Staat oder der Bürger die Aufgabe der Gefahrenabwehr im konkreten Einzelfall erfüllt – aufzukommen hätte.[921] Dann würde sich konsequenterweise eine materielle Polizeipflicht des Störers auf der Sekundärebene im Sinne einer Kostentragungspflicht verbieten. Vielmehr müsste der Staat für die Kosten sämtlicher Gefahrenabwehrmaßnahmen aufkommen. Insofern stünden im eingangs dargestellten Beispiel dem Störer, der die Gefahr auf eigene Kosten abwehrt, Ausgleichsansprüche gegen den Staat zu. Und der öffentlichen Hand wäre die Möglichkeit genommen, die Kosten von Gefahrenabwehrmaßnahmen der Polizei- und Ordnungsbehörden auf den Störer abzuwälzen.

920 Siehe oben Kapitel 3, A.

921 Dazu zuletzt *Habermann*, Gebühren für Gefahrenabwehr, S. 1 ff.

Diesbezüglich ist eingangs anzumerken, dass ein allgemeiner Rechtssatz, wonach der Störer die Kosten der Abwehr einer ihm zuzurechnenden Gefahr oder Störung zu tragen hat, in dieser Deutlichkeit und Pauschalität sowohl dem Grundgesetz als auch dem Polizei- und Ordnungsrecht unbekannt ist.[922] Dies ist auch gerade vor dem Hintergrund des Zweckes dieses Rechtsgebietes verständlich, macht doch nicht zuletzt die oben dargestellte historische Entwicklung des Polizei- und Ordnungsrechts deutlich, dass es in allererster Linie das Recht der Gefahrenabwehr darstellt. Themen wie die Kostentragung im Allgemeinen oder Ausgleichsansprüche im Besonderen mögen vor diesem Hintergrund als eher zweitrangig erscheinen.[923]

Um die Frage nach der rechtlichen Möglichkeit des Bestehens der materiellen Polizeipflicht des Störers auf der Sekundärebene im Sinne einer Kostentragungspflicht eindeutig beantworten zu können, sind zunächst die verfassungsmäßigen Aussagen bezüglich der Grundlagen der staatlichen Finanzbeschaffung in den Blick zu nehmen. Diese Aussagen sind dann zu den Ausgaben bzw. Kosten im Gefahrenabwehrrecht in Relation zu setzen.

I. Grundlagen der staatlichen Finanzbeschaffung

Die Finanzierung der Aufgaben des Staates erfolgt nur zum geringen Teil über privatwirtschaftliche, also auf privatrechtlicher Grundlage beruhender, in erster Linie über staatswirtschaftliche – hierunter fallen alle öffentlich-rechtlich geregelten – Geldleistungen.[924] Nur bei letzteren handelt es sich um die sogenannten öffentlichen Abgaben, das heißt um Geldleistungen, die der Bürger durch Gesetzeszwang an den Staat oder an sonstige Körperschaften des öffentlichen Rechts abzuführen hat.[925]

Nur diese öffentlichen Abgaben sind für die vorliegende Untersuchung relevant und sollen daher im Folgenden genauer betrachtet werden – erfolgt doch die Finanzierung der Staatsaufgabe der Gefahrenabwehr durch öffentlich-rechtliche Abgaben und gerade nicht aufgrund privatrechtlicher Vertragsgestaltungen. Die-

922 Dazu *Knauf*, RiA 1985, 193, 194; *Pieroth/Schlink/Kniesel*, Polizei- und Ordnungsrecht, § 25, Rn. 2.

923 So bereits *Griesbeck*, Polizeipflicht, S. 125.

924 *Creifelds*, Abgaben. Öffentliche, S. 5; in der 16. Auflage wurde dies auf S. 6 noch ausdrücklich klargestellt, in der 20. Auflage wird diese Tatsache nur noch dergestalt am Rande erwähnt, dass sich Abgaben „hauptsächlich" in Form von in Form öffentlicher Abgaben darstellen, also als öffentlich-rechtliche Geldleistungen, die durch Gesetz auferlegt wurden. An der Aussage an sich sowie an dessen Richtigkeit ändert sich dadurch freilich nichts.

925 *Creifelds*, Abgaben. Öffentliche, S. 5.

se öffentlichen Abgaben lassen sich wiederum untergliedern in Steuern, Gebühren, Beiträge und Sonderabgaben,[926] die im Folgenden kurz dargestellt und definiert werden sollen.

1. Steuern

Die dem Bürger wohl am häufigsten begegnende und auch im Grundgesetz ausführlich geregelte öffentliche Abgabe ist die Steuer. Eine Definition des Rechtsbegriffes der Steuer findet sich jedoch in der Verfassung nirgends, vielmehr verwendet das Grundgesetz diesen Begriff, ohne ihn selber zu definieren.[927] Eine Legaldefinition des Steuerbegriffes gibt indes das einfache materielle Recht in § 3 Abs. 1 AO. Steuern sind danach Geldleistungen,[928] die nicht eine Gegenleistung für eine besondere Leistung des Staates darstellen und von einem öffentlich-rechtlichen Gemeinwesen zur Erzielung von Einnahmen allen auferlegt[929] werden, bei denen der Tatbestand zutrifft, an den das Gesetz die Leistungsfähigkeit knüpft.[930]

---

926 *Birk*, Steuerrecht, Rn. 101 ff., 117 ff.; *Creifelds*, Abgaben. Öffentliche, S. 5; *Tipke/Lang*, Steuerrecht, § 3, Rn. 1 und Rn. 9; um die Aufzählung der öffentlichen Abgaben zu komplettieren, seien noch die Zölle erwähnt, die aber für diese Untersuchung keine Relevanz entfalten.

927 *Birk*, Steuerrecht, Rn. 110.

928 Nicht erfasst sind damit Naturalleistungen oder Pflichten wie beispielsweise die Schöffenpflicht, dazu *Tipke/Lang*, Steuerrecht, § 3, Rn. 14.

929 Freiwillige und vertragliche Leistungen werden daher konsequenterweise nicht vom Steuerbegriff erfasst.

930 Nicht vertiefend erörtert werden soll die Frage, ob der Steuerbegriff verfassungsrechtliches Gewicht hat, da die vorliegende Arbeit andere Schwerpunkte setzt und die Frage nach dem verfassungsrechtlichen Gewicht des Steuerbegriffes zur Klärung dieser Schwerpunkte keiner Beantwortung bedarf; das verfassungsrechtliche Gewicht bejaht die ganz herrschende Meinung, vgl. BVerfGE 55, 274, 299; *Birk*, Steuerrecht, Rn. 114; *Jarass/Pieroth-Pieroth*, GG, Art. 105, Rn. 3; *Starck*, FS-Wacke, 193, 202, der den Steuerbegriff der Reichsabgabenordnung ausdrücklich als Ausgangspunkt für den Steuerbegriff des Grundgesetzes bezeichnet; im Ergebnis auch *Habermann*, Gebühren für Gefahrenabwehr, S. 242 ff., der aber, ähnlich wie bereits *Birk* und *Starck*, ausführt, dass sich der verfassungsrechtliche Steuerbegriff nur dann an dem Steuerbegriff der AO orientieren könne, wenn sämtliche Elemente der Definition des § 3 Abs. 1 AO wiederum aus der Verfassung hergeleitet werden könnten. Dies wird von *Habermann* ausführlich geprüft und im Endeffekt auch bejaht; grundsätzlich kritisch bezüglich dieses Ansatzes *Schaefer*, Steuerbegriff, S. 23 ff. m.w.N.

2. Gebühren

Ebenso wie die Steuer wird auch die öffentliche Abgabe in Form der Gebühr[931] zur Deckung des allgemeinen Finanzbedarfs erhoben.[932] Der Unterschied zur Steuer besteht nach allgemeinem Verständnis darin, dass die Gebühr mit einer individuell zurechenbaren Gegenleistung des öffentlich-rechtlichen Gemeinwesens verknüpft wird.[933]

Nach herrschendem Verständnis sind Gebühren zu definieren als öffentlich-rechtliche Geldleistungen, die dem Gebührenschuldner aus Anlass einer individuell zurechenbaren öffentlichen Leistung durch eine öffentlich-rechtliche Norm oder sonstige hoheitliche Maßnahme auferlegt werden und dazu bestimmt sind, in Anknüpfung an diese Leistung deren Kosten ganz oder zumindest teilweise zu decken.[934]

3. Beiträge

Beiträge lassen sich definieren als hoheitlich zur Finanzbedarfsdeckung auferlegte Aufwendungsersatzleistungen sowohl für die Herstellung, Anschaffung oder Erweiterung öffentlicher Einrichtung und Anlagen als auch für die Verbesserung von Wegen, Straßen etc., die nicht die laufende Unterhaltung oder Instandsetzung betreffen.[935] Wie auch die Gebühr ist der Beitrag somit an eine staatliche Leistung geknüpft, der Unterschied besteht aber darin, dass die Gebühr als Entgelt für eine tatsächliche Leistung der Verwaltung darstellt, während der Beitrag dem Einzelnen lediglich die Möglichkeit bietet, aus konkreten Aufwendungen der Verwaltung einen individuellen Nutzung zu ziehen.[936]

4. Sonderabgaben

Schließlich sollen an dieser Stelle kurz die Sonderabgaben genannt sein. Sie werden definiert als Abgaben, denen einerseits in Abgrenzung zu den Gebühren

931 Die Gebühr stellt zusammen mit dem Beitrag die sogenannte Vorzugslast dar, vgl. dazu statt aller *Birk*, Steuerrecht, Rn. 117.

932 *Tipke/Lang*, Steuerrecht, § 3, Rn. 20.

933 Statt aller *Tipke/Lang*, Steuerrecht, § 3, Rn. 20.

934 BVerfGE 50, 217, 226; 91, 207, 223; *Lisken/Denninger*, Handbuch des Polizeirechts, N, Rn. 6; *Jarass/Pieroth-Pieroth*, GG, Art. 105, Rn. 13; ähnlich *Tipke/Lang*, Steuerrecht, § 3, Rn. 20 ff.; der Gebührenbegriff ist im Detail heftig umstritten, vgl. dazu *Habermann*, Gebühren für Gefahrenabwehr, S. 275 ff. Dieser Streit hat aber für die vorliegende Untersuchung keine Bedeutung, so dass hier vom herrschenden Gebührenbegriff ausgegangen wird.

935 *Birk*, Steuerrecht, Rn. 118; *Tipke/Lang*, Steuerrecht, § 3, Rn. 23.

936 Allgemeine Ansicht, vgl. statt aller *Birk*, Steuerrecht, Rn. 118.

und Beiträgen zwar keine Gegenleistung gegenübersteht, die sich aber andererseits auch von den Steuern dahingehend unterscheiden lassen, dass sie nicht von der Gesamtheit der Steuerbürger zur Deckung des allgemeinen Finanzbedarfs, sondern nur von bestimmten Gruppen zur Finanzierung besonderer Aufgaben erhoben werden.[937]

Birk nennt die Sonderabgaben „verfassungsrechtlich problematisch", da sie in Konkurrenz zu der ebenfalls voraussetzungslos geschuldeten Steuer treten würden.[938] Auch *Tipke/Lang* sprechen aufgrund der Normierung der Sonderabgabenhoheit in den Art. 70 ff. GG, also außerhalb der Finanzverfassung, von einer Gefahr der völligen Undurchschaubarkeit der Abgabenbelastung.[939] Von daher betont das Bundesverfassungsgericht ausdrücklich den Ausnahmecharakter von Sonderabgaben. Sie seien nur als „seltene Ausnahme" und unter engen Voraussetzungen zulässig.[940] Sonderabgaben könnten danach nur dann erhoben werden, wenn der Gesetzgeber mit ihnen einen Sachzweck verfolgt, der über die bloße Mittelbeschaffung hinausgeht, wenn sie darüber hinaus einer homogenen Gruppe auferlegt werden, die durch eine vorgegebene Interessenslage oder durch besondere Gemeinsamkeiten von der Allgemeinheit oder anderen Gruppen klar abgrenzbar ist, wenn ferner die mit der Sonderabgabe belastete Gruppe aufgrund der sogenannten Finanzierungsverantwortlichkeit bzw. Gruppenverantwortung der zu finanzierenden Aufgabe evident näher steht als die Allgemeinheit und wenn schließlich das Aufkommen gruppennützig, also im überwiegenden Interesse dieser Gruppe verwendet wird.[941]

II. Die Ausgaben bzw. Kosten im Gefahrenabwehrrecht

Nachdem in abstrakter Weise die öffentlichen Abgaben untergliedert und definiert wurden, soll nunmehr – zunächst ebenfalls in abstrakter Form – ein Blick auf die Ausgaben bzw. Kosten im Polizei- und Ordnungsrecht als dem Recht der Gefahrenabwehr geworfen werden. Diesbezüglich lässt sich zwischen den unmittelbaren Ausgaben und den mittelbaren Ausgaben der Polizei- und Ordnungsbehörden differenzieren.[942]

---

937 *Birk*, Steuerrecht, Rn. 121; dazu auch *Tipke/Lang*, Steuerrecht, § 3, Rn. 15 und Rn. 24.

938 *Birk*, Steuerrecht, Rn. 122.

939 *Tipke/Lang*, Steuerrecht, § 3, Rn. 24.

940 BVerfGE 55, 274, 298 ff.; 82, 159, 181; 91, 186, 203 f.; 108, 186, 217.

941 BVerfGE 55, 274, 304 ff.; 108, 186, 217 f.; *Birk*, Steuerrecht, Rn. 124.

942 *Ruder/Schmitt*, Polizeirecht, Rn. 747; *Würtenberger/Heckmann*, Polizeirecht, Rn. 877.

1. Unmittelbare Ausgaben

Die unmittelbaren Ausgaben sind die Kosten für die Einrichtung und Unterhaltung der Polizei- und Ordnungsbehörden in personeller und sächlicher Hinsicht.[943]

Hierzu werden in personeller Hinsicht beispielsweise die Bezüge der Polizei- und Ordnungsbeamten, deren Beihilfen, Versorgungsbezüge sowie die Kosten der fachlichen Ausbildung gezählt.[944]

In sächlicher Hinsicht sind die Kosten für Verwaltungsvermögen, wie beispielsweise die Gebäude, oder die Kosten für die Anschaffung und Instandhaltung der polizeilichen Ausrüstung zu nennen.[945] Hierunter fallen zum Beispiel die Ausgaben für die Anschaffung von Dienstfahrzeugen, Munition und EDV-Software sowie ähnliche Aufwendungen.[946]

Zusammenfassend wird in Bezug auf die unmittelbaren Ausgaben daher auch von den unmittelbaren Personal- und Sachkosten gesprochen.[947]

2. Mittelbare Ausgaben

Demgegenüber meinen die mittelbaren Ausgaben alle Kosten, durch welche die Herstellung oder Aufrechterhaltung polizeilicher Zustände durch die Tätigkeit der Polizei- und Ordnungsbehörden nach Außen gewährleistet wird.[948] Es werden also im Gegensatz zu den unmittelbaren Ausgaben die Kosten erfasst, die anlässlich einer konkreten Amtshandlung der Polizei- und Ordnungsbeamten im Außenverhältnis entstehen.

Unter den so verstandenen mittelbaren Kostenbegriff fallen unter anderem die Kosten, die der öffentlichen Hand bei der Abstellung von Polizeibeamten anlässlich eines kommerziellen Großereignisses entstehen. Auch die Kosten, die anlässlich einer Maßnahme zur Gefahrenabwehr durch die öffentliche Hand entstehen, sind hier zu nennen. Auch hier ist zwischen personellen und sächlichen Ausgaben zu unterscheiden.[949]

---

943 *Ruder/Schmitt*, Polizeirecht, Rn. 747.

944 *Ruder/Schmitt*, Polizeirecht, Rn. 747.

945 *Ruder/Schmitt*, Polizeirecht, Rn. 747.

946 *Ruder/Schmitt*, Polizeirecht, Rn. 747.

947 *Gusy*, DVBl. 1996, 722, 722; *Ruder/Schmitt*, Polizeirecht, Rn. 747; *Würtenberger/Heckmann*, Polizeirecht, Rn. 877.

948 *Ruder/Schmitt*, Polizeirecht, Rn. 747; *Würtenberger/Heckmann*, Polizeirecht, Rn. 877.

949 *Ruder/Schmitt*, Polizeirecht, Rn. 747.

III. Ausgabenfinanzierung und Kostentragung im Gefahrenabwehrrecht

Die abstrakten Ausführungen zu den Grundlagen der staatlichen Finanzbeschaffung durch öffentliche Abgaben einerseits und zur Untergliederung der Ausgaben bzw. Kosten im Gefahrenabwehrrecht andererseits sollen im Folgenden vor dem Hintergrund des Steuerstaatsprinzips untersucht werden. Auf diese Weise lässt sich die Frage beantworten, ob eine materielle Kostentragungspflicht des Störers rechtlich zulässig ist.

1. Steuerstaatsprinzip

Das Steuerstaatsprinzip enthält grundlegende Aussagen zur Finanzierung der Staatsaufgaben. Daher soll zunächst der Inhalt des Steuerstaatsprinzips dargestellt und daran anschließend geklärt werden, welches rechtliche Gewicht diesem Prinzip zukommt.

a) Aussage

Das im Grundgesetz nicht ausdrücklich normierte, aber allgemein anerkannte Steuerstaatsprinzip besagt, dass der Steuerstaat seinen Finanzbedarf im Wesentlichen durch Steuern zu decken hat und dass die Finanzierung der staatlichen Aufgaben auch in allererster Linie aus dem Ertrag der in Art. 105 ff. GG geregelten Einnahmequellen erfolgen muss.[950]

Die Tatsache, dass der Steuerstaat seinen Finanzbedarf in erster Linie durch Steuern zu decken verpflichtet ist, bedeutet nach allgemeiner Ansicht aber nicht, dass die Staatseinnahmen ausnahmslos und ausschließlich Steuereinnahmen sein müssen.[951] Der Steuer komme somit zwar eine besondere Bedeutung, eine herausgehobene Position bei der Finanzierung allgemeiner Staatsaufgaben zu,[952] andere Staatseinnahmen dürften gleichwohl unter bestimmten Voraussetzungen hinzutreten.[953]

Diese besonderen Voraussetzungen seien die folgenden: Erstens müsse eine zusätzliche Rechtfertigung gegeben sein, die über die Einnahmeerzielungsabsicht

950 Statt aller BVerfGE 78, 249, 266 f.; 82, 159, 178; 93, 319, 342 – ständige Rechtsprechung; *Habermann*, Gebühren für Gefahrenabwehr, S. 206; *Hendler*, DÖV 1999, 749, 749 ff.; *Kube/Palm/Seiler*, NJW 2003, 927, 928; *Vogel*, HbdStR II, 843, 865; *Wild*, DVBl. 2005, 733, 738.

951 BVerfGE 78, 249, 266 f.; 110, 370, 387.

952 *Gröpl*, AöR 133, 1, 13 f.; *Vogel*, HbdStR II, 843, 865 ff.

953 BVerfGE 78, 249, 266 f.; 82, 159, 181; 93, 319, 343; 110, 370, 387; *Habermann*, Gebühren für Gefahrenabwehr, S. 203 ff.; *Gröpl*, AöR 133, 1, 4, 14.

hinausgeht, zweitens müsse die Belastungsgleichheit der Abgabepflichtigen berücksichtigt werden, die zugleich auch Steuerpflichtige sind, und drittens müsse der Grundsatz der Vollständigkeit des Haushaltsplans beachtet werden.[954]

Die Richtigkeit dieses Verständnisses des Steuerstaatsprinzips ergibt sich aus der Verfassung selbst. So wird die Vorrangstellung der Steuer zum einen bereits durch die Regelungsdichte der Verfassung in Bezug auf die Steuer im Vergleich zu den nichtsteuerlichen Abgaben deutlich.[955] Die Regelungen der Finanzverfassung in den Art. 104a ff. GG scheinen gewissermaßen geradezu auf die Steuer zugeschnitten zu sein,[956] werden doch dort ausführlich die Steuergesetzgebungskompetenz (Art. 105 GG), die Steuerertragsaufteilung (Art. 106 GG) sowie die in allererster Linie auf die Steuer bezogene Finanzverwaltung (Art. 108 GG) geregelt. Die Verfassung selbst nennt zwar neben der Steuer auch andere Finanzierungsformen, wie beispielsweise die Gebühr in Art. 74 Abs. 1 Nr. 22 GG und Art. 80 Abs. 2 GG. Da aber diese Normierung im Verfassungstext im Vergleich zur Steuer nur vergleichsweise selten erfolgte, wird bereits dadurch schon der Ausnahmecharakter der nichtsteuerlichen Abgaben gegenüber der Steuer deutlich.[957] *Habermann* spricht vor diesem Hintergrund insofern zu Recht von einer nur beiläufigen Erwähnung der nichtsteuerlichen Abgaben in der Verfassung, was bereits auf die Vorrangstellung der Steuer hindeute.[958]

Untermauert wird diese Sonder- bzw. Vorrangstellung der Steuer auch durch die mittlerweile nahezu allgemein anerkannte Ansicht, wonach im Steuerstaat des Grundgesetzes die Finanzierung allgemeiner Staatsaufgaben ausschließlich über Steuern möglich sei.[959] Das bedeute – an dieser Stelle[960] noch vereinfacht dargestellt –, dass jede Tätigkeit des Staates, die sich nicht auf ein Individuum oder eine homogene Gruppe bezieht, sondern ausschließlich auf die Allgemein-

954 BVerfGE 93, 319, 342 f.; *Lisken/Denninger*, Handbuch des Polizeirechts, N, Rn. 16.

955 So auch *Habermann*, Gebühren für Gefahrenabwehr, S. 204; *Kirchhof*, Jura 1983, 505, 506; ähnlich *Gröpl*, AöR 133, 1, 12.

956 *Habermann*, Gebühren für Gefahrenabwehr, S. 204, Fn. 58 spricht in ähnlicher Weise davon, dass die Regelungen der Finanzverfassung zum großen Teil auf die Steuer bezogen seien.

957 So auch *Isensee*, FS-Ipsen, 409, 428 ff., der vor diesem Hintergrund von der Steuer als dem Regeltypus der Abgabe spricht.

958 *Habermann*, Gebühren für Gefahrenabwehr, S. 205.

959 BVerfGE 55, 274, 299; 67, 256, 275; 82, 159, 178; 91, 186, 201; 113, 167, 224; *Gramm*, Der Staat 36, 267, 273; *Habermann*, Gebühren für Gefahrenabwehr, S. 206; *Kube/Palm/Seiler*, NJW 2003, 927, 928; kritisch bezüglich der Differenzierung zwischen allgemeinen und besonderen Staatsaufgaben *Britz*, JuS 1997, 404, 405.

960 Ausführlich dazu Kapitel 7, B, III., 2.

heit zu beziehen ist, als eine sogenannte allgemeine Staatsaufgabe bzw. Gemeinlast ausschließlich über Steuern finanziert werden dürfe.[961]

Auch diese Ansicht überzeugt, besagt doch bereits der Steuerbegriff, dass Steuern nur unabhängig von staatlichen Gegenleistungen erhoben werden dürfen.[962] Da bei allgemeinen Staatsaufgaben der Gegenleistungsbezug des Staates ausschließlich in Bezug auf die Allgemeinheit gegeben ist und sich gerade nicht als Gegenleistung an das einzelne Individuum darstellt, ist es konsequent und sachgerecht, dass allgemeine Staatsaufgaben auch ausschließlich über die gegenleistungsunabhängige und in den allgemeinen Staatshaushalt einfließende Steuer finanziert werden dürfen.[963] Eine Finanzierung über Vorzugslasten muss daher richtigerweise im Bereich allgemeiner Staatsaufgaben ausscheiden.

Zusammenfassend lässt sich also sagen, dass es nach dem Steuerstaatsprinzip einen Vorrang der Steuer gegenüber anderen Finanzierungsinstrumenten des Staates dahingehend gibt, dass der Staat seinen Finanzbedarf im Wesentlichen durch Steuern zu decken hat. Die Finanzierung über andere öffentlichen Abgaben bleibt zwar möglich, sie stellt aber gegenüber der Steuer eine Ausnahme dar.

Daran anknüpfend besagt das Steuerstaatsprinzip ferner, dass allgemeine Staatsaufgaben, auch als Gemeinlasten bezeichnet, ausschließlich aus Steuermitteln zu finanzieren sind.

Dieses Verständnis des Steuerstaatsprinzips ist höchstrichterlich anerkannt und wird auch seitens der Literatur nicht ernsthaft in Frage gestellt.[964] Von ihm soll daher auch in dieser Untersuchung ausgegangen werden.

b) Rechtliches Gewicht des Steuerstaatsprinzips

Stehen danach die wesentlichen Aussagen des Steuerstaatsprinzips fest, muss die Frage nach dem rechtlichen Gewicht dieses Prinzips – insbesondere, ob es ein Prinzip von Verfassungsrang darstellt – geklärt werden. Sollte dies der Fall sein und sich das Steuerstaatsprinzip in der Verfassung verorten lassen, kann es nicht durch materielles Recht in Form eines einfachen Gesetzes umgangen werden. Sollten daher die Normen des Polizei- und Ordnungsrechts, welche die öffentliche Hand zur Abwälzung der ihr entstandenen Gefahrenabwehrkosten auf den Störer ermächtigen, gegen das Steuerstaatsprinzip verstoßen, so wären sie verfassungswidrig. Auch eine materielle Kostentragungspflicht des Störers, welche

---

961 So die Konsequenz aus den Ausführungen des Bundesverfassungsgerichts, vgl. BVerfGE 55, 274, 298; 67, 256, 275; 91, 186, 201 ff.; dazu auch *Kube/Palm/Seiler*, NJW 2003, 927, 928.

962 Siehe oben Kapitel 7, B, I., 1.

963 Ähnlich bereits überzeugend *Habermann*, Gebühren für Gefahrenabwehr, S. 207.

964 So auch *Lisken/Denninger*, Handbuch des Polizeirechts, N, Rn. 16; hierzu zuletzt *Habermann*, Gebühren für Gefahrenabwehr, S. 206 f.

gegen das Steuerstaatsprinzip verstoßen würde, wäre dann rechtlich nicht zulässig.

Bezüglich der Frage nach dem rechtlichen Gewicht bzw. der Verortung des Steuerstaatsprinzips soll gleich zu Beginn angemerkt werden, dass die Herleitung des Steuerstaatsprinzips aus der Verfassung, obwohl dort nicht ausdrücklich normiert, heute als nahezu allgemein anerkannt gelten kann.[965] Die herrschende Meinung in Rechtsprechung und Literatur wertet das Steuerstaatsprinzip als Verfassungsentscheidung und leitet auf diese Weise das verfassungsrechtliche Gewicht dieses Prinzips her.[966] Auch wenn die Verfassung das Prinzip des Steuerstaates an keiner Stelle ausdrücklich normiert habe, bekenne sich die Bundesrepublik Deutschland aufgrund der ausführlichen Regelungen der Finanzverfassung im zehnten Abschnitt des Grundgesetzes (Art. 104a ff. GG) zu diesem Prinzip.[967] Einmal mehr findet auch hier das Bundesverfassungsgericht klare Worte, indem es ausführt, dass der grundgesetzlichen Finanzverfassung (Art. 104a bis Art. 108 GG) die Vorstellung zugrunde läge, dass die Finanzierung der staatlichen Aufgaben grundsätzlich aus dem Ertrag der in Art. 105 GG geregelten Einnahmequellen erfolgen müsse (Prinzip des Steuerstaates).[968] Hierdurch wird deutlich, dass das Bundesverfassungsgericht das Steuerstaatsprinzip in den Art. 104a – 108 GG verortet wissen will, so dass auf diese Wiese das verfassungsrechtliche Gewicht des Steuerstaatsprinzips gewährleistet werden soll.

Eine andere Ansicht sieht das Steuerstaatsprinzip zwar nicht als eine Verfassungsentscheidung, sondern vielmehr als eine Verfassungsvoraussetzung an.[969] Die Verfassungsvoraussetzung sei anders als die Verfassungsentscheidung weder ausdrücklicher noch unausgesprochener Bestandteil des Verfassungstextes.[970] Sie zähle daher nicht zum Verfassungstext selbst, sondern stelle vielmehr einen Faktor rechtlicher oder realer Art dar, von dem die effektive Geltung, das Verständnis und damit auch die Auslegung der Verfassungsnormen abhängen wür-

965 BVerfGE 78, 249, 266 f.; 82, 159, 178 f. – ständige Rechtsprechung; *Isensee*-FS-Ipsen, 409, 421; *Lisken/Denninger*, Handbuch des Polizeirechts, N, Rn. 16; wohl auch *Birk*, Steuerrecht, Rn. 70 und Rn. 122; eine ausführliche Darstellung der unterschiedlichen Herleitungen des Steuerstaatsprinzips mit ausführlicher Stellungnahme findet sich bei *Habermann*, Gebühren für Gefahrenabwehr, S. 207 – S. 241.

966 BVerfGE 78, 249, 266 f.; *Kube/Palm/Seiler*, NJW 2003, 927, 928, wo es heißt, dass die Steuerstaatlichkeit „im Mittelpunkt des grundgesetzlichen Finanzsystems“ stehen würde; so im Ergebnis auch *Kirchhof*, Jura 1983, 505, 506.

967 BVerfGE 78, 249, 266 f.; *Habermann*, Gebühren für Gefahrenabwehr, S. 210; *Lisken/Denninger*, Handbuch des Polizeirechts, N, Rn. 16.

968 BVerfGE 78, 249, 266 f.; im Ergebnis auch BVerfGE 82, 159, 178.

969 So *Meyer*, Gebühren, S. 156; dazu auch *Habermann*, Gebühren für Gefahrenabwehr, S. 210 ff.

970 *Habermann*, Gebühren für Gefahrenabwehr, S. 211 m.w.N.

den.[971] Da sie also nicht der Verfassung angehören, läge danach der Schluss nahe, den Verfassungsvoraussetzungen das verfassungsrechtliche Gewicht abzusprechen.[972]

Gleichwohl kommt im Ergebnis auch die Ansicht, welche das Steuerstaatsprinzip als Verfassungsvoraussetzung ansieht, zum verfassungsrechtlichen Gewicht des Steuerstaatsprinzips.[973] Begründet wird dies damit, dass es sich bei dem Steuerstaatsprinzip um eine besonders relevante Verfassungsvoraussetzung handeln würde, ohne die besonders wichtige Entscheidungen der Verfassung, wie beispielsweise die Entscheidung für die Sozialstaatlichkeit, nicht umgesetzt werden könnten.[974]

Auch wenn die Herleitung des verfassungsrechtlichen Gewichts des Steuerstaatsprinzip durch Verortung dieses Prinzips in den Regelungen der Finanzverfassung (Art. 104a ff. GG) überzeugender erscheinen mag, bedarf es für diese Untersuchung keiner Entscheidung zwischen den verschiedenen Ansätzen, da letztlich beide zu dem Ergebnis kommen, dass das Steuerstaatsprinzip verfassungsrechtliches Gewicht genießt.[975] Es kann daher festgehalten werden, dass das Steuerstaatsprinzip ein Prinzip von Verfassungsrang darstellt.

c) Zwischenergebnis

Das Steuerstaatsprinzip enthält zwei grundlegende Aussagen. Zum einen besagt es, dass es einen Vorrang der Steuer gegenüber anderen Finanzierungsinstrumenten des Staates dahingehend gibt, dass der Staat seinen Finanzbedarf im Wesentlichen durch Steuern zu decken hat. Der Steuer kommt insofern eine Vorrangstellung in Bezug auf die anderen Abgabenarten zu. Zum anderen besagt das Steuerstaatsprinzip, dass allgemeine Staatsaufgaben ausschließlich über Steuern zu finanzieren sind.

Bei dem so verstandenen Steuerstaatsprinzip handelt es sich um ein Prinzip mit verfassungsrechtlichem Gewicht.

---

971 *Habermann*, Gebühren für Gefahrenabwehr, S. 211.

972 Vgl. *Habermann*, Gebühren für Gefahrenabwehr, S. 211.

973 So im Ergebnis *Isensee*-FS Ipsen, 409, 421; *Vogel*, HbdStR II, 843, 875.

974 Dazu *Habermann*, Gebühren für Gefahrenabwehr, S. 211; *Vogel*, HbdStR II, 843, 875.

975 A.A. *Habermann*, Gebühren für Gefahrenabwehr, S. 213 ff., der die Ansicht ablehnt, wonach Verfassungsvoraussetzungen in bestimmten Fällen – hier bezogen auf das Steuerstaatsprinzip – verfassungsrechtliches Gewicht genießen können und daher eine Streitentscheidung als erforderlich ansieht. Im Ergebnis qualifiziert er das Steuerstaatsprinzip als Verfassungsentscheidung und kommt auf diese Weise ebenfalls zum verfassungsrechtlichen Gewicht dieses Prinzips.

2. Die rechtliche Einordnung der Staatsaufgabe der Gefahrenabwehr

Nachdem die Aussagen des Steuerstaatsprinzips als ein Prinzip mit verfassungsrechtlichem Gewicht dargestellt wurden, soll nunmehr zur Frage der Ausgabenfinanzierung bzw. Kostentragung im Polizei- und Ordnungsrecht als dem Recht der Gefahrenabwehr zurückgekehrt werden, um sie vor dem Hintergrund des Steuerstaatsprinzips zu beantworten.

Namentlich an das Gebot des Steuerstaatsprinzips, wonach allgemeine Staatsaufgaben bzw. Gemeinlasten zwingend über Steuern zu finanzieren sind, muss im Folgenden angeknüpft und gefragt werden, ob die Staatsaufgabe der Gefahrenabwehr als eine allgemeine Staatsaufgabe zu qualifizieren ist. Sollte dies nämlich der Fall sein, wäre in diesem Bereich eine zwingende Finanzierung ausschließlich über Steuern die Folge. Eine andere Finanzierungsform neben der Steuer wäre dann ausgeschlossen. Dies würde in letzter Konsequenz bedeuten, dass es auch eine materielle Kostentragungspflicht des Störers auf der Sekundärebene nicht geben dürfte.

Denn die ausschließliche Finanzierung über Steuern hätte zur Folge, dass im Falle der Gefahrenabwehr durch die Behörde eine Kostenabwälzung auf den Störer – in welcher Finanzierungsform auch immer – zwingend ausscheiden müsste. Sie würde über die Finanzierung ausschließlich durch Steuern hinausgehen.

Gleiches muss dann auch für die Fälle gelten, in denen der Störer seiner materiellen Gefahrenabwehrpflicht von sich aus nachkommt. Da im Falle der Qualifizierung der Staatsaufgabe der Gefahrenabwehr als eine allgemeine Staatsaufgabe nur eine Finanzierung über Steuern möglich wäre, träfe den Störer zwar auf der Primärebene eine Gefahrenabwehrpflicht, aber auf der Sekundärebene keine Kostentragungspflicht. Er hätte vielmehr über die Zahlung von Steuern seinen Teil zur Finanzierung der Staatsaufgabe der Gefahrenabwehr beigetragen. Ihm stünde dann in letzter Konsequenz ein Ausgleichsanspruch gegen den Staat zu.

Fraglich ist also, ob die Staatsaufgabe der Gefahrenabwehr als allgemeine Staatsaufgabe zu qualifizieren ist.

In der Literatur hat sich eine Ansicht herauskristallisiert, welche die Aufgabe der Gefahrenabwehr ausnahmslos als eine allgemeine Staatsaufgabe ansieht.[976] Begründet wird diese Ansicht mit dem Argument, dass die Aufgabe der Aufrechterhaltung der öffentlichen Sicherheit dem Staat zugewiesen und somit gewissermaßen zu einem öffentlichen Gut der Allgemeinheit geworden sei.[977] Eben

976 So ausdrücklich *Habermann*, Gebühren für Gefahrenabwehr, S. 343; im Ergebnis auch *Albrecht*, FS-Samper, 165, 176 ff.

977 *Albrecht*, FS-Samper, 165, 176 ff.; *Gusy*, DVBl. 1996, 722, 722, der von einer Verstaatlichung der öffentlichen Sicherheit spricht; ähnlich *Würtenberger/Heckmann*, Polizeirecht, Rn. 880.

weil die Aufrechterhaltung der öffentlichen Sicherheit, und damit die Aufgabe der Gefahrenabwehr, eine „Kernaufgabe“[978] des Staates darstelle, deren Erfüllung eine unentbehrliche Grundvoraussetzung eines jeden geordneten und staatlichen Zusammenlebens sei,[979] müsse sie in jedem Fall als eine auf die Allgemeinheit bezogene allgemeine Staatsaufgabe bzw. Gemeinlast qualifiziert werden.[980]

In Konsequenz dessen würde die Aufrechterhaltung bzw. Wiederherstellung der öffentlichen Sicherheit auch im konkreten Einzelfall gerade nicht die Bedürfnisse des Individuums befriedigen, sondern als Gemeinlast vielmehr stets die der Allgemeinheit an der Aufrechterhaltung eines gefahrenfreien Zustands bzw. an der Wiederherstellung eines solchen Zustandes.[981] Wollte man dies anders sehen und die Gefahrenabwehr im konkreten Einzelfall unter bestimmten Voraussetzungen als eine besondere Staatsaufgabe werten, mit der Folge, dass dann eine über Steuern hinausgehende Finanzierung möglich wäre, so würden die Betroffenen die Belastung mit den Kosten der konkreten Maßnahmen zur Gefahrenabwehr zu Recht als „doppelten Zugriff auf ihren Geldbeutel“[982] empfinden, da sie bereits im Hinblick auf die Finanzierung der hoheitlichen Staatstätigkeit durch Zahlung von Steuern herangezogen werden.

Namentlich *Habermann* hat sich in jüngerer Vergangenheit ausführlich mit diesem Thema auseinandergesetzt. Seiner Ansicht nach steht eine allgemeine Staatsaufgabe – und somit auch deren Finanzierung ausschließlich über Steuermittel – immer dann in Rede, wenn staatliche Maßnahmen zur Erfüllung einer dem Staat zugewiesenen Aufgabe auf die Belange der gesamten Bevölkerung ausgerichtet sind.[983] Und da es sich bei der Aufgabe der Gefahrenabwehr des Staates um eine solche Aufgabe handele, sei sie zwingend als allgemeine Staatsaufgabe zu qualifizieren. Eine Finanzierung könne daher auch nur über Steuermittel möglich sein.[984]

Die Anhänger der herrschenden Meinung scheinen sich für die gegenteilige Sichtweise auszusprechen, freilich im Regelfall ohne die Vorgaben des Steuerstaatsprinzips in ihren Ausführungen vertiefend zu thematisieren.[985] Vielmehr

978 *Habermann*, Gebühren für Gefahrenabwehr, S. 261; *Kutscha*, NJ 1997, 393, 394.

979 *Albrecht*, FS-Samper, 165, 176.

980 *Habermann*, Gebühren für Gefahrenabwehr, S. 343; dazu *Griesbeck*, Polizeipflicht, S. 130, der diesen Ansatz aber ablehnt und diesbezüglich nur auf die Ausführungen *Abrechts* verweist, vgl. *Albrecht*, FS-Samper, 165, 177.

981 Ähnlich *Gusy*, DVBl. 1996, 722, 722 f.; *Würtenberger/Heckmann*, Polizeirecht, Rn. 880.

982 Diese Formulierung findet sich bei *Lisken/Denninger*, Handbuch des Polizeirechts, N, Rn. 3.

983 *Habermann*, Gebühren für Gefahrenabwehr, S. 268.

984 *Habermann*, Gebühren für Gefahrenabwehr, S. 268 und S. 343.

985 BVerwG, NJW 1981, 1571, 1571; OVG Lüneburg, NJW 2012, 1898, 1898; *Drews/Wacke/Vogel/Martens,* Gefahrenabwehr, S. 676; *Götz*, Allgemeines Polizei- und Ordnungsrecht, § 14,

wird lediglich auf die grundsätzliche Möglichkeit der Abwälzung der Kosten auf den Störer eingegangen,[986] welche häufig ohne vertiefende Erörterung befürwortet wird.[987] Dies setzt nach dem eben Ausgeführten jedoch denklogisch zwingend voraus, dass die Aufgabe der Gefahrenabwehr – zumindest in diesen Fällen, in denen es um Maßnahmen zur Abwehr einer dem Störer zuzurechnenden Gefahr geht – gerade keine allgemeine Staatsaufgabe sein kann, sondern vielmehr eine besondere Staatsaufgabe sein muss.

Eine Auseinandersetzung mit dem Steuerstaatsprinzip oder mit der Differenzierung zwischen allgemeinen und besonderen Staatsaufgaben erfolgt dabei freilich entweder gar nicht oder nur in knapper Form.[988] Besonders deutlich wird dieses Phänomen im Lehrbuch von *Pieroth/Schlink/Kniesel*, wo es pauschal heißt, dass es „einleuchte", dem Störer die Kosten der Gefahrenabwehr in den Fällen aufzuerlegen, in denen die Behörde an dessen Stelle eine Gefahr oder Störung abgewehrt hat.[989] Warum dieses Ergebnis einleuchten muss, bleibt dabei freilich ebenso offen, wie die Frage, ob es mit dem Steuerstaatsprinzip und der Differenzierung zwischen allgemeinen und besonderen Staatsaufgaben vereinbart werden kann.

Demgegenüber gehen *Würtenberger/Heckmann* kurz auf das Steuerstaatsprinzip ein. Ihre Ausführungen machen deutlich, dass ihrer Ansicht nach zumindest in den Fällen des Vorhandenseins eines oder mehrerer Störer die Aufgabe der Gefahrenabwehr keine allgemeine Staatsaufgabe sein kann, da eine Kostenabwälzung der öffentlichen Hand auf den oder die Störer – namentlich im Falle des unmittelbaren Zwangs – aufgrund der Tatsache, dass dem Störer in diesen Fällen ein Vorteil zukommen würde, bejaht wird.[990] Diese Abwälzung kann freilich

---

Rn. 1 ff.; *Götz*, DVBl. 1984, 14, 15; *Knemeyer*, JuS 1988, 866, 866; *Lisken/Denninger*, Handbuch des Polizeirechts, N, Rn. 7 und Rn. 23; *Schmidt-Aßmann/Schoch*, Besonderes Verwaltungsrecht, Kapitel 2, Rn. 292.

986 Dazu *Pünder*, DV 2012, 1, 25; vgl. auch die Rechtsprechung des BGH, der ausführt, dass Verhaltens- und Zustandsverantwortliche im Hinblick auf ihre Verantwortlichkeit die polizeiliche Inanspruchnahme ohne eine Entschädigung hinnehmen müssten (grundlegend BGHZ 45, 23, 25; jüngst BGH, NJW 2011, 3157, 3158), was im Umkehrschluss bedeutet, dass im Falle der Gefahrenabwehr durch die öffentliche Hand diese die entstehenden Kosten auf den Störer abwälzen können muss.

987 Vgl. nur *Pieroth/Schlink/Kniesel*, Polizei- und Ordnungsrecht, § 25, Rn. 1.

988 Ausführungen zum Steuerstaatsprinzips findet sich beispielsweise im Lehrbuch von *Lisken/Denninger* und bei *Würtenberger/Heckmann*, vgl. *Lisken/Denninger*, Handbuch des Polizeirechts, N, 16 ff.; *Würtenberger/Heckmann*, Polizeirecht, Rn. 876 ff.

989 *Pieroth/Schlink/Kniesel*, Polizei- und Ordnungsrecht, § 25, Rn. 1; im Ergebnis ähnlich, bezüglich der Herleitung aufgrund des Verweises auf das Steuerstaatsprinzip indes differenzierender *Lisken/Denninger*, Handbuch des Polizeirechts, N, Rn. 7, Rn. 16 und Rn. 24.

990 *Würtenberger/Heckmann*, Polizeirecht, Rn. 881.

ebenfalls nur dann möglich sein, wenn die Aufgabe der Gefahrenabwehr in diesen Fällen gerade keine allgemeine Staatsaufgabe darstellt.

Ähnlich sind die Darstellung von *Lisken/Denninger* zu verstehen, die aufgrund des Steuerstaatsprinzips zwar konsequenterweise von einem Grundsatz der Gebührenfreiheit im Gefahrenabwehrrecht ausgehen. Von diesem Grundsatz könne es aber Ausnahmen geben, soweit Gebühren für eine individuell zurechenbare Leistung erhoben würden.[991] Auch diese Ausführungen machen – ohne dass dies ausgesprochen wird – deutlich, dass zumindest in den Fällen der von *Lisken/Denninger* genannten individuell zurechenbaren Leistung die staatliche Gefahrenabwehrtätigkeit konsequentermaßen keine allgemeine Staatsaufgabe sein kann – andernfalls wäre die von ihnen für möglich erachtete Gebührenerhebung bereits von vorneherein aufgrund des Steuerstaatsprinzips ausgeschlossen.

Bevor die Frage, ob die Aufgabe der Gefahrenabwehr eine allgemeine oder eine besondere Staatsaufgabe darstellt, abschließend beantwortet werden kann, soll einleitend auf die Rechtsprechung des Bundesverfassungsgerichts hingewiesen werden. Es vertritt, wie bereits mehrfach erwähnt, hinsichtlich des Steuerstaatsprinzips in ständiger Rechtsprechung die Auffassung, dass sich aus dem Grundgesetz die Aussage ergäbe, dass allgemeine Staatsaufgaben stets und ausschließlich über Steuern zu finanzieren seien.[992] Es definiert den Begriff der allgemeinen Staatsaufgabe indes an keiner Stelle oder grenzt ihn von den dann konsequenterweise ebenfalls möglichen besonderen Staatsaufgaben ab.[993] Insofern bietet die höchstrichterliche Rechtsprechung keinerlei Anknüpfungspunkte zum Verständnis des Rechtsbegriffes der allgemeinen Staatsaufgabe, so dass dieser zunächst einmal im Lichte der bisher gewonnen Erkenntnisse entsprechend den Vorgaben der Verfassung entwickelt und hergeleitet werden muss.

Habermann versucht dieser Herausforderung durch eine Interpretation der bisherigen Entscheidungen des Bundesverfassungsgerichts über das Steuerstaatsprinzip zu begegnen und anhand dieser Ausführungen die Definition der allgemeinen Staatsaufgabe sowie dessen Abgrenzung zur besonderen Staatsausgaben zu entwickeln. Nach *Habermanns* Auffassung ist eine allgemeine Staatsaufgabe im Lichte des Steuerstaatsprinzips und des Steuerbegriffes immer dann zu bejahen, wenn ein Handeln des Staates als eine Leistung zu qualifizieren ist, die ausschließlich der Allgemeinheit zukommt und gerade nicht einer bestimmten Person individuell zugerechnet werden kann.[994] Eine allgemeine Staatsaufgabe liegt danach immer dann vor, wenn die dem Staat zugewiesene Aufgabe auf

---

991 *Lisken/Denninger*, Handbuch des Polizeirechts, N, Rn. 7, Rn. 16 und Rn. 24.

992 Siehe oben Kapitel 7, B, III., 1., a).

993 Vgl. BVerfGE 55, 274, 298; 113, 167, 224.

994 *Habermann*, Gebühren für Gefahrenabwehr, S. 267.

die Belange der gesamten Bevölkerung – und nicht lediglich auf die Belange eines konkreten Individuums bzw. auf die Belange einer von der Allgemeinheit abgrenzbaren Gruppe – ausgerichtet ist.[995]

Demgegenüber sind nach *Habermann* besondere Staatsaufgaben solche Aufgaben, die zu einer bestimmten Person oder von der Allgemeinheit abgrenzbaren Bevölkerungsgruppe in Beziehung gesetzt und dadurch näher konkretisiert werden können, so dass auf diese Weise ein sogenannter Zurechnungszusammenhang zwischen Abgabe und Person bereits in dem Zeitpunkt erkennbar ist, in dem der Staat die Entscheidung über die Finanzierung trifft.[996]

Diese Art und Weise der Differenzierung *Habermanns* deckt sich mit dem Steuerbegriff und dem Steuerstaatsprinzip. Ihr ist daher uneingeschränkt zuzustimmen. Seine Schlussfolgerung freilich, wonach die Aufgabe der Gefahrenabwehr aufgrund der Tatsache, dass sie auf die Belange der gesamten Bevölkerung ausgerichtet sei, ausnahmslos als eine allgemeine Staatsaufgabe qualifiziert werden müsse, geht in dieser Pauschalität jedoch zu weit.

Deutlich wird dies durch die materielle Polizeipflicht des Störers. Sie verpflichtet ihn in Form einer verfassungsrechtlichen Grundpflicht dazu, die Gefahr selber zu beseitigen.[997] Wem danach als Störer eine Gefahr oder Störung zuzurechnen ist, der hat sie der materiellen Polizeipflicht entsprechend auch auf eigene Kosten selber abzuwehren. So stellt die Aufgabe der Gefahrenabwehr zwar einerseits eine im Grundgesetzt verankerte und besondere Bedeutung genießende Staatsaufgabe dar,[998] andererseits trifft sie als materielle Polizeipflicht zumindest im Falle des Vorhandenseins wenigstens eines Störers, dem diese Gefahr zugerechnet werden kann, neben dem Staat auch und gerade diesen Störer.[999]

Es kommt in diesen Fällen gewissermaßen zu einer Gemengelage bezüglich der Verpflichtung zur Gefahrenabwehr. Einerseits ist der Staat aufgrund der Tatsache, dass die Gefahrenabwehr eine Staatsaufgabe ist, verfassungsrechtlich verpflichtet, diese Gefahr um der Allgemeinheit willen abzuwehren. Andererseits trifft auch den Störer aufgrund der materiellen Polizeipflicht die Verpflichtung, die Aufgabe der Gefahrenabwehr zu erfüllen – wodurch der Bezug zum Störer als Individuum hergestellt wird. Beide Verpflichtungen, denen jeweils verfassungsrechtliches Gewicht zukommt, stehen damit in diesen Fällen nebeneinander und müssen in angemessener Weise zu einem Ausgleich gebracht werden.

Dies hat der Gesetzgeber in den einschlägigen Polizei- und Ordnungsgesetzen dergestalt getan, dass in den Fällen der Gefahrenabwehr, in denen mindestens ei-

995 *Habermann*, Gebühren für Gefahrenabwehr, S. 268 und S. 343.
996 *Habermann*, Gebühren für Gefahrenabwehr, S. 260.
997 Siehe oben Kapitel 4, B, II., 2.
998 Siehe oben Kapitel 3, A.
999 Siehe oben Kapitel 4, A und B.

nem Störer die Gefahr zugerechnet werden kann, zwar grundsätzlich sowohl Staat als auch Störer zur Gefahrenabwehr verpflichtet sind und auch bleiben. Aber der Staat soll in diesen Fällen erst dann zur Gefahrenabwehr einschreiten, wenn der Störer bezüglich der Gefahrenabwehr ausfällt, sei es, weil dessen Inanspruchnahme nicht möglich ist oder weil sie keinen Erfolg verspricht oder aus anderen Gründen.[1000] Die Verpflichtung, eine Gefahr abzuwehren, trifft damit in erster Linie den Störer, dem diese Gefahr zugerechnet werden kann, erst in zweiter Linie den Staat.[1001]

Im Lichte des Steuerstaatsprinzips und der materiellen Polizeipflicht als einer verfassungsrechtlichen Grundpflicht erscheint es daher sachgerecht, hinsichtlich der Aufgabe der Gefahrenabwehr und dessen Qualifizierung als allgemeine oder besondere Staatsaufgabe zu differenzieren.

So sind zum einen die staatlichen Aufgaben im Bereich der Gefahrenabwehr zu nennen, welche die „gefahrenabwehrrechtliche Grundversorgung“[1002] betreffen und entsprechende Grundbedürfnisse der Allgemeinheit auf diesem Gebiet sichern sollen. Zum anderen sind aber auch Aufgaben auf dem Gebiet der Gefahrenabwehr denkbar, die über diese Grundversorgung hinausgehen.

Alles, was die zuerst genannte „Grundversorgung der Gefahrenabwehr“ betrifft, stellt eine allgemeine Staatsaufgabe dar. Denn diese Aufgabe trifft den Staat, um elementare Belange der Allgemeinheit sicherzustellen, ohne dass einem Störer eine Gefahr oder Störung zugerechnet werden kann. Gerade diese Aufgaben sind es, welche nach dem Steuerstaatsprinzip ausschließlich durch die Steuer finanziert werden dürfen. Ein darüber hinausgehender Bezug zu einem Individuum ist in diesem Stadium gerade nicht erkennbar.

Anders kann sich die Situation in den Fällen darstellen, die über die so verstandene „gefahrenabwehrrechtliche Grundversorgung“ hinausgehen.

Somit stellt sich die Frage, welche Tätigkeiten des Staates zu der „gefahrenabwehrrechtlichen Grundversorgung“ zählen – und welche darüber hinausgehen. Diesbezüglich soll die bereits dargestellte Untergliederung in unmittelbare und mittelbare Ausgaben im Gefahrenabwehrrecht ins Gedächtnis gerufen werden.

1000 *Pieroth/Schlink/Kniesel*, Polizei- und Ordnungsrecht, § 9, Rn. 2; siehe oben Kapitel 1.

1001 So neben vielen auch *Ruder/Schmitt*, Polizeirecht, Rn. 358.

1002 Terminologisch ähnlich *Gusy*, DVBl. 1996, 722, 722; *Würtenberger/Heckmann*, Polizeirecht, Rn. 878.

a) Unmittelbare Ausgaben

Die oben dargestellten unmittelbaren Ausgaben, also die „allgemeinen Personal- und Sachkosten"[1003] der Polizei- und Ordnungsbehörden, sind erforderlich, um das staatliche Handeln zur Aufrechterhaltung der öffentlichen Sicherheit und zur Gefahrenabwehr überhaupt erst zu ermöglichen. Erfasst sind wie gezeigt die Kosten für die Einrichtung und Unterhaltung entsprechender Behörden in sächlicher und personeller Hinsicht.[1004]

Es handelt sich hierbei richtigerweise um die Kosten der eben so bezeichneten „gefahrenabwehrrechtlichen Grundversorgung" durch den Staat.[1005] Die Aufrechterhaltung dieser „gefahrenabwehrrechtlichen Grundversorgung" des Bürgers auf dem Gebiet des Gefahrenabwehrrechts ist nämlich eine Aufgabe, die ausschließlich der Allgemeinheit zugutekommt. Die diesbezüglich anfallenden Kosten sind unbedingt notwendig, um die grundlegenden Voraussetzungen der Aufrechterhaltung der inneren Sicherheit sowie der Gefahrenabwehr für die Rechtsgüter der öffentlichen Sicherheit und Ordnung zu schaffen und auf diese Weise die Grundvoraussetzung für ein gefahrenfreies, geordnetes Staatsleben zu gewährleisten.[1006]

Sie haben indes nichts mit darüber hinausgehenden Maßnahmen im Außenverhältnis zu tun, wie beispielsweise einer Maßnahme zur Gefahrenabwehr in einem konkreten Einzelfall. Insofern steht hier die Aufrechterhaltung der öffentlichen Sicherheit ausschließlich als öffentlichem Gut der Allgemeinheit ohne Bezug zu einem Individuum in Rede. Diese Aufgabe des Staates ist nach den obigen Ausführungen mithin als eine allgemeine Staatsaufgabe zu werten.

b) Mittelbare Ausgaben

Wie oben bereits dargelegt wurde, handelt es sich bei den mittelbaren Ausgaben um solche, die anlässlich einer konkreten Amtshandlung der Polizei- und Ordnungsbeamten im Außenverhältnis entstehen.[1007] Hierunter fallen auch und gerade Maßnahmen der Polizei- und Ordnungsbehörden zur Gefahrenabwehr. Be-

---

1003 Diese Terminologie wird auch vom Bundesverwaltungsgericht verwendet, vgl. BVerwG, NJW 1981, 1571, 1571.

1004 Dazu Kapitel 7, B, II., 1.

1005 *Lisken/Denninger* sprechen von dem „Kernbereich polizeilicher Gefahrenabwehr", wo ein Vorrang der Steuerfinanzierung bestehe, siehe *Lisken/Denninger*, Handbuch des Polizeirechts, N, Rn. 24.

1006 *Gusy*, DVBl. 1996, 722, 722 nennt diese Kosten insofern auch zu Recht die Kosten, die „bei der Unterhaltung des Gutes entstehen".

1007 Siehe oben Kapitel 7, B, II., 2.

züglich dieser Kosten ist fraglich, ob sie im Rahmen der Erfüllung einer besonderen Staatsaufgabe anfallen.

Diese Frage ist wie gesagt vor dem Hintergrund der materiellen Polizeipflicht und ihrer rechtlichen Einordnung als eine verfassungsrechtliche Grundpflicht zu beantworten. Sie fordert zumindest in den Fällen, in denen die Gefahr oder Störung mindestens einem Störer zugerechnet werden kann, die Beseitigung der Gefahr durch den Störer selbst. Diese Verpflichtung ist nach der Verfassung und den Polizei- und Ordnungsgesetzen sogar vorrangig gegenüber der Gefahrenabwehrpflicht des Staates.

Letzten Endes wird gerade durch die materielle Polizeipflicht der die besondere Staatsaufgabe charakterisierende Bezug zum Individuum hergestellt, den auch *Habermann* zur Bejahung einer besonderen Staatsaufgabe fordert. Aufgrund dieser Tatsache erscheint es sachgerecht, in den Fällen, in denen mindestens ein Störer vorhanden ist, die Staatsaufgabe der Gefahrenabwehr als eine besondere Staatsaufgabe zu qualifizieren. Denn in diesen Fällen erfolgt das Handeln des Staates zur Gefahrenabwehr richtigerweise gerade nicht mehr ausschließlich zugunsten der Allgemeinheit. Vielmehr kann darüber hinaus – wie gesagt auch nach der Definition von *Habermann* – die Maßnahme des Staates zur Gefahrenabwehr durch die materielle Polizeipflicht zu einer bestimmten Bevölkerungsgruppe, nämlich zu dem oder den Störern, in Beziehung gesetzt und dadurch näher konkretisiert werden.[1008] Die Gefahrenabwehrmaßnahmen sind daher jedenfalls in diesen Konstellationen dem Störer individuell zurechenbar.[1009]

3. Konsequenz

Die Staatsaufgabe der Gefahrenabwehr ist demnach nicht ausnahmslos als eine allgemeine Staatsaufgabe zu interpretieren. Jedenfalls in den Fällen, in denen die Gefahr oder Störung mindestens einem Störer zugerechnet werden kann, muss sie aufgrund der materiellen Polizeipflicht des Störers als eine besondere Staatsaufgabe verstanden werden. Das bedeutet im Ergebnis, dass eine Finanzierung der Staatsaufgabe der Gefahrenabwehr jedenfalls im Falle des Vorhandenseins mindestens eines Störers in Übereinstimmung mit dem Steuerstaatsprinzip nicht

---

1008 Wann darüber hinausgehend im Falle der mittelbaren Ausgaben die Grenze der gefahrenabwehrrechtlichen Grundversorgung überschritten ist, soll in dieser Untersuchung nicht im Detail erörtert werden. Daher kann letztlich auch keine Stellungnahme zu der nach wie vor umstrittenen und in regelmäßigen Abständen auch in der Tagespresse thematisierten Frage erfolgen, ob beispielweise die Erhebung einer Gebühr an den Veranstalter in Rahmen einer Großveranstaltung – wie einem Popkonzert oder einem Bundesligafußballspiel – möglich ist, bei der ein Polizeiaufgebot abgestellt wird.

1009 Ähnlich OVG Lüneburg, NJW 2012, 1898, 1898.

zwingend ausschließlich über Steuern zu erfolgen hat. Dies wiederum bedeutet im Endeffekt, dass eine materielle Kostentragungspflicht des Störers auf der Sekundärebene als Konsequenz der materiellen Polizeipflicht auf der Primärebene dem Steuerstaatsprinzip nicht widerspricht und somit jedenfalls dem Grunde nach zulässig ist.

IV. Zusammenfassung

Die Frage, ob die Aufgabe der Gefahrenabwehr eine allgemeine oder eine besondere Staatsaufgabe ist, lässt sich nicht pauschal beantworten. Jedenfalls die Sicherstellung der „gefahrenabwehrrechtlichen Grundversorgung" ist als eine allgemeine Staatsaufgabe ausschließlich zum Wohle der Allgemeinheit zu qualifizieren, mit der Konsequenz, dass nach dem Steuerstaatsprinzip in diesem Bereich eine Finanzierung ausschließlich über Steuern möglich ist. Hierunter fallen alle unmittelbaren Ausgaben auf dem Gebiet des Gefahrenabwehrrechts.

Bezüglich der mittelbaren Ausgaben muss differenziert werden. Hier ist die Staatsaufgabe der Gefahrenabwehr jedenfalls dann als eine besondere Staatsaufgabe zu qualifizieren, wenn im Falle konkreter Gefahrenabwehrmaßnahmen ein Störer vorhanden ist, dem die Gefahr individuell zuzurechnen ist. Aufgrund der materiellen Polizeipflicht auf der Primärebene, die von ihm als verfassungsrechtliche Grundpflicht die Abwehr der Gefahr auf eigene Kosten verlangt, trifft ihn in Übereinstimmung mit dem Steuerstaatsprinzip jedenfalls dem Grunde nach auch auf der Sekundärebene eine materielle Kostentragungspflicht für die Gefahrenabwehrmaßnahmen bezüglich einer ihm zuzurechnenden Gefahr.

C. Umfang der Kostentragungspflicht

Ist nach den eben gemachten Ausführungen geklärt, dass die materielle Kostentragungspflicht des Störers jedenfalls dem Grunde nach rechtlich zulässig ist, soll nunmehr vor dem Hintergrund der Einordnung der materiellen Polizeipflicht als einer verfassungsrechtlichen Grundpflicht der Umfang dieser Pflicht auf der Sekundärebene untersucht werden.

I. Verhältnis der Gefahrenabwehr- zur Kostentragungspflicht

Diesbezüglich ist zunächst das rechtliche Verhältnis von Gefahrenabwehr- und Kostentragungspflicht näher zu betrachten. Dieses Verhältnis wird insbesondere vor dem Hintergrund der Frage relevant, ob die Kostentragungspflicht des Störers auf der Sekundärebene ebenso wie die Gefahrenabwehrpflicht auf der Primärebene stets eine unbeschränkte ist, ob also auch der Umfang der Kostentragungspflicht durch die auf der Primärebene wirkenden Rechtsgrundsätze bestimmt wird, oder ob auf der Sekundärebene andere Rechtsgrundsätze – bzw. dieselben Grundsätze wie auf der Primärebene, nur in einem anderem Licht – gelten. Im Rahmen der Beantwortung dieser Frage werden verschiedene Ansätze vertreten.

Bis heute ist die Ansicht herrschend, wonach von einem untrennbaren Zusammenhang zwischen der Gefahrenabwehrpflicht auf der Primär- und der Kostentragungspflicht auf der Sekundärebene auszugehen sei.[1010] Auf der Sekundärebene fänden also bezüglich der Bestimmung des Umgangs der Polizeipflicht keine anderen Rechtsgrundsätze als auf der Primärebene Anwendung, vielmehr würde die Kostentragungspflicht als bloßes Surrogat an die Stelle der Gefahrenbeseitigungspflicht treten.[1011] Bei diesem Ansatz handelt es sich um die oben dargelegte, namentlich von *Schenke* so bezeichnete „Konnexität"[1012] materieller Gefahrenabwehrpflicht und materieller Kostentragungspflicht.[1013] Nicht selten wird das Verhältnis zwischen Gefahrenbeseitigungs- und Kostentragungspflicht in den entsprechenden Abhandlungen gar nicht problematisiert, vielmehr wird die Korrespondenz von Gefahrenbeseitigungs- und Kostentragungspflicht als eine Selbstverständlichkeit vorausgesetzt.[1014] Eine deutliche Formulierung diesbezüglich stammt von *Friauf*, der ausführt, dass mit der Zurechnung der polizeilichen Verantwortlichkeit zugleich über die Abwälzung der Kosten der Gefahrenabwehr von der Allgemeinheit auf den einzelnen Störer entschieden werde.[1015]

1010 BVerwGE 10, 282, 285; VGH München, NVwZ-RR 1989, 298, 299; *Giesberts*, Lastenverteilung, S. 28 f. und S. 58; *Götz*, DVBl. 1984, 14, 14 f.; *Kloepfer/Thull*, DVBl. 1989, 1121, 1121; *Schenke*, Polizei- und Ordnungsrecht, Rn. 275 ff.; *Seibert*, DVBl. 1985, 328, 328 f.; *Spannowsky*, UPR 1988, 376, 377; siehe auch *Bockwoldt*, Rechtmäßigkeit und Kostentragungspflicht, S. 70 mit umfangreichen weiteren Nachweisen in der Fn. 211. Die Terminologie ist dabei nicht einheitlich. So wird einerseits von der Kostentragungspflicht als Surrogat der Beseitigungspflicht gesprochen, andererseits heißt es, dass sich die Primärpflicht, Gefahren abzuwehren in eine Sekundärpflicht der Kostentragung verwandle, und wieder andere Stimmen sprechen von der Kostentragungspflicht als Annex zur Polizeipflichtigkeit, vgl. die zusammenfassenden Ausführungen bei *Griesbeck*, Polizeipflicht, S. 40.

1011 *Griesbeck*, Polizeipflicht, S. 40 m.w.N.; so im Ergebnis auch *Friauf*, FS-Wacke, 293, 302; *Kloepfer/Thull*, DVBl. 1989, 1121, 1121.

1012 *Schenke*, Polizei- und Ordnungsrecht, Rn. 275.

1013 Siehe oben Kapitel 6, B, II., 1., d), bb), (2).

1014 Vgl. *Kloepfer/Thull*, DVBl. 1989, 1121, 1121.

1015 *Friauf*, FS-Wacke, 293, 302.

Zur Begründung dieser Ansicht wird im Wesentlichen der insoweit eindeutige Wortlaut der Polizei- und Ordnungsgesetze herangezogen.[1016] Dort wird ein Entschädigungsanspruch wie gesagt nur dem Nichtstörer zugestanden,[1017] nicht indes dem Störer. Dieser könne vielmehr nach erfolgter Ersatzvornahme, unmittelbarer Ausführung, Sicherstellung und Verwahrung, in manchen Bundesländern auch nach der Anwendung von unmittelbarem Zwang, sowie nach der Inanspruchnahme eines Nichtstörers – sofern dieser von der öffentlichen Hand entschädigt wurde – zur Kostentragung herangezogen werden, und zwar ohne dass das Gesetz hier eine Begrenzung normieren würde. Aus dem Wortlaut und der Gesamtschau dieser Normen wird daher die unbeschränkte Kostentragungspflicht für den Störer hergeleitet.[1018]

Darüber hinaus wird ausgeführt, dass es ohne die zwingende Konnexität zu einer „Besserstellung des Verweigerers"[1019] kommen könnte. Der Störer, der seiner materiellen Gefahrenbeseitigungspflicht nachkommen würde, liefe Gefahr, gegenüber dem Störer benachteiligt zu werden, der die Beseitigung der Gefahr durch die Polizei- und Ordnungsbehörden abwartet und darauf spekuliert, auf diese Weise einer Kostentragung zu entgehen, wenn diese nicht zugleich das Surrogat der Gefahrenbeseitigungspflicht wäre.[1020]

Eine namentlich von *Martensen* erörterte differenzierende Ansicht geht nicht von einer ausnahmslos geltenden Korrespondenz von Gefahrenbeseitigungs- und Kostentragungspflicht aus, sondern nur von einem insoweit zwar bestehenden Grundsatz, von dem es aber Ausnahmen geben könne.[1021] Grundsätzlich wird nach dieser Sichtweise befürwortet, dass auf der Sekundärebene die gleichen Grundsätze wie auf der Primärebene gelten müssten, dass also der Umfang der Kostentragungspflicht grundsätzlich identisch mit dem der Gefahrenbeseitigungspflicht sei.[1022] Für bestimmte Fallgruppen wird indes vertreten, dass auf der Sekundärebene der Kostentragung andere Rechtsgrundsätze zu gelten hätten als auf der Primärebene.[1023] Namentlich in den Fällen des Vorliegens von Ver-

---

1016 *Martensen*, Erlaubnis, S. 112 m.w.N.; vgl. auch *Griesbeck*, Polizeipflicht, S. 41, wo auf den Gesetzeswortlaut der Normen über die Zustandsverantwortlichkeit hingewiesen wird; jedenfalls ähnlich *Seibert*, DVBl. 1985, 328, 328.

1017 Vgl. § 45 Abs. 1 MEPolG und § 10 Abs. 3 HmbSOG.

1018 *Martensen*, Erlaubnis, S. 112; so im Ansatz auch *Seibert*, DVBl. 1985, 328, 328, der die Intention des Gesetzgebers bezogen auf die Ersatzvornahme nennt.

1019 *Martensen*, Erlaubnis, S. 112, wo auch weitere Argumente angeführt werden.

1020 Dazu *Seibert*, DVBl. 1985, 328, 328.

1021 Dazu *Martensen*, Erlaubnis, S. 113 ff..

1022 *Martensen*, Erlaubnis, S. 113.

1023 *Martensen*, Erlaubnis, S. 113.

dachtslagen, einer Störermehrheit und auch in Fällen der unmittelbaren Ausführung und der Ersatzvornahme könnten solche Ausnahmen einschlägig sein.[1024]

Schließlich wird auch die Unabhängigkeit der Kostentragungspflicht von der Gefahrenbeseitigungspflicht postuliert, was konsequenterweise zu einer Trennung von Gefahrenabwehr- und Kostenebene dahingehend führen müsse, dass auf beiden Ebenen jeweils verschiedene Rechtsgrundsätze zu gelten hätten.[1025]

Begründet wird dieser Ansatz im Wesentlichen mit der zeitlichen Ausgangssituation, die auf Primär- bzw. Sekundärebene verschieden sei, sowie – daran anknüpfend – mit den unterschiedlichen Gesetzeszwecken auf beiden Ebenen.[1026] Danach habe auf der Primärebene der Grundsatz der Effektivität der Gefahrenabwehr unter den dort wirkenden Rechtsgrundsätzen das größte Gewicht. Eine unbeschränkte Gefahrenabwehrpflicht des Störes sei daher in jedem Fall angemessen.[1027] Auf der Sekundärebene hingegen sei die zeitliche Ausgangssituation eine ganz andere, mit der Folge, dass hier die Frage nach der Kostentragungspflicht nicht mehr an den Rechtsgrundsätzen der Primärebene – also im Wesentlichen am Grundsatz der effektiven Gefahrenabwehr – festgemacht werden dürfe, sondern sich nach anderen Gesichtspunkten, namentlich dem Verhältnismäßigkeitsgrundsatz sowie dem Grundsatz der Lastengleichheit, zu richten habe.[1028] Da auf der Primärebene aufgrund der Notwendigkeit einer schnellen und effektiven Gefahrenabwehr eine ex-ante-Sichtweise zu gelten habe, auf der Sekundärebene hingegen aufgrund der anderen zeitlichen Ausgangssituation eine ex-post-Sichtweise an den Tag gelegt werden müsse, würden es rechtsstaatliche Grundsätze gebieten, insoweit von anderen Grundsätzen – bzw. einer Betrachtung der auf der Primärebene wirkenden Grundsätze in einem anderen Lichte – auf der Sekundärebene auszugehen.[1029]

1024 *Martensen*, Erlaubnis, S. 113 ff.

1025 So *Bockwoldt*, Rechtmäßigkeit und Kostentragungspflicht, S. 71; *Felix/Nitschke*, NordÖR 2004, 469, 472; *Garbe*, DÖV 1998, 632, 634; *Griesbeck*, Polizeipflicht, S. 122; *Jochum*, NVwZ 2003, 526, 527; *Poscher*, Gefahrenabwehr, S. 18, der ausführt, dass auf Primär- und Sekundärebene jeweils unterschiedlich ausgestaltete Beurteilungsmaßstäbe gelten würden; *Schoch*, Jura 2012, 865, 867; im Ergebnis auch *Waldhoff*, JuS 2012, 863, 863 f.; *Merten/Merten*, Hamburgisches Polizei- und Ordnungsrecht, Vorbemerkungen zu Verantwortlichkeiten im Polizeirecht, Rn. 29, wo ausgeführt wird, dass auf der Primärebene andere Kriterien gelten würden als auf der Sekundärebene, wo namentlich das Gebot der gerechten Lastenverteilung Vorrang vor dem nicht mehr relevanten Effektivitätsgrundsatz habe.

1026 *Bockwoldt*, Rechtmäßigkeit und Kostentragungspflicht, S. 71; *Griesbeck*, Polizeipflicht, S. 122.

1027 Dazu auch Kapitel 6, B., I.

1028 *Bockwoldt*, Rechtmäßigkeit und Kostentragungspflicht, S. 71; *Griesbeck*, Polizeipflicht, S. 122, *Martensen*, Erlaubnis, S. 139 und S. 150.

1029 Vertiefend dazu *Martensen*, Erlaubnis, S. 130 ff.

1. Gefahrenabwehrpflicht als Grundlage für die Kostentragungspflicht

Beizupflichten ist der Ansicht, die von einer Konnexität von Gefahrenabwehr- und Beseitigungspflicht ausgeht, jedenfalls darin, dass die Kostentragungspflicht auf der Sekundärebene die Folge der materiellen Polizeipflicht auf der Primärebene ist. Sie knüpft an diese an bzw. geht als deren Folge aus dieser hervor.[1030] Auf der Primärebene fordert die materielle Polizeipflicht die Abwehr der dem Störer zurechenbaren Gefahr durch den Störer – und zwar aufgrund ihrer Eigenschaft als verfassungsrechtliche Grundpflicht auf Kosten des Störers.[1031] Derjenige, dem eine Gefahr zugerechnet werden kann, ist als Störer also nicht nur für die Abwehr der Gefahr, sondern aufgrund der Grundpflichtenqualität der Gefahrenabwehrpflicht gerade auch für die infolge der Gefahrenabwehrmaßnahmen entstehenden Kosten materiell polizeipflichtig. Es lässt sich bezüglich der Gefahrenabwehrpflicht daher gewissermaßen sagen, dass sie sich jedenfalls dem Grunde nach in die Kostentragungspflicht auf der Sekundärebene „verwandelt“[1032] – und zwar unabhängig davon, ob der Störer dieser Pflicht tatsächlich nachkommt oder nicht. Dieses Ergebnis steht – wie oben dargelegt wurde – auch in Einklang mit dem Steuerstaatsprinzip.

Das Bestehen einer aus der materiellen Gefahrenabwehrpflicht hervorgehenden materiellen Kostentragungspflicht des Störers dem Grunde nach sagt indes noch nicht zwingend auch etwas über dessen Umfang aus. Insbesondere wird durch diese Tatsache noch nicht geklärt, ob der Umfang der Kostentragungspflicht stets – wie der Umfang der Gefahrenabwehrpflicht – ein unbeschränkter ist.

Dies wäre jedenfalls dann der Fall, wenn für die Bestimmung des Umfangs dieser Pflicht die gleichen Rechtsgrundsätze wie im Rahmen der Gefahrenabwehrpflicht gelten würden. Für die von diesem Ansatz ausgehende Ansicht sprechen in der Tat der Wortlaut der Polizei- und Ordnungsgesetze, die Gesamtschau der Normen des Polizei- und Ordnungsrechts sowie nicht zuletzt die Intention des Gesetzgebers.

In keinem Polizei- und Ordnungsgesetz wird einem materiell Polizeipflichtigen ein Ausgleichsanspruch gegen die öffentliche Hand für den Fall gewährt,

1030 Differenzierend *Griesbeck*, Polizeipflicht, S. 122.

1031 Siehe oben Kapitel 4, B., II., 2.

1032 So ausdrücklich *Ule/Rasch*, Verwaltungsgesetze III, S. 63; a.A. *Griesbeck*, Polizeipflicht, S. 122, der ausführt, dass die materielle Polizeipflicht nur eine Pflicht zur Gefahrenabwehr auf der Primärebene sei, jedoch keine Haftungs- bzw. Schadensausgleichsregelung beinhalten könne.

dass dieser die Gefahr auf eigene Kosten abwehrt.[1033] Solche Ausgleichsansprüche gegen den Staat hat nur der sogenannte Nichtstörer.

Dagegen wird es der öffentlichen Hand ermöglicht, im Falle der unmittelbaren Ausführung und der Ersatzvornahme – in einigen Ländern auch im Fall des unmittelbaren Zwangs – kostentechnisch Ersatz vom Störer zu fordern.[1034] Die den Ausgleichsanspruch des Staates gegen den oder die Störer regelnden Normen sind vom Gesetzgeber im Regelfall[1035] als gebundene Entscheidung ausgestaltet worden.[1036] Das bedeutet, dass der Störer in den Fällen, in denen der Staat anstelle des Störers eine Gefahr abwehrt, diese Kosten nach dem Gesetz zu erstatten hat. Dies ist indes in voller Höhe nur dann möglich, wenn – ebenso wie die Gefahrenabwehrpflicht – auch die Kostentragungspflicht bereits dem Grunde nach stets eine vollumfängliche Pflicht ist.

Dieses Ergebnis entspricht auch der Intention des Gesetzgebers, wonach der Störer stets – und grundsätzlich auch in unbeschränktem Umfang[1037] – die Kosten der Gefahrenabwehr zu tragen hat.[1038] Hierbei handele es sich sogar um eine herkömmliche Verpflichtung, die bis in die Wurzeln des materiellen Polizeirechts verfolgen lasse.[1039]

Es wäre jedenfalls denkbar, dass eine unbeschränkte Kostentragungspflicht des Störers im Einzelfall über das Ermessen – dort durch den Verhältnismäßigkeitsgrundsatz bzw. durch den Grundsatz der Lastengleichheit – korrigiert werden könnte. So wäre zwar im Falle beispielsweise einer Störermehrheit jeder Störer dem Grunde nach in voller Höhe kostentragungspflichtig. Aber der Ver-

---

1033 Siehe oben Kapitel 5, A, II, 2.

1034 Siehe oben Kapitel 5, A, II, 1.

1035 Eine Ausnahme findet sich in Hamburg, wo im Rahmen der unmittelbaren Ausführung die Entscheidung der Frage nach der Auferlegung der Kosten auf den Verantwortlichen im Ermessen der Behörde steht, vgl. § 7 Abs. 3 HmbSOG.

1036 Vgl. beispielsweise § 46 Abs. 1 S. 2 SaarlPolG: „werden Kosten erhoben"; § 19 Abs. 1 HmbVwVG: es „sind" die Kosten zu erstatten; dazu ferner *Berner/Köhler/Käß*, Polizeiaufgabengesetz, Art. 9, Rn. 11.

1037 So ausdrücklich BVerfGE 102, 1, 24.

1038 *Drews/Wacke/Vogel/Martens,* Gefahrenabwehr, S. 676, wo ausgeführt wird, dass die öffentliche Hand „seit jeher" berechtigt sei, bei dem Störer Rückgriff zu nehmen; *Gusy*, JA 1990, 296, 298, wo von der Kostentragungspflicht als Kehrseite des Umstandes gesprochen wird, dass der Störer zur Gefahrenabwehr verpflichtet ist; zusammenfassend *Martensen*, Erlaubnis, S. 126 ff., wonach es das Ziel der gesetzgeberischen Bemühungen gewesen sei, dem Störer die Kosten aufzuerlegen; ähnlich auch *Pieroth/Schlink/Kniesel*, Polizei- und Ordnungsrecht, § 25, Rn. 1.

1039 *Martensen*, Erlaubnis, S. 125 ff., wo zur Untermauerung dieser Argumentation Verweise auf die Polizeigesetze Preußens aus den Jahren 1850, 1883 sowie 1931 erfolgen, die allesamt vorsahen, dass der Störer bei der Ersatzvornahme die Kosten des polizeilichen Handelns zu tragen habe.

hältnismäßigkeitsgrundsatz bzw. der Grundsatz der Lastengleichheit könnten im Einzelfall gebieten, nicht nur einen Störer voll, sondern ggf. alle Störer anteilig oder den Störer vorrangig zur Kostentragung heranzuziehen, dem die Gefahr am ehesten zuzurechnen wäre. Hier käme es freilich stets auf die Konstellation des jeweiligen Einzelfalles an. Auf diese Weise könnte die auch auf der Sekundärebene in voller Höhe bestehende Kostentragungspflicht im Lichte der gerechten Lastenverteilung einzelfallbezogen korrigiert werden.

Die eben dargelegten Aspekte lassen somit auf den ersten Blick darauf schließen, dass der Störer auch auf der Sekundärebene in voller Höhe polizei-, also kostentragungspflichtig ist. Eine Differenzierung zwischen den Ebenen dahingehend, dass auf jeder Ebene eigene Rechtsgrundsätze – bzw. eine Betrachtung in einem neuen Lichte – zur Geltung kämen, fände dann in der Tat nicht statt.

Aber auch wenn der Ansicht, welche von der Konnexität von Gefahrenabwehr- und Kostentragungspflicht ausgeht, jedenfalls insofern zuzustimmen ist, als dass auch hinsichtlich der Kostentragungspflicht an die materielle Polizeipflicht auf der Primärebene anzuknüpfen ist, so geht die Aussage, dass auch auf der Sekundärebene ausschließlich die Grundsätze der Primärebene mit der Konsequenz gelten, dass der Störer auch zwingend in voller Höhe kostentragungspflichtig ist, zu weit.[1040] Vielmehr sprechen gewichtige Gründe gegen eine solche Sichtweise.

2. Unterschiedliche Zeitpunkte

Zum einen ist diesbezüglich die Verschiedenheit von Primär- und Sekundärebene bereits in der zeitlichen Ausgangssituation in Erinnerung zu rufen.[1041] Es geht auf der Primärebene um die zeitliche Ebene vor der Abwehr einer Gefahr, auf der Sekundärebene hingegen um die zeitliche Ebene danach. Allein schon vor diesen Hintergrund erscheint es zumindest nicht selbstverständlich, dass und warum auf der Sekundärebene zwingend die gleichen Grundsätze und Sichtweisen zu gelten haben wie auf der Primärebene.

Vielmehr können verfassungsrechtliche Prinzipien aufgrund der unterschiedlichen zeitlichen Ausgangsposition gebieten, dass auch eine unterschiedliche rechtliche Betrachtung der Ebenen zu erfolgen hat,[1042] mit dem immerhin möglichen Ergebnis, dass ein Störer auf der Sekundärebene gerade nicht in jedem Fall zwingend – zumindest nicht in voller Höhe – die Kosten der Gefahrenabwehr-

1040 Ähnlich auch *Griesbeck*, Polizeipflicht, S. 122, der überzeugend darlegt, dass eine bloß faktische Verbindung zwischen Beseitigung der Gefahr und den Kosten der Beseitigung keine rechtliche Untrennbarkeit der Ebenen bedeuten könne.

1041 Dazu beispielsweise auch *Griesbeck*, Polizeipflicht, S. 114.

1042 So *Martensen*, Erlaubnis, S. 130 f.

maßnahmen tragen muss. Auch wenn die Kostentragungspflicht des Störers zu Recht als Ziel des Gesetzgebers und Konsequenz der Einordnung der materiellen Polizeipflicht als einer verfassungsrechtlichen Grundpflicht anzuerkennen ist, so darf der Umfang dieser Pflicht auf der Sekundärebene schon aufgrund der unterschiedlichen zeitlichen Ausgangsposition nicht automatisch als bloße Konsequenz der rechtlichen Beurteilung des Umfangs der materiellen Polizeipflicht auf der Primärebene folgen.

Vielmehr verlangt namentlich das Rechtsstaatsprinzip eine klare Trennung zwischen den jeweiligen Pflichten[1043] und konsequenterweise auch bezüglich des Umfangs der materiellen Polizeipflicht auf Primär- und der Sekundärebene aufgrund der jeweiligen zeitlichen Ausgangssituation.[1044]

Das bedeutet bezüglich der hier in Rede stehenden Kostentragungspflicht unter anderem, dass neue Erkenntnisse, die erst nach Gefahrenbeseitigung erlangt werden konnten, bezüglich des Umfangs der Kostentragungspflicht zu berücksichtigen sind.[1045] Vereinzelt wird in Literatur und Rechtsprechung von einem Postulat „rückschauender Betrachtung" gesprochen.[1046] Dieses beanspruche nicht zuletzt deswegen Geltung, weil auf der Sekundärebene genug Zeit bestehe, umfangreiche Ermittlungen durchzuführen, die ggf. zu einer Entlastung bezüglich der Kostentragungslast führen könnten.[1047] Wenn aber bezüglich der Kostentragungspflicht auf der Sekundärebene eine rückschauende Betrachtung geboten ist, so muss dies zwingend auch zu der Möglichkeit einer neuen rechtlichen Beurteilung führen. Im Ergebnis bedeutet dies – jedenfalls bezüglich der Ermittlung des Umfangs der Kostentragungspflicht – eine Trennung der Kostentragungspflicht von der Gefahrenabwehrpflicht.

3. Verschiedene Gesetzeszwecke

An das Argument der unterschiedlichen zeitlichen Ausgangssituation auf Primär- und Sekundärebene anknüpfend ist zu berücksichtigen, dass auch der rechtliche Ausgangspunkt, also der Zweck der materiellen Polizeipflicht bzw. der Normen der Polizei- und Ordnungsgesetze, auf Primär- und Sekundärebene verschieden ist. Auf der Primärebene liegt dieser Zweck in der schnellen und effektiven Ab-

---

1043 So überzeugend bereits *Martensen*, Erlaubnis, S. 130; dazu auch *Knemeyer*, JuS 1988, 866, 868.

1044 Im Ergebnis ähnlich *Martensen*, Erlaubnis, S. 139, der von der Zweiaktigkeit von Gefahrenabwehrmaßnahme und Kostenentscheidung spricht.

1045 So auch *Martensen*, Erlaubnis, S. 139.

1046 OVG Hamburg, NJW 1986, 2005, 2006; *Griesbeck*, Polizeipflicht, S. 105 und S. 114.

1047 *Bockwoldt*, Rechtmäßigkeit und Kostentragungspflicht, S. 65; ähnlich *Garbe*, DÖV 1998, 632, 634.

wehr der Gefahr. Auf der Sekundärebene hingegen geht es um die Frage der Kostentragung bezüglich erfolgter Gefahrenabwehrmaßnahmen. Zweck der materiellen Polizeipflicht auf der Sekundärebene ist somit in allererster Linie die Kostentragung des Störers bzw. die Kostenfreihaltung des Staates.[1048] *Martensen* bezeichnet diesen Zweck als die „Entlastung der öffentlichen Kassen".[1049] Und *Knemeyer* spricht im Falle der Gefahrenabwehr durch die öffentliche Hand anstelle des Störers von dem Zweck der „Abgeltung der Gefahrenabwehrhandlung".[1050]

Vor dem Hintergrund dieses Zwecks können aber ganz andere Rechtsgrundsätze eine Rolle spielen bzw. den gleichen Rechtsgrundsätze ein ganz anderes Gewicht zukommen, als dies noch vor dem Hintergrund des Zwecks der effektiven Gefahrenabwehr der Fall war. Namentlich der Verhältnismäßigkeitsgrundsatz kann vor dem Hintergrund des Zwecks der Freihaltung des Staates von den Kosten der Gefahrenabwehr ggf. zu ganz anderen Ergebnissen führen, als dies auf der Primärebene der Fall ist.[1051]

Eine – wenn auch in bestimmten Konstellationen als ungerecht empfundene – unbeschränkte Gefahrenabwehrpflicht ist auf der Primärebene nach dem oben Ausgeführten vor dem Hintergrund des Effektivitätsgrundsatzes stets verhältnismäßig. Ob indes auch die unbeschränkte Kostenpflicht auf der Sekundärebene vor dem Hintergrund des Zwecks der Kostenfreihaltung bzw. -deckung des Staates verhältnismäßig ist, ist vor diesem Hintergrund zumindest nicht selbstverständlich. Eine solche unbeschränkte Kostenpflicht kann vielmehr richtigerweise nur das Ergebnis des rechtlichen Zusammenspiels der auf der Sekundärebene wirkenden Rechtsgrundsätze bezogen auf den auf dieser Ebene relevanten Zweck der materiellen Polizeipflicht bzw. des Polizei- und Ordnungsrechts – nämlich den der Kostenfreihaltung des Staates – sein.

4. Untauglichkeit des einzelfallbezogenen Ausgleichs einer unbeschränkten Kostentragungspflicht über das Ermessen

Auch der oben angesprochene Ansatz, wonach die Kostentragungspflicht des Störers stets in unbeschränktem Umfang bestehen müsse, im Einzelfall zur Vermeidung unangemessener Ergebnisse aber Korrekturen über die Ermessensausübung der Behörde erfolgen könnten,[1052] vermag in dieser Form nicht zu überzeugen.

1048 *Bockwoldt*, Rechtmäßigkeit und Kostentragungspflicht, S. 65; dazu unten Kapitel 7, C, II., 2.

1049 *Martensen*, Erlaubnis, S. 126.

1050 *Knemeyer*, JuS 1988, 866, 868, der diesen Zweck als „selbstverständlich" bezeichnet.

1051 Ähnlich auch *Bockwoldt*, Rechtmäßigkeit und Kostentragungspflicht, S. 70.

1052 Dazu Kapitel 7, C, I., 1.

Dieser Ansatz würde von vorneherein nur in den Fällen Anwendung finden können, in denen die Abwälzung der Kosten auf den Störer überhaupt im Ermessen der Behörde steht, was aber gerade nicht in jedem Polizei- und Ordnungsgesetz in dieser Form normiert ist.[1053]

Aber selbst wenn jedes Polizei- und Ordnungsgesetz die Abwälzung der Kosten im Falle behördlicher Gefahrenabwehr auf den Störer in das Ermessen der Behörde stellen würde, bestünden gegen diesen Ansatz erhebliche Bedenken. Denn auch in diesem Fall würde er überhaupt nur dann zur Anwendung kommen können, wenn auch tatsächlich die öffentliche Hand die Gefahr an Stelle des Störers abgewehrt hätte.

In den Fällen aber, in denen ein Störer seiner gesetzesunmittelbaren Gefahrenabwehrpflicht auf der Primärebene von sich aus nachkommen und infolge dessen die Gefahr abwehren würde, würde die vollumfängliche materielle Kostentragungspflicht zu einer Benachteiligung für ihn führen. Denn in diesem Fall käme es dann gar nicht mehr zu einer Abwehr der Gefahr durch die öffentliche Hand und somit auch nicht zu einer die Situation des Einzelfalles berücksichtigenden Ermessensbetätigung der Behörde bezüglich der Kostenabwälzung auf den Störer.

Vielmehr wäre der Störer, der die Gefahr selber abwehrt, aufgrund der unbeschränkten Kostentragungspflicht gegenüber dem Störer benachteiligt, der seiner materiellen Gefahrenabwehrpflicht von vorneherein gar nicht nachkommt – denn dieser könnte darauf „spekulieren", im Rahmen der Ermessensbetätigung der Behörde bezüglich der Heranziehung zu den Kosten allenfalls nur zum Teil in Anspruch genommen zu werden. Dies würde jedenfalls eine potentielle Schlechterstellung des seiner materiellen Polizeipflicht genügenden Störers gegenüber dem Störer, der dieser Pflicht nicht nachkommt, bedeuten. Es müsste – überspitzt formuliert – also jedem Störer geraten werden, seine materielle Polizeipflicht nicht zu erfüllen, da er in jedem Falle auch auf der Sekundärebene in voller Höhe kostenpflichtig bliebe. Ausgleichsansprüche jedenfalls gegen den Staat wären aufgrund der unbeschränkten Kostentragungspflicht von vorneherein ausgeschlossen.[1054] Demgegenüber könnte der „Verweigerer" darauf spekulieren, entweder gar nicht zur Tragung der Kosten behördlicher Gefahrenabwehrmaßnahmen verpflichtet zu werden oder aber – falls doch – im Rahmen einer Ermessensausübung der Behörde bezüglich der Kostenabwälzung auf den Störer aufgrund der Umstände des Einzelfalles unter Umständen nur zum Teil.

1053 Vgl. beispielsweise Art. 9 Abs. 2 BayPAG.

1054 Denkbar wäre allenfalls, einen Anspruch analog dem des Nichtstörers zu konstruieren.

5. Ansicht des Bundesverfassungsgerichts

Die Richtigkeit des Ergebnisses, dass die Kostentragungspflicht – anders als die Gefahrenabwehrpflicht – jedenfalls nicht zwingend eine vollumfängliche sein muss, sondern dass dessen Umfang vielmehr anhand eigener Rechtsgrundsätze zu bestimmen ist, wird auch durch die überzeugenden Ausführungen des Bundesverfassungsgerichts untermauert.[1055]

Das Gericht macht in seinem im Rahmen der Erörterung des Umfangs der materiellen Polizeipflicht auf der Primärebene dargestellten Beschluss[1056] unter Bezugnahme auf die Kostennormen der materiellen Polizei- und Ordnungsgesetze zwar deutlich, dass die Kostentragungspflicht des Störers – ebenso wie die Gefahrenabwehrpflicht – grundsätzlich eine unbegrenzte sein muss.[1057] Aber es führt im direkten Anschluss an diese Aussage auch aus, dass die Kostentragungspflicht – anders als die Gefahrenabwehrpflicht – wegen fehlender Zumutbarkeit in bestimmten Fällen von Verfassungs wegen begrenzt sein kann.[1058]

Das bedeutet, dass das Gericht zwar von einer vom Gesetzgeber bezweckten unbeschränkten Kostentragungspflicht des Störers ausgeht, dass diese Pflicht aber aufgrund von Verfassungsgrundsätzen eine Begrenzung erfahren kann.[1059] Dies kann aber nur dann möglich sein, wenn die Bestimmung des Umfangs dieser dem Grunde nach bezweckten und auch zu Recht bestehenden Pflicht anhand anderer Rechtsgrundsätze zu erfolgen hat als die Bestimmung des Umfangs der Gefahrenabwehrpflicht auf der Primärebene. Eine zwingende Konnexität zwischen Gefahrenabwehr- und Kostentragungspflicht muss daher auch nach der Ansicht des Bundesverfassungsgerichts verneint werden.

6. Zwischenergebnis

Zwar geht die Kostentragungspflicht auf der Sekundärebene dem Grunde nach aus der materiellen Gefahrenabwehrpflicht hervor bzw. knüpft an diese an. Dies ist Folge gerade der Qualifikation der materiellen Polizeipflicht als einer verfassungsrechtlichen Grundpflicht. Als solche gebietet sie nicht nur die Abwehr einer dem Störer zurechenbaren Gefahr, sondern fordert auch die Abwehr dieser Gefahr auf Kosten des Störers.

Dies bedeutet aber nach dem eben Dargelegten nicht, dass deswegen auch beide Pflichten bezüglich des Umfangs zwingend identisch sind. Vielmehr er-

1055 Dazu ausführlich BVerfGE 102, 1, 1 ff.

1056 Siehe oben Kapitel 6, B, II., 1., c).

1057 BVerfGE 102, 1, 24.

1058 BVerfGE 102, 1, 24.

1059 Vgl. dazu Kapitel 6, B, II., 1., c), cc).

folgt die Ermittlung des Umfangs beider Pflichten vor dem Hintergrund verschiedener Gesetzeszwecke. Beide Pflichten sind daher bezüglich der Ermittlung des Umfangs voneinander zu trennen.[1060] Nur so kann den Anforderungen des Rechtsstaatsprinzips entsprochen werden.

Es kann demnach eine der Intention des Gesetzgebers entsprechende vollumfängliche Kostentragungspflicht des Störers auf der Sekundärebene nur dann geben, wenn dies die Konsequenz des Wirkens der rechtlichen Grundsätze auf der Sekundärebene ist – nicht aber, weil hinsichtlich der Kostentragungspflicht auf der Sekundärebene die gleichen Rechtsgrundsätze wie im Rahmen der Gefahrenabwehrpflicht auf der Primärebene relevant sind.

III. Rechtsgrundsätze und deren Wirken auf der Sekundärebene

Da der Umfang der materiellen Polizeipflicht auf der Sekundärebene insofern von dem auf der Primärebene zu unterscheiden ist und anhand eigener Rechtsgrundsätze zu ermitteln ist, ist im Folgenden auf eben diese Grundsätze und das Ergebnis ihres Zusammenwirkens auf den Umfang der Kostentragungspflicht unter besonderer Berücksichtigung der Grundpflichtenqualität der materiellen Polizeipflicht einzugehen.

1. Effektivität der Gefahrenabwehr

Der auf der Primärebene alles überstrahlende Grundsatz der Effektivität der Gefahrenabwehr hat auf der Sekundärebene keine – zumindest keine unmittelbare – Bedeutung mehr, da es auf dieser Ebene nicht mehr um Gefahrenabwehr, sondern um die Frage der Kostentragung geht.[1061]

2. Grundsatz der Kostentragung des Störers bzw. Freihaltung des Staates von den Kosten der Gefahrenabwehr

Der auf der Sekundärebene wohl relevanteste Rechtsgrundsatz ist zugleich der Zweck der Kostentragungsnormen des Polizei- und Ordnungsrechts, nämlich der Grundsatz der Kostentragung des Störers bzw. der Freihaltung des Staates von

---

1060 So auch *Griesbeck*, Polizeipflicht, S. 124.

1061 So statt aller *Bockwoldt*, Rechtmäßigkeit und Kostentragungspflicht, S. 65 und *Giesberts*, Lastenverteilung, S. 53 f.; auf die mittelbare Bedeutung des Grundsatzes der Effektivität der Gefahrenabwehr für die Sekundärebene soll im Rahmen der sogleich folgenden Ausführungen eingegangen werden.

den Kosten der Gefahrenabwehr bei Vorhandensein wenigstens eines Störers. Auf ihn soll daher zuerst eingegangen werden.

a) Aussage und Herleitung des Grundsatzes

Oben wurde dargelegt, dass nach der Intention des Gesetzgebers der Störer die Kosten für die Gefahrenabwehrmaßnahmen tragen soll.[1062] Im Umkehrschluss bedeutet dies, dass der Staat von den Kosten der Gefahrenabwehrmaßnahmen freizuhalten ist, bei denen die Gefahr wenigstens einem Störer als vorrangig Kostenpflichtigem zugerechnet werden kann.

Der Grundsatz bzw. Zweck der Kostentragung des Störers bzw. der Freihaltung des Staates von den Kosten der Gefahrenabwehr ist insoweit gewissermaßen selbsterklärend. Er bedeutet, dass in den Fällen, in denen eine bestimmte Gefahr einem Störer zugerechnet werden kann, dieser Störer und nicht der Staat für die Kosten der Gefahrenabwehrmaßnahmen aufzukommen hat.[1063] In den Fällen, in denen der Störer die Gefahr selber abgewehrt hat, hat er demnach diese Kosten auch selber zu tragen, eine Ausgleichsmöglichkeit gegenüber dem Staat steht im nicht zu. Hat indes der Staat eine Gefahr anstelle des Störers abgewehrt, so ist eine Abwälzung der Kosten der Gefahrenabwehrmaßnahmen auf den Störer die gesetzgeberische Intention.

Deutlich wird dieser Zweck bzw. diese Intention – wie oben dargelegt wurde – durch das materielle Polizei- und Ordnungsrecht selbst.[1064] Es gewährt wie gesagt dem Störer, der die Gefahr auf eigene Kosten abgewehrt hat, keinen einfachgesetzlichen Ausgleichsanspruch gegen die öffentliche Hand. Andererseits enthält es aber diverse Normen, nach denen die öffentliche Hand die Kosten der durch sie erfolgten Gefahrenabwehrmaßnahmen von dem Störer ersetzt verlangen kann.

Der Zweck der Kostentragung des Störers ist nicht zuletzt auch eine Konsequenz der materiellen Polizeipflicht, die als verfassungsrechtliche Grundpflicht die Gefahrenabwehr des Störers auf dessen Kosten verlangt.

Klärungsbedürftig ist indes die Frage nach der Herleitung und damit nach dem rechtlichen Gewicht dieses Grundsatzes bzw. Zwecks. Insbesondere ist diesbezüglich fraglich, ob dem so verstandenen Grundsatz der Kostentragung des Störers bzw. der Freihaltung des Staates verfassungsrechtliches Gewicht zukommt.

1062 Siehe oben Kapitel 7, C, II., 2.; dazu auch *Drews/Wacke/Vogel/Martens,* Gefahrenabwehr, S. 320 und S. 676; ähnlich *Vollmuth*, Ursache. S. 31 und S. 53.

1063 Dazu *Martensen*, Erlaubnis, S. 126; ähnlich *Bockwoldt*, Rechtmäßigkeit und Kostentragungspflicht, S. 65.

1064 Siehe oben Kapitel 7, C, I., 3. und Kapitel 7, C, II., 2.

aa) Herleitung aus dem Charakter der materiellen Polizeipflicht als einer verfassungsrechtlichen Grundpflicht

Die Einordnung der materiellen Polizeipflicht als verfassungsmäßige Grundpflicht bedeutet wie oben gezeigt nicht nur, dass ein Störer mit verfassungsrechtlichem Gewicht zur Gefahrenabwehr verpflichtet wird. Aufgrund der Tatsache, dass die Gefahrenabwehrpflicht eine Grundpflicht darstellt, welche die Pflichterfüllung vom Störer auf eigene Kosten verlangt („Unentgeltlichkeit der Pflichterfüllung"), verpflichtet sie ihn ferner dazu – jedenfalls in den Fällen, in denen die Gefahr einem Störer tatsächlich zugerechnet werden kann – die Kosten der ihm insofern ebenfalls zurechenbaren Gefahrenabwehrmaßnahmen zu tragen; und zwar unabhängig davon, ob er diese selbst durchführt oder der Staat an seiner Stelle tätig wird.[1065]

Da also die materielle Kostentragungspflicht auf der Sekundärebene in diesem Sinne aus der Gefahrenabwehrpflicht auf der Primärebene hervorgeht, welche als Grundpflicht mit verfassungsrechtlichem Gewicht die Abwehr der Gefahr auf eigene Kosten fordert, kommt dem Grundsatz der Kostentragung des Störers bzw. der Freihaltung des Staates verfassungsrechtliches Gewicht zu.

bb) Herleitung aus dem Grundsatz der Wirtschaftlichkeit öffentlicher Haushalte gemäß Art. 114 Abs. 2 GG

Ergänzend lässt sich ferner überlegen, den Grundsatz der Kostentragung des Störers bzw. die Freihaltung des Staates aus dem Grundsatz der Wirtschaftlichkeit öffentlicher Haushalte gemäß Art. 114 Abs. 2 GG jedenfalls in den Fällen herzuleiten, in denen die öffentliche Hand anstelle des Störers eine Gefahr abgewehrt hat.[1066]

(1) Bindung der gesamten Verwaltung

Nach dem Wortlaut des Art. 114 Abs. 2 GG prüft der Bundesrechnungshof „die Rechnung sowie die Wirtschaftlichkeit der Haushalts- und Wirtschaftsführung". Relevant ist für die vorliegende Untersuchung das Merkmal der Wirtschaftlichkeit. Eine Prüfung anhand dieses Merkmals ergänzt die Richtigkeits- und Rechtmäßigkeitsprüfung um eine Prüfung der Kosten-Nutzen-Relation, also um eine Prüfung der Zweckmäßigkeit unter einem gesamtwirtschaftlichen Blickwin-

---

1065 Siehe oben Kapitel 7, C, II., 2.

1066 So erwogen, aber letztlich mit knapper Begründung abgelehnt von *Bockwoldt*, Rechtmäßigkeit und Kostentragungspflicht, S. 65.

kel.[1067] Das Wirtschaftlichkeitsgebot verlangt eine Prüfung dahingehend, ob im Einzelnen Kosten und Nutzen in einem angemessenen und vertretbaren Verhältnis zueinander stehen, so dass mit den zur Verfügung stehenden Mitteln wirtschaftlich und sparsam verfahren wird.[1068]

Nach wohl herrschender Ansicht ist der verfassungsrechtliche Wirtschaftlichkeitsmaßstab nach Art. 114 Abs. 2 GG nicht nur als Kontrollmaßstab des Bundesrechnungshofes, sondern darüber hinausgehend vielmehr als ein umfassende Geltung beanspruchendes Prinzip mit verfassungsrechtlichem Gewicht für alle staatlichen Einrichtung zu verstehen, das infolgedessen die gesamte staatliche Verwaltung bindet,[1069] also auch die Polizei- und Ordnungsverwaltung.

Dieser Ansatz überzeugt nicht zuletzt vor dem Hintergrund, dass gerade in den Zeiten immer knapper werdender öffentlicher Finanzmittel auch und gerade die Verwaltung in zunehmendem Maße zu wirtschaftlichem Handeln gezwungen ist.

(2) Herleitung des verfassungsrechtlichen Gewichts

Bindet aber das Wirtschaftlichkeitsgebot richtigerweise neben dem Bundesrechnungshof auch die gesamte Verwaltung, und damit auch die Polizei- und Ordnungsverwaltung, ist klärungsbedürftig, ob und auf welche Weise sich hieraus das verfassungsrechtliche Gewicht des Grundsatzes der Kostentragung des Störers bzw. der Freihaltung des Staates im Polizei- und Ordnungsrecht herleiten lässt.

Bockwoldt verneint bereits die Herleitung des verfassungsrechtlichen Gewichts dieses Grundsatzes aus dem Wirtschaftlichkeitsprinzip des Art. 114 Abs. 2 GG mit der knappen Begründung, dass Art. 114 Abs. 2 GG nichts über die Beschaffung öffentlicher Mittel aussage,[1070] sondern allenfalls Vorgaben bezüglich der Verwendung dieser Mittel geben könne.

Diese Feststellung *Bockwoldts* ist ohne Zweifel richtig. Mit dieser Erkenntnis ist indes die Frage nach der Herleitung des Grundsatzes der Kostentragung des Störers bzw. der Freihaltung des Staates in den Fällen staatlicher Gefahrenabwehr anstelle des Störers aus dem Wirtschaftlichkeitsprinzip des Art. 114 Abs. 2 GG noch nicht abschließend negativ beantwortet.

1067 *Maunz/Dürig-Kube*, GG, Art. 114, Rn. 100.

1068 *Maunz/Dürig-Kube*, GG, Art. 114, Rn. 101.

1069 *Gröpl*, Haushaltsrecht, S. 289 m.w.N., der es als „Handlungsmaßstab für die Exekutive" bezeichnet; *v. Arnim*, Wirtschaftlichkeit, S. 120 f., der es ein „formales Prinzip" nennt; zweifelnd *Maunz/ Dürig-Kube*, GG, Art. 114, Rn. 104, wo auf die Schwierigkeit hingewiesen wird, die Wertigkeit von Sachzielen zu gewichten.

1070 *Bockwoldt*, Rechtmäßigkeit und Kostentragungspflicht, S. 65.

Denn wenn das verfassungsrechtliche Wirtschaftlichkeitsgebot hinsichtlich der Beschaffung finanzieller Mittel auch schweigen mag, so ist dessen Aussage über die Verwendung dieser Mittel – ausgehend vom Wortlaut des Art. 114 Abs. 2 GG – umso klarer: Mit den öffentlichen Geldmitteln ist wirtschaftlich umzugehen. Dieses Wirtschaftlichkeitsprinzip beinhaltet nach allgemeiner Ansicht als Teilaspekt auch das Sparsamkeitsprinzip, welches eine sparsame Verwendung der öffentlichen Mittel bei der Erfüllung der behördlichen Aufgaben fordert.[1071] *Wilke* spricht insofern anschaulich auch von einem haushaltsrechtlichen Verbot, öffentliches Vermögen zu verschleudern,[1072] welches auch das Bundesverfassungsgericht als selbstverständlich ansehe. In der Tat spricht das Bundesverfassungsgericht in gewisser Relation zu *Wilkes* Ausführungen davon, dass bei der Veräußerung von öffentlichem Vermögen ein angemessener Preis zu erstreben sei, wobei wirtschafts- und sozialpolitische Ziele mitberücksichtigt werden müssten.[1073] Durch diese Formulierung werden die Aspekte der Wirtschaftlichkeit und – wenn auch nur mittelbar – der Sparsamkeit angesprochen. Ebenso anschaulich formuliert *Fromm* ein aus dem Rechtsstaatsprinzip hervorgehendes „Schenkungsverbot" des Staates, wonach es keine Verschwendung und Vergeudung wirtschaftlicher Güter geben dürfe.[1074]

Über die Reichweite und Anwendung des Schenkungsverbotes besteht Uneinigkeit,[1075] und diese Thematik soll in dieser Untersuchung auch nicht weiter vertieft werden. An dieser Stelle ist es ausreichend festzuhalten, dass sowohl das Wirtschaftlichkeitsgebot öffentlicher Haushalte als auch das Sparsamkeitsgebot Verfassungsprinzipien darstellen, welche die gesamte öffentliche Verwaltung binden und nach dem Wortlaut des Art. 114 Abs. 2 GG eine wirtschaftliche und sparsame Verwendung der finanziellen Mittel erfordern.

Neben den Vorgaben bezüglich der Verwendung öffentlicher Finanzmittel kann aber – entgegen *Bockwoldt* – nicht von vorneherein ausgeschlossen werden, dass das Wirtschaftlichkeitsprinzip gemäß Art. 114 Abs. 2 GG in bestimmten Fällen auch eine Relevanz bezüglich der Beschaffung bzw. der Erhebung von Finanzmitteln entfalten kann. Namentlich in den Fällen, in denen die öffentliche Hand finanzielle Mittel für bestimmte Amtshandlungen aufwendet, für die sie nicht bzw. nicht in erster Linie zuständig ist, erscheint es sachgerecht, dass das

---

1071 *Gröpl*, Haushaltsrecht, S. 289 f.; differenzierend, aber letztlich ähnlich *v. Arnim*, Wirtschaftlichkeit, S. 120.

1072 *Wilke*, Gebührenrecht, S. 155.

1073 BVerfGE 12, 354, 364.

1074 *Fromm*, BB 1971, 99, 100; im Ansatz ähnlich auch *Rüfner*, Formen öffentlicher Verwaltung, S. 148 ff.

1075 Dazu *Wilke*, Gebührenrecht, S. 155 ff.

Wirtschaftlichkeitsprinzip neben den Vorgaben hinsichtlich der Verwendung von Finanzmitteln auch die Erhebung von Kosten fordern kann.

Verdeutlicht werden soll dies anhand eines abstrakten Beispiels. Werden finanzielle Aufwendungen für bestimmte Tätigkeiten gemacht, die gerade nicht hätten durchgeführt werden müssen, dann erscheint es einleuchtend, dass eine solche Handlungsweise nicht sparsam und damit unwirtschaftlich ist. Handelt eine natürliche Person gleichwohl entsprechend, dann hat sie die Konsequenzen für dieses Handeln zu tragen. Jede natürliche Person ist im Staat des Grundgesetzes aufgrund der allgemeinen Handlungsfreiheit gemäß Art. 2 Abs. 1 GG grundsätzlich frei, das zu tun was sie für richtig hält – die Konsequenzen ihres Verhaltens muss sie freilich in Kauf nehmen. Ähnliches hat – bezogen auf den Umgang mit öffentlichen Finanzmitteln – konsequenterweise grundsätzlich auch für hoheitliches Handeln zu gelten. Nimmt demnach der Staat finanzielle Aufwendungen für bestimmte Maßnahmen in Kauf, die er nicht hätte durchführen müssen, so mag er zwar gegen das Wirtschaftlichkeitsprinzip verstoßen, dies rechtfertigt aber – nicht zuletzt vor dem Hintergrund des Steuerstaatsprinzips – bezogen auf diese Aufwendungen im Regelfall gerade nicht die Möglichkeit der finanziellen Inanspruchnahme des Bürgers zum Ausgleich für die vom Staat unwirtschaftlich verwendeten Finanzmittel. Ansonsten hätte der Bürger für das unwirtschaftliche staatliche Handeln letzten Endes gewissermaßen über die Zahlung von Steuern hinaus „geradezustehen", ohne dass er in irgendeiner Beziehung zu dem unwirtschaftlichen Staatshandeln in dem konkreten Einzelfall gestanden hätte.

In einem anderen Lichte stellt sich die Situation indes dar, wenn der Staat finanzielle Mittel für bestimmte Handlungen aufwendet, die er erst in zweiter Linie hätte durchführen müssen, weil diese vom Staat vorgenommene Handlung in erster Linie – aus welchen Gründen auch immer – dem Staatsbürger obliegt, der sie aber seinerseits gerade nicht durchgeführt hat. Jedenfalls in diesen Sonderfällen erscheint sachgerecht, dass dem Staat bereits aufgrund des Wirtschaftlichkeitsprinzips des Art. 114 Abs. 2 GG die Möglichkeit eröffnet sein muss, die Kosten dieser Handlungen und Maßnahmen auch auf den Bürger abzuwälzen, der das entsprechende Handeln in erster Linie hätte an den Tag legen müssen. Ansonsten bleibe der Staat endgültig mit diesen Aufwendungen belastet, obwohl ihn gerade nicht die Verpflichtung zur Durchführung dieser Handlung traf.

Wendet man diese allgemeinen und abstrakten Gedanken auf die Kostentragungspflicht des Störers im Polizei- und Ordnungsrecht an, so ist daran zu erinnern, dass die materielle Polizeipflicht einen Störer – sogar vorrangig gegenüber dem Staat[1076] – zur Gefahrenabwehr auf eigene Kosten verpflichtet. In den Fällen, in denen der Staat anstelle des vorrangig verpflichteten Störers die Gefahr abwendet, wendet dieser Kosten auf, für die der Störer vorrangig aufzukommen hat. Der Aufwand ist also für den Staat unwirtschaftlich, die Verwendung der Finanzmittel in diesem Fall dem Sparsamkeitsprinzip zuwiderlaufend.

Vor diesem Hintergrund erscheint es sachgerecht, jedenfalls in den Fällen, in denen die öffentliche Hand eine dem Störer zuzurechnende Gefahr abwehrt, das verfassungsrechtliche Gewicht des Grundsatzes des Kostentragung des Störers bzw. der Freihaltung des Staates auch aus dem Wirtschaftlichkeitsprinzip des Art. 114 Abs. 2 GG in Verbindung mit der materiellen Polizeipflicht herzuleiten.

cc) Zwischenergebnis

Festhalten lässt sich damit, dass dem Grundsatz der Kostentragung des Störers bzw. der Freihaltung des Staates im Polizei- und Ordnungsrecht verfassungsrechtliches Gewicht zukommt – und zwar unabhängig davon, ob der Störer oder die öffentliche Hand die Gefahr abwehrt.

b) Aussage des Grundsatzes der Kostentragung des Störers bzw. der Freihaltung des Staates auf den Umfang der materiellen Kostentragungspflicht des Störers

Der Grundsatz der Kostentragung des Störers bzw. der Freihaltung des Staates von den Kosten der Gefahrenabwehr fordert nach dem eben Ausgeführten eine unbeschränkte Kostentragungspflicht des Störers. Wem eine Gefahr zuzurechnen ist, der hat nach diesem Grundsatz in unbeschränktem Umfang für die Kosten der Gefahrenabwehrmaßnahmen aufzukommen.

c) Zusammenfassung

Der Grundsatz der Kostentragung des Störers bzw. der Freihaltung des Staates wird aus dem Charakter der materiellen Polizeipflicht in Form einer verfassungsrechtlichen Grundpflicht sowie in den Fällen, in denen die öffentliche Hand anstelle des Störers eine Gefahr abwehrt, zusätzlich aus dem Grundsatz der Wirtschaftlichkeit öffentlicher Haushalte gemäß Art. 114 Abs. 2 GG in Verbindung mit der materiellen Polizeipflicht hergeleitet. Er hat demnach verfassungsrechtliches Gewicht und gebietet grundsätzlich die unbeschränkte Kostentragungspflicht des Störers auf der Sekundärebene.

1076 Dies ist die Konsequenz der „gestuften Antwort“ der Polizei- und Ordnungsgesetze, siehe oben Kapitel 1.

3. Verhältnismäßigkeitsgrundsatz

Wie bereits auf der Primärebene, so kommt dem Grundsatz der Verhältnismäßigkeit auch auf der Sekundärebene ein besonderer Stellenwert zu.

Die Bestimmung des Umfangs der Kostentragungspflicht vor dem Hintergrund des Verhältnismäßigkeitsgrundsatzes hat auch auf der Sekundärebene anhand der „Zweck-Mittel-Relation" in Bezug auf das zulässige Ziel zu erfolgen. Dieses zulässige Ziel besteht in den hier relevanten Fällen, in denen wenigstens einem Störer eine Gefahr für die öffentliche Sicherheit und Ordnung zugerechnet werden kann, wie gezeigt darin, den Staat von den Kosten diesbezüglicher Gefahrenabwehrmaßnahmen freizuhalten bzw. sie dem Störer aufzuerlegen.[1077]

Der Grundsatz der Verhältnismäßigkeit setzt dieses gesetzgeberische Ziel im Rahmen der Prüfung eines konkreten Einzelfalls in Relation zu den rechtlichen Interessen des Störers und versucht vor diesem Hintergrund einen gerechten Ausgleich sämtlicher berührter Interessen im Einzelfall anhand der „Zweck-Mittel-Relation" herzustellen.[1078]

Wie sich ein solches Ergebnis der Prüfung des Verhältnismäßigkeitsgrundsatzes in Bezug auf den Umfang der Kostentragungspflicht darstellt, soll an dieser Stelle noch nicht abschließend beantwortet werden. Erst wenn sämtliche Rechtsgrundsätze auf der Sekundärebene dargestellt worden sind, soll im Rahmen ihres Zusammenwirkens erörtert werden, wie sich der Umfang der Kostentragungspflicht vor dem Hintergrund des Verhältnismäßigkeitsgrundsatzes darstellt.[1079]

4. Grundsatz der Lastengleichheit

Der aus dem allgemeinen Gleichheitssatz gem. Art. 3 Abs. 1 GG herzuleitende[1080] Grundsatz der Lastengleichheit setzt das Vorhandensein mehrerer Störer zwingend voraus, da er die Verteilung von Lasten unter mehreren zu belastenden Personen regelt. Auf der Sekundärebene im Polizei- und Ordnungsrecht fordert er in Bezug auf die Kostentragungspflicht, dass die Kostenverteilung auf alle Störer nach dem Maß der zurechenbaren Mitursächlichkeiten zu erfolgen hat.[1081] Jeder Störer haftet nach diesem Grundsatz bereits vom Ansatz her nur für seinen Anteil an der Verursachung des polizeiwidrigen Zustandes.[1082]

1077 Siehe oben Kapitel 7, A. und Kapitel 7, C, II., 2.

1078 Vgl. Kapitel 6, A, II., 1., b).

1079 Dazu Kapitel 7, C, III.

1080 Siehe oben Kapitel 6, A, III., 1., b).

1081 *Ruder/Schmitt*, Polizeirecht, Rn. 280.

1082 *Ruder/Schmitt*, Polizeirecht, Rn. 280; *Würtenberger/Heckmann*, Polizeirecht, Rn. 514.

Insofern deckt sich die Grundforderung des Grundsatzes der Lastengleichheit in Bezug auf die Kostentragungspflicht mit dem auf die Primärebene gefundenen Ergebnis.[1083]

Ungleichbehandlungen widersprechen der Grundforderung dieses Grundsatzes. Sie sind aber nach der „neuen Formel" gerechtfertigt, wenn den Anforderungen des Verhältnismäßigkeitsgrundsatzes genügt wird.[1084]

III. Konsequenzen des Wirkens der rechtlichen Grundsätze in Bezug auf den Umfang der Kostentragungspflicht des Störers auf der Sekundärebene

Da bezüglich des Umfangs zwischen Kostentragungs- und Gefahrenabwehrpflicht im Polizei- und Ordnungsrecht jedenfalls insoweit zu differenzieren ist, als auf beiden Ebenen jeweils eigenständige Rechtsgrundsätze wirken bzw. die Rechtsgrundsätze auf der jeweiligen Ebene vor dem Hintergrund verschiedener Gesetzeszwecke jeweils ein anderes rechtliches Gewicht haben,[1085] ist es nunmehr erforderlich, sämtliche auf der Sekundärebene wirkenden Rechtsgrundsätze in den Blick zu nehmen und zu prüfen, wie sie sich zueinander in Bezug auf den Umfang der Kostentragungspflicht verhalten.

Vor diesem Hintergrund wird vertreten, dass die Kostentragungspflicht auf der Sekundärebene den Störer stets in voller Höhe treffen müsse.[1086]

Begründet wird diese Sichtweise indes in allererster Linie mit dem oben dargestellten Grundsatz der Konnexität, wonach die Kostenpflicht auf der Sekundärebene das Surrogat der Beseitigungspflicht auf der Primärebene darstelle.[1087] Wenn die materielle Polizeipflicht auf der Primärebene stets vollumfänglich sei, so müsse dies aufgrund des Konnexitätsgrundsatzes konsequenterweise auch für die Polizeipflicht auf der Sekundärebene gelten. Namentlich *Lisken/Denninger*

1083 Dazu Kapitel 6, A, III., 1.

1084 Siehe oben Kapitel 6, A, III., 1., b).

1085 Dazu Kapitel 7, C, I., 6.

1086 VGH München, NVwZ 1986, 942, 944 ff.; *Kloepfer/Thull*, DVBl. 1989, 1121, 1122, die ausdrücklich hervorheben, dass ein Störer gegenüber der Behörde stets in vollem Umfang polizeipflichtig sei – und zwar sowohl auf der Primär- wie auch auf der Sekundärebene; *Merten/Merten*, Hamburgisches Polizei- und Ordnungsrecht, § 9, Rn. 8; im Ergebnis ähnlich auch *Brandt/Dieckmann/Wagner*, Altlasten, S. 59, wo auf den vollen Umfang der Verantwortlichkeit aller Störer hingewiesen wird; im Ergebnis ebenfalls zumindest ähnlich auch *Spannowsky*, DVBl. 1994, 560, 561.

1087 VGH München, NVwZ-RR 1989, 298, 299; *Giesberts*, Lastenverteilung, S. 28 f.; *Seibert*, DVBl 1985, 328, 328; *Selmer*, GS-Martens, 483, 492; zumindest ähnlich *Spannowsky*, DVBl. 1994, 560, 561; vgl. unter anderem Kapitel 6, B, II., 1., d), bb), (2).

machen deutlich, dass es nicht angehen könne, dass es auf der Primärebene einen aus Effektivitätsgründen erweiterten Begriff der Polizeipflicht geben könne, während auf der Sekundärebene ein engerer Begriff dieser Pflicht zugrunde gelegt werde.[1088]

Zu Beginn der Erörterung der Sekundärebene wurde der Grundsatz der Konnexität bezüglich des Umfangs der materiellen Polizeipflicht auf Primär- und Sekundärebene verneint.[1089] Somit kann die Ansicht, wonach eine unbeschränkte Kostentragungspflicht auf der Sekundärebene gegeben sein soll, zumindest nicht pauschal mit dem Verweis auf den Konnexitätsgrundsatz begründet werden. Die Klärung der Frage, ob ein Störer auf der Sekundärebene in vollem oder nur in begrenztem Umfang materiell polizei-, also kostentragungspflichtig ist, muss vielmehr wie eben ausgeführt anhand der auf der Sekundärebene wirkenden Rechtsgrundsätze vor dem Hintergrund des Zwecks auf dieser Ebene entschieden werden.

1. Grundsatz der unbeschränkten Kostentragungspflicht

Von diesem Ansatz ausgehend ist auch auf dieser Ebende grundsätzlich eine unbeschränkte Kostentragungspflicht des Störers angemessen.[1090]

Als Hauptargument für dieses Ergebnis ist einmal mehr die materielle Polizeipflicht zu nennen, die als verfassungsrechtliche Grundpflicht die Gefahrenabwehr des Störer auf eigene Kosten fordert. Ist demnach ein Störer vorhanden, so ist dieser nicht nur für die Abwehr der ihm zuzurechnenden Gefahr verantwortlich, sondern auch für die Tragung der Kosten dieser Gefahrenabwehrmaßnahmen.

Das verfassungsrechtliche Gewicht des Ziels der Kostenfreihaltung des Staates bzw. der Kostentragung des Störers wurde oben dargestellt und spiegelt sich auch in den einschlägigen Polizei- und Ordnungsgesetzen wider. Dort werden Ausgleichsansprüche der öffentlichen Hand gegen den Störer im Falle beispielsweise der Ersatzvornahme oder der unmittelbaren Ausführung normiert, aber keine Ausgleichsansprüche des Störers gegen die öffentliche Hand. Auch eine Beschränkung dahingehend, dass eine nur anteilige Kostentragungspflicht des Störers gewollt ist, lässt sich dem Gesetz indes nicht entnehmen. Eine Begrenzung der Kostentragungspflicht des Störers würde dem Gestzeszweck der

---

1088 *Lisken/Denninger*, Handbuch des Polizeirechts, D, Rn. 132.

1089 Siehe oben Kapitel 7, C, I., 6.

1090 So im Ergebnis statt vieler *Felix/Nitschke*, NordÖR 2004, 469, 472; *Kloepfer/Thull*, DVBl. 1989, 1121, 1122.

Kostenfreihaltung des Staates zuwiderlaufen. Die Kostentragungspflicht des Störers ist daher grundsätzlich als eine unbeschränkte Pflicht anzusehen.

2. Zu den Möglichkeit der Begrenzung der Kostentragungspflicht

Fraglich ist indes, ob – anders als noch auf der Primärebene – im Lichte der auf der Sekundärebene relevanten Rechtsgrundsätze als Ausnahme von der grundsätzlich unbeschränkten Kostentragungspflicht des Störers eine Begrenzung der Kostentragungspflicht in den sogenannten Opferfällen oder in den Konstellationen einer Störermehrheit möglich ist.

a) Begrenzung der Kostentragungspflicht bei Vorliegen einer Störermehrheit

Zunächst soll die Frage geklärt werden, ob im Falle einer Störermehrheit die Kostentragungspflicht dahingehend zu begrenzen ist, dass jeder Störer jedenfalls dann nur bezüglich des ihm zuzurechnenden Anteils an der Gefahrenentstehung kostentragungspflichtig sein kann, wenn die Gefahrenverursachung nicht in gegenseitigem Einvernehmen geschah.[1091]

Namentlich der VGH München führte in seinem Urteil vom 8.9.1983 aus, dass zwischen der materiellen Polizeipflicht bzw. der Verantwortlichkeit auf Primär- und Sekundärebene dahingehend zu differenzieren sei, dass auf der Primärebene aus Effektivitätsgründen eine Erweiterung der Verantwortlichkeit angezeigt sei, während auf der Sekundärebene richtigerweise ein engerer Begriff der Verantwortlichkeit Geltung beanspruchen müsse.[1092] Die Vertreter dieser Ansicht fordern eine differenzierende Betrachtungsweise dahingehend, dass die Polizeipflicht auch auf der Sekundärebene immer dann eine unbegrenzte sei, wenn die Störer in bewusstem und gewolltem Zusammenwirken eine Gefahr verursacht haben. Haben sie aber unabhängig voneinander eine Gefahr verursacht, sollen alle Störer nur für ihren jeweiligen Anteil an der Gefahr kostentragungspflichtig sein.[1093]

1091 So beispielsweise VGH München, NJW 1984, 1196, 1196; *Garbe*, DÖV 1998, 632, 634; *Jochum*, NVwZ 2003, 526, 527 ff.; *Ruder/Schmitt*, Polizeirecht, Rn. 280; *Würtenberger/Heckmann*, Polizeirecht, Rn. 514 ff.; auch und gerade *Giesberts* fordert im Falle einer Störermehrheit jedenfalls auf der Sekundärebene eine Polizeipflicht / Verantwortlichkeit entsprechend der jeweiligen Verursachungsanteile, vgl. *Giesberts*, Lastenverteilung, S. 79, S. 158 ff. und S. 136 ff.; ähnlich *Selmer*, GS-Martens, 483, 503.

1092 VGH München, NJW 1984, 1196, 1196.

1093 So bereits *Franzen*, Lehrkommentar zum Polizeiverwaltungsgesetz, S. 233; im Ergebnis ebenso *Würtenberger/Heckmann*, Polizeirecht, Rn. 514 f.; vereinzelt wird sogar vertreten, in bestimmten Fällen die Polizeipflicht / Verantwortlichkeit auf der Primärebene zu bejahen, während sie auf der Sekundärebene in Gänze verneint wird, vgl. dazu VGH München, NJW 1984,

Begründet wird dieser Ansatz mit dem Verhältnismäßigkeitsgrundsatz,[1094] dem Prinzip der gerechten Lastenverteilung,[1095] namentlich Art. 3 GG,[1096] sowie der „logischen Verschiedenheit“ der Polizeipflicht bzw. der Verantwortlichkeit auf Primär- und Sekundärebene.[1097] Wollte man dies anders sehen und jeden Störer in kostentechnischer Hinsicht als in voller Höhe polizeipflichtig qualifizieren, und einen Störer, der dann ggf. alleine die Kosten zu tragen hätte, auf zivilrechtliche Ausgleichsansprüche gegen die übrigen Störer verweisen, dann sei dieses Ergebnis als gleichheitswidrig und unverhältnismäßig anzusehen.[1098] Dies sei namentlich deswegen der Fall, weil in diesen Fällen sowohl der Ermittlungsaufwand als auch das prozessuale Risiko über den Ausgang eines zivilrechtlichen Prozesses bei dem die Kosten der Gefahrenabwehrmaßnahme allein tragenden Störer verbleiben würde.[1099] Dies könne nicht hingenommen werden, vielmehr würden namentlich der Untersuchungsgrundsatz[1100] sowie der Grundsatz der gerechten Lastenverteilung gebieten,[1101] dass die öffentliche Hand die jeweiligen Verursachungsanteile ermitteln müsse.

Eine solche Sichtweise hätte in der Tat zur Folge, dass die Polizei- und Ordnungsbehörden stets die entsprechenden Verursachungsbeiträge der jeweiligen Störer bezogen auf den konkret in Rede stehenden Einzelfall ermitteln müssten[1102] und danach jeden Störer auch nur in Höhe des jeweiligen Anteils zur Kostentragung heranziehen dürften, sofern die Polizei- und Ordnungsbehörde die Gefahr selber abgewehrt haben sollte und es um die Frage der Kostenabwälzung ginge.

Hätte hingegen ein Störer die Gefahr auf der Primärebene alleine abgewehrt, dann wäre er zwar auf der Primärebene in voller Höhe materiell polizeipflichtig, auf der Sekundärebene bestünde die materielle Kostentragungspflicht indes nur bis zur Höhe seines von der öffentlichen Hand zu ermittelnden Verursachungsanteils, so dass ihm nach diesem Ansatz ein Ausgleichsanspruch gegen die öffentliche Hand entsprechend der Entschädigungsregelung des Nichtstörers in der

---

1196, 1196, wo im Falle eines verkehrswidrigen Parkens des PKW des Halters durch einen Dritten ausgeführt wird, dass der Halter für den Bereich der Kostenerstattung für die entstandenen Abschleppkosten nicht als erstattungspflichtiger Störer qualifiziert werden könne.

1094 *Jochum*, NVwZ 2003, 526, 530.

1095 *Giesberts*, Lastenverteilung, S. 160; *Ruder/Schmitt*, Polizeirecht, Rn. 280.

1096 *Jochum*, NVwZ 2003, 526, 528.

1097 VGH München, NJW 1984, 1196, 1196.

1098 VGH München, NJW 1984, 1196, 1196.

1099 *Jochum*, NVwZ 2003, 526, 527.

1100 *Würtenberger/Heckmann*, Polizeirecht, Rn. 516.

1101 *Giesberts*, Lastenverteilung, S. 160 f.

1102 *Giesberts*, Lastenverteilung, S. 57 und S. 155 ff.; *Würtenberger/Heckmann*, Polizeirecht, Rn. 515 f.

seinen Anteil an der Gefahrenverursachung übersteigenden Höhe zustehen müsste.[1103]

Das Ausfall- bzw. Insolvenzrisiko der übrigen Störer würde nach diesem Ansatz bei der öffentlichen Hand verbleiben.[1104]

Eine solches Ergebnis entspräche in der Tat der Grundforderung des im Art. 3 Abs. 1 GG wurzelnden Grundsatzes der Lastengleichheit, wonach wesentlich Gleiches auch gleich behandelt werden muss, also Lasten gleich verteilt werden müssen.[1105] Da in der hier relevanten Konstellation einer Störermehrheit verschiedene Störer betrachtet werden müssen, die insoweit im Sinne des allgemeinen Gleichheitssatz als wesentlich gleich betrachtet werden können,[1106] spricht hier jedenfalls die Grundaussage des Art. 3 Abs. 1 GG dafür, dass jeder Störer nur hinsichtlich seines Verursachungsanteils an der Gefahr kostentragungspflichtig sein darf.

Eine Ungleichbehandlung von Personen ist indes nicht in jedem Fall ausgeschlossen, sondern nach der oben dargestellten „neuen Formel" vielmehr immer dann gerechtfertigt, wenn sie verhältnismäßig ist.[1107] Es wäre also auch nach dem Gleichheitssatz jedenfalls grundsätzlich möglich, jeden Störer als in voller Höhe kostentragungspflichtig anzusehen, sofern ein solches Ergebnis dem Grundsatz der Verhältnismäßigkeit entspräche.

Die Vertreter der nur anteiligen Kostentragungspflicht eines jeden Störers berufen sich indes darauf, dass die Verlagerung der Ermittlungspflichten und des Beweisrisikos auf den Störer, der im Falle einer alleinigen Kostentragung entsprechende Ausgleichsansprüche gegen die übrigen Störer auf zivilrechtlichem Wege prozessual geltend machen, beweisen und auch durchsetzen müsste, unverhältnismäßig sei.[1108]

Diese Sichtweise ist indes angreifbar. Zwar sind im Rahmen der Verhältnismäßigkeitsprüfung die Belange des Störers, der im Falle der Bejahung einer unbeschränkten Polizeipflicht auch auf der Sekundärebene ggf. alleine die Kosten zu tragen hätte, zu berücksichtigen. Andererseits müssen auch die Belange der öffentlichen Hand in den Blick genommen und ins Verhältnis zu den individuellen Belangen des Störers vor dem Hintergrund des Interesses des Gesetzgebers gesetzt werden.

Diesbezüglich soll nicht unerwähnt bleiben, dass sich in Literatur und Rechtsprechung auch Einschränkungen und Relativierungen bezogen auf die Ermitt-

---

1103 *Jochum*, NVwZ 2003, 526, 530; *Würtenberger/Heckmann*, Polizeirecht, Rn. 516.

1104 *Ruder/Schmitt*, Polizeirecht, Rn. 280; *Würtenberger/Heckmann*, Polizeirecht, Rn. 515.

1105 Dazu ausführlich Kapitel 6, A, III.

1106 Siehe oben Kapitel 6, A, III., 1., b).

1107 Siehe oben Kapitel 6, A, III., 1., b).

1108 Dazu vertiefend *Jochum*, NVwZ 2003, 526, 527 ff.

lungspflichten der öffentlichen Hand und damit auch bezogen auf den Ansatz der nur anteiligen Kostentragungspflicht eines jeden Störers finden. So führt das Oberverwaltungsgericht Koblenz aus, dass es zwar gewisse Ermittlungspflichten der öffentlichen Hand gebe, dass diese Pflichten aber nicht überspannt werden dürften.[1109] Auch *Willigmann* wies bereits in den 1960er Jahren auf eine Einschränkung der Ermittlungspflichten dahingehend hin, dass sie nicht ins Uferlose ausgeweitet werden dürfe.[1110] Es könne namentlich nicht verlangt werden, dass die Polizei- und Ordnungsbehörde die im Einzelfall zweifelhafte und möglicherweise sogar streitige Frage der Verursachung abschließend entscheidet.[1111] Ferner soll an dieser Stelle mit *Giesberts* auch ein Vertreter genannt werden, der sich für eine Verantwortlichkeit nach Verursachungsanteilen jedenfalls auf der Sekundärebene ausspricht. Auch er deutet an, dass auf der Sekundärebene Praktikabilitätserwägungen im Rahmen der Ermittlungspflichten der Behörden relevant werden könnten. Seiner Ansicht nach könne es beispielsweise nicht die Aufgabe der Behörden sein, verschiedene Kausalitätsfragen bis in die kleinsten Verästelungen nachzuzeichnen.[1112] Die Pflicht zur Ermittlung sei auch auf der Sekundärebene nicht grenzenlos.[1113]

Am weitesten geht jedoch das Oberverwaltungsgericht Berlin, das eine Pflicht zur Ermittlung der Tatsachen im Jahr 1951 in Gänze verneinte.[1114] Nach Ansicht des Gerichts sei es nicht die Verpflichtung der Polizeibehörde, von sich aus im Einzelnen aufzuklären, wer von mehreren Polizeipflichtigen überwiegend für den polizeiwidrigen Zustand verantwortlich sei.[1115]

Im Folgenden soll die Thematik der nur anteiligen Kostentragungspflicht eines jeden Störers namentlich vor dem Hintergrund der Ermittlungspflicht der Behörde und der Tragung des Insolvenzrisikos erörtert werden.

aa) Funktionsfähigkeit der Verwaltung in Bezug auf deren Hauptaufgaben

Diesbezüglich ist zunächst ein Unterpunkt des Grundsatzes der Verwaltungseffizienz zu nennen, der gegen eine Ermittlungspflicht der Behörde und somit im Falle einer Störermehrheit für eine volle Kostentragungspflicht eines jeden Störers spricht.

1109 OVG Koblenz, DÖV 1988, 80, 81.

1110 So im Ansatz bereits *Willigmann*, DVBl. 1965, 761, 763, wo bereits der Aspekt der Bewegungsfreiheit der Polizei angesprochen wird.

1111 *Willigmann*, DVBl. 1965, 761, 763.

1112 *Giesberts*, Lastenverteilung, S. 90.

1113 *Giesberts*, Lastenverteilung, S. 160.

1114 OVG Berlin, DVBl. 1952, 760, 760.

1115 OVG Berlin, DVBl. 1952, 760, 760.

Wie im Rahmen der Erörterung des Effizienzgrundsatzes dargestellt wurde, soll dieser Grundsatz unter anderem auch sicherstellen, dass die Funktionsfähigkeit der Verwaltung in Bezug auf ihre Hauptaufgaben gewährleistet ist (sogenannte zielunabhängige Effizienz bzw. Organisationseffizienz).[1116] Dieser Unterpunkt der Verwaltungseffizienz gebietet es, dass die Verwaltung vor übermäßiger anderweitiger Belastung geschützt wird, welche die Konzentration auf die Hauptaufgaben und damit das optimale Funktionieren der Behörde in Bezug auf diese Hauptaufgaben beeinträchtigen würde.[1117] Hauptaufgabe im Polizei- und Ordnungsrecht ist wie gezeigt die Abwehr von Gefahren bzw. von Störungen für die öffentliche Sicherheit und Ordnung. Andere Tätigkeiten, wie auch entsprechende Ermittlungen von Verursachungsanteilen der Störer im Falle einer Störermehrheit, erscheinen zwar namentlich mit Verweis auf das Gerechtigkeitsempfinden erforderlich, sind aber jedenfalls in Relation zu dieser Hauptaufgabe als nachrangig zu qualifizieren.[1118]

Hält man sich aber in diesem Lichte die Tatsache vor Augen, dass die genaue Ermittlung der entsprechenden Verursachungs- bzw. Gefahrenzurechnungsanteile eines jeden Störers einen immensen Verwaltungsaufwand darstellt, der Mensch und Material bindet, und auch in tatsächlicher Weise im Einzelfall zu erheblichen Schwierigkeiten führen kann,[1119] so darf nicht außer acht gelassen werden, dass auf diese Weise Kräfte gebunden werden, die dann nicht mehr auf der Primärebene zur eigentliche Hauptaufgabe der Gefahrenabwehr eingesetzt werden könnten. Gerade in Zeiten immer knapper werdender finanzieller Mittel und Einsparungen auch und gerade im personellen Bereich würde diese Konsequenz dem Effizienzgrundsatz in spürbarer Weise zuwiderlaufen.[1120]

Vor diesem Hintergrund ist demnach auch die Aussage, dass der Grundsatz der Effektivität der Gefahrenabwehr auf der Sekundärebene keine Bedeutung mehr habe,[1121] zumindest in dieser Pauschalität gerade nicht überzeugend. Vielmehr würde die Effektivität der Gefahrenabwehr durch Bindung personeller Ressourcen im Rahmen der geforderten Ermittlungsarbeiten auf der Sekundärebene jedenfalls mittelbar eine Beeinträchtigung erfahren. Sollte die Polizei- und Ordnungsbehörden daher in jedem Fall die Ermittlung der genauen Gefahrenzurechnungsanteile der jeweiligen Störer leisten müssen, da jeder Störer stets nur in

---

1116 Siehe oben Kapitel 6, A, I., 1., a), aa).

1117 *Steinberg*, DÖV 1982, 619, 620 f.; ähnlich *Leisner*, Effizienz, S. 7.

1118 Im Ergebnis ähnlich und wie gezeigt noch konsequenter OVG Berlin, DVBl. 1952, 760, 760.

1119 Hierauf weist auch *Klages*, AbfallR 2012, 135, 135 hin.

1120 Zu dem Aspekt der begrenzten sachlichen und personellen Mittel, wenn auch in anderem Zusammenhang, vgl. *Pieroth/Schlink/Kniesel*, Polizei- und Ordnungsrecht, § 10, Rn. 32.

1121 *Bockwoldt*, Rechtmäßigkeit und Kostentragungspflicht, S. 65; *Giesberts*, Lastenverteilung, S. 53; *Jochum*, NVwZ 2003, 526, 528.

Höhe dieses Anteils auf der Sekundärebene polizei-, also kostentragungspflichtig wäre, so würde dies die Organisationseffizienz spürbar beeinträchtigen.

Auch wenn eine solche Sichtweise des Effizienzgrundsatzes, die in erster Linie auf die tatsächlichen Gegebenheiten abstellt, in der Vergangenheit vereinzelt als unjuristisch abgetan wurde,[1122] so hat sich richtigerweise in der jüngeren Vergangenheit die Sichtweise durchgesetzt, dass jede Rechtsanwendung im Verwaltungsrecht die Realitäten nicht aus dem Blick verlieren dürfe, sondern sich vielmehr der Verwaltungswirklichkeit öffnen müsse.[1123] Namentlich *Schwarze* führt in überzeugender Weise aus, dass eine realitätsbezogene Auffassung von Verwaltungsrecht nicht umhin komme, die tatsächlichen Leistungsbedingungen des verwaltungsbehördlichen Handelns vor dem Hintergrund einer praktisch kaum zu reduzierenden Aufgabenfülle mit in die juristische Betrachtungsweise einzubeziehen.[1124]

Untermauert wird diese Ansicht durch das immer größer werdende Gewicht des Effizienzgrundsatzes auch in der Gesetzgebung. Immer häufiger wird bei der Schaffung neuer Gesetze Wert auf eine effiziente Aufgabenerfüllung der Verwaltung bzw. auf ein effizientes Erreichen des gesetzgeberischen Ziels gelegt. Als Beispiel soll diesbezüglich nur das Informationszugangsgesetz des Landes Schleswig-Holstein vom 19.1.2012 genannt sein, wo in der Gesetzesbegründung ausdrücklich die Reduzierung des Verwaltungsaufwands – und damit die Entlastung der Verwaltung – als Gesetzesziel aufgeführt sind.[1125]

Freilich kann allein mit dem Verweis auf die Organisationseffizienz und die mittelbare Beeinträchtigung der Effektivität der Gefahrenabwehr auf der Primärebene noch nicht die Pflicht der Behörde zur Ermittlung der Verursachungsanteile verneint werden. Die öffentliche Hand wäre selbstverständlich dem Untersuchungsgrundsatz entsprechend zur Ermittlung der Verursachungsanteile verpflichtet, wenn diese Tätigkeit nach der Intention des Gesetzgebers im Lichte der Aussagen des Grundgesetzes in ihrer Sphäre liegen würde. Gerade dies ist jedoch nicht der Fall.

Oben wurde dargestellt, dass die Aufgabe der Gefahrenabwehr sowohl den Staat als auch in bestimmten Fällen den Bürger trifft.[1126] Gerade in den Fällen, in denen mindestens ein Störer vorhanden ist, dem eine abzuwehrende Gefahr zugerechnet werden kann, ist dieser aufgrund der materiellen Polizeipflicht als einer verfassungsrechtlichen Grundpflicht auch ohne eine behördliche Verfügung

---

1122 Dazu *Schwarze*, DÖV 1980, 581, 582.

1123 Ausführlich dazu *Schwarze*, DÖV 1980, 581, 589 m.w.N.

1124 *Schwarze*, DÖV 1980, 581, 589.

1125 Schleswig-Holsteinischer Landtag, Drucks. 17/1610, S. 21.

1126 Siehe oben Kapitel 3, A und B.

zur Gefahrenabwehr verpflichtet – und zwar auf eigene Kosten.[1127] Zwar trifft auch in diesen Fällen die öffentliche Hand nach wie vor die verfassungsrechtliche Pflicht zur Gefahrenabwehr. Wie aber aus der „gestuften Antwort“[1128] der allgemeinen Polizei- und Ordnungsgesetze deutlich wird, wird sie erst in zweiter Linie dazu verpflichtet. In erster Linie obliegt die Pflicht zur Gefahrenabwehr dem Störer. Die Polizei- und Ordnungsbehörden sollen zur Gefahrenabwehr vielmehr erst dann selbst handeln, wenn die Inanspruchnahme des oder der Störer nicht möglich oder nicht erfolgversprechend ist.

Gerade weil die materielle Polizeipflicht den Störer in Form einer Grundpflicht dazu verpflichtet, ihm zuzurechnende Gefahr auf eigene Kosten abzuwehren, und weil der Störer im Vergleich zur öffentlich Hand sogar vorrangig zur Gefahrenabwehr verpflichtet ist, ist er es auch, der in erster Linie die Kosten für die Abwehr ihm zuzurechnender Gefahren zu tragen hat. Die Kostentragungspflicht liegt jedenfalls in den Fällen, in denen mindestens ein Störer vorhanden ist, nicht in der Sphäre des Staates, sondern in der des Störers.

Dies gilt konsequenterweise auch in den Fällen, in denen mehrere Störer gegeben sind. Sie haben die Kosten der Gefahrenabwehr zu tragen, nicht der Staat. Insofern ist auch die Frage nach der Ermittlung der entsprechenden Verursachungsanteile der jeweiligen Störer keine Frage, die der Staat zu beantworten hat. Vielmehr handelt es sich hierbei ausschließlich eine Problematik, welche der Sphäre der Störer zugeordnet ist und welche die Störer daher untereinander zu klären haben.

Vor diesem Hintergrund ist es mit den Vorgaben der Organisationseffizienz und den mittelbaren Beeinträchtigungen des Grundsatzes des effektiven Gefahrenabwehr gerade nicht in Einklang zu bringen, wenn auf der Sekundärebene eine nur anteilige Kostenpflicht der einzelnen Störer mit der Folge gegeben sein soll, dass der Staat die jeweiligen Anteile ermitteln müsse.

Insofern muss die Forderung des Effizienzgrundsatzes, wonach die Polizei- und Ordnungsbehörden sich auf die Hauptaufgabe der Gefahrenabwehr zu konzentrieren und in Bezug auf diese Hauptaufgabe umfassend funktionstüchtig zu sein haben, vor dem Hintergrund der Tatsache, dass die Kostentragungspflicht – und somit auch die Ermittlung der jeweiligen Verursachungsanteile – in der Sphäre der Störer und nicht in der des Staates liegt, dazu führen, dass der Staat

1127 Siehe oben Kapitel 4, A und B.

1128 Von dieser „gestuften Antwort“ wird wie gesagt im Lehrbuch von *Pieroth/Schlink/Kniesel* gesprochen, wonach erst der Störer, dann erst die Behörde und dann erst der Nichtstörer zur Gefahrenabwehr verpflichtet sei, *Pieroth/Schlink/Kniesel*, Polizei- und Ordnungsrecht, § 9, Rn. 2; vgl. dazu bereits Kapitel 1.

nicht zur Ermittlung der jeweiligen Verursachungsanteile verpflichtet ist.[1129] Dies spricht für eine unbeschränkte Kostentragungspflicht eines jeden Störers.[1130]

bb) Gebot der sparsamen Mittelverwendung

An die Tatsache anknüpfend, dass die Kostentragungspflicht in der Sphäre des Störers liegt und nicht in der des Staates, spricht gegen die Verlagerung der Ermittlungspflicht auf die öffentliche Hand und somit für die volle Kostentragungspflicht eines jeden Störers auch im Falle der Störermehrheit ferner das aus der Zweck-Mittel-Effizienz hervorgehende Gebot der sparsamen Mittelverwendung.[1131]

Wie eben erwähnt wurde, darf nicht außer acht gelassen werden, dass die genaue Ermittlung der entsprechenden Verursachungs- bzw. Gefahrenzurechnungsanteile einen großen zeitlichen, personellen und auch finanziellen Aufwand darstellt.

Vor diesem Hintergrund ist nochmals darauf hinzuweisen, dass – wie auch von Literatur und Rechtsprechung zu Recht betont wird – der Effizienzgrundsatz in Form der „Zweck-Mittel-Effizienz" gerade auch eine sparsame Verwendung öffentlicher Mittel gebietet.[1132]

Freilich kann alleine die Tatsache, dass die Ermittlung der jeweiligen Verursachungsanteile zu entsprechenden Kosten führt, wie gesagt noch nicht dazu führen, dass der Effizienzgrundsatz alleine aus diesen Gründen einer Ermittlungspflicht entgegensteht.

1129 Dies muss nach dem eben Ausgeführten auf jeden Fall für die materielle Kostentragungspflicht als solche gelten. Im Falle der Ermessenentscheidung bezüglich der Frage der Abwälzung der Kosten auf den oder die Störer im Falle der Gefahrenabwehr durch die öffentliche Hand wird zunehmend vertreten, dass die öffentliche Hand im Falle einer Störermehrheit verpflichtet sei, vor der Abwälzung der Kosten aufgrund des Grundsatzes der gerechten Lastenverteilung die einzelnen Verursachungsanteile der einzelnen Störer zu ermitteln, vgl. VGH Mannheim, NVwZ-RR 2012, 387, 387 ff. Die Verfahrensökonomie sei kein sachgemäßer Ermessensgesichtspunkt. Auch wenn dem Gericht darin beizupflichten ist, dass zwischen materieller Polizeipflicht einerseits und Ermessensentscheidung andererseits differenziert werden muss, so kann den Ausführungen des VGH Mannheims – jedenfalls bezogen auf die Aussage, dass Aspekte der Verfahrensökonomie gar keine Berücksichtigung finden dürften – nach dem eben Ausgeführten in dieser Pauschalität nicht beigepflichtet werden – jedenfalls nicht bezüglich der Frage nach dem Umfang der materiellen Polizeipflicht auf der Sekundärebene; auf diese Bedenken im Ansatz ebenfalls hinweisend *Klages*, AbfallR 2012, 135, 135.

1130 Ähnlich und vor dem Hintergrund der eben gemachten Ausführungen überzeugend VGH München, BayVBl. 1999, 180, 181.

1131 Dazu Kapitel 6, A, I., 2., a), aa).

1132 OVG Saarlouis, AS, Bd. 17, 328, 329; siehe oben Kapitel 6, A, I., 1., a), aa).

Aber neben den oben angesprochenen Bedenken bezüglich einer mittelbaren Beeinträchtigung der Effektivität der Gefahrenabwehr durch den Umfang behördlicher Ermittlungstätigkeiten auf der Sekundärebene gebietet auch der finanzielle Aufwand, den diese Ermittlungen mit sich bringen, namentlich vor dem Hintergrund der Tatsache, wonach die Kostentragungspflicht, und damit auch die Ermittlung der entsprechenden Verursachungsanteile, in der Sphäre des Störers liegt, jedenfalls im Rahmen der Frage nach dem Umfang der Kostentragungspflicht keine behördliche Ermittlungstätigkeit – und somit auch keine Begrenzung der Kostentragungspflicht des Störers. Andernfalls würde der Staat im Rahmen der Ermittlung der Verursachungsanteile finanzielle Mittel für eine Tätigkeit aufwenden, die in der Sphäre der Störer liegt. Und dies läuft dem Gebot der sparsamen Verwendung öffentlicher Mittel zuwider.

cc) Insolvenzrisiko

Ähnlich stellt sich die Argumentation auch bezogen auf das von einigen Vertretern der Literatur vorgebrachte Argument dar, wonach es unverhältnismäßig sei, dass ein Störer das Insolvenzrisiko, also die Gefahr des Ausfalls des bzw. der übrigen Störer, tragen muss.[1133] Unterstellt, der die Kosten zunächst alleine tragende Störer hätte vor Gericht einen Ausgleichsanspruch gegen die übrigen Störer erwirkt, so bliebe gleichwohl stets die Gefahr, dass dieser Anspruch nicht durchgesetzt werden könne, sofern sich die übrigen Störer als nicht zahlungsfähig herausstellen sollten. Dieses Ausfallrisiko dürfe dem Störer nicht auferlegt werden, sondern müsse den Staat treffen.[1134]

An die eben gemachten Ausführungen anknüpfend kann indes auch dieser Ansatz nicht überzeugen. Wie bereits dargestellt wurde, trifft die Pflicht der Kostentragung in den Fällen, in denen mindestens einem Störer eine abzuwehrende Gefahr zuzurechnen ist, diesen Störer.[1135] Erst wenn kein Störer gegeben ist, dem eine Gefahr zugerechnet werden kann, trifft diese Pflicht den Staat. Das Risiko der Insolvenz muss demnach grundsätzlich bei den Störern liegen und darf nicht den Staat treffen.[1136] Erst wenn kein Störer vorhanden oder keiner zahlungsfähig ist, trifft den Staat die Kostentragungslast bezüglich der Gefahrenabwehrmaßnahmen.

1133 Dazu *Jochum*, NVwZ 2003, 526, 527; ähnlich *Selmer*, GS-Martens, 483, 495 f.

1134 So im Ergebnis beispielsweise *Jochum*, NVwZ 2003, 526, 527 ff.

1135 Siehe oben Kapitel 7, A.

1136 Im Ergebnis ähnlich VGH München, BayVBl 1999, 180, 181.

dd) Zwischenergebnis

In den Fällen einer Störermehrheit erscheint es aufgrund der Vorgaben der materiellen Polizeipflicht sowie der gesetzlich normierten vorrangigen Verpflichtung der Störer zur Gefahrenabwehr sachgerecht, eine Ungleichbehandlung bei mehreren Störern in Bezug auf ihre jeweiligen Verursachungsanteile dahingehend als verhältnismäßig anzusehen, dass von der vollen Kostentragungspflicht eines jeden Störers auszugehen ist. Empfundene Härten sind demnach aufgrund der eben aufgeführten Gründe auf der Ebene Kostentragungspflicht als solcher grundsätzlich[1137] hinzunehmen.[1138] Die Kostentragungspflicht ist demnach in den Fällen der Störermehrheit eine unbegrenzte. Eine nur anteilige Kostentragungspflicht der Störer ist ebenso wie eine daraus resultierende Ermittlungspflicht der öffentlichen Hand, die die Ermittlung der einzelnen Anteile der Störer durch die Behörde fordern würde, abzulehnen.

Entsprechende Ermittlungspflichten der Behörde mögen im Rahmen der behördlichen Ermessensentscheidung bezüglich der Frage, welchem Störer nach behördlicher Gefahrenabwehr die Kosten aufzuerlegen sind, aufgrund des Verhältnismäßigkeitsgrundsatzes in bestimmten Konstellationen geboten erscheinen.[1139] Eine pauschale Begrenzung der materiellen Kostentragungspflicht der jeweiligen Störer entsprechend ihrer jeweiligen Verursachungsanteile gebietet der Grundsatz der Lastengleichheit in Verbindung mit dem Verhältnismäßigkeitsgrundsatz in den Fällen einer Störermehrheit indes nicht.

b) Begrenzung der Kostentragungspflicht in Opfersituationen

Nachdem geklärt ist, dass die Kostentragungspflicht im Polizei- und Ordnungsrecht grundsätzlich auch im Falle einer Störermehrheit keine anteilige, sondern vielmehr eine vollumfängliche ist, soll nunmehr untersucht werden, wie sich ihr Umfang bezogen auf die im Rahmen der Erörterung der Primärebene behandelten Opferfälle darstellt.

1137 Auf die Fälle, in denen bei einer Störermehrheit auch noch eine Opfersituation „hinzukommt", soll sogleich eingegangen werden.

1138 Hat ein Störer die Gefahr abgewehrt, ist diesen Härten ausschließlich über zivilrechtliche Ausgleichsansprüche zu begegnen. Hat die öffentliche Hand die Gefahr abgewehrt, ist diesen Härten einerseits über die Ermessensentscheidung der Behörde im Rahmen der Kostenabwälzung auf den oder die Störer zu begegnen (hierbei sind die Interessen der Störer zu berücksichtigenden), andererseits ebenfalls über zivilrechtliche Ausgleichsansprüche des ggf. allein zur Kostentragung in Anspruch genommen Störers.

1139 So VGH Mannheim, NVwZ-RR 2012, 387, 387 ff.

In der Literatur wird diesbezüglich – gerade nach dem Ergehen des im Rahmen der Erörterung der Primärebene untersuchten Beschlusses des Bundesverfassungsgerichts – zunehmend vertreten, die auf der Primärebene unbegrenzte materielle Polizeipflicht zumindest in den Opferfällen auf der Sekundärebene zu begrenzen.[1140] In den Fällen, in denen eine Opferlage entsprechend der vom Bundesverfassungsgericht aufgeführten Voraussetzungen gegeben sei, müsse die Kostentragungspflicht auf der Sekundärebene dahingehend begrenzt werden, dass der Zustandsstörer nur bis zur Höhe der vom Bundesverfassungsgericht entwickelten zumutbaren Wertgrenze als Störer qualifiziert werden könne. Bezüglich des diese Grenze überschreitenden Teils sei er indes als Nichtstörer zu qualifizieren.[1141] Dies hätte zur Folge, dass ihn lediglich bis zur Höhe der zumutbaren Wertgrenze die Kostentragungspflicht treffe.

Begründet wird dieses Ergebnis in erster Linie mit dem Grundsatz der Verhältnismäßigkeit, der es zumindest in den Opferfällen nicht rechtfertige, den Zustandsstörer in voller Höhe als kostentragungspflichtig anzusehen.[1142]

Im Folgenden sollen zunächst diese bodenschutzrechtlichen Opferfälle in Bezug auf eine mögliche Begrenzung der Kostentragungspflicht untersucht werden. Daran anschließend erfolgt die Erörterung der Frage, inwiefern sich diese Ergebnisse auf das allgemeine Polizei- und Ordnungsrecht übertragen lassen.

aa) Opfersituationen bezogen auf das Bodenrecht

Die im Bereich des Bodenrechts erörterten Opferfälle betreffen solche Konstellationen, in denen entweder Naturereignisse, Ursachen, die der Allgemeinheit zuzurechnen sind, oder Handlungen nicht nutzungsberichtigter Dritter gegeben sind.[1143]

In diesen Fällen kann nach Ansicht des Bundesverfassungsgerichts die Zustandsverantwortlichkeit des Grundstückseigentümers begrenzt sein.[1144] Zur Bestimmung dieser Grenze der Zumutbarkeit könne, wie oben bereits ausgeführt wurde, als Anhaltspunkt das Verhältnis des finanziellen Aufwandes der Sanie-

---

1140 *Griesbeck*, Polizeipflicht, S. 154; *Hösch*, VBlBW 2004, 7, 11 ff.; *Jochum*, NVwZ 2003, 526, 529 f.; *Klüppel*, Jura 2001, 26, 28 f.; ähnlich *Bockwoldt*, Rechtmäßigkeit und Kostentragungspflicht, S. 71; *Oerder*, NVwZ 1992, 1031, 1037 und *Würtenberger/Heckmann*, Polizeirecht, Rn. 440 m.w.N.

1141 *Jochum*, NVwZ 2003, 526, 529 ff.; dieses Ergebnis wird ebenfalls angedeutet bei *Pieroth/Schlink/Kniesel*, Polizei- und Ordnungsrecht, § 9, Rn. 73.

1142 *Jochum*, NVwZ 2003, 526, 530, die für den Fall der von ihr in erster Linie behandelten Störermehrheit auch Art. 3 GG anführt; *Klüppel*, Jura 2001, 26, 28 f.

1143 BVerfGE 102, 1, 21.

1144 Siehe oben Kapitel 6, B, II., 1., c), cc).

rung zu dem Verkehrswert des Grundstückes nach Durchführung der Sanierung dienen.[1145] Ein Naturereignis bzw. die Handlung eines Nichtnutzungsberechtigten Dritten rechtfertige für sich gesehen allein gerade noch nicht die Bejahung einer Opfersituation. Erforderlich sei darüber hinaus auch das Überschreiten der Zumutbarkeitsgrenze. Diese bestimme sich grundsätzlich nach dem Umfang der finanziellen Aufwendungen. Diesbezüglich wird auf die Ausführungen auf der Primärebene verwiesen.[1146]

Die Ausführungen des Gerichts sind in dieser Untersuchung so interpretiert worden, dass auf der Primärebene die materielle Gefahrenabwehrpflicht auch in den Opferfällen unbegrenzt ist.[1147] Eine Begrenzung kann richtigerweise in diesen Fällen nur in kostentechnischer Hinsicht, also auf der Sekundärebene, möglich sein.

(1) Art und Weise der Begrenzung der Kostentragungspflicht in den Opfersituationen

Klärungsbedürftig bleibt aber, auf welche Weise eine solche zu Recht geforderte Begrenzung der Kostentragungspflicht in den Opferfällen des Bodenrechts erreicht werden kann.

Es wäre denkbar, dass die Kostentragungspflicht zwar auch in den Opferfällen eine unbegrenzte bliebe, dass sie aber nicht in voller Höhe durchgesetzt werden dürfte, sondern nur bis zur Höhe der jeweiligen Opfergrenze.[1148] Auf diese Weise bliebe zwar die Kostentragungspflicht nach wie vor eine unbegrenzte, gleichwohl würde die kostentechnische Entlastung des Grundstückseigentümers in den Opferfällen gewährleistet werden.

Gegen diesen Ansatz sprechen indes gewichtige Bedenken. So überzeugt er in dieser Konsequenz unter Gerechtigkeits- und Gleichheitsaspekten nur in den Opferfällen, in denen die öffentliche Hand bzw. ein von der öffentlichen Hand verpflichteter und entschädigter Nichtstörer die Gefahr abgewehrt hat. Nur in diesen Konstellationen kann sie den Grundstückseigentümer überhaupt zur Kostenerstattung heranziehen. Wollte man in diesen Konstellationen von einer unbeschränkten Kostentragungspflicht ausgehen, die freilich nur bis zur Höhe der entsprechenden Opfergrenze durchsetzbar wäre, so dürfte die zuständige Behörde den Kostenbescheid an den Grundstückseigentümer konsequenterweise nur bis zu dieser Höhe fest- und durchsetzen.

1145 Siehe oben Kapitel 6, B, II., 1., c), bb).

1146 Siehe oben Kapitel 6, B, II., 1., c), bb).

1147 Siehe oben Kapitel 6, B, II., 1., c), cc), (2).

1148 Dies ist der Ansatz, der aus *Bickels* Ausführungen hergeleitet wurde, siehe oben Kapitel 6, B, II., 1., d), bb), (2).

Anders stellt sich die Lage indes dar, wenn der Grundstückseigentümer seiner materiellen Gefahrenabwehrpflicht auf der Primärebene nachgekommen ist und die Gefahr ohne das Ergehen einer behördlichen Gefahrenabwehrverfügung auf eigene Kosten von sich aus abgewehrt, sprich, das Grundstück selber saniert hat. Hier würde sich die Frage nach der nur begrenzten Durchsetzbarkeit der unbegrenzten Kostentragungspflicht durch die Behörde gar nicht stellen. Dies führt im Ergebnis in letzter Konsequenz dazu, dass die kostentechnische Situation des Grundstückseigentümers davon abhängig gemacht würde, ob er die Gefahr selber abwehrt oder nicht.

Dies würde zu einer Benachteiligung des Grundstückseigentümers führen, der die Gefahr seiner materiellen Polizeipflicht entsprechend selber abgewehrt hat.[1149] Da er in diesen Fällen auch auf der Sekundärebene in voller Höhe polizei-, also kostentragungspflichtig bliebe und sich die Frage nach einer begrenzten behördlichen Durchsetzbarkeit der unbegrenzten Kostentragungspflicht gar nicht stellen würde, stünde er schlechter, da ihm kein Entschädigungsanspruch gegen den Staat nach den Entschädigungsnormen des Nichtstörers zustehen würde – eben weil er kein Nichtstörer wäre, sondern in voller Höhe kostentragungspflichtig bliebe.

Dieses Ergebnis erscheint befremdlich, müsste man doch einem Grundstückeigentümer wie bereits oben dargelegt[1150] gewissermaßen raten, in jeder potentiellen Opfersituation die Gefahr nicht selber abzuwehren, sondern darauf zu spekulieren, dass ihn die öffentliche Hand dazu verpflichtet bzw. die Gefahr selber abwehrt.[1151] Dies wäre für den Eigentümer letzten Endes kostentechnisch günstiger, da er hinsichtlich der Kosten aufgrund seiner nur begrenzt durchsetzbaren Kostentragungspflicht mit einem entsprechend niedrigen Kostenbescheid rechnen müsste. Dieses Ergebnis kollidiert mit der verfassungsrechtliches Gewicht genießenden Verpflichtung des Störers, eine ihm zurechenbare Gefahr selber abzuwehren, ebenso wie mit dem staatlichen Interesse an einer schnellen Wiederherstellung eines gefahrenfreien Zustands und kann deswegen schwerlich überzeugen.[1152]

Dieses Ergebnis ließe sich indes von vorneherein vermeiden, wenn in den Opferfällen bereits die Kostentragungspflicht als solche begrenzt werden wür-

---

1149 Ähnlich wurde bereits oben argumentiert, siehe Kapitel 7, C, I., 4.

1150 Siehe oben Kapitel 7, C, I., 4.

1151 Zu dieser möglichen Besserstellung des Verweigerers *Seibert*, DVBl. 1985, 328, 328.

1152 Dieses Ergebnis ließe sich wie bereits angedacht nur korrigieren, wenn man dem Eigentümer, der bei Vorliegen einer Opfersituation die Gefahr selber auf eigene Kosten abwehrt, einen Ausgleichsanspruch gegen den Staat in analoger Anwendung der Regelungen über den Ausgleichsanspruch des Nichtstörers zugestehen würde.

de.[1153] Dann wären die Ergebnisse sowohl für den Fall, in dem die öffentliche Hand den Störer verpflichtet bzw. die Gefahr selber abwehrt, als auch für den Fall, in dem der polizeipflichtige Grundstückseigentümer sie von sich aus abwehrt, kostentechnisch letztlich identisch.

Verpflichtet die öffentliche Hand den Störer bzw. wehrt sie die Gefahr selber ab, so kann der Kostenbescheid gegen den Eigentümer bereits aufgrund der begrenzten Kostentragungspflicht nur bis zu Höhe der Opfergrenze ergehen.[1154]

Wehrt der Grundstückseigentümer als Zustandsstörer die Gefahr selber auf eigene Kosten ab, so hat er gegen den Staat einen Ausgleichsanspruch als Nichtstörer hinsichtlich des die Opfergrenze übersteigenden Anteils, da er insoweit kein Störer ist („Nicht-so-Störer").

Ein ähnliches Phänomen findet sich auch bei einer anderen Figur des Polizei- und Ordnungsrechts, nämlich beim Anscheinsstörer. Auch hier differenziert die herrschende Meinung richtigerweise zwischen Primär- und Sekundärebene dahingehend, dass der Anscheinsstörer auf der Primärebene als Störer zu qualifizieren ist, während sie ihn auf der Sekundärebene als Nichtstörer klassifiziert – jedenfalls soweit er den Anschein der Gefahr nicht vorwerfbar verursacht hat.[1155] Die unterschiedliche rechtliche Behandlung einer Person auf Primär- und Sekundärebene ist dem Polizei- und Ordnungsrecht also nicht fremd.[1156]

In dem auf der Primärebene dargestellten Beschluss heißt es aber, dass der Grundstückseigentümer in den Opferfällen gerade nicht zum Nichtstörer werde. Wollte man aber tatsächlich die Kostentragungspflicht in den Opferfällen nur bis zur Höhe der Opfergrenze befürworten, dann hätte dies zur Konsequenz, dass der Eigentümer gerade doch, wenigstens partiell, zum Nichtstörer werden würde, der Grundstückseigentümer also zugleich Störer und Nichtstörer wäre.

Dieses Ergebnis steht jedoch entgegen dem ersten Eindruck nicht in Widerspruch zu den Ausführungen des Bundesverfassungsgerichts und steht auch nicht im Widerspruch zu den Wertungen des Polizei- und Ordnungsrechts.[1157] Denn

---

1153 Diese Ansicht vertritt im Ergebnis *Jochum*, NVwZ 2003, 526, 528 ff., die von einem „Nicht-So-Störer" spricht, der auf der Primärebene in unbeschränkter Höhe polizeipflichtig sei, dessen Polizeipflicht aber auf der Sekundärebene begrenzt werden müsse.

1154 Dies macht das Bundesverfassungsgericht mit dem Erfordernis des Vorbehaltes über die Kostenentscheidung im Falle der Sanierungsverfügung an den Eigentümer deutlich, vgl. BVerfGE 102, 1, 23 ff.

1155 BGH, NJW 2011, 3157, 3158; OVG Hamburg, DVBl. 1986, 734, 734; *Martensen*, DVBl. 1996, 286, 286; *Pieroth/Schlink/Kniesel*, Polizei- und Ordnungsrecht, § 9, Rn. 21; *Schenke*, Polizei- und Ordnungsrecht, Rn. 253.

1156 So auch VGH Mannheim, NVwZ-RR 2012, 387, 387 ff.; *Waldhoff*, JuS 2012, 863, 864.

1157 Vgl. dazu auch die überzeugenden Ausführungen *Bockwoldts*, die sich zu Recht dafür ausspricht, dass eine Person durchaus Störer und Nichtstörer in einer Person sein kann, sofern

die Aussage des Bundesverfassungsgerichts, wonach der Grundstückseigentümer gerade nicht zum Nichtstörer werden dürfe, ist im systematischen Zusammenhang mit den übrigen Ausführungen des Gerichts zu lesen. Die Aussage, dass der Eigentümer nicht zum Nichtstörer werden dürfe, erfolgt in Zusammenhang mit den Ausführungen, wonach es keinen grundsätzlichen Bedenken begegnen würde, die Vorschriften der Zustandsverantwortlichkeit dahingehend auszulegen, dass der Eigentümer eines Grundstücks allein wegen dieser Rechtsstellung verpflichtet werden könne.[1158] Auch in den sogenannten Opferfällen bleibe der Grundstückseigentümer Störer und werde nicht zum Nichtstörer.[1159] Letzten Endes verkörpert genau diese Passage des Beschlusses die Absage an die namentlich von *Friauf* vertretene und im Rahmen der Erörterungen der Primärebene dargestellte Auffassung, wonach in den Opferfällen bereits die Polizeipflicht bzw. die Verantwortlichkeit als solche – also bereits dem Grunde nach – zu verneinen sei.[1160] Der Grundstückseigentümer müsse vielmehr auch in den bodenrechtlichen Opferfällen dem Grunde nach Zustandsstörer bleiben.[1161] Erst nachdem das Gericht das Bestehen der Polizeipflicht bzw. der Verantwortlichkeit dem Grunde nach auch in den Opferfällen klargestellt hat, führt es aus, dass sie jedenfalls in den Opferfällen begrenzt sein könne.[1162]

Die Aussage des Gerichts, dass der Grundstückseigentümer nicht zum Nichtstörer werden würde, ist somit nicht in Zusammenhang mit der Frage nach der Begrenzung des Polizeipflicht gemacht worden, sondern lediglich im Zusammenhang mit der Absage an *Friaufs* Ansicht zu lesen, welche bereits die Polizeipflicht dem Grunde nach ausschließen will. Ist diese aber dem Grunde nach gegeben, bleibt nur die Frage, wie sie in den Opferfällen zu begrenzen ist. Und in diesem Zusammenhang schließt das Gericht die Möglichkeit, den Grundstückseigentümer jedenfalls auf der Sekundärebene partiell als Nichtstörer zu betrachten, gerade nicht aus, so dass sie nach den vorangegangenen Ausführungen möglich bleiben muss.[1163]

---

dies der Verhältnismäßigkeitsgrundsatz gebietet, *Bockwoldt*, Rechtmäßigkeit und Kostentragungspflicht, S. 257.

1158 BVerfGE 102, 1, 18 ff.

1159 BVerfGE 102, 1, 19.

1160 Siehe oben Kapitel 6, B, II., 1., d), aa).

1161 BVerfGE 102, 1, 18 ff.

1162 BVerfGE 102, 1, 19 ff.

1163 So auch *Bockwoldt*, Rechtmäßigkeit und Kostentragungspflicht, S. 257; hätte das Bundesverfassungsgericht gewollt, dass eine Person gerade nicht zugleich Störer und Nichtstörer sein kann, so hätte es dies dadurch zum Ausdruck bringen können, dass der Eigentümer in den Opferfällen auch nicht partiell zum Nichtstörer werde. Diese Formulierung hat das Gericht indes nicht gewählt.

(2) Zwischenergebnis

Demnach besteht nach hier vertretener Ansicht in den Opferfällen des Bodenrechts die Kostentragungspflicht nur bis zu der vom Bundesverfassungsgericht festgelegten Zumutbarkeitsgrenze. Bezüglich des darüber hinausgehenden Anteils ist der Zustandsstörer als „Nicht-so-Störer“ anzusehen.

bb) Opfersituationen bezogen auf das allgemeine Polizei- und Ordnungsrecht

Steht somit fest, dass in den bodenrechtlichen Opferfällen die Kostentragungspflicht nur eine begrenzte ist, stellt sich daran anschließend die Frage, ob dies auch für die Opfersituationen auch im allgemeinen Polizei- und Ordnungsrecht gilt.

Diese Frage ist zu bejahen, kann doch für die Opferfälle des allgemeinen Polizei- und Ordnungsrechts nichts anderes gelten als für die Opferfälle des Bodenrechts.

Dies setzt freilich voraus, dass auch im allgemeinen Polizei- und Ordnungsrecht Opferfälle dem Grunde nach überhaupt möglich sind.[1164] Diese Möglichkeit wird namentlich im Lehrbuch von *Pieroth/Schlink/Kniesel* angedeutet, wo es heißt, dass die „Versubjektivierung des Polizei- und Ordnungsrechts“[1165] künftig dazu führen werde, dass ein Störer aufgrund des Effektivitätsgrundsatzes zwar auf der Primärebene unbeschränkt polizeipflichtig sei, dass diese Polizeipflicht indes auf der Sekundärebene umfassend auf ihre Zumutbarkeit befragt, und aufgrund des Verhältnismäßigkeitsgrundsatzes entsprechend begrenzt werden müsse.[1166]

Die Fälle, in denen in der vorliegenden Untersuchung von einer Opfersituation des Störers und damit auch von einer Begrenzung seiner materiellen Kostentragungspflicht ausgegangen wurde, betreffen allerdings Konstellationen aus dem Bodenrecht und stehen stets mit einem Grundstück in Zusammenhang. So wird bezüglich der Frage, wann eine Opfersituation gegeben ist, vom Bundesverfassungsgericht in überzeugender Weise unter anderem auf die Wertgrenze und dessen Ermittlung anhand des Grundstückswerts in Bezug auf die Kosten der Grundstücksanierung abgestellt.[1167]

1164 Dies fordert ausdrücklich der VGH München, vgl. VGH München, NJW 1984, 1196, 1196.

1165 Hier schließt sich der Kreis zu der eingangs dargestellten historischen Entwicklung des Polizei- und Ordnungsrechts, wonach entsprechend der neuen Tendenzen das Individuum unter Beachtung des Verhältnismäßigkeitsgrundsatzes jedenfalls auf der Sekundärebene in den Vordergrund gerückt werden müsse, siehe oben Kapitel 2, G, II.

1166 *Pieroth/Schlink/Kniesel*, Polizei- und Ordnungsrecht, § 9, Rn. 73.

1167 Ausführlich dazu siehe oben Kapitel 6, B, II., 1., c), bb); vgl. auch BVerfGE 102, 1, 20 ff.

Die bodenrechtlichen Opferfälle stellen daher auch einen Anhaltspunkt bezüglich der Frage dar, ob und unter welchen Voraussetzungen Opfersituationen auch im allgemeinen Polizei- und Ordnungsrecht möglich sind. Deutlich wird dies an den Ausführungen des Bundesverfassungsgerichts, wonach die Belastung des Grundstückseigentümers mit den Kosten der Sanierung beispielsweise dann unzumutbar sei, wenn das Grundstück den wesentlichen Teil des Vermögens des Zustandsstörers ausmacht, es die Grundlage seiner privaten Lebensführung darstellt und schließlich der Eigentümer unter Berücksichtigung seiner wirtschaftlichen Lage aufgrund der Höhe der Sanierungskosten das Grundstück nicht mehr halten kann.[1168]

Ein Opfersituation im allgemeinen Polizei- und Ordnungsrecht käme, wollte man diese Ausführungen zu den Opferfällen des Bodenrechts ernst nehmen, nur dann in Frage, wenn die störende Sache des Zustandsstörers den wesentlich Teil seines Vermögens bilden und die Grundlage seiner privaten Lebensführung darstellen würde und er aufgrund der Kosten der Sanierung der Sache vor dem Hintergrund seiner wirtschaftlichen Lage die störende Sache nicht mehr halten könnte. Dies wird im allgemeinen Polizei- und Ordnungsrecht eher selten der Fall sein.

Verschwiegen werden soll indes nicht, dass auch das Bundesverfassungsgericht ausführt, dass das Verhältnis von Grundstückswert und finanziellem Aufwand nur einen Anhaltspunkt für die Zumutbarkeitsgrenze darstellt, dass also auch noch andere Aspekte die Unzumutbarkeit begründen könnten.

Welche weiteren Aspekte diesbezüglich in Frage kommen, kann nicht pauschal beantwortet werden, da hierfür stets die Umstände des konkreten Einzelfalles zu bewerten sind. Festgehalten werden soll aber, dass eine Ausnahme vom Grundsatz der unbeschränkten Kostentragungspflicht des Störers in dieser Untersuchung für die Fälle des Bodenrechts anerkannt wurde, in denen eine exorbitante Kostenbelastung für den Störer in Rede stand. Dies macht deutlich, wie hoch die Grenze für die Unzumutbarkeit der vollen Kostentragungspflicht des Störers anzusiedeln ist – sowohl im Boden- wie auch im allgemeinen Polizei- und Ordnungsrecht. Welche weiteren Aspekte auch immer für eine Begrenzung der Kostentragungspflicht in Betracht kommen mögen, das Gewicht dieser Aspekte muss nach hier vertretener Auffassung dem Gewicht einer exorbitanten Kostentragungspflicht des Störers, so wie sie sich im Bodenrecht darstellen kann, entsprechen.

1168 Ausführlich dazu siehe oben Kapitel 6, B, II., 1., c), bb); BVerfGE 102, 1, 21 f., wo aber bereits eine Ausnahme für den Fall genannt wird, in dem der Eigentümer dieses Risiko bewusst in Kauf genommen hat.

So ist auch im allgemeinen Polizei- und Ordnungsrecht eine beschränkte Kostentragungspflicht als Ausnahme von dem Grundsatz, den Staat von den Kosten der Gefahrenabwehr bei Vorhandensein wenigstens eines Störers freizuhalten, aus Gründen der Verhältnismäßigkeit in Einzelfällen möglich. Sie wird aber nach dem eben Ausgeführten, ebenso wie im Bodenrecht, eine Ausnahme darstellen – nicht zuletzt deswegen, weil der Grundsatz der Kostenfreihaltung des Staates im Falle des Vorhandenseins eines Störers aufgrund der Qualifizierung der materiellen Polizeipflicht als eine verfassungsrechtliche Grundpflicht verfassungsrechtliches Gewicht genießt.

Im Regelfall wird daher das Vorliegen einer Opfersituation nach hier vertretener Auffassung im allgemeinen Polizei- und Ordnungsrecht noch seltener als im Bodenrecht zu bejahen sein, so dass es grundsätzlich bei der vollen Kostentragungspflicht des Störers auch auf der Sekundärebene verbleibt.[1169]

c) Zusammenfassung

Die Kostentragungspflicht ist bei einer Störermehrheit grundsätzlich nicht dahingehend zu begrenzen, dass jeder Störer nur hinsichtlich seines Anteils kostentragungspflichtig wäre.

Eine Ausnahme von dem Grundsatz der unbegrenzten Kostentragungspflicht des Störers bilden die sogenannten Opferfälle, bei denen es zu einer Begrenzung dieser Pflicht bis zur Höhe der zumutbaren Opfergrenze kommt.

Für das Vorliegen einer Opfersituation hat das Bundesverfassungsgericht bezogen auf das Bodenrecht Situationen aufgezeigt, in denen eine solche Situation zu bejahen ist. Von diesen Voraussetzungen wird auch in der vorliegenden Ausarbeitung ausgegangen. Diese Aufzählung ist indes nicht abschließend und kann es – wie das Gericht selber deutlich macht[1170] – auch nicht sein.

Aus den Ausführungen des Gerichts zum Vorliegen von Opfersituationen im Bodenrecht lassen sich auch Anhaltspunkte für das Vorliegen einer Opfersituation im allgemeinen Polizei- und Ordnungsrecht gewinnen. Auch in diesem Rechtsgebiet sind Opferfälle grundsätzlich möglich. Aber die Voraussetzungen für die Bejahung eines solchen Falles im Bodenrecht – wie beispielsweise die Tatsache, dass dort die störende Sache, also das Grundstück, die Grundlage der privaten Lebensführung des Störers darstellen und die Gefahrenabwehr zu einer

1169 Im Ergebnis zumindest ähnlich VGH Mannheim, VBlBW 2008, 137, 137 ff.; *Merten/Merten*, Hamburgisches Polizei- und Ordnungsrecht, § 9, Rn. 8.

1170 BVerfGE 102, 1, 20, wo bezüglich der Bestimmung der Zumutbarkeitsgrenze davon gesprochen wird, dass der finanzielle Aufwand als „Anhaltspunkt“ zur Ermittlung dieser Grenze dienen könne. Diese Formulierung zeigt, dass noch andere Anhaltspunkte zur Feststellung der Opfergrenze jedenfalls möglich sind.

exorbitanten Kostenbelastung für ihn führen muss – machen deutlich, dass die Voraussetzungen einer Opfersituation im allgemeinen Polizei- und Ordnungsrecht sehr hoch sind und daher noch seltener als im Bodenrecht erfüllt sein dürften.

IV. Ergebnis

Die Kostentragungspflicht richtet sich nach den auf der Sekundärebene wirkenden Rechtsgrundsätzen vor dem Hintergrund des Gesetzeszwecks der Kostentragung des Störers bzw. der Freihaltung des Staates. Sie führen insbesondere vor dem Hintergrund der Qualifizierung der materiellen Polizeipflicht als verfassungsrechtliche Grundpflicht zu einer grundsätzlich unbeschränkten Kostentragungspflicht des Störers.

Eine Ausnahme hiervon ist aus Gründen der Verhältnismäßigkeit für die sogenannten Opferfälle – ohne dass in dieser Untersuchung im Detail geklärt werden soll, wann eine solche Opfersituation im konkreten Einzelfall gegeben ist – zu Recht anerkannt. Hier ist die Kostentragungspflicht bis zur sogenannten Opfergrenze zu begrenzen.

Kapitel 8: Einfluss der materiellen Polizeipflicht auf mögliche Ausgleichsansprüche des alleine die Kosten der Gefahrenabwehr tragenden Störers im Falle einer Störermehrheit

Nach dem bisher Ausgeführten ist die materielle Polizeipflicht im Polizei- und Ordnungsrecht auf der Primärebene stets und auf der Sekundärebene im Regelfall eine vollumfängliche Pflicht.

Wehrt ein Störer in diesen Fällen auf der Primärebene eine ihm zuzurechnende Gefahr von sich aus ab, so hat er daher grundsätzlich auch die Kosten dieser Gefahrenabwehrmaßnahmen zu tragen.

Wehrt indes die öffentliche Hand die dem Störer zuzurechnende Gefahr ab, so ist der Störer im Regelfall in voller Höhe kostentragungspflichtig und kann grundsätzlich durch einen entsprechenden Kostenbescheid in voller Höhe zur Kostentragung verpflichtet werden.[1171]

In den eben dargestellten Konstellationen stellt sich daran anschließend die Frage, ob im Falle einer Störermehrheit dieser allein die Kosten der Gefahrenabwehrmaßnahmen tragende Störer Ausgleich verlangen kann – sei es vom Staat oder von den übrigen materiell polizeipflichtigen Störern, die kostentechnisch nicht belastet sind.

Inwiefern im Rahmen der Erörterung dieser Frage die Tatsache relevant wird, dass die materielle Polizeipflicht in der vorliegenden Untersuchung als eine verfassungsrechtliche Grundpflicht qualifiziert wurde, soll im Folgenden untersucht werden.

A. Ausgleichsansprüche gegen den Staat

Ein Entschädigungsanspruch gegen den Staat wird nach den obigen Ausführungen für das Polizei- und Ordnungsrecht im Regelfall auszuscheiden haben.[1172] Sowohl auf der Primär- wie auch auf der Sekundärebene des Polizei- und Ord-

---

1171 Hier sind freilich, sofern die entsprechende gesetzliche Ermächtigungsgrundlage die Entscheidung ins Ermessen der Behörde stellt, die Grundsätze der Verhältnismäßigkeit und der Lastengleichheit zu berücksichtigen, die ggf. einer Heranziehung zur vollen Kostentragung entgegenstehen können, vgl. hierzu VGH Mannheim, NVwZ-RR 2012, 387, 387 f., *Waldhoff*, JuS 2012, 863, 863.

1172 Siehe oben Kapitel 7, C, IV..

nungsrechts ist grundsätzlich jeder Störer in vollem Umfang polizeipflichtig.[1173] Eine materielle Polizeipflicht pro rata gibt es auf der Primärebene nicht. Auf der Sekundärebene ist nach hier vertretener Auffassung nur in den sogenannten Opferfällen die Kostentragungspflicht zu begrenzen.[1174]

Kommt daher im Falle einer Störermehrheit ein einziger Störer seiner materiellen Polizeipflicht auf der Primärebene von sich aus nach und wehrt die Gefahr infolge dessen in vollem Umfang ab bzw. erfolgt die Heranziehung nur eines einzigen Störers – sei es zur Gefahrenabwehr oder zur Kostentragung – ermessensfehlerfrei, so stehen dem Störer auch keine Entschädigungsansprüche gegen den Staat zu, da dieser in den Fällen, in denen die Gefahr mindestens einem Störer zugerechnet werden kann, aufgrund der oben dargelegten Gründe von den Kosten der Gefahrenabwehr im Regelfall[1175] freizuhalten ist.[1176] Besteht aber die materielle Polizeipflicht in voller Höhe, so ist auch kein Raum für Ausgleichsansprüche des Störers gegen den Staat.

B. Ausgleichsansprüche gegen die übrigen Störer

Scheiden daher Ausgleichsansprüche des allein die Kosten der Gefahrenabwehrmaßnahme tragenden Störers im Falle seiner unbeschränkten materiellen Polizeipflicht auf Primär- und Sekundärebene gegen den Staat aus, stellt sich umso dringlicher die Frage nach dem Bestehen von Ausgleichsansprüchen gegen die übrigen Störer, die andernfalls trotz der auch sie in unbeschränkter Höhe treffenden materiellen Polizeipflicht im Ergebnis gar keine Kosten zu tragen hätten.

I. Verneinung eines Anspruches gemäß §§ 421, 426 BGB analog nach der Rechtsprechung des Bundesgerichtshofes

Die Diskussion nach dem Bestehen eines Gesamtschuldnerausgleichsanspruches des die Kosten in voller Höhe tragenden Störers gegen die übrigen Störer war be-

---

1173 Siehe oben Kapitel 7, C, IV.

1174 In diesen Fällen ist wie gesagt dem Störer als „Nicht-so-Störer" ein Ausgleichsanspruch in Höhe des seine materielle Polizeipflicht übersteigenden Anteils entsprechend den Regelungen über den Ausgleichsanspruch des Nichtstörers zu gewähren; dazu *Jochum*, NVwZ 2003, 526, 530.

1175 Eine Ausnahme kann wie gesagt nur dann gegeben sein, wenn zusätzlich zur Störermehrheit eine Opfersituation gegeben ist, welche die Kostentragungspflicht des Störers begrenzt, so dass er insoweit zum „Nicht-so-Störer" wird, vgl. Kapitel 7, C, III., 2., b), aa), (1)

1176 Im Ergebnis neben anderen auch *Klopefer/Thull*, DVBl. 1989, 1121, 1122; *Nedden*, GoA, S. 202; *Pieroth/Schlink/Kniesel*, Polizei- und Ordnungsrecht, § 25, Rn. 1.

reits Gegenstand zahlreicher Abhandlungen und soll in dieser Untersuchung daher auch nur kurz angerissen werden.[1177]

Die mittlerweile herrschende Ansicht in der Literatur fordert ebenso wie Teile der Rechtsprechung[1178] einen Innenausgleich im Falle einer Störermehrheit nach den Vorschriften über die Gesamtschuldnerschaft gemäß §§ 421, 426 BGB analog.[1179] Namentlich *Petersen* führt diesbezüglich aus, dass gesetzgeberische Wertungen des Bürgerlichen Rechts sowie des Polizeirechts für einen Ausgleich entsprechend der Regeln über die Gesamtschuld sprechen würden.[1180]

Demgegenüber lehnt der Bundesgerichtshof seit dem Grundsatzurteil aus dem Jahre 1981 entsprechende Ausgleichsansprüche nach wie vor ab, da ein Gesamtschuldverhältnis gerade nicht vorläge.[1181] Nach Ansicht des Gerichts sei dies deswegen nicht der Fall, weil die Polizei- und Ordnungsbehörde gerade nicht – wie es für eine Gesamtschuld typisch sei – nach Belieben den einen oder den anderen Störer zur Erfüllung der Polizeipflicht heranziehen könne,[1182] da das Auswahlermessen durch die Rechtsgrundsätze auf Primär- und Sekundärebene rechtlich gebunden sei. Das Rechtsverhältnis Störer/Behörde sei daher nicht mit einem Gesamtschuldverhältnis vergleichbar.[1183] § 24 Abs. 2 BBodSchG, der im Bodenrecht einen entsprechenden Anspruch normiert, ändere an diesem Ergebnis nichts, da es sich hierbei eine „Sonderregelung" des Bodenrechts handele.[1184]

Bezüglich der Argumentation des Bundesgerichtshofs ist anzumerken, dass die Behörde in der Tat jedenfalls an einer beliebigen Auswahl des Störers aufgrund des Auswahlermessens gehindert ist. Dies darf aber richtigerweise zu keiner Verneinung der Gesamtschuld führen. Denn die beliebige Auswahl des Schuldners ist nur Rechtsfolge und gerade nicht Tatbestand der Gesamtschuld.[1185] Der Tatbestand der Gesamtschuld setzt nur voraus, dass mehrere Per-

---

1177 Einen Überblick über die Ansichten bietet *Schoch*, Jura 2012, 685, 691.

1178 Angedeutet vom VGH München, BayVBl. 1993, 147, 147, wo es heißt, dass Handlungs- und Zustandsstörer gesamtschuldnerisch zur Störungsbeseitigung verpflichtet seien; ähnlich VGH Mannheim, VBlBW 2008, 137, 138 f.

1179 So beispielsweise *Felix/Nitschke*, NordÖR 2004, 469, 474 f.; *Finkenauer*, NJW 1995, 432, 433 f.; *Garbe*, DÖV 1998, 632, 634; *Petersen*, Gesamtschuldnerausgleich, S. 134; *Schenke*, Polizei- und Ordnungsrecht, Rn. 289 ff.; *Schoch*, JuS 1994, 1026, 1029; *Schoch*, Jura 2012, 865, 891; dazu auch *Knauf*, Gesamtschuld und Polizeikostenrecht, S. 244 ff.

1180 *Petersen*, Gesamtschuldnerausgleich, S. 124.

1181 BGH, NJW 1981, 2457, 2458; zustimmend *Papier*, NVwZ 1986, 256, 263.

1182 BGH, NJW 1981, 2457, 2458.

1183 BGH, NJW 1981, 2457, 2458; dazu auch *Schoch*, Jura 2012, 685, 691.

1184 So ausdrücklich der Bundesgerichtshof, siehe BGH, NVwZ 2010, 789, 791.

1185 So auch *Felix/Nitschke*, NordÖR 2004, 469, 474; *Finkenauer*, NJW 1995, 432, 433; *Schoch*, JuS 1994, 1026, 1029; *Seibert*, DÖV 1983, 964, 972; *Ziehm*, Störerverantwortlichkeit, S. 74 f. m.w.N.

sonen dieselbe Leistung dergestalt schulden, dass jeder Einzelne sie ganz bewirken muss, der Gläubiger sie aber nur einmal fordern darf.[1186] Diese Voraussetzungen sind auch im Verhältnis zwischen Behörde und mehreren Störern gegeben,[1187] nicht zuletzt weil aufgrund der materiellen Polizeipflicht jeder Störer bereits mit Entstehung der Gefahr dessen Beseitigung in Gänze schuldet.[1188] Die Bejahung eines Gesamtschuldnerausgleichs analog §§ 421, 426 BGB erscheint damit gerade vor dem Hintergrund des Bestehens der materiellen Polizeipflicht gerechtfertigt, insbesondere deshalb, weil ihr Umfang – nicht zuletzt aufgrund ihres Charakters als verfassungsrechtliche Grundpflicht – sowohl auf der Primär-, wie auch im Regelfall auf der Sekundärebene ein unbeschränkter ist. Da gerade die Eigenschaft als Grundpflicht diese nicht selten als ungerecht empfundenen Ergebnisse wesentlich prägt, muss sie gewissermaßen auf der Ebene des internen Ausgleiches der Störer untereinander die Auslegung der zivilrechtlichen Tatbestandsmerkmale jedenfalls mittelbar zugunsten des die Kosten tragenden Störers beeinflussen.

Zum jetzigen Zeitpunkt ist freilich nicht ersichtlich, dass der Bundesgerichtshof seine die Anwendung der Regelungen über den Gesamtschuldnerausgleich verneinende Rechtsprechung aufgeben wird.[1189] Auch wenn die besseren Argumente gerade im Lichte der materiellen Polizeipflicht und ihrer rechtlichen Einordnung als Grundpflicht für ein Gesamtschuldverhältnis und damit für einen Anspruch analog §§ 421, 426 BGB sprechen, soll im Folgenden von der gegenwärtigen Rechtswirklichkeit und damit von der Rechtsprechung des Bundesgerichtshofes ausgegangen und gefragt werden, ob dem allein die Kosten tragenden Störer andere Ausgleichsansprüche gegen die übrigen Störer zustehen.

II. Zivilrechtliche Geschäftsführung ohne Auftrag, §§ 677, 683, 670 BGB

Ein solcher Anspruch könnte sich aus den Regelungen über die zivilrechtliche Geschäftsführung ohne Auftrag (GoA) ergeben. Diese Möglichkeit wird bis heute in der Literatur eher vernachlässigt und auch von der Rechtsprechung meist nur am Rande behandelt.[1190] Umfangreichere Ausführungen zu diesem

1186 *Finkenauer*, NJW 1995, 432, 433; ihm folgend *Felix/Nitschke*, NordÖR 2004, 469, 474.

1187 So überzeugend auch *Kormann*, UPR 1983, 281, 283 f.; *Kohler-Gehrig*, NVwZ 1992, 1049, 1050 f..

1188 So überzeugend bereits VGH München, NJW 1993, 81, 81 f.; *Schoch*, JuS 1994, 1026, 1029.

1189 Vgl. BGH, NVwZ 2010, 789, 791; dazu auch VGH Mannheim, VBlBW 2008, 137, 137 ff.

1190 Als Beispiel hierfür soll das Lehrbuch von *Pieroth/Schlink/Kniesel* angeführt sein, wo ein Anspruch nach den Regeln über die GoA gewissermaßen in einem Nebensatz mit dem Argument

Thema sind ebenso die Ausnahme geblieben wie die Bejahung eines solchen Ausgleichsanspruches.[1191] Unter besonderer Berücksichtigung der materiellen Polizeipflicht im Sinne einer Gefahrenabwehrpflicht mit verfassungsrechtlichem Gewicht soll daher im Folgenden der Ausgleichsanspruch nach den Regeln der GoA untersucht werden.

Der die Kosten der Gefahrenabwehrmaßnahmen allein tragende Störer könnte als Geschäftsführer ohne Auftrag für den oder die anderen „Mitstörer" tätig geworden sein, mit der Konsequenz, dass diese insofern Geschäftsherren wären.[1192]

Erforderlich für eine Bejahung eines solchen Anspruches ist freilich, dass zum einen die Regeln der zivilrechtlichen GoA überhaupt auf eine polizei- und ordnungsrechtliche Störermehrheit anwendbar sind. Zum anderen müssen die Tatbestandsvoraussetzungen der §§ 677, 683, 670, BGB vorliegen.

1. Anwendbarkeit

Zunächst soll auf die Frage nach der Anwendbarkeit der Regelungen über die Geschäftsführung ohne Auftrag eingegangen werden.

a) Die Frage nach der Anwendbarkeit im Lichte der Rechtsprechung des Bundesgerichtshofes

Die überwiegende Anzahl der Vertreter in der Literatur, die sich mit dem Ersatzanspruch nach den Regeln der GoA beschäftigen, wendet diesen an, ohne die Frage nach der Anwendbarkeit zu thematisieren.[1193] Auch die Rechtsprechung hat in den Entscheidungen, in denen sie sich mit dem Anspruch aus GoA beschäftigt hat, die Anwendbarkeit der GoA nicht bezweifelt, sondern ist sogleich

---

verneint wird, dass der Verantwortliche nicht einer fremden, sondern nur seiner eigenen Verantwortlichkeit genügen würde, vgl. *Pieroth/Schlink/Kniesel*, Polizei- und Ordnungsrecht, § 25, Rn. 18.

1191 Bejaht wurde ein Anspruch nach den Regeln der GoA von *Grunwaldt*, Ausgleichsansprüche, S. 154; *Felix/Nitschke*, NordÖR 2004, 469, 475 ff.; *Marburger*, UTR 1987, 169, 169 ff.; *Strunden*, Altlasten, S. 312; zur besonderen Problematik der Binnenschifffahrt *Bartlsperger*, ZBinnSch 1975, 439, 439 ff.

1192 So bereits *Grunwaldt*, Ausgleichsansprüche, S. 110.

1193 *Felix/Nitschke*, NordÖR 2004, 469, 474 ff.; *Marburger*, UTR 1987, 169, 191 ff.; *Strunden*, Altlasten, S. 300 ff. und S. 313 ff.; so auch *Schenke*, Polizei- und Ordnungsrecht, Rn. 291, der einen Anspruch aus §§ 421, 426 BGB analog bejaht und den Anspruch aus GoA nur ausschließt, weil der Polizeipflichtige nicht (auch) das Geschäft eines anderen führen würde. *Schenke* verneint also eine Tatbestandsvoraussetzung, stellt aber generell die Anwendbarkeit offenbar nicht in Frage; ähnlich *Pieroth/Schlink/Kniesel*, Polizei- und Ordnungsrecht, § 25, Rn. 18.

in die Prüfung der Tatbestandsmerkmale eingestiegen.[1194] Sehr deutlich formulierte der Verwaltungsgerichtshof Mannheim im Jahre 2007 die Anwendbarkeit der GoA in einem Fall, in dem es um die Ausgleichsansprüche zwischen mehreren gleichrangig Bestattungspflichtigen ging und nur einer dieser Bestattungspflichtigen zur Kostentragung der von der öffentlichen Hand durchgeführten Bestattung herangezogen wurde.[1195] In dieser Entscheidung bejahte das Gericht einen Anspruch nach den Regeln der GoA, ohne die Anwendung überhaupt zu problematisieren.[1196]

Vereinzelt wird demgegenüber in der Literatur vertreten, dass die Regeln der GoA aufgrund des Vorranges der Vorschriften über die Gesamtschuld ausgeschlossen seien.[1197]

Ob es diesen Vorrang der Vorschriften über die Gesamtschuld gegenüber denen der GoA überhaupt in dieser Form gilt, wird differenziert betrachtet.[1198] Aber selbst wenn mit der herrschenden Meinung im Zivilrecht von einem solchen Vorrang auszugehen sein wollte, so stellt sich diese Problematik vor dem Hintergrund der Rechtsprechung des Bundesgerichtshofes in den Fällen einer Störermehrheit zum gegenwärtigen Zeitpunkt gleichwohl nicht, da der Bundesgerichtshof wie gezeigt in ständiger Rechtsprechung ein Gesamtschuldverhältnis verneint. Ein Vorrang der Vorschriften der Gesamtschuld gegenüber denen der GoA kann daher schon dem Grunde nach gar nicht möglich sein.[1199]

Vielmehr muss auch nach der Rechtsprechung des Bundesgerichtshofes die Anwendbarkeit der GoA bejaht werden. Dies geht aus den Ausführungen in seinem Urteil vom 11.6.1981 hervor. Dort spricht sich das Gericht zunächst für die materielle Polizeipflicht aus,[1200] was bedeutet, dass auch nach Ansicht des Bundesgerichtshofs bei einer Störermehrheit die Polizeipflicht bereits im Zeitpunkt der Verwirklichung der Gefahr entsteht. Ein Gesamtschuldverhältnis zwischen den einzelnen Störern lehnt das Gericht indes – entgegen herrschender und auch hier bevorzugter Ansicht – trotz des Bekenntnisses zur materiellen Polizeipflicht

---

1194 BGH, NJW 1981, 2457, 2457 ff.; VGH Mannheim, VBlBW 2008, 137, 137 ff.

1195 VGH Mannheim, VBlBW 2008, 137, 137 ff.

1196 VGH Mannheim, VBlBW 2008, 137, 138 f.

1197 *Nedden*, GoA, S. 203; wohl auch *Schenke*, FS-Bartlsperger, 529, 570; in der zivilrechtlichen Literatur wird ebenfalls von der herrschenden Meinung von einem Vorrang der Regeln über die Gesamtschuld gegenüber denen der GoA ausgegangen, vgl. *Jauernig-Mansel*, BGB, Vor § 677, Rn. 7; ähnlich *Erman-Dornis*, BGB, § 677, Rn. 40 ff.; *Palandt-Sprau*, BGB, Einf v § 677, Rn. 8/9 und § 426, Rn. 1.

1198 Die Anwendbarkeit der GoA neben den Regeln der Gesamtschuld scheint vom BGH wenigstens vorsichtig angedeutet zu werden, vgl. BGH, NJW 1963, 2067, 2068.

1199 Dazu auch *Erman-Dornis*, BGB, Vor § 677, Rn. 35.

1200 BGH, NJW 1981, 2457, 2458.

ab, da es an der erforderlichen Vergleichbarkeit fehle, weil die Behörde eben nicht nach Belieben auf den einen oder den anderen Störer zugreifen könne.[1201]

Im Folgenden prüft das Gericht auch einen Anspruch aus GoA und verneint ihn nur deswegen, weil der die Gefahr abwehrende Störer im zugrundeliegenden Einzelfall nur sein eigenes Geschäft geführt habe und nicht das Geschäft eines anderen. Denn im konkreten Fall sei der andere Störer nicht berechtigt gewesen wäre, die Gefahr auf dem Gelände des die Gefahr abwehrenden Eigentümers zu beseitigen.[1202]

Die Ausführungen des Bundesgerichtshofes sind offenbar so zu verstehen, dass die materielle Polizeipflicht nach seiner Ansicht zwar nicht genügen kann, um ein Gesamtschuldverhältnis zwischen den einzelnen Störern zu begründen. Sie muss aber jedenfalls ein auch-fremdes Geschäft wenigstens dem Grunde nach begründen können. Dieses auch-fremde Geschäft wurde im konkreten Einzelfall nur deshalb verneint, weil der andere Störer rechtlich nicht befugt war, auf dem Grundstück des allein in Anspruch Genommenen zur Gefahrenabwehr tätig zu werden. Hätte diese Befugnis bestanden, so hätte der Bundesgerichtshof nach seinen Ausführungen konsequenterweise das auch-fremde Geschäft bejahen müssen.[1203]

Unabhängig von der Frage, ob die Verneinung der GoA durch den Bundesgerichtshof mit diesem Argument zu überzeugen vermag – was jedenfalls zweifelhaft erscheint[1204] –, wird deutlich, dass nach seiner Ansicht die GoA jedenfalls dem Grunde nach anwendbar sein muss.[1205]

b) Keine Anwendbarkeit wegen mangelnder Aufwendungen

Vereinzelt wird darüber hinaus von Teilen der Literatur die Anwendbarkeit der Regeln der GoA im Falle einer Störermehrheit mit dem Argument verneint, dass die Kosten der Gefahrenabwehrmaßnahmen für den diese Kosten allein tragenden Störer keine Aufwendungen darstellen würden.[1206] Denn Aufwendungen gemäß § 670 BGB seien nach allgemeiner Ansicht im Zivilrecht Vermögensopfer, die der Geschäftsherr im Falle einer GoA freiwillig mache.[1207] Die Erfüllung der öffentlich-rechtlichen Verpflichtung der Gefahrenabwehr bzw. der Kosten-

---

1201 BGH, NJW 1981, 2457, 2458.

1202 BGH, NJW 1981, 2457, 2457.

1203 Im Ergebnis ähnlich VGH Mannheim, VBlBW 2008, 137, 137 ff.

1204 Dazu ausführlich Kapitel 8, B, II., 2., a).

1205 Vgl. BGHZ 110, 313, 315.

1206 *Ule/Rasch*, Verwaltungsgesetze III, S. 65.

1207 *Palandt-Sprau*, BGB, § 670, Rn. 3.

tragung entsprechender Gefahrenabwehrmaßnahmen erfolge hingegen gerade nicht freiwillig, so dass auch keine Aufwendungen vorliegen könnten.[1208]

Richtig an diesem Ansatz ist, dass die materielle Polizeipflicht sowohl als Gefahrenbeseitigungspflicht wie auch als Kostentragungspflicht eine öffentlich-rechtliche Verpflichtung darstellt. Kommt der Störer dieser Pflicht nach, dürfte er dies im Regelfall in der Tat nicht freiwillig tun, sondern nur in Erfüllung der ihn treffenden öffentlich-rechtlichen Pflicht.

Diesem Einwand ist aber entgegenzuhalten, dass nach der Rechtsprechung des Bundesgerichtshofes in den Fällen öffentlich-rechtlicher Verpflichtungen gerade nicht auf das Merkmal der Freiwilligkeit abzustellen ist, sondern vielmehr darauf, ob es sich zumindest auch um ein sogenanntes fremdes Geschäft gehandelt hat, also um ein Geschäft, bei dem der Geschäftsführer ein Geschäft des Geschäftsherren jedenfalls mitbesorgt hat.[1209] Auf die Freiwilligkeit geht der Bundesgerichtshof in seiner Rechtsprechung dabei gar nicht vertiefend ein. Vielmehr wird aus dem Kontext der jeweiligen Entscheidungen deutlich, dass in den Fällen öffentlich-rechtlicher Verpflichtungen dieses Merkmal gar nicht von Nöten ist bzw. nach Ansicht des Bundesgerichtshofes jedenfalls nicht darauf abgestellt werden muss, sondern vielmehr darauf verzichtet werden kann.[1210]

Diese Rechtsprechung überzeugt, spricht doch – wie *Grunwaldt* zutreffend feststellt – eine öffentlich-rechtliche Verpflichtung des Geschäftsführers eher für als gegen die Anwendung der Regeln der GoA.[1211] Verdeutlicht wird dies durch einen Erst-Recht-Schluss, den namentlich *Kloepfer/Thull* formulieren: Wenn dem Geschäftsführers bei freiwilligem Handeln ein Ausgleichsanspruch gegen den Geschäftsherren nach den Regeln der GoA zugestanden wird, dann muss dies erst Recht im Falle einer öffentlich-rechtlichen Verpflichtung gelten, wo dem Geschäftsführer gar keine Wahlmöglichkeit verbleibt.[1212] In solchen Konstellationen die Regeln der GoA auszuschließen, würde eine Schlechterstellung des die Kosten der Gefahrenabwehrmaßnahmen allein tragenden Störers bedeuten. Demnach ist mit dem Bundesgerichtshof in den Fällen der öffentlich-rechtlichen Verpflichtung auf das Merkmal der Freiwilligkeit zu verzichten.

c) Zwischenergebnis

Das Institut der zivilrechtlichen Geschäftsführung ohne Auftrag ist im Rahmen einer Störermehrheit, in denen jeweils nur ein Störer die Kosten der Gefahren-

---

1208 So im Ergebnis *Ule/Rasch*, Verwaltungsgesetze III, S. 65.

1209 BGHZ 16, 12, 13 ff.; 40, 28, 30; im Ergebnis auch BGH, NUR 1987, 141, 142 f.

1210 Ähnlich *Grunwaldt*, Ausgleichsansprüche, S. 110 f.; *Felix/Nitschke*, NordÖR 2004, 469, 475.

1211 *Grunwaldt*, Ausgleichsansprüche, S. 111.

1212 *Kloepfer/Thull*, DVBl. 1989, 1121, 1123.

abwehrmaßnahmen zu tragen hat, anwendbar.[1213] Dies gilt jedenfalls solange der BGH seine Rechtsprechung bezüglich des Nichtbestehens eines Anspruches aus den Regelungen über die Gesamtschuld nicht aufgibt.

2. Voraussetzungen

Ist demnach die Anwendung der zivilrechtlichen GoA zu bejahen, stellt sich die Frage, ob die Tatbestandsvoraussetzungen gegeben sind.

a) Objektiv fremdes Geschäft

Erforderlich ist diesbezüglich zunächst, dass der Geschäftsführer ein objektiv fremdes Geschäft für den Geschäftsherrn geführt hat. Hierunter werden solche Geschäfte verstanden, die die Rechtsordnung nach Inhalt, Natur bzw. äußerem Erscheinungsbild einem anderen Rechts- oder Interessenskreis als dem des Handelnden – also einem für ihn fremden Interessenskreis – zuordnet.[1214]

Damit im Falle einer Störermehrheit das Merkmal des objektiv fremden Geschäfts erfüllt ist, müsste also der Störer, der entweder die Gefahr auf eigene Kosten allein abgewehrt hat oder nach behördlicher Gefahrenabwehr alleine zur Kostentragung herangezogen wurde, mit der jeweiligen Tätigkeit ein Geschäft wahrgenommen haben, das in den Rechtskreis des bzw. der übrigen Störer fiel.

Das Vorliegen eines fremden Geschäfts wird in der Literatur vor diesem Hintergrund oftmals mit der knappen Begründung verneint, dass der die Gefahr allein abwehrende bzw. den Kostenanspruch der Behörde erfüllende Störer nur ein

1213 Auf das Urteil des Bundesgerichtshofs vom 18.9.1986 (BGH, NUR 1987, 141, 141 ff.), in welchem ein Grundstückseigentümer die Sanierung seines Grundstücks durchführte, welches von einem früheren Pächter mit Öl verschmutzt wurde, soll in diesem Zusammenhang nur kurz eingegangen werden. Das Gericht führte aus, dass die Sanierung durch den Eigentümer kein auch-fremdes Geschäft gewesen sei. Weil sämtliche Ansprüche wegen § 558 BGB a.F. verjährt gewesen waren, sei die Sanierung bzw. Kostentragung nicht auch ein Geschäft des früheren Pächters gewesen, sondern nur noch des Eigentümers, weshalb ein Anspruch nach den Regeln der GoA verneint wurde. Unabhängig, von der Frage, ob diese Argumentation überzeugend ist – dies erscheint zumindest zweifelhaft, vielmehr erscheint aufgrund von Billigkeitserwägungen eine „Überlagerung" des bürgerlichen Rechts durch öffentlich-rechtliche Normen und Erwägungen, wie der materiellen Polizeipflicht, sachgerecht, ähnlich *Strunden*, Altlasten, S. 304 ff.; *Grunwaldt*, Ausgleichsansprüche, S. 132 ff. – muss an dieser Stelle indes nicht weiter vertieft werden, handelt es sich hierbei doch nicht um die Frage der Anwendung, sondern um eine Frage nach dem Vorliegen der Tatbestandsmerkmale der GoA.

1214 Statt aller *Palandt-Sprau*, BGB, § 677, Rn. 4; *Thole*, NJW 2010, 1243, 1244.

eigenes Geschäft tätige, also ein solches, das in seinen eigenen Interessenskreis falle.[1215]

Ob dieser Einwand überzeugen kann, hängt namentlich davon ab, in welchen Interessenskreis die Gefahrenbeseitigung bzw. Kostentragung letzten Endes tatsächlich fällt. Diese Frage ist seit Jahren heftig umstritten, lässt sich an dieser Stelle aber mit dem Verweis auf die obigen Erörterungen über die materielle Polizeipflicht beantworten.[1216] Nach dem hier vertretenen Verständnis der materiellen Polizeipflicht im Sinne einer Gefahrenabwehrpflicht entsteht die rechtliche Verpflichtung des Störers, eine ihm zurechenbare Gefahr auf eigene Kosten abzuwehren, bereits mit der Verwirklichung der Gefahr, also unabhängig von einer behördlichen Verfügung an den Störer in voller Höhe ab dem Moment der Gefahrenverursachung. Im Falle einer Störermehrheit ist daher jeder Störer ab diesem Moment verpflichtet, die Gefahr in Gänze abzuwehren.

Gleiches gilt auch für den Kostenanspruch der Behörde, der jedem Störer gegenüber grundsätzlich in voller Höhe entsteht.[1217] Dies wiederum bedeutet, dass das Geschäft der Gefahrenabwehr auf eigene Kosten – bzw. das der Kostentragung für den Fall behördlicher Gefahrenabwehr – in den Rechts- und Interessenskreis eines jeden Störers fällt – also sowohl in den des die Kosten der Gefahrenabwehrmaßnahmen alleine tragenden Störers als auch in den der davon verschont gebliebenen Störer.

In den Fällen, in denen nur ein Störer die Gefahr auf eigene Kosten abwehrt bzw. nur er zur Kostentragung nach behördlicher Gefahrenabwehr herangezogen wird, besorgt er mit der Gefahrenabwehr bzw. Kostentragung ein Geschäft, das sowohl in seinen wie auch in den Interessenskreis der übrigen Störer fällt. Es liegt mithin aus der Sicht dieses Störers ein eigenes und zugleich auch ein fremdes Geschäft vor.

In diesen Fällen wird von sogenannten „auch-fremden Geschäften“ gesprochen, die nach allgemeiner Ansicht immer dann vorliegen, wenn der Handelnde ein Geschäft besorgt, dessen Übernahme zugleich im eigenen wie auch im In-

---

1215 *Schenke*, Polizei- und Ordnungsrecht, Rn. 291; so im Ergebnis auch *Pieroth/Schlink/Kniesel*, Polizei- und Ordnungsrecht, § 25, Rn. 18; aus der Rechtsprechung des Bundesgerichtshofes vgl. BGH, NJW 1981, 2457, 2457.

1216 Siehe oben Kapitel 4, A und B.

1217 Dass und warum auch die Kostentragungspflicht im Falle behördlicher Gefahrenabwehr bei einer Störermehrheit jeden Störer grundsätzlich in voller Höhe trifft, wurde oben dargelegt, siehe Kapitel 7, A und Kapitel 7, C, IV. Auch hier besteht die Kostentragungspflicht also nicht erst aufgrund behördlicher Verfügung, sondern für jeden materiell Polizeipflichtigen bereits kraft Gesetzes schon vorher; so im Ergebnis auch VGH Mannheim, VBlBW 2008, 137, 137 ff.; *Marburger*, UTR 1987, 169, 192; a.A. *Petersen*, Gesamtschuldnerausgleich, S. 21.

teresse eines anderen liegt, er also ein objektiv fremdes Geschäft gewissermaßen mit besorgt.[1218]

Es ist in der Rechtsprechung des Bundesgerichtshofes anerkannt, dass eine GoA auch dann vorliegt, wenn der Handelnde vorrangig zur Wahrung eigener Interessen und nur nebenbei im Interesse eines anderen tätig wird.[1219] Die Vornahme eines auch-fremden Geschäfts ist für die Annahme der GoA mithin richtigerweise ausreichend. Auch die Tatsache, dass das eigene und das fremde Geschäft dem Gebiet des öffentlichen Rechts zugehören, wie es bei der Erfüllung von Polizeipflichten der Fall ist, steht der Annahme einer GoA nach ganz herrschender Meinung nicht entgegen.[1220]

Da sich nach dem eben Dargelegten im Falle eine Störermehrheit die Gefahrenabwehr bzw. die Kostentragung nur eines Störers als Geschäftsführer für die übrigen Störer als Geschäftsherren ein auch-fremdes Geschäft darstellt, ist die Tatbestandsvoraussetzung des objektiv-fremden Geschäft in der Form eines auch-fremden Geschäfts zu bejahen.[1221]

1218 Statt aller *Jauernig-Mansel*, BGB, § 677, Rn. 3; *Palandt-Sprau*, BGB, § 677, Rn. 6; dazu auch BGHZ 16, 12, 16 f.; 40, 28, 31.

1219 BGHZ 16, 12, 16; 40, 28, 30; 65, 354, 357; BGH, NUR 1987, 141, 142; die von *Thole* in jüngerer Vergangenheit vorgebrachten Bedenken beziehen sich entgegen des Titels seines Aufsatzes in der NJW weniger auf das Bestehen des auch-fremden Geschäfts als solchem, als eher gegen die Vermutung des Fremdgeschäftsführungswillens in diesen Konstellationen, vgl. *Thole*, NJW 2010, 1243, 1243 ff.

1220 *Palandt-Sprau*, BGB, § 677, Rn. 6; *Schenke*, FS-Bartlsperger, 529, 569, der zutreffend darauf hinweist, dass sich dies bereits aus der Existenz des § 679 BGB ergäbe; dazu auch BGH, WM 1976, 1056, 1059 f.

1221 Hieran ändert auch das mehrfach zitierte Urteil nichts, in dem der Bundesgerichtshof am 11.6.1981 (BGH, NJW 1981, 2457, 2457 ff.) zu Unrecht einen Anspruch aus GoA mit dem Argument verneinte, dass zwar im Falle einer Störermehrheit grundsätzlich jeder Störer entsprechend der materiellen Polizeipflicht die Beseitigung der Gefahr schulde, dass dies aber jedenfalls dann nicht zu einem auch-fremden Geschäft führen könne, wenn ein Störer privatrechtlich nicht befugt sei, die Gefahr auf dem Grundstück des Eigentümers abzuwehren. Dieses Ergebnis vermag schwerlich zu überzeugen. Aufgrund der Lehre von der materiellen Polizeipflicht, der sich auch der Bundesgerichtshof in derselben Entscheidung anschloss, kommt es vielmehr zu einer Beseitigungspflicht eines jeden Störers „ipso iure" – so überzeugend *Grunwaldt*, Ausgleichsansprüche, S. 123 – im Zeitpunkt der Gefahrenverwirklichung. Die fehlende privatrechtliche Befugnis, die Gefahr auf dem Grundstück eines Eigentümers abzuwehren, darf hieran nichts ändern, so im Ergebnis auch BGHZ 110, 313, 315; ebenfalls ähnlich BGH, NJW 2012, 1648, 1650. Vielmehr ist die materielle Polizeipflicht unabhängig von privatrechtlichen Befugnissen zu betrachten. Da die Gefahrenabwehrpflicht jeden Störer trifft muss daher jedenfalls auf Ebene des Innenausgleiches nicht zuletzt aus Billigkeitsgründen ein auch-fremdes Geschäft bejaht werden; vgl. auch BGHZ 110, 313, 315, wo eine Person allein deswegen als Störer qualifiziert wurde, weil sie den störenden Gegenstand auf das Grundstück der Eigentümerin gebracht hatte – auf diesem Ergebnis ggf. entgegenstehende fehlende rechtliche Befugnisse des Störers geht das Gericht nicht ein.

b) Kenntnis der Fremdheit

Ferner ist nach allgemeiner Ansicht erforderlich, dass der Geschäftsführer Kenntnis von der Fremdheit hat.[1222]

Ist dem Geschäftsführer bei der Führung eines fremden Geschäfts nicht bewusst, dass er das Geschäft eines anderen führt, glaubt er also, nur ein eigenes zu führen, liegt keine Geschäftsführung ohne Auftrag vor.[1223] Der geschäftsführende Ordnungspflichtige – also der polizei- und ordnungsrechtliche Störer – muss also jedenfalls wissen, dass er mit der Gefahrenabwehr bzw. der Kostentragung die Angelegenheit auch eines anderen besorgt,[1224] dass es also noch weitere Störer neben ihm gibt.[1225]

Diesbezüglich führen *Marburger* und ihm folgend *Strunden* aus, dass dieses Erfordernis im absoluten Regelfall erfüllt sein wird, da der die Gefahr allein abwehrende bzw. zur Kostentragung in Anspruch genommene Störer seiner Pflicht regelmäßig nicht in dem Bewusstsein nachkommen werde, dass er der allein Pflichtige sei, sondern vielmehr davon ausgehen werde, dass neben ihm noch andere Störer vorhanden seien.[1226] Demgegenüber lassen die Ausführungen des Oberlandesgerichts Düsseldorf erkennen, dass dies gerade nicht der Fall sei, sondern der allein die Kosten tragende Störer vielmehr regelmäßig in dem Bewusstsein tätig werde, ausschließlich in eigenem Interesse zu handeln, da er von den übrigen Störern im Regelfall gar nichts wisse und auch nicht wissen könne.[1227]

Auf diese Ausführungen muss indes im Folgenden nicht vertiefend eingegangen werden, denn ob der die Gefahr allein abwehrende bzw. die Kosten behördlicher Gefahrenabwehr allein tragende Störer Kenntnis von der Fremdheit hatte, ist stets Tatfrage und damit abhängig vom Einzelfall.[1228]

1222 Dazu statt aller *Palandt-Sprau*, BGB, § 677, Rn. 10 und § 687, Rn. 1; dies ergibt sich bereits aus dem Gesetz, vgl. § 687 Abs. 1 BGB.

1223 *Palandt-Sprau*, BGB, § 677, Rn. 10.

1224 *Grunwaldt*, Ausgleichsansprüche, S. 146.

1225 *Seibert*, DÖV 1983, 964, 965, dort in Fn. 7.

1226 *Marburger*, UTR 1987, 169, 192; *Strunden*, Altlasten, S. 303.

1227 OLG Düsseldorf, NVwZ 1989, 993, 997.

1228 Insofern erscheint die Bejahung des Gesamtschuldnerausgleichsanspruches für den Störer in jedem Fall vorteilhafter, da das Gesamtschuldnerverhältnis unabhängig von der Kenntnis des Störers über das Vorhandensein weiterer Störer kraft Gesetzes entsteht.

c) Fremdgeschäftsführungswille

Erforderlich ist ferner, dass der Fremdgeschäftsführungswille gegeben ist. Dies ist der Wille des Geschäftsführers, nicht nur ein eigenes, sondern auch ein fremdes Geschäft zu besorgen.[1229]

Es ist umstritten, ob der Fremdgeschäftsführungswille bei einem auch-fremden Geschäft – wie es im Fall der Gefahrenabwehr bzw. Kostentragung eines Störers den Konstellationen einer Störermehrheit der Fall ist – zu vermuten ist. Nach der Rechtsprechung des Bundesgerichtshofes und einem Großteil der Literatur wird bei einem auch-fremden Geschäft der Fremdgeschäftsführungswille vermutet.[1230] Die Wahrung eigener Interessen schließe den Fremdgeschäftsführungswillen gerade nicht aus.[1231] Bezogen auf die Fälle einer Störermehrheit, in denen nur ein Störer die Gefahr selber abwehrt bzw. den behördlichen Kostenbescheid allein erfüllt, sei der Fremdgeschäftsführungswille daher konsequenterweise ebenfalls zu vermuten.[1232]

Diese Vermutung des Fremdgeschäftsführungswillens ist in der jüngeren Vergangenheit von Teilen des Schrifttums kritisiert worden.[1233] Namentlich *Thole* fordert, dass insbesondere in der Konstellation des pflichtgebundenen Geschäftsführers – wie sie im Falle der Gefahrenabwehr bzw. Kostentragung nur eines Störers bei Vorliegen einer Störermehrheit stets gegeben ist[1234] – der Fremdgeschäftsführungswille nicht pauschal vermutet werden dürfe, sondern vielmehr einzelfallbezogen festgestellt werden müsse.[1235]

Ob dem gefolgt werden kann, soll im Folgenden nicht bezogen auf alle denkbaren Fälle auch-fremder Geschäfte des pflichtgebundenen Geschäftsführers

---

1229 BGH, NJW 2012, 1648, 1650; BGHZ 16, 12, 13; *Palandt-Sprau*, BGB, § 677, Rn. 6.

1230 BGH, NJW 2012, 1648, 1650; BGHZ 40, 28, 31; 65; 254, 357; *Palandt-Sprau*, BGB, § 677, Rn. 6.

1231 BGHZ 110, 313, 315; *Palandt-Sprau*, BGB, § 677, Rn. 6.

1232 So ausdrücklich VGH Mannheim, VBlBW 2008, 137, 139; *Felix/Nitschke*, NordÖR 2004, 469, 476; *Grunwaldt*, Ausgleichsansprüche, S. 149.

1233 Dazu *Thole*, NJW 2010, 1243, 1244 ff.; *Falk*, JuS 2003, 833, 835 f.

1234 Wehrt er eine Gefahr auf der Primärebene ohne eine vorher an ihn ergangene behördliche Verfügung ab, so genügt er der materiellen Polizeipflicht und ist insofern pflichtgebundener Geschäftsführer. Kommt der auf der Primärebene einer an ihn ergangenen Gefahrenabwehrverfügung nach bzw. trägt er auf der Sekundärebene die Kosten behördlicher Gefahrenabwehrmaßnahmen aufgrund eines an ihn ergangenen Kostenbescheides, ist er gewissermaßen sogar „doppelt" pflichtgebunden – einerseits aufgrund der materiellen Polizeipflicht, andererseits aufgrund der ihn darüber hinaus verpflichtenden – seine Polizeipflicht konkretisierenden – Bescheide.

1235 *Thole*, NJW 2010, 1243, 1247, der sich für ein „Zurückstutzen" der Vermutung des Fremdgeschäftsführungswillens in bestimmten Fallgestaltungen ausspricht.

untersucht werden, sondern lediglich bezogen auf den pflichtgebundenen Geschäftsführer im Falle einer polizei- und ordnungsrechtlichen Störermehrheit.

Im Lichte der in dieser Untersuchung gemachten Ausführungen zu Primär- und Sekundärebene ist der Rechtsprechung des Bundesgerichtshofes der Vorzug zu geben, wonach der Fremdgeschäftsführungswille jedenfalls in den Fällen einer Störermehrheit stets zu vermuten ist, in denen nur ein Störer zur Gefahrenabwehr- bzw. Kostentragung tätig geworden bzw. herangezogen worden ist.

Das Zusammenspiel der Rechtsgrundsätze auf Primär- wie auf Sekundärebene rechtfertigt es, vor dem Hintergrund der materiellen Polizeipflicht als einer verfassungsrechtlichen Grundpflicht auf der Primärebene stets und auf der Sekundärebene im Regelfall von einer unbeschränkten materiellen Polizeipflicht eines jeden Störers auszugehen. Dies führt auf beiden Ebenen wie gesagt nicht selten zu Ergebnissen, die als unbillig empfunden werden, aber als verhältnismäßig und damit rechtmäßig anzuerkennen sind.[1236]

In Konsequenz dessen muss daher jedenfalls auf der Ebene des Innenausgleichs zwischen den Störern die Auslegung der Tatbestandsmerkmale des entsprechenden Ausgleichsanspruchs in der Art und Weise erfolgen, dass sie dem allein die Kosten der Gefahrenabwehrmaßnahmen tragenden Störer den größtmöglichen Schutz und die bestmögliche Stellung gegenüber den unbehelligt gebliebenen Störern ermöglicht. Dies muss gerade auch vor dem Hintergrund gelten, dass der die Gefahr allein abwehrende bzw. die Kosten behördlicher Abwehrmaßahmen allein tragende Störer auch das Prozess- und Insolvenzrisiko zu tragen hat.

Somit wird jedenfalls in den hier in Rede stehenden Fällen der Störermehrheit im Polizei- und Ordnungsrecht in der Tat das von *Thole* so bezeichnete Bestreben deutlich, durch die Vermutung des Fremdgeschäftsführungswillens dem Geschäftsführer bei auch-fremden Geschäften „aus Billigkeitserwägungen einen Aufwendungsersatzanspruch zu gewähren, der ihm sonst verwehrt bliebe".[1237] Dies ist in den hier dargestellten Fällen der Störermehrheit allerdings nicht nur vertretbar, sondern aufgrund der als unbillig empfundenen Ergebnisse auf Primär- und Sekundärebene vor dem Hintergrund des verfassungsrechtlichen Gewichts der materiellen Polizeipflicht sogar geradezu geboten. Denn letzten Endes führt erst die materielle Polizeipflicht mit verfassungsrechtlichem Gewicht zu den als unbillig empfundenen Ergebnissen; sie muss daher ebenfalls mit verfassungsrechtlichem Gewicht die Auslegung der Tatbestandsmerkmale des Aus-

1236 Eine Ausnahme gilt wie gesagt für die sogenannten Opferfälle.

1237 *Thole*, NJW 2010, 1243, 1245, der auf S. 1244 auch davon spricht, dass die GoA in diesen Fällen als „Lückenfüller" zu bezeichnen sei.

gleichsanspruches zugunsten des die Kosten tragenden Störers beeinflussen, da er ansonsten in der Tat Gefahr liefe „auf den Kosten sitzen zu bleiben“.[1238]

d) Ohne Auftrag und mit Willen der Geschäftsherrn

Schließlich muss das Geschäft des Geschäftsführers ohne Auftrag der übrigen Geschäftsherren erfolgen und mit deren Willen oder in deren Interesse erfolgen. Denn nur im Falle einer berechtigten GoA im Sinne des § 683 BGB besteht ein Anspruch auf Aufwendungsersatz.[1239] Ein Auftrag der übrigen Geschäftsherren wird im absoluten Regelfall fehlen.

Fraglich ist aber, ob die Geschäftsführung im Falle einer Störermehrheit mit Willen oder im Interesse der Geschäftsherren geschieht bzw. steht. Dieser wirkliche Wille wird im Regelfall kaum feststellbar sein.[1240]

Ist aber der wirkliche Wille nicht feststellbar, ist der mutmaßliche Wille der Geschäftsherren zu ermitteln, der sich nach dem Interesse richtet.[1241]

Es ließe sich vertreten, dass die Geschäftsführung durch den Geschäftsführer stets im Interesse der Geschäftsherren steht, werden sie doch von ihrer Gefahrenabwehr- bzw. Kostentragungspflicht frei.[1242] Andererseits führt *Grunwaldt* vor diesem Hintergrund aus, dass die Gefahrbeseitigung des Geschäftsführers grundsätzlich mit Kosten verbunden sei, für die der Geschäftsherr in der Regel nicht mehr belangt werden könne, so dass das Geschäft des Geschäftsführers aus diesem Grund gerade dem Willen des Geschäftsherren widersprechen würde.[1243] Für einen entgegenstehenden Willen des Geschäftsherrn in diesen Konstellationen spricht sich auch *Klein* aus.[1244]

Vor einer vertiefenden Auseinandersetzung mit diesen Erwägungen stellt sich indes die Frage, ob ein eventuell entgegenstehender Wille der Geschäftsherren bzw. die Tatsache, dass die Geschäftsführung nicht in ihrem Interesse erfolgte, überhaupt beachtlich ist. Nach § 679 BGB kommt ein der Geschäftsführung entgegenstehender Wille des Geschäftsherrn namentlich dann nicht in Betracht, wenn ohne die Geschäftsführung eine Pflicht des Geschäftsherrn, deren Erfüllung im öffentlichen Interesse liegt, nicht rechtzeitig erfüllt werden würde.[1245]

1238 So ausdrücklich BGH, NJW 2012, 1648, 1650 f.
1239 *Palandt-Sprau*, BGB, § 683, Rn. 3; *Felix/Nitschke*, NordÖR 2004, 469, 476.
1240 Dazu *Felix/Nitschke*, NordÖR 2004, 469, 476.
1241 *Palandt-Sprau*, BGB, § 683, Rn. 5.
1242 So angedeutet von *Felix/Nitschke*, NordÖR 2004, 469, 476.
1243 *Grunwaldt*, Ausgleichsansprüche, S. 149.
1244 *Klein*, DVBl. 1968, 166, 170.
1245 Dazu BGH, NJW 2012, 1648, 1650 f.

Die Pflicht zur Gefahrenabwehr liegt unbestrittener Weise im öffentlichen Interesse,[1246] ging doch der Gesetzgeber bei der Abfassung des § 679 BGB vornehmlich von der Erfüllung von Polizeipflichten aus.[1247]

Fraglich ist aber, ob ohne die Geschäftsführung des Geschäftsführers die den bzw. die Geschäftsherren treffende Verpflichtung nicht rechtzeitig erfüllt worden wäre. Dies setzt nach nahezu allgemeiner Auffassung die Fälligkeit der Pflicht voraus.[1248] Damit stellt sich die Frage, wann die Fälligkeit der Pflicht – im Falle der hier relevanten Störermehrheit der Gefahrbeseitigungs- bzw. der Kostentragungspflicht – gegeben ist. Diese Frage wird unterschiedlich beantwortet. Manche stellen darauf ab, dass die Fälligkeit der Gefahrenabwehr- bzw. Kostentragungspflicht erst durch einen entsprechenden unanfechtbaren bzw. sofort vollziehbaren Gefahrenabwehr- bzw. Kostenbescheid der Behörde fällig werde.[1249] Andere stellen auf das Vorliegen der Voraussetzungen einer unmittelbaren Ausführung ab.[1250]

Letzten Endes ist die Frage nach der Fälligkeit der Pflicht bereits mit dem Bekenntnis zur materiellen Polizeipflicht beantwortet.[1251] Wenn die materielle Polizeipflicht als eine Gefahrenabwehr- und Kostentragungspflicht unabhängig von einer behördlichen Konkretisierung in Form eines Verwaltungsaktes die Beseitigung der Gefahr bzw. die Tragung der Kosten bereits in dem Moment fordert, in dem die Gefahr entsteht, dann muss auch ab diesem Moment diese Pflicht bereits fällig sein.[1252] Demnach ist die Pflicht gegenüber jedem Störer bereits im Zeitpunkt der Gefahrentstehung fällig. Ein eventuell entgegenstehender Wille des Geschäftsherrn ist mithin nach § 679 BGB unbeachtlich.

Da die Voraussetzungen des § 679 BGB somit erfüllt sind, ist auch das Merkmal „mit Willen oder im Interesse des Geschäftsherren“ gegeben.

1246 So beispielsweise auch *Felix/Nitschke*, NordÖR 2004, 469, 476; *Grunwaldt*, Ausgleichsansprüche, S. 150; *Kloepfer/Thull*, DVBl. 1989, 1121, 1124; *Marburger*, UTR 1987, 169, 193. Gleiches muss nach dem bisher Ausgeführten auch für die Kostentragungspflicht gelten.

1247 *Grunwaldt*, Ausgleichsansprüche, S. 150 m.w.N.; auch die öffentlich-rechtliche Bestattungspflicht der Hinterbliebenen (die Bestattungspflicht der öffentlichen Hand ist ebenso wie dessen Gefahrenabwehrpflicht nur eine subsidiäre, vgl. BGH, NJW 2012, 1648, 1649 f.; siehe auch Kapitel 5, A, I.) ist als eine Pflicht zu werten, die unter § 679 BGB zu subsumieren ist – der BGH spricht diesbezüglich gar von einem „Schulfall für die Anwendung des § 679 BGB“, dazu ausführlich BGH, NJW 2012, 1648, 1650.

1248 BGH, NJW 1978, 1258, 1259; *Felix/Nitschke*, NordÖR 2004, 469, 477; *Grunwaldt*, Ausgleichsansprüche, S. 151; *Kloepfer/Thull*, DVBl. 1989, 1121, 1124; *Palandt-Sprau*, BGB, § 679, Rn. 5.

1249 So *Hoeft*, Entschädigungsansprüche, S. 258; *Klopfer/Thull*, DVBl. 1121, 1124; ähnlich auch *Petersen*, Gesamtschuldnerausgleich, S. 22.

1250 So beispielsweise *Koch*, Bodensanierung, S. 74.

1251 So auch *Felix/Nitschke*, NordÖR 2004, 469, 477; *Grunwaldt*, Ausgleichsansprüche, S. 151.

1252 So bereits *Felix/Nitschke*, NordÖR 2004, 469, 477.

3. Zwischenergebnis

Die Voraussetzungen der GoA sind demnach in den Fällen, in denen bei einer Störermehrheit nur ein Störer die Gefahr alleine abwehrt bzw. die Kosten behördlicher Gefahrenabwehr alleine trägt, gegeben. Er hat daher einen Anspruch nach den Regeln der GoA gegen die übrigen Störer.

III. Zusammenfassung

Auf der Primär- wie auch auf der Sekundärebene wird bei einer Störermehrheit regelmäßig nur ein einziger Störer entweder die Gefahr in Gänze allein abwehren bzw. die Kosten allein tragen. Dies mag auf beiden Ebenen nicht selten zu Ergebnissen führen, die als unbillig empfunden werden, ist aber im Regelfall eine dem geltenden Polizei- und Ordnungsrecht entsprechende und verhältnismäßige Konsequenz namentlich der materiellen Polizeipflicht als einer verfassungsrechtlichen Grundpflicht.

Infolge dessen kommt der Stellung des allein die Kosten tragenden Störers auf der Ebene des Innenausgleiches ein entsprechend großes Gewicht zu. Gerade weil die materielle Polizeipflicht mit verfassungsrechtlichem Gewicht die Hauptursache für die eben noch einmal genannten Ergebnisse darstellt, muss sie ebenfalls mit verfassungsrechtlichem Gewicht die Auslegung der zivilrechtlichen Ausgleichsansprüche jedenfalls mittelbar zu Gunsten des die Kosten der Gefahrenabwehrmaßnahmen allein tragenden Störers beeinflussen.

Es lässt sich insofern gewissermaßen sagen, dass das Verständnis von der materiellen Polizeipflicht als verfassungsrechtliche Grundpflicht, welches auf der Primär- bzw. Sekundärebene zu den als stellenweise ungerecht empfundenen Ergebnissen in Form der unbeschränkten materiellen Polizeipflicht führt, diese Ergebnisse mittelbar auf der Ebene des Innenausgleiches korrigiert, indem sie die Stellung des allein die Kosten tragenden Störers mit verfassungsrechtlichem Gewicht stärkt.

Nicht zuletzt um die Härten des allgemeinen Polizei- und Ordnungsrechts auszugleichen, muss nach hier vertretener Ansicht jedenfalls ein Ausgleichsanspruch nach den Regeln der GoA[1253] gegen die übrigen Störer bejaht werden.[1254]

C. Ergebnis

Der im Falle einer Störermehrheit die Kosten der Maßnahmen zur Gefahrenabwehr alleine tragende Störer hat demnach – jedenfalls solange der Bundesgerichtshof seine den Anspruch aus dem Gesamtschuldverhältnis verneinende Rechtsprechung nicht aufgibt – im Innenverhältnis einen Ausgleichsanspruch gegen die übrigen Störer entsprechend den Regeln der GoA. Darüber hinaus liegt in der rechtlichen Einordnung der materiellen Polizeipflicht als Grundpflicht ein weiteres Argument für die Bejahung des von der herrschenden Ansicht zu Recht geforderten Anspruches analog §§ 421, 426 BGB.

Im Lichte dieser Ergebnisse soll noch einmal der Bogen zu den zu Beginn dieser Untersuchung im Rahmen der historischen Entwicklung des Polizei- und Ordnungsrechts kurz erwähnten Ausführungen von *Pieroth/Schlink/Kniesel* geschlagen werden. Darin heißt es wie gesagt, dass die Versubjektivierung des Polizei- und Ordnungsrechts immer weiter voranschreite.[1255] Dies ist in der Tat der Fall. Aber diese Versubjektivierung kann sich entgegen vereinzelt vertretener Ansicht jedenfalls im Regelfall gerade nicht auf den Ebenen des allgemeinen Polizei- und Ordnungsrechts – sei es in Form einer Begrenzung der materiellen Polizeipflicht auf der Primärebene, sei es in Form einer Begrenzung der materiellen Polizeipflicht auf der Sekundärebene – vollziehen. Hier bleibt auf der Pri-

---

1253 Der BGH gesteht einem Geschäftsführer den Anspruch aus GoA auch gegenüber denjenigen Personen als Geschäftsherren zu, welche eine öffentlich-rechtliche Pflicht (wie beispielsweise die Polizei- oder Bestattungspflicht) trifft, die aber diesbezüglich nicht leistungsfähig sind bzw. waren, vgl. BGH, NJW 2012, 1648, 1650. Das bedeutet für das Polizei- und Ordnungsrecht, dass auch derjenige, dem eine konkrete Gefahr zwar zugerechnet werden kann, der aber – aus welchen Gründen auch immer – nicht in der Lage ist, die Gefahr selber abzuwehren, dem Grunde nach materiell polizeipflichtig ist und auch bleibt und damit im Falle einer Störermehrheit im Sinne der GoA ausgleichspflichtig gegenüber dem die Kosten der Gefahrenabwehrmaßnahme allein tragenden Störer ist.

1254 Dass und warum darüber hinaus auch die Bejahung des Anspruches nach den Regelungen über den Gesamtschuldnerausgleich wünschenswert ist, wurde oben ebenfalls dargelegt. Sollte dieser Anspruch zu einer Verdrängung des Anspruchs nach den Regeln der GoA führen – so wie es die wohl herrschende Meinung im Zivilrecht vertritt –, so wäre dieses Ergebnis gleichwohl hinzunehmen, da der Gesamtschuldnerausgleichsanspruch für den Störer vorteilhafter als der GoA-Anspruch sein dürfte, vgl. Fn. 1228.

1255 *Pieroth/Schlink/Kniesel*, Polizei- und Ordnungsrecht, § 25, Rn. 18.

märebene die Effektivität der Gefahrenabwehr bzw. auf der Sekundärebene die Intention der Kostentragung des Störers bzw. der Kostenfreihaltung des Staates das Maß aller Dinge. Eine Ausnahme – also eine Begrenzung der materiellen Polizeipflicht – kann es vor diesem Hintergrund nur auf der Sekundärebene und nur in den restriktiv zu behandelnden Opfersituationen geben.

Die Vollziehung der von *Pieroth/Schlink/Kniesel* so bezeichneten Versubjektivierung des Polizei- und Ordnungsrechts muss sich daher jedenfalls im Rahmen der Störermehrheit bezogen auf die Regelfälle, in denen eine Opfersituation nicht gegeben ist, auf der Ebene des Innenausgleichs vollziehen, um entsprechende Härten auszugleichen. Hier muss die materielle Polizeipflicht gerade aufgrund ihrer Einordnung als eine verfassungsrechtliche Grundpflicht mit verfassungsrechtlichem Gewicht mittelbar die Auslegung der zivilrechtlichen Innenausgleichsansprüche zugunsten des die Kosten der Gefahrenabwehrmaßnahmen allein tragenden Störers gegen die übrigen Störer prägen. Dies bedeutet, dass ihm jedenfalls ein Anspruch nach den Regelungen der GoA zugesprochen werden muss. Darüber hinaus liegt darin wie gesagt ein weiteres Argument dafür, dass der Bundesgerichtshof seine Rechtsprechung aufgeben und ein Gesamtschuldverhältnis zwischen den Störern bejahen sollte.

Kapitel 9: Zusammenfassung der Ergebnisse und abschließende Thesen

1) Das Polizei- und Ordnungsrecht hat sich im Laufe der Zeit vom Recht zur Sicherung der Wohlfahrt hin zum Recht der Gefahrenabwehr entwickelt. Demnach ist heute das Ziel eines jeden Polizei- und Ordnungsgesetzes die effektive Gefahrenabwehr unter Beachtung des Verhältnismäßigkeitsgrundsatzes.

2) Die Erfüllung der Aufgabe der Gefahrenabwehr ist zum einen dem Staat selber zugewiesen, stellt also eine Staatsaufgabe dar. Dies ist in dieser Eindeutigkeit zwar nicht ausdrücklich im Grundgesetz geregelt, geht aber aus seiner Auslegung hervor. Wie der Staat diese Aufgabe zu erfüllen hat, regeln namentlich die allgemeinen und besonderen Polizei- und Ordnungsgesetze.

3) Darüber hinaus ist unter Umständen auch der Bürger zur Gefahrenabwehr berechtigt bzw. sogar verpflichtet – vgl. beispielsweise §§ 32, 34, 323c StGB.

Bezogen auf das Polizei- und Ordnungsrecht ist jedenfalls nach Ergehen einer behördlichen Verfügung an eine Person zur Gefahrenabwehr – unabhängig davon, ob diese Person Störer oder Nichtstörer ist – diese Person aufgrund dieser Verfügung zur Gefahrenabwehr verpflichtet, also insoweit polizeipflichtig.

4) Den Handlungs- bzw. Zustandsstörer trifft – anders als den Nichtstörer – über die durch eine behördliche Verfügung zur Gefahrenabwehr konkretisierte Polizeipflicht hinaus auch die sogenannte materielle Polizeipflicht. Diese ist nicht als eine Nichtstörungspflicht, sondern vielmehr als eine Verpflichtung zur Gefahrenabwehr zu verstehen, die jeden Störer ab dem Zeitpunkt der Entstehung einer ihm zurechenbaren Gefahr unmittelbar kraft Gesetzes – also ohne das Ergehen einer behördlichen Verfügung – trifft.

5) Die so verstandene materielle Polizeipflicht ist als verfassungsrechtliche Grundpflicht zu werten. Zwar verwendet das Grundgesetz den Begriff der Grundpflicht an keiner Stelle. Gleichwohl ist das Bestehen von Grundpflichten nach den obigen Ausführungen zu Recht anerkannt.

Die materielle Polizeipflicht erfüllt sämtliche Elemente der hier vertretenen Grundpflichtendefinition, wobei vor allem der Bedeutung der materiellen Polizeipflicht für das Gemeinwesen vor dem Hintergrund des Sozialstaatsprinzips und des Satzes von der Menschenwürde eine entscheidende Bedeutung zukommt.

6) Der Umfang der materiellen Polizeipflicht im Sinne einer Gefahrenabwehrpflicht mit dem Gewicht einer verfassungsrechtlichen Grundpflicht ist vor dem Hintergrund des Rechtsgrundsatzes der Effektivität der Gefahrenabwehr auf der Primärebene stets ein unbeschränkter. Die ebenfalls zu berücksichtigenden Rechtsgrundsätze wie der Verhältnismäßigkeitsgrundsatz und der Grundsatz der Lastengleichheit können eine Beschränkung des Umfangs der materiellen Polizeipflicht auf der Primärebene auch in den Fällen einer Störermehrheit bzw. in den sogenannten Opferfällen nicht rechtfertigen.

Jeder Störer ist demnach auf der Primärebene in vollem Umfang zur Beseitigung einer ihm zurechenbaren Gefahr verpflichtet.

7) Auf der Sekundärebene beinhaltet die materielle Polizeipflicht des Störers die Pflicht zur Tragung der Kosten der Gefahrenabwehrmaßnahmen bezüglich einer ihm zuzurechnenden Gefahr oder Störung. Diese Pflicht leitet sich dem Grunde nach aus der materiellen Polizeipflicht der Primärebene ab, die als verfassungsrechtliche Grundpflicht vom Störer nicht nur die Abwehr der ihm zurechenbaren Gefahr fordert, sondern diese Pflichterfüllung auch als „unentgeltlich“ – also auf Kosten des Störers – verstanden wissen will.

8) Eine solche Kostentragungspflicht des Störers steht auch mit den Vorgaben der Verfassung in Einklang. Sie widerspricht insbesondere nicht dem Steuerstaatsprinzip. Dieses gebietet zwar grundsätzlich eine Finanzierung der Staatsaufgaben – als solche ist die Aufgabe der Gefahrenabwehr zu werten – aus Steuern. Dies gilt sogar zwingend für die Finanzierung der allgemeinen Staatsaufgaben. Ausnahmen hiervon, und damit eine Finanzierung über andere Mittel als der Steuer, sind indes jedenfalls im Rahmen besonderer Staatsaufgaben möglich.

Die Staatsaufgabe der Gefahrenabwehr ist zwar grundsätzlich als eine allgemeine Staatsaufgabe zu werten. Aber in den Fällen, in denen einem Störer eine Gefahr zuzurechnen ist, handelt es sich bei der Aufgabe der Gefahrenabwehr nach hier vertretener Auffassung um eine besondere Staatsaufgabe. Dies hat zur Folge, dass die Finanzierung in diesem Bereich nicht mehr zwingend über Steuern zu erfolgen hat, sondern auch eine Finanzierung über andere Wege möglich ist. Dies rechtfertigt in Einklang mit den Vorgaben des Steuerstaatsprinzips auch die Kostentragungspflicht des Störers.

9) Auch wenn die Kostentragungspflicht des Störers dem Grunde nach auf der Tatsache beruht, dass die materielle Polizeipflicht als verfassungsrechtliche Grundpflicht die Gefahrenabwehr durch den Störer auf eigene Kosten verlangt, so bedeutet allein diese Tatsache noch nicht, dass der Umfang der Kostentragungspflicht stets – wie der Umfang der Gefahrenabwehrpflicht auf der Primärebene – ein unbeschränkter wäre. Eine Konnexität von Gefahrenabwehr- und Kostentragungspflicht – mit der Folge, dass die Pflicht auf beiden Ebenen eine unbeschränkte wäre – gibt es aufgrund der unterschiedlichen zeitlichen und rechtlichen Situation auf Primär- und Sekundärebene nicht. Vielmehr ist bezüglich des Umfanges der materiellen Polizeipflicht zwischen Primär- und Sekundärebene zu differenzieren.

10) Auf der Sekundärebene erfolgt die Ermittlung des Umfangs der Kostentragungspflicht vor dem Hintergrund des Zwecks der Kostenfreihaltung des Staates bzw. der Kostentragung des Störers in bezug auf den Verhältnismäßigkeits- und den Lastengleichheitsgrundsatz. Da die materielle Polizeipflicht als verfassungsrechtliche Grundpflicht die Kostentragung des Störers bzw. die Freihaltung des Staates mit verfassungsrechtlichem Gewicht gebietet, wird auch auf der Sekundärebene die Kostentragungspflicht des Störer im Regelfall eine unbegrenzte sein. Dies gilt auch für die Fälle der Störermehrheit. Der Ausgleich zwischen den Störern ist aufgrund der materiellen Polizeipflicht keine Angelegenheit des Staates, sondern vielmehr eine Angelegenheit der Störer untereinander.

11) Der Verhältnismäßigkeitsgrundsatz gebietet indes eine Beschränkung der dem Grunde nach gegebenen Kostentragungspflicht des Störers jedenfalls in den Fällen der bodenrechtlichen Opfersituationen im Rahmen der durch das Bundesverfassungsgericht vorgegebenen Kriterien. In diesen Fällen hat der auf der Primärebene unbeschränkt polizeipflichtige Störer als „Nicht-so-Störer" einen Ausgleichsanspruch gegen den Staat in Höhe des die Opfergrenze überschreitenden Anteils entsprechend des Ausgleichsanspruches des Nichtstörers.

Entsprechende Opferfälle auch im allgemeinen Polizei- und Ordnungsrecht erscheinen vor dem Hintergrund des Charakters der materiellen Polizeipflicht und aufgrund der Anforderungen, die das Bundesverfassungsgericht an das Vorliegen einer Opfersituation vorgibt, zwar möglich, sie dürften aber aufgrund der dargelegten Gründe noch seltener als im Bodenrecht zu bejahen sein. Hier muss die künftige Entwicklung in Rechtsprechung und Literatur abgewartet werden.

12) Da die materielle Polizeipflicht auf der Primärebene stets und auf der Sekundärebene im Regelfall eine unbeschränkte Pflicht ist, wird im Falle einer Störer-

mehrheit in vielen Fällen nur ein einziger Störer mit den Kosten der Gefahrenabwehrmaßnahmen belastet werden.

In diesen Fällen steht diesem Störer jedenfalls ein Ausgleichsanspruch nach den Regeln der Geschäftsführung ohne Auftrag gegen die übrigen Störer zu, die aufgrund der materiellen Polizeipflicht ebenfalls gesetzesunmittelbar zur Gefahrenabwehr bzw. Kostentragung verpflichtet sind. Gerade weil die materielle Polizeipflicht mit verfassungsrechtlichem Gewicht häufig erst zu der als ungerecht empfundenen vollumfänglichen Polizeipflicht führt, muss die Tatsache, dass diese Pflicht als Grundpflicht Verfassungsrang hat, die Auslegung der zivilrechtlichen Ausgleichsansprüche ebenfalls mit verfassungsrechtlichem Gewicht zugunsten des die Kosten der Gefahrenabwehrmaßnahmen allein tragenden Störers beeinflussen.

Nicht zuletzt in diesem Grund liegt ein weiteres Argument dafür, dass der Bundesgerichtshof auch seine das Gesamtschuldverhältnis verneinende Rechtsprechung aufgeben sollte.

Schrifttumsverzeichnis

Albers, Marion — Gleichheit und Verhältnismäßigkeit
JuS 2008, S. 945 ff.

Albrecht, Karl-Dieter — Probleme der Kostenerhebung für polizeiliche Maßnahmen
in: Manfred Schreiber (Hrsg.)
Polizeilicher Eingriff in Grundrechte
Festschrift zum 70. Geburtstag von Rudolf Samper, S. 165 ff.
1. Auflage, München 1982

Albrecht, Rüdiger Konradin — Zumutbarkeit als Verfassungsmaßstab
Dissertation
1. Auflage, Berlin 1995

Aristoteles — Nikomachische Ethik
Übersetzt und herausgegeben von Ursula Wolf
1. Auflage, Hamburg 2006

Arnim, Hans Herbert von — Wirtschaftlichkeit als Rechtsprinzip
Monographie
1. Auflage, Berlin 1988

Aulehner, Josef — Polizeiliche Gefahren- und Informationsvorsorge
Dissertation
1. Auflage, Berlin 1998

Bachof, Otto — Diskussionsbeitrag zum Bericht von *Götz*
VVDStRL Band 41, S. 87 ff.

Badura, Peter — Grundpflichten als verfassungsrechtliche Dimension
DVBl. 1982, S. 861 ff.

Bartlsperger, Richard Die Aufwendungsansprüche der Wasserstraßenverwaltung für Schiffs- und Ankerbergungen
ZBinnSch 1975, S. 439 ff.

Baur, Fritz Der Erlass der Aufwendungen für präventiven Gewässerschutz
JZ 1964, S. 354 ff.

Benicke, Christoph Deliktische Haftung mehrerer nach § 830 BGB
Jura 1996, S. 127 ff.

Berner, Georg / Köhler, Gerd Michael / Käß, Robert Polizeiaufgabengesetz
Handkommentar
20. Auflage, 2010

Bethge, Herbert Die verfassungsrechtliche Problematik der Grundpflichten
JA 1985, S. 249 ff.

Bickel, Christian Warum § 24 II 1 BBodSchG nicht obsolet geworden ist
NVwZ 2004, S. 318 ff.

Birk, Dieter Steuerrecht
14. Auflage, Heidelberg 2011

Böckenförde, Ernst-Wolfgang Grundrechtstheorie und Grundrechtsinterpretation
NJW 1974, S. 1529 ff.

Bockwoldt, Gesine Rechtmäßigkeit und Kostentragungspflicht polizeilichen Handelns -
Grundsätze der effektiven Gefahrenabwehr und der gerechten Lastenverteilung
Dissertation
1. Auflage, Stuttgart 2003

Bohne, Eberhard / König, Herbert Probleme der polizeilichen Erfolgskontrolle
DV 1976, S. 19 ff.

Bothe, Michael — Enteignung, enteignungsgleicher Eingriff, Aufopferung
JuS 1976, S. 515 ff.

Bothe, Michael — Erziehungsauftrag und Erziehungsmaßstab der Schule im freiheitlichen Verfassungsstaat
VVDStRL Band 54, S. 7 ff.

Brandt, Edmund / Dieckmann, Martin / Wagner / Kersten — Altlasten und Abfallproduzentenhaftung
Monographie
1. Auflage, Düsseldorf 1988

Breuer, Rüdiger — Rechtsprobleme bei Altlasten
NVwZ 1987, S. 751 ff.

Breuer, Rüdiger — „Altlasten" als Bewährungsprobe der polizeilichen Gefahrenabwehr und des Umweltschutzes
JuS 1986, S. 359 ff.

Britz, Gabriele — Verfassungsmäßigkeit des Wasserpfennigs
JuS 1997, S. 404 ff.

Broß, Siegfried — Zur Erstattung der Kosten von Polizeieinsätzen
DVBl. 1983, S. 377 ff.

Brüning, Christoph — Gleichheitsrechtliche Verhältnismäßigkeit
JZ 2001, S. 669 ff.

Bryde, Brun-Otto — Der allgemeine Gleichheitssatz
Jura 1999, S. 36 f.

Bühler, Ottmar — Die subjektiven öffentlichen Rechte und ihr Schutz in der deutschen Verwaltungsrechtsprechung
Monographie
1. Auflage, Berlin 1914

Bydlinski, Franz — Juristische Methodenlehre und Rechtsbegriff
2. Auflage, Wien 1991

Canaris, Claus-Wilhelm — Die Feststellung von Lücken im Gesetz
2. Auflage, Berlin 1983

Clerico, Laura — Die Struktur der Verhältnismäßigkeit
Dissertation
1. Auflage, Baden-Baden 2001

Coing, Helmut — Grundzüge der Rechtsphilosophie
5. Auflage, Berlin 1993

Conrad, Hermann / Kleinheyer, Gerd — Vorträge über Recht und Staat von Carl Gottlieb Svarez (1746 – 1798)
1. Auflage, Köln 1960

Creifelds, Carl — Rechtswörterbuch
20. Auflage, München 2011

Dechsling, Rainer — Das Verhältnismäßigkeitsgebot
Dissertation
1. Auflage, München 1989

Degenhart, Christoph — Das Verwaltungsverfahren zwischen Verwaltungseffizienz und Rechtsschutzauftrag
DVBl. 1982, S. 82 ff.

Denzer, Horst — Moralphilosophie und Naturrecht bei Samuel Pufendorf
Dissertation
1. Auflage, München 1972

Di Fabio, Udo — Gefahr, Vorsorge, Risiko: Die Gefahrenabwehr unter dem Einfluss des Vorsorgeprinzips
Jura 1996, S. 566 ff.

Di Fabio, Udo — Verwaltungsentscheidung durch externen Sachverstand
VerwArch 1990. S. 193 ff.

Dienelt, Klaus — Das Verhältnis der Kostentragungs- zur Gefahrenbeseitigungspflicht bei der Ersatzvornahme
NVwZ 1994, S. 355 f.

Dietlein, Johannes
Die Lehre von den grundrechtlichen Schutzpflichten
Dissertation
1. Auflage, Berlin 1992

Drews, Bill / Wacke, Gerhard / Vogel, Klaus / Martens / Wolfgang
Gefahrenabwehr
Allgemeines Polizeirecht (Ordnungsrecht) des Bundes und der Länder
9. Auflage, Köln 1986

Dühr, Florian
Prinzip und System der Grundpflichten
Dissertation
1. Auflage, Hamburg 2002

Dürig, Günter
Art. 2 des Grundgesetzes und die Generalermächtigung zu allgemeinpolizeilichen Maßnahmen
AöR Band 79, S. 57 ff.

Dürig, Günter
Verfassung und Verwaltung im Wohlfahrtsstaat
JZ 1953, S. 193 ff.

Elze, Hans
Lücken im Gesetz – Begriff und Ausfüllung
1. Auflage, München 1916

Epping, Volker
Grundrechte
5. Auflage, Heidelberg 2012

Erbel, Günter
Öffentliche Sicherheit und Ordnung
DVBl. 2001, S. 1714 ff.

Erichsen, Hans-Uwe
Der Schutz der Allgemeinheit und der individuellen Rechte durch die polizei- und ordnungsrechtlichen Handlungsvollmachten der Exekutive
VVDStRL Band 35, S. 171 ff.

Erman, Walter
Bürgerliches Gesetzbuch
Band I, §§ 1 – 758
13. Auflage, Köln 2011

Falk, Ulrich — Von Titelhändlern und Erbensuchern – Die GoA-Rechtsprechung am Scheideweg
JuS 2003, S. 833 ff.

Fechner, Erich — Freiheit und Zwang im sozialen Rechtsstaat
Monographie
1. Auflage, Tübingen 1953

Fechner, Frank — „Öffentliche Ordnung“ – Renaissance eines Begriffs?
JuS 2003, S. 734 ff.

Felix, Dagmar / Nitschke, Andreas — Störermehrheit im Polizei- und Ordnungsrecht
NördÖR 2004, S. 469 ff.

Felix, Dagmar / Schmitz, Stefan — Die unmittelbare Ausführung von Gefahrenabwehrmaßnahmen
NordÖR 2003, S. 133 ff.

Finger, Thorsten — Sicherheit, Sauberkeit und Ordnung im urbanen Raum
DV 2007, S. 105 ff.

Finkenauer, Thomas — Noch einmal: Der gesamtschuldnerische Ausgleich zwischen polizeilich Verantwortlichen
NJW 1995, S. 432 ff.

Franzen, Wilhelm — Lehrkommentar zum Polizeiverwaltungsgesetz
Band I
1. Auflage, Greifswald 1932

Friauf, Karl Heinrich — Zur Problematik des Rechtsgrundes und der Grenzen der polizeilichen Zustandshaftung
in: Klaus Vogel, Klaus Tipke (Hrsg.)
Verfassung – Verwaltung – Finanzen
Festschrift für Gerhard Wacke zum 70. Geburtstag, S. 293 ff.
1. Auflage, Köln-Marienburg 1972

Fromm, Günter — Null-Tarif und Wohl der Allgemeinheit
BB 1971, S. 99 ff.
(zit.: *Fromm*, BB 1971, 99, …)

Galette, Alfons Zur Entwicklung des „Polizei- und Ordnungsrechts“
DVBl. 1955, S. 276 ff.

Garbe, Thorsten Die Störerauswahl und das Gebot der gerechten Lastenverteilung
DÖV 1998, S. 632 ff.

Gawlick, Jörg Die stufenweise Wiedereingliederung arbeitsunfähiger Arbeitnehmer in der Erwerbsleben nach § 28 SGB IC / § 74 SGB V
Dissertation
1. Auflage, Freiburg 2008

Gentz, Manfred Zur Verhältnismäßigkeit von Grundrechtseingriffen
NJW 1968, S. 1600 ff.

Giesberts, Ludger Die gerechte Lastenverteilung unter mehreren Störern
Dissertation
1. Auflage, Berlin 1990

Gornig, Gilbert / Hokema, Grit Störerauswahl
JuS 2002, S. 21 ff.

Götz, Volkmar Allgemeines Polizei- und Ordnungsrecht
14. Auflage, München 2008

Götz, Volkmar Polizei und Polizeirecht
Deutsche Verwaltungsgeschichte, Band IV, S. 1017 ff.

Götz, Volkmar Kostenrecht der Polizei- und Ordnungsverwaltung
DVBl. 1984, S. 14 ff.

Götz, Volkmar Grundpflichten als verfassungsrechtliche Dimension
VVDStRL Band 41, S. 7 ff.

Gramm, Christof Vom Steuerstaat zum gebührenfinanzierten Dienstleistungsstaat?
Der Staat, Band 36, S. 267 ff.

Griesbeck, Michael Die materielle Polizeipflicht des Zustandsstörers und die Kostentragungspflicht nach unmittelbarer Ausführung und Ersatzvornahme – dargestellt am Beispiel der Altlastenproblematik
Dissertation
1. Auflage, Berlin 1991

Gröpl, Christoph Ökonomisierung von Verwaltung und Verwaltungsrecht
VerwArch 2002, S. 459 ff.

Gröpl, Christoph Haushaltsrecht und Reform
Habilitation
1. Auflage, Tübingen 2001

Gröpl, Christoph Staatseinnahmen und Staatsausgaben im demokritischen Verfassungsstaat
AöR Band 133, S. 1 ff.

Groß, Thomas Von der Kontrolle der Polizei zur Kontrolle des Gesetzgebers
DÖV 2006, S. 856 ff.

Grunwaldt, Jacqueline Zivilrechtliche Ausgleichsansprüche unter mehreren polizeipflichtigen Störern, dargestellt am Beispiel der Altlastenproblematik
Dissertation
1. Auflage, Frankfurt a.M. 1994

Gusy, Christoph Polizei- und Ordnungsrecht
8. Auflage, Tübingen 2011

Gusy, Christoph Polizeikostenüberwälzung auf Dritte
DVBl. 1996, S. 722 ff.

Gusy, Christoph Rechtsgüterschutz als Staatsaufgabe – Verfassungsfragen der „Staatsaufgabe Sicherheit" –
DÖV 1996, S. 573 ff.

Gusy, Christoph | Verwaltungsvollstreckungsrecht am Beispiel der Vollstreckung von Polizeiverfügungen
JA 1990, S. 296 ff.

Gusy, Christoph | Grundpflichten und Grundgesetz
JZ 1982, S. 657 ff.

Häberle, Peter | Effizienz und Verfassung
AöR Band 98, S. 625 ff.

Häberle, Peter | Menschenwürde und Verfassung am Beispiel von Art. 2 Abs. 1 Verf. Griechenland 1975
Rechtstheorie 1980, S. 389 ff.

Habermann, Stefan | Gebühren für Gefahrenabwehr
Dissertation
1. Auflage, Berlin 2011

Haller, Robert | Zivilrechtlicher Ausgleich unter öffentlichrechtlichen Störern
ZUR 1996, S. 21 ff.

Hamann, Andreas | Das Grundgesetz
1. Auflage, Berlin 1956

Hebeler, Timo | Das polizeiliche Schutzgut der öffentlichen Ordnung
JA 2002, S. 521 ff.

Heise, Gerd / Riegel, Reinhard | Musterentwurf eines einheitlichen Polizeigesetzes mit Begründung und Anmerkungen
2. Auflage, München und Hannover 1978

Hendler, Reinhard | Gebührenstaat statt Steuerstaat?
DÖV 1999, S. 749 ff.

Henkel, Heinrich | Einführung in die Rechtsphilosophie
2. Auflage, München 1977

Hermes, Georg

Das Grundrecht auf Schutz von Leben und Gesundheit – Schutzpflicht und Schutzanspruch aus Art. 2 Abs. 2 Satz 1 GG
Dissertation
1. Auflage, Heidelberg 1987

Herzog, Roman

Ziele, Vorbehalte und Grenzen der Staatstätigkeit
in: Josef Isensee, Paul Kirchhof (Hrsg.)
Handbuch des Staatsrechts, Band III, S. 83 ff.
2. Auflage, Heidelberg 1996

Hesse, Konrad

Der Gleichheitssatz in der neueren deutschen Verfassungsentwicklung
AöR Band 109, S. 174 ff.

Heusch, Andreas

Der Grundsatz der Verhältnismäßigkeit im Staatsorganisationsrecht
Dissertation
1. Auflage, Berlin 2003

Hirschberg, Lothar

Der Grundsatz der Verhältnismäßigkeit
Habilitationsschrift
1. Auflage, Göttingen 1981

Hoeft, Martin

Die Entschädigungsansprüche des Störers im allgemeinen Polizei- und Ordnungsrecht
Dissertation
1. Auflage, Hamburg 1995

Hoffmann-Riem, Wolfgang / Schmidt-Aßmann, Eberhard

Effizienz als Herausforderung an das Verwaltungsrecht
1. Auflage, Baden-Baden 1998

Hofmann, Hasso

Grundpflichten und Grundrechte
in: Josef Isensee, Paul Kirchhof (Hrsg.)
Handbuch des Staatsrechts, Band V: Allgemeine Grundrechtslehren, S. 321 ff.
2. Auflage, Heidelberg 2000

Hofmann, Hasso — Mitbericht zum Bericht von *Götz*
VVDStRL Band 41, S. 42, ff.

Hohmann, Harald — Einschränkung der Kostentragungspflicht des Grundstückseigentümers beim Ablagern von Giftfässern
DVBl. 1984, S. 997 ff.

Hösch, Ulrich — Zustandsverantwortlichkeit und Sozialbindung bei Altlastgrundstücken
VBlBW 2004, S. 7 ff.

Ipsen, Hans Peter — Enteignung und Sozialisierung
VVDStRL Band 10, S. 74 ff

Ipsen, Jörn — Staatsrecht II
Grundrechte
15. Auflage, München 2012

Isensee, Josef — Steuerstaat als Staatsform
in: Rolf Stödter und Werner Thieme (Hrsg.)
Hamburg, Deutschland, Europa
Festschrift zum 70. Geburtstag von Hans Peter Ipsen, S. 409 ff.
1. Auflage, Tübingen 1977

Isensee, Josef — Die typisierende Verwaltung
Monographie
1. Auflage, Berlin 1976

Isensee, Josef — Die verdrängten Grundpflichten des Bürgers
DÖV 1982, S. 609 ff.

Jaeckel, Liv — Schutzpflichten im deutschen und europäischen Recht
Dissertation
1. Auflage, Baden-Baden 2001

Jakobs, Michael — Der Grundsatz der Verhältnismäßigkeit
DVBl. 1985, S. 97 ff.

Jakobs, Michael — Der Grundsatz der Verhältnismäßigkeit
Dissertation
1. Auflage, Berlin 1985

Jarass, Hans D / Pieroth, Bodo — Grundgesetz für die Bundesrepublik Deutschland
12. Auflage, München 2012

Jarass, Hans D. — Folgerungen aus der neueren Rechtsprechung des BVerfG für die Prüfung von Verstößen gegen Art. 3 I GG
NJW 1997, S. 2545 ff.

Jauernig, Othmar — Bürgerliches Gesetzbuch
14. Auflage, München 2011

Jochum, Heike — Die polizei- und ordnungsrechtliche Störermehrheit und die beschränkte Kostentragungspflicht des „Nicht-So-Störers"
oder: Warum § 24 II 1 BBodSchG am 16.2.2000 obsolet geworden ist
NVwZ 2003, S. 526 ff.

Jochum, Heike / Müller, Sebastian — Ohne Unterschied macht Gleichheit keinen Spaß
SteuerStud 2010, S. 537 ff.

Kallina, Michael — Willkürverbot und neue Formel
Der Wandel der Rechtsprechung des Bundesverfassungsgerichts zu Art. 3 I GG
Dissertation
1. Auflage, Tübingen 2001

Kästner, Karl-Hermann — Unmittelbare Maßnahmen der Gefahrenabwehr
JuS 1994, S. 361 ff.

Kirchhof, Paul — Die Finanzierung des Leistungsstaats
Jura 1983, S. 505 ff.

Klaas, Helmut — Die Entstehung der Verfassung für Rheinland-Pfalz – Eine Dokumentation
1. Auflage, Boppard 1978

Klages, Christoph Urteilsanmerkung vom Urteil des VGH Mannheim vom 24.1.2012 (19 S 1476/11)
AbfallR 2012, S. 135 f.

Klein, Eckart Grundrechtliche Schutzpflicht des Staates
NJW 1989, S. 1633 ff.

Klein, Hans H. „Auftrag“ und „Geschäftsführung ohne Auftrag“ im öffentlichen Recht, II. Teil
DVBl. 1968, S. 166 ff.

Klein, Hans H. Über Grundpflichten
Der Staat, Band 14, S. 153 ff.

Kloepfer, Michael Die Verantwortlichkeit für Altlasten im öffentlichen Recht
NuR 1987, S. 7 ff.

Kloepfer, Michael / Thull, Rüdiger Der Lastenausgleich unter mehreren polizei- und ordnungsrechtlich Verantwortlichen
DVBl. 1989, S. 1121 ff.

Klüppel, Vera Zustandsstörerhaftung und Altlastsanierung
Jura 2001, S. 26 ff.

Krauf, Norbert Die Erhebung von Kosten für Polizeieinsätze
RiA 1985, S. 193 ff.

Krauf, Norbert Gesamtschuld und Polizeikostenrecht – Eine Untersuchung der Gesamtschuld im öffentlichen Recht, zugleich ein Beitrag zum Kostenrecht der Polizei- und Ordnungsverwaltung
Dissertation
1. Auflage, Hannover 1985

Knemeyer, Franz Ludwig Erläuterung des Polizeibegriffes
in: Otto Brunner, Werner Conze, Reinhard Kosolleck (Hrsg.)
Geschichtliche Grundbegriffe – Historisches Lexikon zur politisch-sozialen Sprache in Deutschland, Band 4
1. Auflage, Stuttgart 1978

Knemeyer, Franz-Ludwig Polizeikosten im System von Verwaltungsabgaben und -kosten
JuS 1988, S. 866 ff.

Knemeyer, Franz-Ludwig Polizeibegriffe in den Gesetzen des 15. bis 18. Jahrhunderts
AöR Band 92, S. 153 ff.

Kniesel, Michael Die Prinzipien der Legalität, Opportunität und Verhältnismäßigkeit als polizeiliche Handlungsmaximen
Die Polizei 1989, S. 179 ff.

Koch, Hans-Joachim Bodensanierung nach dem Verursacherprinzip
Monographie
1. Auflage, Heidelberg 1985

Köck, Wolfgang Risikovorsorge als Staatsaufgabe
AöR Band 121, S. 1 ff.

Kohl, Jürgen Altlasten in der verwaltungsgerichtlichen Praxis
JuS 1992, S. 864 ff.

Kohler-Gehrig, Eleonora Der gesamtschuldnerische Innenausgleich zwischen Zustands- und Verhaltensstörer im Polizei- und Ordnungsrecht
NVwZ 1992, S. 1049 ff.

König, Herbert Politisches Programm und Ressourcenkalkulation
DV 1977, S. 235 ff.

Kopp, Ferdinand Verfassungsrecht und Verwaltungsverfahrensrecht
Monographie
1. Auflage, München 1971

Kopp, Ferdinand / Ramsauer, Ulrich Verwaltungsverfahrensgesetz
13. Auflage, München 2012

Kormann, Joachim Lastenverteilung bei Mehrheit von Umweltstörern
UPR 1983, S. 281 ff.

Kothe, Peter Die Verantwortlichkeit bei der Altlastensanierung
VerwArch 1997, S. 456 ff.

Kothe, Peter Was ändert sich im Umgang mit Altlasten und Verdachtsflächen?
UPR 1999, S. 96 ff.

Kraft, Ingo Der Grundsatz der Verhältnismäßigkeit im deutschen Rechtsverständnis
BayVBl. 2007, S. 577 ff.

Kränz, Joachim Polizeikostenersatz von Demonstrationen
JuS 1987, S. 451 ff.

Kränz, Joachim Zustandsverantwortlichkeit im Rechte der Gefahrenabwehr
Dissertation
1. Auflage, München 1990

Krebs, Walter Zur verfassungsrechtlichen Verortung und Anwendung des Übermaßverbotes
Jura 2001, S. 228 ff.

Kroeschell, Karl Das Kreuzberg-Urteil
VBlBW 1993, S. 268 ff.

Kube, Hanno / Palm, Ulrich / Seiler, Christian Finanzierungsverantwortung für Gemeinwohlbelange – Zu den finanzverfassungsrechtlichen Maßstäben quersubventionierter Preisinterventionen
NJW 2003, S. 927 ff.

Kugelmann, Dieter Polizei- und Ordnungsrecht
2. Auflage, Heidelberg 2012

Kutscha, Martin Verfassungsfragen der Privatisierung von Staatsaufgaben
NJ 1997, S. 393 ff.

Larenz, Karl Methodenlehre der Rechtswissenschaft
6. Auflage, Berlin 1991

Larenz, Karl / Wolf, Manfred
Allgemeiner Teil des Bürgerlichen Rechts
9. Auflage, München 2004

Leibholz, Gerhard
Die Gleichheit vor dem Gesetz
2. Auflage, München 1959

Leisner, Walter
Effizienz als Rechtsprinzip
1. Auflage, Tübingen 1973

Lepsius, Oliver
Zu den Grenzen der Zustandshaftung des Grundeigentümers
JZ 2001, S. 22 ff.

Lerche, Peter
Übermaß und Verfassungsrecht
Habilitationsschrift
1. Auflage, Köln 1961

Lindner, Josef Franz
Die gemeinschaftsrechtliche Dimension des Polizeirechts – Eine dogmatische Analyse
JuS 2005, S. 302 ff.

Lindner, Josef Franz
Die verfassungsrechtliche Dimension der allgemeinen polizeirechtlichen Adressatenpflichten – Zugleich ein Beitrag zur Entwicklung einer funktionalen Adressatendogmatik
Dissertation
1. Auflage, München 1996

Lisken, Hans / Denninger, Erhard
Handbuch des Polizeirechts
5. Auflage, München 2012

Luchterhandt, Otto
Grundpflichten als Verfassungsproblem in Deutschland
Habilitation
1. Auflage, Berlin 1988

Maaß, Rainald
Die neuere Rechtsprechung des BVerfG zum allgemeinen Gleichheitssatz – Ein Neuansatz?
NVwZ 1988, S. 14 ff.

Maier, Hans	Die ältere deutsche Staats- und Verwaltungslehre (Polizeiwissenschaft) Habilitation 1. Auflage, München 1966
Mangoldt, Hermann von	Grundrechte und Grundsatzfragen des Bonner Grundgesetzes AöR Band 75, S. 273 ff.
Mangoldt, Hermann von	Das Bonner Grundgesetz 1. Auflage, Berlin 1953
Marburger, Peter	Grundstückserwerb und Altlastenhaftung in zivilrechtlicher Sicht UTR 1987, S. 169 ff.
Martens, Wolfgang	Wandlungen im Recht der Gefahrenabwehr DÖV 1982, S. 89 ff.
Martensen, Jürgen	Erlaubnis zur Störung? Dissertation 1. Auflage, Baden-Baden 1994
Martensen, Jürgen	Materielle Polizeipflicht und polizeiliche Verpflichtbarkeit des Bürgers in Anscheins- und Verdachtslagen DVBl. 1996, S. 286 ff.
Maunz, Theodor / Dürig, Günter	Grundgesetz – Kommentar Loseblattsammlung Band IV (Art. 23 – Art. 53a) 64. Lieferung, Januar 2012 Band VII (Art. 107 – Art. 146, Sachverzeichnis) 64. Lieferung, Januar 2012
Maurer, Hartmut	Allgemeines Verwaltungsrecht 18. Auflage 2011

Maurmann, Dorothee Rechtsgrundsätze im Völkerrecht am Beispiel des Vorsorgeprinzips
Dissertation
1. Auflage, München 2008

Merk, Wilhelm Deutsches Verwaltungsrecht
Zweiter Band
1. Auflage, Berlin 1970

Merten, Detlef Zur verfassungsrechtlichen Herleitung des Verhältnismäßigkeitsprinzip
in: Johannes Hengstschläger (Hrsg.)
Für Staat und Recht
Festschrift für Herbert Schambeck, S. 349 ff.
1. Auflage, Berlin 1994

Merten, Detlef Grundpflichten im Verfassungssystem der Bundesrepublik Deutschland
BayVBl. 1978, S. 554 ff.

Merten, Karlheinz / Merten, Heike Hamburgisches Polizei- und Ordnungsrecht
1. Auflage, Hamburg 2007

Meyer, Susanne Gebühren für die Nutzung von Umweltressourcen
Dissertation
1. Auflage, Berlin 1994

Michael, Lothar Grundfälle zur Verhältnismäßigkeit
JuS 2001, S. 654 ff.

Michael, Lothar/ Morlok, Martin Grundrechte
3. Auflage, Baden-Baden 2012

Mohr, Hellmuth Zur Begrenzung der Zustandshaftung bei Altlasten
NVwZ 2003, S. 868 ff.

Möstl, Markus Die staatliche Garantie für die öffentliche Sicherheit und Ordnung – Sicherheitsgewährleistung im Verfassungsstaat, im Bundesstaat und in der Europäischen Union
Habilitationsschrift
1. Auflage, Tübingen 2002

Mußgnug, Reinhard Die öffentliche Ordnung, Plädoyer für einen unzeitgemäßen Rechtsbegriff
in: Ditriech Murswiek, Ulrich Storost, Heinrich A. Wolff (Hrsg.)
Staat – Souveränität – Verfassung
Festschrift für Helmut Quaritsch zum 70. Geburtstag, S. 349 ff.
1. Auflage, Berlin 2000

Mutius, Albert von Grundrechtschutz contra Verwaltungseffizienz im Verwaltungsverfahren
NJW 1982, S. 2150 ff.

Nawiasky, Hans Die Grundgedanken des Grundgesetzes für die Bundesrepublik Deutschland
Monographie
1. Auflage, Stuttgart / Köln 1950

Nedden, Claudio Die Geschäftsführung ohne Auftrag im öffentlichen Recht
Dissertation
1. Auflage, Berlin 1994

Nolte, Martin / Niestedt, Marian Grundfälle zur Rechtsnachfolge im Öffentlichen Recht
JuS 2000, S. 1071 ff.

Obermayer, Klaus Kommentar zum Verwaltungsverfahrensgesetz
3. Auflage, Neuwied 1999

Oerder, Michael Ordnungspflichten und Altlasten
NVwZ 1992, S. 1031 ff.

Ossenbühl, Fritz Staatshaftungsrecht
5. Auflage, München 1998

Ossenbühl, Fritz Der polizeiliche Ermessens- und Beurteilungsspielraum
DÖV 1976, S. 463 ff.

Ossenbühl, Fritz Kernenergie im Spiegel des Verfassungsrechts
DÖV 1981, S. 1 ff.

Ossenbühl, Fritz Der Grundsatz der Verhältnismäßigkeit (Übermaßverbot) in der Rechtsprechung der Verwaltungsgerichte
Jura 1997, S. 617 ff.

Palandt, Otto Bürgerliches Gesetzbuch
71. Auflage, München 2012

Pape, Kay Artur Die Bewältigung von Altlasten in der Praxis
NJW 1992, S. 2661 ff.

Papier, Hans-Jürgen Grundfälle zum Eigentum, Enteignung und enteignungsgleichem Eingriff
JuS 1989, S. 630 ff.

Papier, Hans-Jürgen Die Verantwortlichkeit für Altlasten im öffentlichen Recht
NVwZ 1986, S. 256 ff.

Papier, Hans-Jürgen Altlasten und polizeirechtliche Störerhaftung
1. Auflage, Bielefeld 1985

Papier, Hans-Jürgen Altlasten und polizeiliche Störerhaftung
DVBl. 1985, S. 873 ff.

Peine, Franz-Joseph Die Rechtsnachfolge in öffentlich-rechtliche Rechte und Pflichten
DVBl. 1980, S. 941 ff.

Peine, Franz-Joseph Rüstungsaltlasten
DVBl. 1990, S. 733 ff.

Peters, Hans Die Verfassungsmäßigkeit der Beförderung von Massengütern im Fernverkehr auf der Straße
Monographie
1. Auflage, Bielefeld 1954

Petersen, Jan Der gesamtschuldnerische Ausgleich bei einer Mehrheit polizeirechtlich verantwortlicher Personen
Dissertation
1. Auflage, Hamburg 1991

Petersen, Jan Ordnungsrechtliche Verantwortlichkeit und Insolvenz
NJW 1992, S. 1202 ff.

Pieroth, Bodo / Schlink, Bernhard / Kniesel, Michael Polizei- und Ordnungsrecht mit Versammlungsrecht
7. Auflage, München 2012

Pieroth, Bodo / Schlink, Bernhard Grundrechte
Staatsrecht II
28. Auflage, Heidelberg 2012

Pietzcker, Jost Das Verwaltungsverfahren zwischen Verwaltungseffizienz und Rechtsschutzauftrag
VVDStRL Band 41, S. 193 ff.

Pietzcker, Jost Die Altlast
JuS 1986, S. 719 ff.

Pietzcker, Jost Polizeirechtliche Störerbestimmung nach Pflichtwidrigkeit und Risikosphäre
DVBl. 1984, S. 457 ff.

Pischel, Gerhard Zustandsstörer und Haftungsgrenzen
JA 1999, S. 43 ff.

Poller, Horst Die Philosophen und ihre Kerngedanken
4. Auflage, München 2009

Poscher, Ralf Die gefahrenabwehrrechtliche Verantwortlichkeit
Jura 2007, S. 801 ff.

Poscher, Ralf Gefahrenabwehr – eine dogmatische Rekonstruktion
Dissertation
1. Auflage, Berlin 1999

Preu, Peter — Polizeibegriffe und Staatszwecklehre
Dissertation
1. Auflage, Göttingen 1983

Pünder, Hermann — Der Beitrag der Verwaltung zur Konsolidierung der Staatsfinanzen
DV 2012, S, 1 ff.

Pütter, Johann Stephan — Institutiones Iuris Publici Germanici
1. Auflage, Göttingen 1770

Quaritsch, Helmut — Eigentum und Polizei
DVBl. 1959, S. 455 ff.

Ramm, Arnim — Die Polizeigewalt des Bundestagspräsidenten – Die Polizei beim Deutschen Bundestag und ihre Ermächtigungsgrundlage
NVwZ 2010, S. 1461 ff.

Reifner, Udo / Sonnen, Bernd-Rüdeger — Strafjustiz und Polizei im Dritten Reich
1. Auflage, Frankfurt 1984

Ries, Gerhard — Zur Haftung der Nebentäter nach § 830 und § 840 BGB
AcP 1977, S. 543 ff.

Ruder, Karl-Heinz / Schmitt, Steffen — Polizeirecht in Baden-Württemberg
7. Auflage, Baden-Baden 2011

Rüfner, Wolfgang — Formen öffentlicher Verwaltung im Bereich der Wirtschaft
Habilitation
1. Auflage, Berlin 1967

Sachs, Michael — Grundgesetz Kommentar
6. Auflage, München 2011

Sachs, Michael — Die Maßstäbe des allgemeinen Gleichheitssatzes – Willkürverbot und sogenannte neue Formel
JuS 1997, S. 124 ff.

Sachs, Michael — Haftung des Grundstückseigentümers für Sanierung von Altlasten
JuS 2000, S. 1219 f.

Saffert, Heinz — Geschichte der Grundpflichten
Dissertation
1. Auflage, Würzburg 1959

Saladin, Peter — Unternehmen und Unternehmer in der verfassungsrechtlichen Ordnung der Wirtschaft
VVDStRL Band 35, S. 7 ff.

Savigny, Friedrich Karl von — Juristische Methodenlehre
Nach der Ausarbeitung des Jakob Grimm
Herausgegeben von Gerhard Wesenberg
1. Auflage, Stuttgart 1951

Schack, Friedrich — Der „enteignungsgleiche Eingriff"
JZ 1960, S. 625 ff.

Schaefer, Horst — Der verfassungsrechtliche Steuerbegriff
Dissertation
1. Auflage, Frankfurt a.M. 1997

Scheerbarth, Walter — Das allgemeine Bauordnungsrecht
2. Auflage, Köln 1966

Schenk, Rainer — Bodenerkundungsmaßnahmen zum Schutz des Grundwassers –
Wer muss handeln? Wer muss zahlen?
BayVBl. 1997, S. 33 ff.

Schenke, Wolf-Rüdiger — Polizei- und Ordnungsrecht
7. Auflage, Heidelberg 2011

Schenke, Wolf-Rüdiger — Staatshaftung und Aufopferung – Der Anwendungsbereich des Aufopferungsanspruch
NJW 1991, S. 1777 ff.

Schenke, Wolf-Rüdiger	Folgenbeseitigungsanspruch und mitwirkendes Verschulden JuS 1990, S. 370 ff.
Schenke, Wolf-Rüdiger	Geschäftsführung ohne Auftrag zum Zwecke der Gefahrenabwehr in: Max-Emanuel Geis,, Dieter C. Umbach (Hrsg.) Planung – Steuerung – Kontrolle Festschrift für Richard Bartlsperger zum 70. Geburtstag, S. 529 ff. 1. Auflage, Berlin 2006
Schink, Alexander	Wasserrechtliche Probleme bei der Sanierung von Altlasten DVBl. 1986, S. 161 ff.
Schink, Alexander	Rechtsfragen der Altlasten GewArch 1996, S. 50 ff.
Schmidt, Thorsten Ingo	Grundpflichten Dissertation 1. Auflage, Baden-Baden 1999
Schmidt-Aßmann, Eberhard	Verwaltungsverantwortlichkeit und Verwaltungsgerichtsbarkeit VVDStRL Band 34, S. 221 ff.
Schmidt-Aßmann, Eberhard / Schoch, Friedrich	Besonderes Verwaltungsrecht 14. Auflage, Berlin 2008
Schmidt-Bleibtreu, Bruno / Hofmann, Hans / Hopfauf, Axel	Grundgesetz Kommentar 12. Auflage, München 2011
Schmitt, Carl	Verfassungslehre 1. Auflage, München 1928

Schmitt-Kammler, Arnulf Der Aufopferungsgedanke
JuS 1995, S. 473 ff.

Schneider, Hans 5 Jahre Grundgesetz
NJW 1954, S. 937 ff.

Schoch, Friedrich Amtshaftung
Jura 1988, S. 585 ff.

Schoch, Friedrich Grundlagen und System des allgemeinen Polizei- und Ordnungsrechts
Jura 2006, S. 664 ff.

Schoch, Friedrich Die Schutzgüter der polizei- und ordnungsrechtlichen Generalklausel
Jura 2003, S. 177 ff.

Schoch, Friedrich Grundfälle zum Polizei- und Ordnungsrecht
JuS 1994, S. 1026 ff.

Schoch, Friedrich Störermehrheit im Polizei- und Ordnungsrecht
Jura 2012, S. 865 ff.

Scholz, Rupert Rechtsfrieden im Rechtsstaat – Verfassungsrechtliche Grundlagen, aktuelle Gefahren und rechtspolitische Folgerungen
NJW 1983, S. 705 ff.

Schwabe, Jürgen Lastenverteilung bei einer Mehrheit von Umweltstörern
UPR 1984, S. 7 ff

Schwachheim, Jürgen Zum Gesamtschuldnerausgleich unter mehreren Störern
NVwZ 1988, S. 225, ff.

Schwarze, Jürgen Administrative Leistungsfähigkeit als verwaltungsrechtliches Problem
DÖV 1980, S. 581 ff.

Schweidler, Walter Der gute Staat
Monographie
1. Auflage, Stuttgart 2004

Schwerdtner, Eberhard Die Lastenverteilung unter mehreren Störern
NVwZ 1992, S. 141 ff.

Seibert, Max-Jürgen Zum Zusammenhang von Ordnungs- und Kostentragungspflicht
DVBl. 1985, S. 328 f.

Seibert, Max-Jürgen Gesamtschuld und Gesamtschuldnerausgleich im Polizei- und Ordnungsrecht
DÖV 1983, S. 964 ff.

Selmer, Peter Die sogenannte „materielle Polizeipflicht"
Bemerkungen zu einer fragwürdigen Rechtsfigur
in: Reinhard Hendler, Marin Ibler, José Martínez Soria (Hrsg.)
Für Sicherheit, für Europa
Festschrift für Volkmar Götz zum 70. Geburtstag, S. 391 ff.
1. Auflage, Göttingen 2005

Selmer, Peter Gedanken zur polizeilichen Zustandsverantwortlichkeit
in: Peter Selmer, Ingo von Münch (Hrsg.)
Gedächtnisschrift für Wolfgang Martens, S. 483 ff.
1. Auflage, Berlin 1987

Simon, Thomas Gute Polizei
Habilitation
1. Auflage, Frankfurt am Main 2004

Spannowsky, Willy Altlastensanierung und Störerhaftung im Spannungsfeld von Gerechtigkeit und Effizienz
UPR 1988, S. 376 ff.

Spannowsky, Willy Das Prinzip gerechter Lastenverteilung und die Kostentragungslast des Zustandsstörers
DVBl. 1994, 560 ff

Starck Christian	Überlegungen zum verfassungsrechtlichen Steuerbegriff in: Klaus Vogel und Klaus Tipke (Hrsg.) Verfassung, Verwaltung, Finanzen Festschrift zum 70. Geburtstag von Gerhard Wacke, S. 193 ff. 1. Auflage, Köln 1972
Steinberg, Rudolf	Komplexe Verwaltungsverfahren zwischen Verwaltungseffizienz und Rechtsschutzauftrag DÖV 1982, S. 619 ff.
Stelkens, Paul / Sachs, Michael / Bonk, Heinz Joachim	Verwaltungsverfahrensgesetz 7. Auflage, München 2008
Stern, Klaus	Das Staatsrecht der Bundesrepublik Deutschland Band I 2. Auflage, München 1984
Stern, Klaus	Idee und Herkunft des Grundpflichtendenkens in: Kay Hailbronner, Georg Ress, Torsten Stein (Hrsg.) Staat und Völkerrechtsordnung Festschrift für Karl Doehring, S. 969 ff. 1. Auflage, Berlin 1989
Stober, Rolf	Grundpflichten und Grundgesetz Monographie 1. Auflage, Köln 1978
Stober, Rolf	Grundpflichten als verfassungsrechtliche Dimension NVwZ 1982, S. 473 ff.
Störmer, Rainer	Renaissance der öffentlichen Ordnung? DV 1997, S. 233 ff.
Strunden, Stefan	Altlasten – Ansprüche des Grundstückseigentümers im Spannungsfeld zwischen öffentlichem und zivilem Recht Dissertation 1. Auflage, Köln 1991

Thole, Christoph	Die Geschäftsführung ohne Auftrag auf dem Rückzug? – Das Ende des „auch fremden" Geschäfts? NJW 2010, S. 1243 ff.
Tipke, Klaus / Lang, Joachim	Steuerrecht 20. Auflage, Köln 2010
Tollmann, Claus	Die Opferfälle: Eine unendliche Geschichte – Zum Rechtsgrund und zur Reichweite der Zustandsverantwortlichkeit im Bodenschutzrecht – DVBl. 2008, S. 616 ff.
Ule, Carls Herman / Rasch, Ernst	Verwaltungsgesetze des Bundes und der Länder, Band III, Erster Halbband Allgemeines Polizei- und Ordnungsrecht 2. Auflage, Kassel 1982
Ullrich, Norbert	Gefahrenabwehrende Verwaltung und Schutz suchender Bürger im Spannungsfeld von Schutzpflicht, Grundrechtskollision und Ermessen VerwArch 2011, S. 383 ff.
Unruh, Georg-Christoph von	Polizei als Tätigkeit der leistenden Verwaltung DVBl. 1972, S. 469 ff.
Unruh, Georg-Christoph von	Die Wandlung vom Obrigkeitlichen Ius Politae zu einem rechtsstaatsgemäßen Polizeirecht in den Vorstellungen preußischer Reformer vor, um und nach dem Freiherrn vom Stein DV 1984, S. 43 ff.
Vogel, Klaus	Der Finanz- und Steuerstaat in: Josef Isensee, Paul Kirchhof (Hrsg.) Handbuch des Staatsrechts, Band II: Verfassungsstaat, S. 843 ff. 3. Auflage, Heidelberg 2004
Vollmuth, Joachim	Die Bestimmung der polizeirechtlich relevanten Ursache Dissertation 1. Auflage, Augsburg 1972

Wacke, Gerhard Besprechungen
AöR Band 97, S. 599 f.

Waechter, Kay Die Schutzgüter des Polizeirechts
NVwZ 1997, S. 729 ff.

Waechter, Kay Polizeiliches Ermessen zwischen Planungsermessen und Auswahlermessen
VerwArch 1997, 298 ff.

Waechter, Kay Die aktuelle Situation des Polizeirechts
JZ 2002, S. 854 ff.

Wahl, Rainer Verwaltungsverfahren zwischen Verwaltungseffizienz und Rechtsschutzauftrag (Diskussionsbeitrag zum Aufsatz von *Wagner*)
VVDStRL Band 41, S. 151 ff.

Wahl, Rainer Die bürokratischen Kosten des Rechts- und des Sozialstaats
DV 1980, S. 273 ff.

Waldhoff, Christian Auswahl zwischen mehreren Störern auf der „sekundären" Ebene der Kostentragung
JuS 2012, S. 863 ff.

Wehr, Matthias Die Überprüfung polizeilicher Maßnahmen – Anmerkungen zum „bayerischen Prüfungsaufbau"
JuS 2006, S. 582 ff.

Weinkauff, Hermann Die deutsche Justiz und der Nationalsozialismus
Band I
1. Auflage, Stuttgart 1968

Wigard, Franz Reden für die deutsche Nation 1848/1849 – Stenographischer Bericht über die Verhandlungen der deutschen constituierenden Nationalversammlung zu Frankfurt am Main
Band 2
1. Auflage, München 1980

Wild, Michael Renaissance des Kostendeckungsprinzips?
DVBl. 2005, S. 733 ff.

Wilke, Dieter Gebührenrecht und Grundgesetz
Ein Beitrag zum allgemeinen Abgaberecht
Habilitation
1. Auflage, München 1973

Willigmann, Klaus Gerichtskontrolle des polizeilichen Ermessens beim Zusammentreffen von Handlungs- und Zustandshaftung
DVBl. 1965, S. 761 ff.

Wittig, Peter Zum Standort des Verhältnismäßigkeitsgrundsatzes im System des Grundgesetzes
DÖV 1968, S. 817 ff.

Wolff, Heinrich Amadeus Ungeschriebenes Verfassungsrecht unter dem Grundgesetz
Habilitationsschrift
1. Auflage, Tübingen 2000

Wolzendorff, Kurt Die Grenzen der Polizeigewalt – Zweiter Teil: die Entwicklung des Polizeibegriffes im 19. Jahrhundert
Mongoraphie
1. Auflage, Marburg 1906

Würtenberger, Thomas Der praktische Fall: Die Giftmüllfässer
JuS 1974, S. 320 ff.

Würtenberger, Thomas / Heckmann, Dirk Polizeirecht in Baden-Württemberg
6. Auflage, Heidelberg 2005

Ziehm, Hanno Die Störerverantwortlichkeit für Boden- und Wasserverunreinigungen
Dissertation
1. Auflage, Berlin 1989

Zippelius, Reinhold Diskussionsbeitrag zum Bericht von *Götz*
VVDSTRL Band 41, S. 87 ff.

VERFASSUNGS- UND VERWALTUNGSRECHT UNTER DEM GRUNDGESETZ

Band 1 Jürgen W. Hidien: Die positive Konkretisierung der öffentlichen Zweckbindung kommunaler Wirtschaftsunternehmen. Zugleich ein Beitrag zu Inhalt und Grenzen der unternehmenswirtschaftlichen Betätigung der Kommunen. 1985.

Band 2 Eckhard Schmidtke: Verfassungsrechtliche Anforderungen an die kassen(zahn-) ärztliche Vergütung unter Berücksichtigung der Kostendämpfungsgesetzgebung des Bundes. 1986.

Band 3 Hans-Michael Wolffgang: Interkommunales Zusammenwirken durch Einbeziehung kreisangehöriger Gemeinden in den Vollzug von Kreisaufgaben. 1987.

Band 4 Friedrich D. Bacmeister: Die Reform des deutschen Kommunalverfassungsrechts durch die britische Besatzungsmacht. Wiedereinführung einer demokratischen Stadtverfassung in Lüneburg 1945 und die Neufassung der Deutschen Gemeindeordnung 1946. 1988.

Band 5 Birgit Spießhofer: Der Störer im allgemeinen und im Sonderpolizeirecht. 1989.

Band 6 Wolfgang Richter: Gentechnologie als Regelungsgegenstand des technischen Sicherheitsrechts. Rechtliche Steuerung unter Bedingungen der Ungewißheit. 1989.

Band 7 Peter Engel: Das schleswig-holsteinische Amt bei Erledigung der Selbstverwaltungsangelegenheiten der amtsangehörigen Gemeinden. 1990.

Band 8 Josef Christ: Raumordnungsziele und Zulässigkeit privater Vorhaben. Bindungswirkung nach der Raumordnungsklausel des § 35 Abs. 3 Satz 3 BauGB. 1990.

Band 9 Helmut Albert: Das Grundrecht auf Leben als Schranke für aufenthaltsbeendende Maßnahmen. 1990.

Band 10 Stephan Dewald: Die privatrechtliche Stiftung als Instrument zur Wahrnehmung öffentlicher Zwecke. 1990.

Band 11 Dimitris Triantafyllou: Haftungsrechtliche Probleme der Staatsaufsicht in der Wirtschaft. Für die Geldwirtschaft dargestellt unter Einbeziehung rechtsvergleichender Befunde. 1991.

Band 12 Wolfgang Buschmann: Kooperationspflichten im Versammlungsrecht. Unter besonderer Berücksichtigung sogenannter Großdemonstrationen. 1990.

Band 13 Armin Teschner: Die Amtshaftung der Gemeinden nach rechtswidrigen Beschlüssen ihrer Kollegialorgane. 1990.

Band 14 Biner Kurt Wenkholm Bähr: Verfassungsmäßigkeit des Einsatzes der Bundeswehr im Rahmen der Vereinten Nationen. 1994.

Band 15 Just Georg Ilgner: Die Rechtsordnung des deutschen Seelotswesens. Eine überkommen ständische Organisation eines staatlich gebundenen Berufs. 1993.

Band 16 Nicola Krekeler: Die Genehmigung gentechnischer Anlagen und Arbeiten nach dem GenTG unter Berücksichtigung europarechtlicher Vorgaben. 1994.

Band 17 Jan van Dyk: Kommunale Elektrizitätsversorgung in den fünf neuen Bundesländern. 1994.

Band 18 David Hawkes: Der Faktor Mensch im Gentechnikrecht. Eine Untersuchung zu den Grenzen probabilistisch geprägter Rechtsbegriffe im Umweltrecht. 1995.

Band 19 Iwan Chotjewitz: Die Organisationsgewalt nach den Verfassungen der deutschen Bundesländer. 1995.

Band 20 Christoph Sieger: Die maßgebende Sach- und Rechtslage für die Beurteilung der Rechtswidrigkeit des Verwaltungsaktes im verwaltungsgerichtlichen Anfechtungsprozeß. 1995.

Band 21 Lars-Hendrik Schröder: Das verwaltungsrechtlich organisatorische Verhältnis der strafverfolgenden Polizei zur Staatsanwaltschaft. 1996.

Band 22 Hans-Peter Donoth: Die Bundesländer in der Europäischen Union. Die bundesstaatliche Ordnung in der Bundesrepublik Deutschland bei der Verwirklichung der Europäischen Union - eine Analyse unter besonderer Berücksichtigung des neugefaßten Art. 23 GG. 1996.

Band 23 Philipp v. Hugo: Die Vorgaben des Eckwertes Nr. 1 der Gemeinsamen Erklärung der beiden deutschen Regierungen vom 15.06.1990 für die Enteignungen in den Jahren 1945-1949. Die Gestaltung der gesamtdeutschen Eigentumsordnung durch ein informelles Regierungsabkommen. 1997.

Band 24 Tilman Giesen: Die Vorbereitung der Grundgesetzänderungen nach der deutschen Wiedervereinigung. Zur Rechtmäßigkeit von Organisation und Verfahren der Gemeinsamen Verfassungskommission. 1997.

Band 25 Conrad Friedrich Rumpf: Richterliches Sozialengagement und Befangenheit. Zugleich eine Stellungnahme für die Befangenheitsablehnung von Amts wegen. 1997.

Band 26 Kathrin Misera-Lang: Dogmatische Grundlagen der Einschränkbarkeit vorbehaltloser Freiheitsgrundrechte. 1999.

Band 27 Bettina Böhm: Öffentlich-private Partnerschaften in der kommunalen Stadtentwicklung. Öffentlich-rechtliche Vorgaben und gesellschaftsrechtliche Gestaltungen. 1999.

Band 28 Bernd Köster: Die Privatisierung des Bauleitplanverfahrens und der Einsatz von Mediation in den Beteiligungsverfahren. 2002.

Band 29 Angelika Leppin: Rechtsprobleme bei der Umstrukturierung deutscher Bahnhöfe vor dem Hintergrund der gemeindlichen Planungshoheit, des Fachplanungsrechts sowie des öffentlichen Sachenrechts. 2003.

Band 30 Anke Brenne: Soziale Grundrechte in den Landesverfassungen. 2003.

Band 31 Birgit Tischer: Das System der informationellen Befugnisse der Polizei. 2004.

Band 32 Judith Reuter: Verfassungsrechtliche Grundlagen des bürgerschaftlichen Engagements. 2005.

Band 33 Gero von Daniels: Das Recht auf Auskunft und Gehör in politischen Parteien. Ein Beitrag zur innerparteilichen Demokratie. 2007.

Band 34 Sönke E. Schulz: Änderungsfeste Grundrechte. Die grundrechtsrelevante Ausstrahlungswirkung des Art. 79 Abs. 3 GG i.V.m. der Menschenwürdegarantie, dem Menschenrechtsbekenntnis und den Staatsstrukturprinzipien des Art. 20 GG. 2008.

Band 35 Anika Dorthe Luch: Das Medienpersönlichkeitsrecht – Schranke der „vierten Gewalt". Das Allgemeine Persönlichkeitsrecht im Spannungsverhältnis zur Medienfreiheit unter dem Grundgesetz und der Europäischen Menschenrechtskonvention. 2008.

Band 36 Thilo Rohlfs: Die Gleichwertigkeit der Lebensverhältnisse – ein Verfassungsprinzip des Grundgesetzes? 2008.

Band 37 Carl Christian Voscherau: Parteiverbote in der Bundesrepublik Deutschland und im Königreich Spanien. Ein rechtsvergleichender Beitrag zu Entstehung und Weiterentwicklung der verfassungsrechtlichen und gesetzlichen Grundlagen des Verbots von Parteien. 2009.

Band 38 Dimitrios Gialouris: Die rechtlichen Grundlagen der Steuern auf das Einkommen von Handelsgesellschaften in Deutschland und Griechenland. 2010.

Band 39 Caroline Schulze Harling: Das materielle Abweichungsrecht der Länder. Art. 72 Abs. 3 GG. 2011.

Band 40 Andreas Nitschke: Die materielle Polizeipflicht im Sinne einer Gefahrenabwehrpflicht als verfassungsrechtliche Grundpflicht. Zum Inhalt dieser Pflicht auf Primär- und Sekundärebende sowie zum Einfluss ihrer rechtlichen Einordnung auf ihren Umfang und die Frage nach einem möglichen Innenausgleich bei einer Störermehrheit. 2013.

www.peterlang.de

www.ingramcontent.com/pod-product-compliance
Ingram Content Group UK Ltd.
Pitfield, Milton Keynes, MK11 3LW, UK
UKHW021836290926
8980IPUK00004B/486

9 783631 642795